# 世界历史
## 读这本就够了

本书依循世界历史的发展进程，从时间上按上古史、中古史、近代史、现代史和当代史为主线，详尽、清晰、生动地展现了人类社会从无到有，各个国家从建立到兴衰，以及各国之间外交关系的发展历史，内容包括人类社会生活、政治、经济、军事、文化等各个方面。

# 世界历史

# 读这本就够了

——世界历史工具书——

华业◎编著

为您答疑解惑
助您博古通今

览尽历史风云
汲取历史智慧

中国商业出版社

**图书在版编目（CIP）数据**

世界历史读这本就够了 / 华业编著. —北京：中国商业出版社，2012.1

ISBN 978-7-5044-7463-6

Ⅰ. ①世… Ⅱ. ①华… Ⅲ. ①世界史－通俗读物 Ⅳ. ①K109

中国版本图书馆 CIP 数据核字（2011）第 218655 号

责任编辑：唐伟荣

中国商业出版社出版发行
010－63180647 www.c－cbook.com
（100053 北京广安门内报国寺 1 号）
新华书店总店北京发行所经销
天津旭丰源印刷有限公司印制
*
710×1000mm 1/16 24 印张 500 千字
2012 年 2 月第 1 版 2019 年 1 月第 2 次印刷
定价：48.00 元
* * * *
（如有印装质量问题可更换）

# 前言

一部世界历史就是一部全人类历史，我们无法描述最早的人类是怎样生存发展的，也许《冰河世纪》中呈现的画面就是史前人类所处的生存环境，也许有我们想象不出的艰难险阻；很多物种都相继灭亡了，而人类却是得到最大发展的，不是因为由猿直立进化到如今模样，而是因为人类控制了整个世界。

展开一幅世界地图，无处没有人类的痕迹，看着如今划分出的不同颜色的疆界线，一个个耳熟能详的国家名字……是否你也会思考，这些国家是从什么时候开始存在的，它们的成长历史会有怎样的故事。然而今天有了这样的一本书，它可以解除你的困惑，增长你对世界历史、人类历史的了解，它就是《世界历史读这本就够了》。

本书以时间为主线，分为上古史、中古史、近代史、现代史和当代史。上古史以“我们从何而来”开篇，讲述了人类最早的出现，随之而来的内容包括上古时期人类的宗教文化、各类文明、奇异建筑、政治经济、科技发展等，为你揭开古老人类活动的神秘面纱，让你知晓那个时期中，世界各地的人们有了怎样的文明发展和智慧创造。

马克思说过“经济基础决定上层建筑”，随着经济的发展，世界

各地的政治活动也渐趋频繁。所以世界中古史部分则以政治为主线，这部分为你讲述了中古时期东西方的各色政治活动。

近代史则是以西方社会活动为主，这个时期的东方封建社会发展稳定，而西方却异常活跃；资本主义经济得到发展，阶级矛盾突出，政治变革频繁，工人活动彰显了无产阶级的力量，马克思主义诞生，各国国内国际战争不断，最终第一次世界大战爆发。这是一个纷乱的时期，但我们已经把它们理清头绪，为你娓娓道来。

世界现代史和当代史就不再在这里为你赘述，这些还需要你亲自去翻阅才能体会到其中的妙趣。

世界何其大，个人置身当中是何其渺小，也许还不抵沧海一粟。那些我们终身都不能企及的地方发生的故事，却又不禁引起我们的好奇，以小我看大千世界，这也许有点难度，而本书很好地解决了这些难题。这本书语言精确简练，通俗易懂；内容丰富翔实，涉及面广，为你提供了详尽的世界历史知识。它读起来生动活泼却不乏沉稳深厚，它内容丰富却不是杂乱无章，它内容充实却没有陈词滥调。通读全书，你会对世界有不一样的认识；把个人投入世界中，你会对人生有不一样的认识。

培根说，“读史使人明智，读诗使人灵秀，数学使人周密，科学使人深刻……凡有所成，皆成性格。”可见读史是第一位的，如果一个人不明智，那么他又怎能做到灵秀、周密、深刻呢？读史就是要读出历史的真实，读懂历史的发展规律，从而能从中吸取经验教训。人类在经过重大历史事件后，总要研究其中的原因结果，总结经验教训，以避免重犯同类的历史错误。比如第二次世界大战给人类带来的巨大灾难和损失，对人类敲响了警钟，如今世界冲突再尖锐也没有人愿意发动新一轮的世界大战，因为那将是对人类的毁灭。其实，我们是以现代人的眼光去看待过去的历史事件和人物，当然历史有它客观公正的一面。真实的历史，有其相互联系的事件、人物、思想和活动。历史过程不仅是事件过程，其中还包括行动和思想的内涵。我们要通过纷乱的事件来把握人类活动的思想和精神，以历史之鉴，去把握美好的未来，这才是读史明智的最终目的。

每一本书都会有它的局限性，世界历史浩淼无尽，而囿于篇章的局限和编者的能力，一定会有我们所没有涉及到的内容，望广大读者见谅。然而，还是不得不说，这是一本很值得你去品读的书籍。望你多读史，更明智。

# 目录

## 上 古 史

# 中古史

# 近 代 史

# 现　代　史

# 当代史

# 上 古 史

世界上古史是阐述人类如何进入文明社会以及人类早期文明孤立、分散发展的历史。一般而言就是指人类古典文明的历史：文明的诞生、古代西亚文明、古代埃及文明、古代印度文明、古代中国文明、古希腊文明和古罗马文明。

关于人类的出现，不同的文明有不同的传统解释。犹太教和基督教文明所接受的传统认为，人类的始祖亚当和夏娃是上帝创造的。中国古有女娲造人之说，古希腊也有普罗米修斯造人之论。自19世纪后期以后，人们开始普遍接受达尔文的进化论。根据这个理论，人不是什么神创造的，而是从猿进化而来的。

不过在此之前，猿类也经历了漫长的进化过程。直立人至少生活了150多万年的时间，之后人类进化到一个更高级的阶段，古人类学上称为智人，生活在25万年前开始的时期。人种问题由不同的地理环境所造成。约10000年前，人种的分布即已十分明确。高加索种人即白种人分布在欧洲、北非、东非和中东，并逐渐进入中亚、伊朗和印度；黑种人分布在撒哈拉沙漠以南的非洲；在非洲的其他地区还分布着俾格米人和布希曼人；澳大利亚种人分布在印度、东南亚和澳大利亚的广大地区；蒙古种人分布在东亚和美洲地区。最初各人种的分布较为均衡，但随着进化的差异，俾格米人和布希曼人走向衰落……血缘家庭阶段，一个家庭就是一个集团，一个公社，一个生产单位，男子狩猎，女子采集。

农业革命之后，人类已经做好了跨入文明门槛的准备。历史是时间发展的结果，任何地区性的拼凑都算不上是世界历史，我们将会按照时间的发展进行历史的梳理。

## 我们从何处而来？

人类的起源和祖先一直困扰着现代的我们，根据进化论和现代人的努力，终于发现人类已知的最早的祖先，我们称它们为原上猿。

传统上，不同的文明对于人类祖先的说法各不相同。犹太教与基督教文明所接受的传统认为，人类的始祖是上帝创造的亚当和夏娃。中国有女娲造人的神话传说，古希腊也有普罗米修斯造人的神话。自19世纪后期以后，达尔文的进化论开始被越来越多的人所接受。进化论认为，人是由猿进化而来，而不是由神创造的。在人类形成前，猿类也经历了漫长的进化过程。被后人称为原上猿的古猿化石，距今约3000万年，这是已知最早的古猿化石，它被认为是人类已知最早的祖先。

原上猿是早期古猿之一。它是1908年R·马克格拉夫在埃及法雍发现的。它是一件右下颌骨化石，带犬齿、2枚前臼齿及3枚臼齿，存在于早渐新世时代。1910年施洛塞尔将它命名为原上猿海克尔种。之后，人们又于肯尼亚及欧洲等地发现了这类化石。现共分3个种，很多学者认为将原上猿归入上猿科更合理，因为原上猿的齿系特化较少。

原上猿的齿式为2·1·2·3；门齿垂直着生；上第一前臼齿缺乏猿类的扇形；上第一与上第二前臼齿大小相等，臼齿与晚期猿类相似；齿冠较低；下臼齿是5个低的齿尖等。此外，它又有原始狭鼻猴的性状，形体小如家猫；面颊长而低，与脑量比显得很大；有的种还有尾巴等。

以往人们一般都认为它是长臂猿的祖先，而目前把它看做是处于接近猴类与猿类的共同祖先的位置，也即是我们人类和猴类共同的祖先。

## 在哪个时代我们被称作“人”？

古人类出现的时间，有些人认为应该在距今大约500万年到700万年之间。虽然这一结论目前有些争论，但至少也在400万年左右是毫无疑问的。一般来说，人类出现的标志是直立行走，即真正的人——直立人的出现。

20世纪以来，考古学家和古人类学家们在非洲、亚洲、欧洲等世界上许多地方都发现了古人类化石或古人类使用过的工具的遗迹。这种发现证明：直立人分布较广，其中最为有名的是北京人与印度尼西亚的爪哇人。这时候的人类已经学会使用石制工具，并且学会了用火，其脑容量已经明显增大，直立人已经有了相当复杂的文化行为，表现在脑子体积增大，结构也变得更加复杂并进行了重新改组两方面。大脑左右两半球出现了不对称性，显示出直立人已经掌握了有声语言的能力。

直立人的牙齿也发生了变化。后部牙齿减小，使相应的牙床与支持面部及下颌骨的骨结构减小，这显然是直立人更多地和更经常地以肉食代替若干植物性食物的结果。前部牙齿则扩大了，这似乎并不直接与咀嚼食物相关，而是与用嘴来咬紧和衔住物品或者制备食物有关。例如，用牙撕扯肉食以便将其分割成小块，可能是为了方便小孩食用而撕碎肉食的需要等。

直立人面部比较平扁，身材明显增大，平均身高达到 160 厘米，体重约 60 公斤。它们最早能够按照心想的某种形式来制造石器。在非洲，人们称这种石器组合所代表的文化类型为阿舍利文化。阿舍利文化的代表工具就是由燧石结核打制而成的手斧，它一端圆钝，是用手抓握的部分，另一端尖利，有切割、砍砸、钻孔、对木料进行加工的功用。

直立人至少生活了 150 多万年的时间，之后人类进化到了古人类学上所称的智人时期这个更高级阶段。

## 旧石器时代指的是人类的哪个阶段?

旧石器时代（距今约 250 万年～约 1 万年），是指以使用打制石器为标志的人类物质文化发展阶段。其时期划分一般采用三分法，即旧石器时代早期、中期和晚期，大体上分别相当于人类体质进化的猿人和直立人阶段、早期智人阶段、晚期智人阶段。

旧石器时代的文化在世界范围内分布广泛。旧石器时代的人类经济活动，主要是通过采摘果实、狩猎或捕捞获取食物。当时人们群居在山洞里或部分地群居在树上，以一些植物的果实、坚果和根茎为食物，同时集体捕猎野兽、捕捞河湖中的鱼蚌来维持生活，留下了很多在山洞中的遗迹和遗物，但树居生活却很难留下什么遗迹。

从古代的文献中，依稀可以寻觅到远古时代树居和采集的影子。从旧石器时代晚期到中石器时代，人类的生活特点就是洞居或巢居、采集和狩猎。民族志也较多反映了石器时代人类的巢居生活。《滇略》记载有一部分被称为“野人”的景颇族，“茹毛饮血，夜宿树上”；《贵州通志》记载少数苗族先民曾经“架木如鸟巢寝处”。

在旧石器时代早期遗址中，与猿人化石共存的都有大量哺乳类动物化石和人类用火的痕迹。除了粗糙笨拙的打制石器，还有经过加工的鹿角和砍砸刮削的兽骨。这一时期人类的经济活动，处于极其原始的萌芽阶段。

旧石器时代中、晚期，人类的经济活动逐渐活跃了。这一时期自然条件比较恶劣。人类正是在这种恶劣的环境中求生存，才得到锻炼和发展，最后脱离了动物界，转变为现代人的。

原始社会时期人类的生产活动，受到自然条件的极大限制，制造石器一般都是就地取材，从附近的河滩上或者从熟悉的岩石区拣拾石块，打制成合适的工具，旧石器时代中期以前往往是这种情况。到了旧石器晚期，随着生活环境的变迁和生产经验的积累，这种拣拾的方法有时不能满足生产和生活上的要求，在有条件时，便从适宜制造石器的原生岩层开采石料，制造石器。

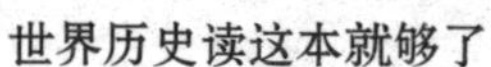


从岩层开采石料，乃至就地制造石器，因而出现了一些石器制造场。石器原料开采和比较固定的石器制造场的出现，是社会生产力发展的标志。

## 宗教信仰的最原始形式是哪一种?

图腾崇拜是发生在氏族公社时期的一种宗教信仰的现象，它一般表现为对某一种动物的崇拜，图腾崇拜是原始社会人类生活的重要组成部分。图腾主要会出现在旗帜、旗徽、柱子、衣饰、身体等地方，这也是祖先崇拜的一部分，它是一种最原始的宗教形式。

“图腾”一词源于印第安语，意思为“它的亲属”、“它的标记”。在原始人类的信仰中，本氏族人都出自于某种特定的物种，他们被认为和某种动物具有亲缘关系。这使图腾信仰和祖先崇拜发生了关系。在许多图腾神话中，某种动、植物，或者是与某种动、植物发生过亲缘关系产生的这个民族，于是这种动、植物便成了这个民族最古老的祖先。例如，“天命玄鸟，降而生商”(《史记》)，玄鸟便是商族的图腾。

我们通常通过氏族起源神话和称呼看出图腾和氏族的亲缘关系。如鄂伦春族称公熊为“雅亚”，意为祖父，称母熊为“太帖”，意思是祖母。匈奴族有一个传说，匈奴单于生二女，姿容甚美，国人皆以为神。单于说:“我这样的女儿只可配与上天。”于是筑高台，置二女在台上，“请天自迎之”。经过三年之后，乃有一老狼，昼夜守台嗥呼。其小女曰:“我的父亲让我在此处，想要送给上天，现在狼来了，也许就是上天派遣下来的神物。”于是下嫁于狼，产下后代便是匈奴人，后来繁衍成国。所以匈奴人好引声长歌，又似狼嗥。侗族传说其始祖母与一条大花蛇交配，生下一男一女，滋生繁衍成为侗族祖先。

“图腾”的第二个意思是“标志”，就是说它还要起到某种标志的作用。图腾标志是最早的社会组织标志与象征，它具有团结群体、密切血缘关系、维系社会组织和互相识别等重要功能，同时通过图腾标志，得到图腾的认同，受到图腾的保护。

由此可以认为，现代的一些宗教都是原始社会图腾崇拜的产物，它们在人们的生活中继续扮演着积极或者消极的作用，影响着社会生活。

## 我们的祖先是如何计数的?

远古人类没有现代社会的人们使用的那些相同和相似的方法来对生活中的一些数字进行计算和记忆，他们是如何对数字进行处理的呢？其实，远古人类也有一套自己独特的计数方法。

在人类社会最初级的阶段，人们的有无、大小等概念，是由摘野果与捕获野禽、野兽而逐渐形成的。后来，就发展到了使用结绳、刻痕、手指来计数。

1937年在维斯托尼斯(墨拉维亚)发掘出了一根40万年前的幼狼前肢骨，7英寸长，上面有55道极深的刻痕。这是已发现的用刻痕计数的最早的资料。直到今天，在欧、亚、非大陆的一些地方，仍然有一些牧人在木棒上刻痕以计算他们的牲畜。

秘鲁的印加族人（印第安人中的一部分）在古时（公元前1500年前）每收进一捆庄稼，就在绳上打一个结以记录收获的多少。据《易经》记载，上古时期我国人民“结绳而治”，指的就是用在绳上打结的方法来记事表数的。

罗马人在文化发展的初期，是用手指作为计数的工具。他们要表示1、2、3、4个物体时就分别伸出1、2、3、4个手指；表示5个物体就伸出一只手；表示10个物体就伸出两只手。从罗马数字的这些痕迹中可以看出，如1、11、111等来代表手指数；要表示一只手时，就变成“V”字型，表示大拇指和食指张开的形状等，这已是数码的雏形。

后来的数码符号的引进，标志着“数”已从各种具体的事物中抽象了出来，具有“独立”的地位，从而渐渐的成为人类处理数字概念的基础，这又是人类对数字认识的一大进步。

## 早期人类的婚姻形式是一夫一妻制吗?

早期人类还保持着群体内部男女成员之间实行杂乱的性交关系这一动物特性。由于当时还处在一种蒙昧的杂婚时代，所以还没形成特定的婚姻制度。当时的婚姻形式是杂婚，即每一个女子属于每一个男子，每一个男子也同样属于每一个女子。

杂婚这种形式如今已经不存在，只能在古代传说中可以找到一些痕迹。那时期的人，性行为随意、杂乱，没有固定的配偶。在远古时期，生活在一起的原始部落，是一个劳动和生活单位，同时也是缺乏规范性婚姻制度的繁殖机构。群体内的杂乱性交是猿人繁殖后代的根本方式，部落内部每一个成年女子都是成年男子的“妻子”，反之成年男子也都是所有成年女子的“丈夫”。所以不可避免的会使兄弟姐妹、父母子女之间发生性行为，这也是正常的。这种杂乱的性行为的结果就是形成杂婚。

《吕氏春秋· 恃君览》中说：“昔太古常无群矣，其民聚生群处，知母不知父，无亲戚兄弟夫妻男女之别，无上下长幼之道，无进退揖让之礼……”《列子· 汤问》也有记载称：“男女杂游，不媒不聘。”《管子· 君臣》中说：“昔者未有君臣上下之别，无有夫妇配匹之合，兽处群居，以力相征。”这些记载都是原始社会两性生活的真实写照。中国古代有许多“圣人无父，感天而生”的神话传说，如女登和神龙接触而生炎帝，附室见大龟绕北斗而生黄帝等等，看似荒诞的传说，却反映了原始社会时人大多不知其父的杂婚状态。

杂婚的形成主要有两方面原因：其一是以群的联合力量与集体行动来弥补个体自卫能力的不足；其二是猿人尚未产生“亲戚兄弟夫妇男女”等伦理观念。在生产上出现了自然分工，不同年龄阶层的男女在婚姻关系上自然产生距离后，伦理观念慢慢的

形成。特别是认识到杂婚的危害后，杂婚也就随之消失，并向血缘婚过渡。

## 是什么让人类在冰冻线以内得以生存？

人类对火的认识、使用与掌握，是人类认识并利用自然来改善生产和生活的第一次实践。以北京人为例，他们能够在50万年以前的冰河时期度过严寒的时期，并得以存活，对火的使用是保证。

火的应用，对于人类文明的发展意义重大。从100多万年前的元谋人，到50万年前的北京人，都留下了使用火的痕迹，但是人类最初使用的都是自然火。原始人正式的掌握了这一种强大的自然力是在人工取火发明以后，这大大促进了人类的体质与社会的发展，而最终把人与动物分开。人类最初和动物一样，是害怕火的。后来，逐渐发现了火的诸多好处，如被烧烤过的兽肉味道更加的鲜美等，于是便主动地利用火。

火的使用，首先是与人类形成与推广熟食生活有关。特别是人工取火的发明，使人类随时都可以吃到熟食，减少疾病，促进大脑的发育与体质的进化。熟食的推广，扩大了食物的来源和种类，使人类最终摆脱了“茹毛饮血”的时代。火还给人类带来了温暖，使人不再受气候和地域的限制，并能够在寒冷的地区生活，从而扩大了人类的活动范围。当时北京人所处的时间段就是冰河时期，火的使用使得北京人能够远离赤道而存活。

火作为原始人狩猎的重要手段之一，在用火驱赶、围歼野兽方面更加行之有效，从而提高了狩猎生产能力。焚草为肥，促进野草生长，自然为后起的游牧部落所继承。最初的农业耕作方式——刀耕火种，也是依靠火来进行的。至于原始的手工业，更是离不开火的作用。弓箭、木矛都要经过火烤矫正器身。以后的制陶、冶炼等，没有火更是无法完成的。

## 人类文明的基础是哪一个行业？

人类在原始的自然条件下，采用简陋的石器、棍棒等生产工具，从事简单的农事活动。这种由采集、狩猎逐步过渡而来的一种近似自然状态的原始农业，是世界农业发展的最初阶段，而这一行业的出现也是人类文明出现的基础。

原始农业的基本特征是生产工具以简单落后的石刀、石铲、石锄为主；耕作方法处于原始粗放的状态，使用刀耕火种的方法；主要从事简单协作的集体劳动，获取有限的生活资料，维持低水平的公共生活需要。中国古代农业中存在的“刀耕火种”与“火耕水耨”均属原始农业的耕作方法；“迁移农业”或称为“游耕”的方式也属原始落后的农业。如今，非洲的撒哈拉地区和中国西南地区的部分地方依旧保留着生产发展特别缓慢的原始农业的耕作方法，生产力水平很低。

为了狩猎的需要，人类最先驯养了狗。七八千年前长江、黄河流域新石器时代遗址中发现有猪骨和狗骨。到四五千年前，家畜饲养得到进一步发展，后世所称的“六畜”在这时都已被人们驯养了。游牧民族生活的地区，考古发现较多的是牛、羊、马的骨骼，猪骨比较少见。中国是世界上最早饲养猪的国家之一。

在农业和畜牧业出现以前，人们的食物和生活资料的主要来源是由采集与渔猎活动而得到的野生动植物，这在很大程度上是仰赖于自然。在农业出现以后，人们才改变了人和自然的关系。人们能够从一小块土地上获得的食物，和在比较大的土地上采集狩猎获得的一样多。人们在农业生产实践中，运用有关生物繁殖的知识，以及依靠自己的活动来增殖天然产品，找到了较稳定可靠的衣食来源。从此人们在和自然界的交往中取得了一些主动。

随着农业的逐步发展，人们可以生产出除了满足生产者本身所需之外的剩余粮食，这种剩余资料就是城市出现，农业和畜牧业、手工业分工，特别是脑力劳动得以从体力劳动中分化出来的物质基础。农业的出现是具有划时代意义的大事，它是文明的基础。

## 氏族公社发展经历了哪些阶段?

作为原始社会的基本单位的氏族公社，是以生产资料公有制为基础、以血缘纽带和血统世系相联结的社会组织形式。它曾经普遍存在于世界各地的原始社会中，是人类社会发展的必经阶段。氏族公社是由母系氏族公社和父系氏族公社两个阶段组成。

母系氏族公社经历蒙昧时代高级阶段，在野蛮时代低级阶段的时候臻于全盛。母系氏族公社是以母亲的血缘关系结成的原始社会的基本单位。它产生的基础是血缘家庭进一步发展而逐步形成的氏族，母系氏族公社是世界各民族普遍经历的一个阶段。母系氏族公社大约产生在旧石器时代晚期，而繁盛于新石器时代。

在母系氏族公社中，妇女们在生产和生活中起着主导作用。在母系氏族公社中，世系按母亲计算，实行母系继承制，所以孩子只知其母、不知其父，这使得妇女在氏族公社中居于支配地位，她们除了管理氏族公社内部事务外，主要从事采集与原始农业，使生活的供给比较稳定，男子则主要从事狩猎。母系氏族公社的最高权力机构是议事会，由全体成年的妇女和男子参加，享有平等的表决权。氏族成员共同劳动，共同消费，没有贵贱贫富之分，过着平等的生活。

到野蛮时代中高级阶段，随着社会生产力和劳动分工的发展，父系氏族公社逐步取代了母系氏族公社。在母系氏族公社之后，相当于青铜时代和早期铁器时代，形成了以男子为中心的大家族，男子支配生产、生活和公共事务，并且担任氏族首领。世系按父系计算，财产由子女继承，男子是家庭和社会的核心，有权支配家庭的财产，并管理家庭的成员，妻子从夫居。父系氏族公社的出现，是由于女性被排除在社会生

产之外，而身强力壮的男子转入农牧业和手工业等生产性经济领域，成为社会生产的主要力量，他们取得支配生活资料的权利，并将个人的生活资料首先转化为私有财产，进而产生了将财产传给子女的需要和实践。

随着私有制和阶级的产生，氏族公社趋于解体。但是在阶级社会初期，仍不同程度地保存着氏族公社的某些残迹。

## 我们的祖先为什么选择绘身和纹身？

所谓绘身，是指用某种方法把各种色彩的颜料涂抹在人们的身体上；而人为地给皮肤造成创伤以留下伤痕，或者在皮肤上涂抹染料以使色素经久不褪地保持在皮表之下被称为纹身。在原始人的心目中，绘身和纹身是一件非常重大神圣的事，而到底绘身和纹身对原始人意味着什么，现代人研究许久，却仍是一个谜。

原始人究竟为什么要这样费尽心机地去绘身或纹身？有人推测他们可能是出于图腾或祖先崇拜。在原始人类的心目中，本部族的图腾象征着自己的祖先，或者是象征着最受他们崇拜的主神，因而在身上绘或纹这些图案，以期得到神灵的保佑和帮助。据记载，中国古代南方崇拜龙神的民族，总是把龙纹在身上；在纹身的巴布亚人中，每个部落都有自己特定的专用图案，一旦发现有人抄袭了其他部族的花纹，轻则引起口角纠纷，重则触发械斗甚至战争。

出于某种巫术或宗教目的可能是绘身和纹身的另一个原因。如澳大利亚的土人在出发打仗时全身绘红，为死者举行丧礼时则全身绘白，以此求得天神的庇护。生活在澳洲中部的阿兰达部还把他们的图腾绘于自己身上，再用山鹰的羽毛蘸上自己胳膊的血贴在那些图案四周，并且跳一种“图腾舞”以与神灵交流。几乎所有的澳洲土著部落的法师都要绘上花纹作法，否则会被认为法术不灵而失去人们的信任。

绘身和纹身也往往是一个人在社会中地位的反映，如巴布亚人年轻时一般用红色绘身并黥刺面部。老年人则使用黑色绘身并加刺手臂、腿部或胸部。在日本的阿伊努人中，花纹大而直的社会地位较高，相反则社会地位较低；而新西兰的毛利人一样是面部黥文越复杂精细的人社会地位越高。加洛林群岛的土人甚至明确规定，只有贵族阶级才有权在背部、手臂、腿部上黥刺精美的花纹，非自由的人只能在手、足部上刺一些简单的线条。

不少人认为，原始人绘身与纹身的这些意义可能是后来衍生出来的，他们的初衷可能只是人类爱美的天性。当然，这种复杂的现象不能简单地归于某个原因。时至今日，原始绘身和纹身的那些充满神秘怪异色彩的线条和图案却一直吸引着人们，现代艺术家更是从中吸取了不少的灵感，可见其影响之深，一时是难以消除的。

## 人种是从什么时候开始分化的?

人种（race），亦称种族，是有区域性特点的群体。这些特点是由形态上与生理上的特点和语言习俗等历史文化因素特点共同组成的。如今人类的四大人种是从3.5万年以前开始形成的，在之后的积累中变化显得越来越明显。

全世界的现代人类通常划分为四大人种，这是生物学家根据人种的自然体质特征进行的区分。四大人种是指：欧罗巴人种（又称白色人种或高加索人种或欧亚人种）、蒙古人种（又称黄色人种或亚美人种）、尼格罗人种（又称黑色人种或赤道人种）和澳大利亚人种（又称大洋洲人种或棕色人种），即俗称的白种人、黄种人、黑种人和棕种人。

现代人的分布经历了一个十分长的发展变化时期，至少可以追溯到旧石器时代晚期的晚期智人阶段。晚期智人具有高而圆隆的头颅与相对较小的面部，低矮的眉弓和突出的下颏等特征，它是现代智人的一种早期类型。最早的晚期智人各群体在地球上广泛分布，他们已经积累了文化上与体质遗传上的差异，并在此后3.5万年以上的时间里进一步得到扩展和改变，最终形成了现代各个人种的特征和分布状况。与动物物种产生和分化的过程一样，形成现代各人种的自然过程仍然受基因突变、变异的随机扩散、迁移及自然选择四个基本因素控制。这些因素导致了各人种在某些形态特征和某些生物化学特征上表现出的程度不同的差异。

一般情况下，各人种的体质形态是和他们的生活环境相适应的。例如，居住在炎热的非洲沙漠的尼格罗人的肢体细长；而在寒冷北极生活的因纽特人（以前一般称为“爱斯基摩人”）则肢体粗短，这是为了身体热量的保持和散发。赤道附近尼格罗人的皮肤含有较多的色素，是为了避免过多的紫外线照射，他们卷曲的头发也可以起隔热的作用。蒙古人的倾斜的凤眼和内眦褶，还有宽的和富含脂肪的面颊、较平的鼻部和额部，则可能与亚洲中部寒冷的多风沙气候有关。

## 安诺文化是怎么回事?

安诺文化指的是土库曼斯坦铜石并用时期的彩陶文化，因最早在阿什哈巴德附近的安诺被发现而得名。该国南部科佩特山北麓分布着公元前5千纪初到公元前3千纪初的安诺文化区。

安诺文化区的居民主要从事以小麦与大麦为主要农作物的农业，有引水灌溉工程，家畜饲养业也相当发达。该文化与阿富汗、伊朗、美索不达米亚等地存在着密切的联系。

从20世纪50年代起，苏联考古学家Б·А·库夫廷和马松等人进行了大规模的挖掘。安诺文化的建筑以单间和由若干单元组成的多间的土坯房屋为主。还有一些设祭祀的灶火，墙壁或地面施以红、黑色的几何纹单彩或双彩的房子，作为聚落崇拜

中心与集会场所。墓葬常散见于聚落之内，死者为单人侧身屈肢葬，有的尸体以赭石染色；有的没有随葬品，有的随葬有极少量的饰物、容器或祭肉。

手制的平底钵、碗、罐是安诺文化的主要陶器。彩陶是深褐色的单彩或红、黑色的双彩，绘出三角、菱形、方格、十字、平行线等几何纹和山羊等象生纹。不施彩绘的陶器胎呈灰色或红色，器表常磨光，间或施划纹。这里屡见红陶人像和动物塑像，人物塑像多为疑似丰收女神的形貌。此外，还发现陶纺轮与陶车模型的轮子。工具有石制的镰刃等。饰物有金、银、红铜、宝石制成的串珠与垂饰，以及红铜制的镜、镯、环等。

安诺文化的居民是欧罗巴人种东地中海类型，他们主要经营农业与家畜饲养业。早期农业利用河流泛滥灌溉，晚期已开始人工引水灌溉。作物主要有小麦、大麦，家畜则有牛、羊、骆驼、猪。因其住房类型、红陶女像和墓葬尚无明显贫富分化，可推测当时社会应该还处于母系氏族公社阶段，但晚期屡见男子陶塑，这可能是母权制衰微的象征。

## 人类最早的文明是由哪个民族创造的？

苏美尔人（也译作苏默）是历史上两河流域（底格里斯河与幼发拉底河中下游）早期的定居民族，他们所创造的苏美尔文明是整个美索不达米亚文明中最早的文明，同时也是全世界产生最早的人类文明。位于美索不达米亚南部的苏美尔文明最早可以追溯到公元前 4000 年，大约在公元前 2000 年被闪米特人（闪族人）建立的巴比伦文明所取代。

距今约 6000 年前，阿拉伯半岛底格里斯河和幼发拉底河流域南端的波斯湾口一带（今科威特波斯湾与地中海之间的新月及邻近地区），创建了世界最早的文明——苏美尔文明的古苏美尔人在这里建立了两河文明。苏美尔这个名字是其他人给他们起的名字，而不是他们的自称，最早使用苏美尔这个名字的是阿卡德人。苏美尔人称他们自己为“黑头的人”，称他们居住的地方为“文明的君主的地方”，苏美尔人的语言、文化，可能也包括外表，都与他们的闪族邻居以及继承人不同。

苏美尔最早的时期由几个独立的城市国家组成，这些城市国家之间以运河和界石相分割。位于国家中心的是该城市的保护神以及保护女神的庙。每个城市国家由一个主持该城市的宗教仪式的祭司或国王统治。在这一时期，他们的经济和社会包括教育事业得到很大的发展，除此之外，人类最早的象形文字——楔形文字就是他们发明的。

到了公元前 1793 年，由于闪米特一支的阿摩利人汉穆拉比大帝于巴比伦即位，美索不达米亚平原上开始了新的统一战争。公元前 1763 年，最后一位苏美尔民族的君主瑞穆辛的首都拉尔萨城被巴比伦军队攻破，宣告了苏美尔人从人类历史上销声匿迹了。

## 谁是人类历史上第一个国王?

在留下赫赫大名的上古时代帝王之中，古埃及的美尼斯恐怕是年代最早的一个了。美尼斯是古埃及法老（公元前 3100 年前后），他是古埃及国家统一的奠基者，也是古埃及第一王朝的建立者。他是世界上第一个国王。古埃及是世界古国中的古国，而美尼斯正是站在这一切开端处的特殊人物。

大约在 1 万年之前，非洲北部的居民迁到尼罗河两岸。他们辛勤劳作，不断提高耕作技术，从而将尼罗河谷地变为了古代著名的粮仓。公元前 3500 年，埃及进入阶级社会，国家发展起来。但当时埃及还没形成一个统一的国家，境内有十几个部落，由于信仰不同，各个部落之间经常发生战争。这些部落被希腊人称为“诺姆”（又译为州），它们都有各自的名称、都城、政权、军队，实际上就是一个个独立的王国。

在长期的兼并战争中，狭长的尼罗河流域被分成了下埃及王国和上埃及王国两个独立王国。多少世纪以来，上、下两个埃及王国一直处于分裂状态，直到公元前 3100 年左右，美尼斯巩固了自己在上埃及的地位，继而亲自率大军北上，经过三天三夜的战争，终于在美尼斯法老的领导下统一了上、下埃及。美尼斯把决战的地点命名为“白城”，就是后来古埃及的首都“孟菲斯城”。

美尼斯在历史上最先完成了埃及的统一，推动了埃及的发展和该地区文明的进步。据说美尼斯在位时间达 26 年，他在一次打猎中不幸身亡。古埃及到第五任国王时进入专制统治时期并使社会发展到了全盛阶段。这一时期的国王自称是太阳神的儿子，被视为神圣不可侵犯的对象，他们将土地视为自己的财产，把人民视为自己的奴仆，一切行政、军事、司法权力集于一身。后来，埃及国王逐渐被称为法老。

## “法老”一词的原意是什么?

“法老”一词，原意仅仅指的是宫殿或者是皇宫，并不涉及任何的个人，后来渐渐地用来表示对国王的尊称，逐渐变为了国王的特指，而失去了它的本意。

“法老”是一个神秘的名字，是对古埃及国王的一种尊称。它是埃及语的希伯来文音译，意为大房屋，在古王国时代（约前 2686 ～前 2181 年）仅仅是指王宫，并不涉及国王本身。从新王国第十八王朝图特摩斯三世起，开始用于国王自身，并逐渐演变成对国王的一种尊称。第二十二王朝（前 945 ～前 730 年）以后，成为国王的正式头衔。

法老掌控着全国的军政、司法、宗教大权，其意志就是法律，是古埃及王国的最高统治者。法老自称是太阳神之子，是神在地上的代理人与化身。令臣民将其当作神一样来崇拜。法老站在权力金字塔的顶端，他们是神的化身，具有绝对的权威。法老的名字具有不可抗拒的魔力，官员们以亲吻法老的脚而感到自豪，古埃及人对法老的

崇拜特别疯狂。

埃及最伟大的法老是拉美西斯二世，他是古埃及新王国第十九王朝法老，塞提一世之子，和其祖父同名。他统治埃及67年，是古埃及史上统治时间最长、影响最大的法老，标志着埃及帝国的权力达到顶峰。

法老死后，他们的尸体被制成干尸，放在金字塔内部的墓室中。金字塔就是埃及法老的陵墓，它是古代埃及人智慧的结晶。埃及境内大约有70多座金字塔，最是雄伟壮观的要数坐落在吉萨的第四王朝法老胡夫的金字塔。这座金字塔高146.5米，绕一周约1公里，占地52900平方米。塔身由2300000块石块砌成，平均每块石头重达2.5吨，其中最大的有15吨重。石块之间无粘着物，全靠石身的重量紧紧地压在一起。至今已历时近5000年，塔基还十分牢固。胡夫金字塔的内部结构也相当复杂，恰似一个规模十分巨大的宫殿。

## 哈拉巴文化存在于哪个年代?

南亚地区是地球上屈指可数的几个人类文明发源地之一，在古代印度，这里先后出现过几个文明。大约距今4千多年之前，一个高度发达的文明在以印度河流域为中心，方圆50万平方公里的土地上兴起了，这就是被印度学专家称作印度文明“第一道曙光”的哈拉巴文化。

公元前3000年左右，哈拉巴文化逐渐进入了全盛时期。当时的居民主要从事农业，他们的主要农作物有大麦、小麦、稻等；在手工业方面，有冶金、粮食加工、制陶，还有棉、毛纺织、刺绣、染色等。此外，还有珠宝制造与象牙工艺等。此时的居民已经驯服了水牛、黄牛、象、骆驼等动物，使用青铜制的农具，另外还将水牛作为牲畜，他们还学会了筑坝和引水灌溉。

当时的商业十分发达，印度河流域本地出产的棉布、香料、木材、珠宝等输往西亚等地；自南亚次大陆以外的地区运入工艺品原料；陆路交通主要使用车辆与牛、骆驼等运输；在水路有船只；此外还形成了度量衡制度。

当时，该地区也已经有了记载语言的文字，基本上属于象形文字。哈拉巴文化的文字大多刻在石头或者是陶土制成的印章上；这一地区还形成了城市，城市规划有完善的供水排水系统。那时的贫富差距十分悬殊，上层人物住的是庭院宽敞、设备完善的高楼大厦，穷人则只能住矮小、简陋、拥挤不堪的茅舍，当时已经产生了国家。

人们的生活内容相当丰富，人们吃的是肉、鱼、面包等，穿的是棉布与毛织品；日常用品有碾谷石磨、过滤的穿孔陶器及盛放食物和饮料的碗、盘等；此外还有照明的灯、烧香的炉。公元前1750年，哈拉巴文化兴旺发达了几个世纪后突然消失，从此印度河流域哈拉巴文明之光便莫名地熄灭了。

## 最令人难解的金字塔是哪一座?

胡夫金字塔是当今世界上最大的金字塔。它是人造建筑的世界奇迹，也是世界上最令人难解的金字塔。

胡夫金字塔位于埃及首都开罗西南约100公里的吉萨高地，是埃及现存规模最大的金字塔，被喻为“世界古代七大奇迹”之一。据古希腊历史学家希罗多德的估算，修建胡夫金字塔一共用了30年时间，每年用工10万人。

胡夫金字塔的建成时间大约在公元前2700年前，刚建成时的胡夫金字塔高度为146.59米，底边长度为230米，是由250多万块每块重约2.5～15吨的巨石垒砌而成的。今天的胡夫金字塔已不再有当年的雄姿，高度仅剩138米，而底边的长度则是220米。尽管如此，它仍然不失为世界之最，高高矗立在蓝天白云与满目黄沙之间，蔚为人间的壮观。

令人吃惊的奇迹，不只是胡夫金字塔的雄壮身姿，而是发生在胡夫金字塔上的数字“巧合”：胡夫金字塔的子午线，正好把地球上的陆地与海洋分成相等的两半。难道说埃及人在远古时代就能够进行如此精确的天文与地理测量吗？出乎人们意料之外的数字“巧合”还在不断地出现，早在拿破仑大军进入埃及的时候，法国人就对胡夫金字塔的顶点引出一条正北方向的延长线，那么尼罗河三角洲就被对等地分成两半。

除了这些有关天文地理的数字以外，胡夫金字塔内部的直角三角形厅室，各边之比为3∶4∶5，体现了勾股定理的数值。此外，胡夫金字塔的总重量约为6000万吨，如果乘以10的15次方，正好是地球的重量！底部周长如果除以其高度的两倍，得到的商为3.14159，这就是圆周率，它的精确度远远超过希腊人算出的圆周率3.1428，与中国的祖冲之算出的圆周率在3.1415926～3.1415927之间相比，几乎是完全一致的。

金字塔一方面体现了古埃及人民的智慧与创造力，另一方面也成为法老专制统治的见证。胡夫金字塔的种种奇异之处，对于地球人来说，是世界难解之谜。

## 你知道世界上最大的狮身人面像在哪吗?

世界各地有很多狮身人面像，但最大的、历史最悠久的一座狮身人面雕像位于埃及开罗。

开罗的狮身人面像有这样的故事：在公元前2610年，法老胡夫来此巡视自己快要竣工了的陵墓——金字塔。他发现采石场上还留下一块巨石，于是他当即命令石匠们，按照他的脸型，雕一座狮身人面像。石工们精雕细刻，最终完成了它。雕像高20米，长57米，脸长5米，头戴“奈姆斯”皇冠，额上刻着“库伯拉”（即cobra：眼镜蛇）圣蛇浮雕，下颌还有帝王的标志——下垂的长须。

这座狮身人面像是一个千古谜团。在古代的神话中，狮身人面像是巨人和妖蛇所

生的怪物：人的头、狮子的躯体，带着翅膀，名叫斯芬克斯。斯芬克斯生性残暴，他从智慧女神缪斯那里学到了很多谜语，常常守在大路口。每一个行人想要通过，必须猜谜，猜错了，统统吃掉，蒙难者不计其数。有一次，一位国王的儿子被斯芬克斯吃掉了，国王愤怒极了，发出悬赏："谁能将他制服，就给他王位！"勇敢的青年狄浦斯，应国王的征召前去复仇。

他到了斯芬克斯把守的路口。"小伙子，猜出谜才让通过。"斯芬克斯拿出一个最难的题给他猜。"能发出一种声音，早晨用四条腿走路，中午用两条腿走路，晚上却用三条腿走路，这是什么？""这是人。"聪明的狄浦斯很快地说了出来。狄浦斯胜利了，他揭开了谜底。但斯芬克斯不服输，又给狄浦斯出了一个谜语："什么东西先长，然后变短，最后又变长？"狄浦斯猜出了谜底"影子"。斯芬克斯原形毕露，决定用自杀去赎回自己的罪孽。

传说中，开罗这座狮身人面像是按照斯芬克斯的形貌雕刻的。其实，世界各地有很多狮身人面像，只是开罗的这座最大而已。

## 埃及的金字塔是为谁建造的?

埃及金字塔是古埃及奴隶社会为历代帝王所建造的陵墓，呈方锥形，是世界七大奇迹之一。它们数量众多，集中分布在孟菲斯。

相传，古埃及第三王朝之前，人死之后都被葬入一种用泥砖建成的长方形的坟墓，古代埃及人把它称为"马斯塔巴"。后来，有个叫伊姆荷太普的聪明年轻人发明了一种新的建筑方法为埃及法老左塞王建造坟墓。他用山上采下的呈方形的石块来代替泥砖，并不断修改修建陵墓的设计方案，最终建成一个有六级的梯形金字塔，这也就是我们现在所看到的金字塔的雏形。

在古代埃及文字记载中，金字塔是梯形分层的，因此还称作层级金字塔。这是一种高大的角锥体建筑物，底座呈四方形，每个侧面为文字三角形，样子就像汉字的"金"字，所以我们称它"金字塔"。伊姆荷太普设计的塔式陵墓为埃及历史上的第一座石质陵墓。

在最早的时候，马斯塔巴被作为埃及的法老死后的永久性住所。后来，大约在第二至第三王朝的时候，埃及人产生了国王死后要变为神，他的灵魂要升天的观念。在后来发现的《金字塔铭文》中有这样的话："为他（法老）建造起上天的天梯，以便他可由此上到天上"。天梯指的就是金字塔。

古代埃及太阳神的标志是太阳光芒，角锥体金字塔形式又表示对太阳神的崇拜，所以金字塔象征的就是刺破青天的太阳光芒。当你站在通往基泽的路上，在金字塔棱线的角度上向西方看去，可以看到金字塔像撒向大地的太阳光芒。

## 金字塔是怎样建造的?

建造巨大的金字塔也许今天并不困难，但对于4700年前的埃及人来说是异常困难的。而金字塔究竟是怎样建造出来的，始终是一个谜。

希罗多德被称为“西方史学之父”，他曾经记载，建造胡夫金字塔的石头是由“阿拉伯山”（可能是西奈半岛）开采来的。埃及人当时是用铜或者青铜的凿子在岩石上打上眼，然后插进木楔，灌上水，利用木楔子被水泡胀将岩石胀裂。古代埃及人将石头装于雪橇之上，用人和牲畜拉。修建运输石料的路与金字塔的地下墓室就用了10年的时间。

在建造胡夫金字塔时，胡夫把所有埃及人分为10万人的大群，强迫他们为他劳动。每一大群人要劳动3个月。建造胡夫金字塔花去了整整20年的时间。对于希罗多德的说法，后人提出了许多的疑问，但是到今天，依然没人能够给出完满的答案。

在现代，一位叫戴维杜维斯法国化学家，提出了一个关于金字塔建造的全新见解。他认为，建造金字塔的巨石不是天然的，而是人工筑造的。他从一位考古学家那里，得到5块从埃及胡夫金字塔上取下的小石块，经化验发现这些石块由贝壳石灰石组成。据他估计，当时在工地上劳动的仅仅有1500人，而不是像希罗多德所说的那样每批都有10万人。

更出乎意料之外的是，这位法国科学家还在这些石块中发现了一缕一英寸长的人发，但这些说法都还是一些推测。

集中了当时古代埃及人的所有聪明才智的金字塔最终修起来了，而且屹立了4000多年，这是一大奇迹。无论是怎样建起来的，可以肯定的是金字塔是古代埃及人民智慧的结晶，是古代埃及文明的象征。

## 木乃伊的制作过程是什么样的?

木乃伊是在古代经过处理留下来的尸体。具体方法经过三千多年演变已经很难考究了，不过多数学者专家认为防腐方法在公元前10世纪左右发展至巅峰，这些方法也是最为复杂和精湛的。

当时一名一流的防腐师大致依下述步骤制成木乃伊：首先用燧石刀在尸体腹部左侧开个十厘米长的切口，取出内脏，逐一用酒和含有药的香料加以清洗。防腐师还用香柏油冲洗尸体腹腔，把余下的柔软组织分解。接着准备取脑，他用一种带钩的工具从死者鼻孔穿进头颅，取出脑髓，然后灌入香柏油和香料，冲出脑壳中的残余组织。

尸体全身每部分都彻底清洗后，防腐师把所有器官与尸身埋进泡碱粉末堆中，抽干水分。尸身、器官大概要埋在泡碱粉里一个月，拿出来后把每一部分再用香液和香料洗涤。尸体防腐工作自始至终的每一个步骤，防腐师必须认真对待。

接着，防腐师把干透的内脏逐一用麻布包好，放回腹腔用锯屑、麻布、焦油或泥

巴之类的填料填好腹腔。填放完毕，随即将切口缝合。这时剩下来的工作是让尸体外观复原，最后防腐师还要充当化妆师，用称为赭石的有色泥土替死者面部甚至是全身染色。染色完毕尸体即可包裹。防腐师把尸体四肢分别以抹过松香的麻布一层一层地密实包裹，然后包裹头部和躯干，最后将全身裹起来。防腐师包好尸体，做成一具木乃伊，前后共花约 70 天时间。

整个制作过程花费高昂，除了名贵的原料之外，包裹尸体的亚麻布也是十分优质的。因此，只有国王、王亲国戚、贵族富豪才花销得起，穷人只能从简，甚至草草了事。公元 4 世纪以后，基督教在埃及占据主导地位，制作木乃伊的习俗才被废止。

## 世界历史上最早的改革是何时进行的?

公元前 2378 年，苏美尔城市国家拉格什国王乌鲁卡基那，为了缓和内部矛盾，强化城邦政权对奴隶实行专政的职能，遂在国内进行改革，这是已知历史上最早的一次改革。

位于今天伊拉克境内铁罗（Telloh）的拉格什（Lagash）是苏美尔城邦，它在幼发拉底河和底格里斯河相汇处的西北，在乌鲁克城以东。苏美尔城邦由拉格什、吉尔苏和尼那等居民点组成。遗址分别在今伊拉克境内的希伯、泰罗与苏尔古尔。现知拉格什最早的国王为恩赫伽尔（约前 27 世纪末在位），而在安那吐姆统治时期（约前 2454 ～前 2425 年），拉格什战胜北方强国基什，征服乌尔、乌鲁克和拉尔萨等城邦，成为苏美尔诸邦之霸主。他还和北部邻邦温马发生激烈冲突，鹫碑就是为庆祝与记录战胜温马而立的。乌鲁卡基那（前 2378 ～前 2371 年）是苏美尔城邦的另一个君主。

公元前 24 世纪，拉格什内部自由民分化随着奴隶占有制社会经济的不断发展而加剧，以国王为代表的世俗贵族和以神庙祭司为代表的僧侣贵族的矛盾日益激化，导致乌鲁卡基那（约前 2351 ～前 2342 年在位）的改革。这次改革的主要内容是扩大公民权的范围，将公民人数由 3600 人增加到 36000 人；取消了王室派往牧场、渔场的监督，撤除了税吏；恢复庙产，减轻人民的宗教费用；禁止以人身保证作为借贷的条件；禁止暴利、盗窃、残杀、囤积居奇，防备饥馑；禁止欺凌孤寡等。

这次改革旨在打击贵族的寡头势力，在促进社会生产的发展方面起了不小的积极作用，但也存在向贵族妥协并维护其利益的弊端。公元前 2371 年，这次改革最终因外敌入侵而被迫中止。

## 最早创建国家常备军的人是谁?

古代西亚两河流域南部塞姆语系的阿卡德人建立的奴隶制国家阿卡德王国，位于亚述东南，统治着美索不达米亚南部（今伊拉克）大片区域。国王萨尔贡（约前2371～约前2316年）为了进行对外扩张，创建了世界历史上最早的国家常备军。

阿卡德人并非苏美尔人，而是大概在公元前2500年左右进入两河流域的一支闪米特人。阿卡德人进入两河流域时，苏美尔城邦文明将要进入尾声，各城邦之间斗争异常激烈。约于公元前2371年阿卡德王萨尔贡统一了苏美尔地区，建立了君主制的集权国家，定都在阿卡德（即后来的巴比伦城），宣告了苏美尔城邦时代的结束。

萨尔贡在位时期（约前2371～约前2316年），他创建常备军（约有5400人），对外进行扩张。萨尔贡曾经先后出征34次，击败卢伽尔扎吉西；接着萨尔贡挥兵南下，降服乌尔；攻取乌鲁克；征伐拉格什；“洗剑于波斯湾”。昔日的苏美尔城市几乎尽遭摧毁，沉重打击了苏美尔旧贵族势力。萨尔贡还向东远征埃兰，掠取苏撒等城市。

萨尔贡向北征服了两河流域北部的苏巴尔图，并且曾出兵到小亚细亚的陶鲁斯山区以及沿黎巴嫩山脉的地中海东岸地带。萨尔贡自称“天下四方之王”，他虽然征服了广大地区，但他直接统治的地方大概仅限于两河流域南部。两河流域北部的苏巴尔图，东边的埃兰等也只是其属国，仍保持半独立的状态。

他以10日行程范围作为1个行政区和行省，派王族子弟为总督，有时也任用一些归顺的苏美尔人，拉格什的乌鲁卡基那晚年就曾担任过当地的总督。萨尔贡十分注意维护水利灌溉系统，他兴修了许多水渠，同时以10进制单位统一了全国的度量衡。在文化方面，他基本承袭了苏美尔的文化传统。

到了阿卡德王国后期，中央集权渐渐趋于崩溃，并于约公元前2191年被蛮族库提人（Guti）的入侵摧毁。

## 商业银行最早出现在什么地方？

古巴比伦王国是四大文明古国之一，也是第一个开办商业银行业务的古国。巴比伦神庙的祭司于建国后不久就开办了借贷机构，包括实物借贷和金银借贷两种。他们的偿还方式为分期付款，每月一还；利息按法律规定：金银借贷为20%，实物为33%。

最初，巴比伦只不过是幼发拉底河边的一个不知名的小城市。在公元前2200年左右，来自叙利亚草原的闪族人的一支——阿摩利人攻占这座小城，建立了国家。阿摩利人骁勇善战、争强尚武，他们以巴比伦为中心，南征北讨、四处征战，最后建立了一个强大的巴比伦王国，历史上称之为“古巴比伦王国”。阿摩利人也因此被称为巴比伦人。巴比伦人继承和发扬了苏美尔人和阿卡德人的文明成果，把美索不达米亚文明发展到顶峰。后人喜欢用“巴比伦”三个字来概括古代两河流域文明，足以表明巴比伦文明所创造的辉煌业绩与对世人所具有的魅力。

在建国之后，巴比伦神庙的祭司开办了采用分期付款来偿还的借贷机构。除此之外，古巴比伦时代的数学与天文也十分的发达。

在数学方面，计数法采用十进位与六十进位法。六十进位法应用于计算周天的度数和计时，至今为全世界所沿袭。在代数领域，古巴比伦人已经可以解含有三个未知数的方程式。

在天文学方面，巴比伦人将已知的星体命名，他们还知道了如何区分恒星和行星。当时的历法为太阴历，将一年分为 12 个月，一昼夜分为 12 时，一年分为 354 日。他们已经知道设置闰月以适应地球公转的差数。古巴比伦人在天象观测方面的长期积累，使后来的新巴比伦人能预测日月蚀与行星会冲现象，并进一步推算出一年是 365 天 6 时 15 分 41 秒，比近代的计算只多了 26 分 55 秒。

现代化形式的商业银行模式正是在这样一个高度文明的古国产生的，也为后来金融机构的发展提供了参考。

## 哪一个民族最早进入铁器时代?

作为西亚地区甚至全球最早发明冶铁术和使用铁器的国家，赫梯人成为了世界第一个进入铁器时代的民族。近年考古发现的证据显示铁器的生产至少可以上溯到前 20 世纪。

大约形成于公元前 19 世纪中叶的赫梯国，当时还是一个小国，后以哈图斯（今波加科斯）为中心，渐趋统一。古巴比伦后期，赫梯国日渐强盛，并经常向两河流域侵扰，其中最大的一次入侵发生在公元前 16 世纪初，赫梯军队攻破了巴比伦城，击溃古巴比伦王国，饱掠而归。公元前 16 世纪后半叶，赫梯国王铁列平又进行了改革，使赫梯的王权得到巩固，国势日盛。

公元前 15 世纪末到公元前 13 世纪中期，是赫梯最强盛的时期。此时，赫梯人摧毁了由胡里特人创建的米坦尼王国，并趁埃及埃赫那吞改革的时机，夺取埃及的领地，和埃及争霸。埃及第十九王朝的法老们，都曾经和赫梯交过手。直至埃及法老拉美西斯二世时，双方军队在卡迭什会战，两败俱伤，于公元前 1283 年签订和约。与埃及的争霸使赫梯元气大伤，之后国内大乱，导致帝国逐渐衰亡。公元前 13 世纪末，“海上民族”腓力斯丁人席卷了东部地中海地区，赫梯被肢解。公元前 8 世纪，残存的赫梯王国被亚述所灭。

赫梯古王国的农业当时已是主要生产部门，金属冶炼达到了很高的水平。据文献记载，赫梯人最早发明炼铁技术，在冶铁方面很有名气。由于赫梯王视铁为专利，不许外传，使得铁贵如金，以至于价格达到黄铜的 60 倍。赫梯的铁兵器也曾使埃及等国为之胆寒，赫梯人打击敌人最有效的武器是战车；在战场上，他们驱赶披着铁甲的马拉战车冲锋陷阵，所向披靡，使来敌闻风丧胆。

公元前 1180 年左右，赫梯国被灭，其铁匠散落各地，冶铁术在世界扩散开来，公元前 800 年左右传到印度，公元前 600 年左右传到中国。

## 古代印度教的形式是什么？

婆罗门教是现在流行的印度教的古代形式，它是因崇拜梵天以及有婆罗门种姓担任祭司而得名的，是一种印度古代宗教。

婆罗门教的起源至少可以追溯到公元前3000～公元前1500年的印度河流域文明，公元前两千年的吠陀教是它的前身。当时定居在印度河河谷的居民已经使用青铜器皿并且已有象形文字。流行的宗教信仰主要是对地母神、动植物（特别是牛）、性器官以及祖灵的崇拜，浸浴与土葬是重要的宗教仪式，有些出土的画品上还绘有修行者打坐与冥想等形象。

公元前20世纪中叶，雅利安人由兴都库什山和帕米尔高原进入印度河流域，并经过和当地的主要土著民族——达罗毗荼人的长期斗争征服了他们。他们在印度河流域定居并与当地土著民族融合，逐渐开始过渡到农业社会；在那里形成了吠陀教，崇拜多神，实行烦琐的祭祀。

吠陀教同许多后来的世界性宗教不同，它是不同的宗教信仰与哲学派别经过长期汇合而形成的宗教思想体系，没有明确的具体创教人。所有这些在印度次大陆经历过数百到上千年的繁荣的不同的教义和思想派别都代表了不同地域、不同种族的文化内涵。婆罗门教等级森严，它把人分为4种姓氏：婆罗门、刹帝利、吠舍和首陀罗。婆罗门是最高的一等，主要由教士与学者组成；刹帝利是由贵族和战士组成的贵族阶层；吠舍则是由农夫和客商组成的下层民众；低级的农奴和奴隶组成的首陀罗处于社会最底层。

婆罗门教在公元前6世纪到公元4世纪达到鼎盛，公元4世纪以后，由于佛教与耆那教的发展，婆罗门教开始衰弱。到公元八九世纪，婆罗门教结合印度民间的信仰，吸收了佛教与耆那教的一些教义，在商羯罗改革后，逐渐发展成为现在的印度教。

印度教和婆罗门教教义基本相同，都信奉梵天、毗湿奴、湿婆三大神，它们在本质上没有区别，主张善恶有报，人生轮回，现世的行为决定了轮回的形态，只有达到“梵我同一”方可获得解脱，修成正果。因此，印度教也称为“新婆罗门教”，而前期婆罗门教则被称为“古婆罗门教”。

## 什么被称为美洲地区的“希腊文化”？

玛雅文化作为世界重要的古文化之一，更是美洲非常重大的古典文化。在现在的墨西哥合众国的尤卡坦半岛、恰帕斯与塔帕斯科两州和中美洲内的一些地方，包括今日的伯利兹、危地马拉的大部分地区，洪都拉斯西部地区以及萨尔瓦多中的一些地方，玛雅文明孕育、兴起并发展起来。这个地区的文明被认为是美洲地区的“希腊文化”。

公元前2000年左右，玛雅人开始了定点群居，他们也从采集、渔猎进化到了农

耕时期，农业与定点群居孕育了玛雅文明，玛雅文明从此就开始了。世界上的许多研究玛雅文化的学者，比较公认的玛雅文明历史分期是：从公元前1500年到公元317年，玛雅文明发展的前古典时期；从公元317年到公元889年，古典时期；从公元889年到1697年，后古典时期。也有人把它们叫做早期阶段、中期阶段与晚期阶段。

前古典文明出现在危地马拉的太平洋沿岸与高原地带，这时期的文明中心在中美洲的纳克贝与埃尔米拉多尔。该时期的玛雅文化主要特点是出现了在城市广场上建立的许多大型的雕刻有历朝历代的统治者形象的石碑。因为在公元1世纪时玛雅文化区出现了象形文字，所以石碑上也就有了记述统治者历史的文字。

古典时期的文明发展中心是在危地马拉一带的蒂卡尔、帕伦克、博南帕克以及科潘等地。这时的文化特征主要反映在建筑、雕刻与绘画上。博南帕克壁画位于中美洲的玛雅古典文明中心，是世界有名的艺术宝库。由于某些未知的原因，该文明到9世纪时衰落了，此后，玛雅文化北移到了墨西哥合众国的尤卡坦半岛，进入了后古典文明时期。玛雅的后古典文明有奇钦• 伊察、乌斯马尔与玛雅潘三大中心。

公元10世纪后，托尔特克人的后裔势力强盛，他们从墨西哥侵入尤卡坦半岛，玛雅文化和托尔特克文化在融合的基础上发展到了一个新的高度，已经衰落的玛雅文化重新繁荣起来，玛雅历史也就进入了第二个发展时期，建立了许多比以前更大、更雄伟的神庙和大型金字塔，天文和历法也得到长足的发展，这些是后古典文明显著的文化特征。

## 玛雅人对世界文明的贡献是什么？

玛雅文化是世界上最伟大的古典文化之一，它在农业、手工业、建筑业、天文、艺术、文学、哲学等领域对世界文明都作出了很大的贡献。

首先，在农业生产中培育了对人类有重大贡献的粮食新品种，例如玉米、西红柿、南瓜、豆子、甘薯、辣椒、可可、香兰草与烟草等，其中最重要的是玉米的培植。火鸡是如今欧美家庭过节必备的美味佳肴，而它就是玛雅人最先培育的。

其次，玛雅人还创造了超前历史的城市经济。玛雅有很多城市，据统计，在公元后的8个世纪中，各个不同的玛雅部落前前后后共建立了一百多个城市，其中比较有名的有帕伦克和科庞。玛雅人在建筑与艺术方面也对人类作出了巨大的贡献，他们用石头建造了许多宏伟的殿堂、庙宇、陵墓以及巨大的石碑。玛雅人的建筑物气势宏伟、富丽堂皇，即使到了今天，在尤卡坦和危地马拉的热带丛林里残存着的玛雅遗址中，我们还可以看到在那些断垣残壁上鲜艳的色彩与美丽的图案。

再次，玛雅人在天文历法与数学运算方面的成就在当时世界上也是首屈一指的。他们把一年定为365天，一年分为18个月，每月20天，剩下的5天作为禁忌日；历法的精确度远早于欧洲人后来使用的格里高利历。玛雅人还会推算月亮、金星与其他行星运行的周期，日食的时间。

此外，玛雅人还创造了象形文字，可以用来表达人间万事万物和人的情感，并且有了哲学和理想化的思想。玛雅人和其他早期的人类一样，原先信奉萨满教，崇拜自然神，尤其崇拜太阳神，称太阳神为伊查纳。后来玛雅宗教不断发展，在宗教中注入了原始的哲学与理想化的思想。

最后，玛雅人有着丰富的史学和文学文献。创造了象形文字后，他们创作了成千上万种书籍与数不清的石刻，可惜大部分书籍被西班牙人付之一炬，只剩下《卡奇克尔年鉴》、《奇兰·巴兰》、《波波尔·乌》与《拉比纳尔的武士》。

## 电影中的“2012”是怎么产生的?

在美洲印第安人中流传着一个古老传说：古时候有 13 个水晶头骨，里面隐藏了有关人类起源与死亡的资料，能帮助人类解开宇宙生命之谜。根据这个传说，人们必须在 2012 年 12 月 21 日（已经循环了 5126 年的玛雅历法就是在那一天终结）之前找到全部头骨，再把 13 个头骨聚集在一起并按正确的位置摆放，头骨的超自然力量才能够挽救地球，否则将引发灾难，这就是电影中的“2012”的原型。

玛雅文明消失之后人类在中美洲的贝利兹的玛雅遗迹中发现了一个大小几乎和人类的骷髅相同的水晶骷髅，这个水晶骷髅是个完全用水晶石加工研磨而成的。至今玛雅后裔仍然会施咒于透明水晶，并小心地带在身上。玛雅人认为骷髅是一种神明供物，象征与神明心意相通。

但是水晶的制作却需要很高的技术：水晶是一种硬度极高、几乎无法任意切断或者随意造形的矿石，古玛雅人是如何轻易地完成如此精巧的水晶制品的呢？在太古时期，究竟是谁教会了他们这样的技术？是否来自地球之外超越人类的存在，教导了古代玛雅人这种奇迹技术呢？这些，至今仍是一个谜。

纯净透明的水晶硬度很高，但质地却脆而易碎。可以推断：要想在数千年前把它制作出来的话，唯一的可能就是用极细的沙子与水慢慢地从一块大水晶石上打磨下来，而且制作者要一天 24 小时不停地打磨 300 年，才能完成这样一件旷世杰作。

据说水晶头骨还有催眠功能，如果一个人紧盯着水晶头骨的眼睛处，不多时就会感觉昏昏欲睡。在传说中，头骨是玛雅人为病人做手术时催眠病人用的。

## 玛雅文明为何突然消失?

玛雅文化持续地发展了很长一段时间后，在公元 830 年，科班城浩大的工程突然停工。909 年，玛雅人最后一个城堡，也停下了已修过半的石柱，散居在丛林中的玛雅人都抛弃了原来南边的家园，集体向北迁移。过了一段时期，玛雅文化就彻底消失了。

这究竟是为什么呢？至今后人也没有弄清楚原因，仅仅依据现有的史料进行猜测。

很多人认为，玛雅人是随外星人离去的。在布兰科“铭文神殿”中，曾发现一个很怪的皇家的坟墓，它中间停放着一具巨大的躺着一位玛雅国王的遗骨的石棺，现代人认为它曾是布兰科一位极受尊敬的国王，名字叫太阳陛下帕卡尔。这个布兰科的石棺是用一整块巨大的木兰花色石灰石做成的，重约 5 吨，面积超过 7 平方米。石棺上盖的雕刻十分复杂，上面刻画的是一个蜷曲的几乎处于 W 形状的玛雅人形。有些人推测玛雅人突然消失的原因是他们随着外星人的宇宙飞船一同离去了。

还有人认为是玛雅文明随祖先沉入大海。据有关资料显示，在大西洋中曾有一个经济繁荣，文化发达的大西洲，在 10000 多年前的某一天，它一夜之间沉入了大海，毁灭了。

另一些人认为是内部暴乱导致了文明的消失。据考古研究发现，在阿兹特克人到达陶帝华康城时，这座古城已然荒废，其现存的神像都被砍去脑袋，祭祀神庙也遭捣毁，考古学家由此认为大概是那儿发生了推翻僧侣神权统治的暴动。

更有一些人觉得是祭祀杀人过多引起的。古玛雅人和阿兹特克人有许多相似之处，他们认为太阳将走向毁灭，而自己的行为能延续太阳存在的时间，他们必须通过做一些自我牺牲来挽留太阳的光芒四射，玛雅人以被用做祭祀为荣。据说，16 世纪西班牙人曾在祭祀头颅架上发现过 136000 具头骨！频繁的祭祀，使被杀的人不断增多，所以玛雅人大量减少也许是造成玛雅文化消失的原因。

## 世界上已知的最早成文法典是哪一部?

产生于 3800 年前的《汉谟拉比法典》被认为是已知的世界上最早的一部比较系统的成文法典，它是古巴比伦王国第六代国王汉谟拉比（前 1792 ～前 1750 年在位）颁布的。法典全文用楔形文字铭刻，包括诉讼手续、损害赔偿、租佃关系、债权债务、财产继承、对奴隶的处罚等。

《汉谟拉比法典》全文由序言、正文与结语三部分组成，这成为后世的法律学者编写法典的范本。法典正文中有 282 条，其实也可分为三大部分：1 到 25 条关于道德，26 到 41 条关于国家，42 到 282 条则关于私人社会。

《汉谟拉比法典》的主要目的是维护中央集权的君主制度，保护私有财产。法典还作出了一些缓和社会矛盾的规定，如废除终身奴役；债务人接受奴役工作不得超过三年，第四年就应该让他们恢复自由；债主不得殴打、虐待或者杀害债务人；高利贷受到限制，违法者将丧失一切。法典中有很多关于犯罪与处罚的条款，共有 30 多条，其中包括侵犯人身罪、侵犯家庭罪、反判罪等。罪人的刑罚方法也很多，判死刑者有的是处以溺死、烧死、刺死，有的则是处以绞死。其目的只是为了要在社会上制止无谓的犯罪行为才不得不这样制定的。

相传这块法典玉石在公元前1100年从巴比伦流落到以拦书珊，以拦国王想把它改刻成以拦的法律条文，所以磨掉了35条，但尚未补上就被波斯帝国的国王消灭。波斯国王仍以书珊为国都，把它保存在书珊的王宫里面。公元前332年，马其顿国王亚历山大大帝消灭书珊城，没有带走这块法典玉石，后来被泥沙渐渐地埋没了。

公元1902年，书珊的《汉谟拉比法典》正文被法国考古队发现，另外，还发现了两根复制的石柱，使得法典上被磨光的原文又能补充完整，完整的法典就这样得以重见天日。

## 哈拉巴文明是怎么消失的?

公元前1750年，哈拉巴文化突然消失。对此的说法有许多，如外族入侵说；地质和生态变化说等。但是，这些说法都不能完整地解释清楚整个事件。

印度的史学家从遗址与遗物中提出了种种假说，较有影响的是外族入侵说。持此说的学者都一致认为，大约在公元前1750年左右，印度河流域的一些城市遭到了极大的破坏，特别明显地表现在摩亨•佐达罗的毁灭。而且在这座城市的街巷与房屋里留下了不少像是被杀戮的男女老幼的遗骨。

在下城南部的一栋房屋里，发现有13个遇害成年男女与儿童的骨骼横躺竖卧，杂乱无序。同时，被杀的人中还有一个头盖骨上有近15厘米深的刀痕，大概是被入侵者用剑砍杀而死的。此外，大街上还发现留有刀痕的尸骨，有的四肢呈痛苦的挣扎状。

在下城北部的街巷中，发现了另一骨骼群，在他们附近还有两根象牙，这一切似乎表明象牙雕刻匠人一家的不幸遭遇。持此说者认为，摩亨•佐达罗经过一次大规模的入侵，居民东奔西逃，从此古城变得荒凉了，但问题是没人知道入侵者是谁。过去很多学者把他们与吠陀时期的印度——雅利安人联系起来。可是据史书记载，雅利安人的入侵年代和哈拉巴文化的毁灭整整相隔有几个世纪。

还有一个地质和生态变化说。持此说的学者主要根据印度河床的改造、地震和由此而引起的水灾来证明这样一个事实，认为这些都会给古城文化带来巨大的破坏。另外，河水的泛滥，沙漠的侵害，海水的后退也都会引起生态的巨大变化。

不过古城文化毁灭的原因，可能因地而异，据《百道梵书》记载，当洪水毁灭世界之时，只有人类的始祖摩奴一人在神鱼的启示与帮助下造船得救。也许，这可能就是对印度河文明毁灭的一个回忆。

## 克里特文明是何时突然消失的?

3000多年前，克里特文明在地中海上曾盛极一时，后来这个古代文明突然蒸发，这一切具体是发生于何时，已经成为困扰考古学界多年的难解之谜。据研究发现，毁

灭克里特文明的可能是1万年来最大规模的火山喷发。

克里特岛是爱琴海上的第一大岛，而以其富丽堂皇、结构复杂的宫殿建筑闻名的克里特文明就是古希腊文明的起点。然而，这样一个强大的文明最后却不明不白地消失了。对此存在多种猜测，有人认为它是被来自小亚细亚的蛮族摧毁，有人认为是与希腊城邦交战的结果，还有人认为可能是遭遇了大地震。后来有人在克里特岛附近的锡拉岛上发现一段橄榄枝，验证了一个更有说服力的理论：克里特文明是毁于一次空前规模的火山喷发和它引发的大海啸。

现在的研究表明，大约3600多年前，锡拉岛上一座火山突然猛烈喷发，这次大喷发甚至影响到格陵兰岛、中国和北美洲。引发的巨大的海啸产生的高达12米的巨浪席卷了距离锡拉岛100多公里的克里特岛，摧毁了沿海的港口与渔村。而且，火山灰长期飘浮在空中，造成一种类似核大战之后的“核冬天”效应，造成此后几年农作物连续欠收。克里特文明可能由此遭受了毁灭性打击，迅速走向衰亡。

不过，因为年代久远，具体原因早已不得而知，后人只能依据现存遗迹去判断。

## 已知的世界上最早的女帝王是谁？

古埃及第十八王朝女王哈特谢普苏特（前1503～前1482年在位），或译哈采普苏特、哈特舍普苏特、赫雀瑟（意为最受尊敬的），是世界上有史可考的第一位女帝王。

哈特谢普苏特，戴假胡须、身着男装、束胸宽衣、手执权杖、威严无比，这就是古埃及最有权力的女法老的一贯装束。极少有人见过她的真面目。哈特谢普苏特是开创古埃及一代盛世的第18王朝法老，是图特摩斯一世和王后唯一的孩子。她自小聪明伶俐，果敢坚强，深谙权术。

公元前1512年，图特摩斯一世去世，继位的图特摩斯二世体弱多病，不久大权就落到哈特谢普苏特身上。几年后，二世病死。此时的哈特谢普苏特根基不稳，无法实现其抱负。她安排二世和妃子所生的一个10岁男孩与自己的女儿完婚后继位，这个男孩就是图特摩斯三世，而她自己则以摄政王身份，全权管理国家事务。

哈特谢普苏特执掌国政期间，停止了埃及对外的战争，使埃及在叙利亚和巴勒斯坦的统治权动摇，但哈特谢普苏特却开始了和邻国的商贸，使埃及在她执政的期间变得十分繁华富庶，哈特谢普苏特继而利用巨额的财富开始大规模建筑神庙，包括在底比斯的停灵庙。

哈特谢普苏特把渐渐长大的三世流放到偏远地方。接着，她开始女扮男装，下令所有人用男性代名词称呼她。哈特谢普苏特如愿地成为埃及首位、也是唯一一位女法老。

在她统治的第22年，图特摩斯三世突然重返王都，哈特谢普苏特和她的情人森穆特、女儿从此不知去向。

## 谁是埃及史上最长寿的法老?

拉美西斯二世，全名是乌瑟玛瑞·塞特潘利·拉美西斯·米亚蒙，是古埃及伟大的领袖，也是勇猛的士兵和杰出的建筑家，一生育有100多个儿女，他是古埃及最长寿的法老。

拉美西斯二世，古埃及第十九王朝法老（前1289～前1237年在位）。在位期间，拉美西斯二世进行了一系列的远征，以恢复埃及对巴勒斯坦地区的统治。他在叙利亚与同时代的另一强大帝国赫梯发生利益冲突，双方的战争一直进行到公元前1270年，最终以拉美西斯二世和赫梯国王卡图西尔三世缔结和约结束。

可能是出于对赫梯军事力量的担心，拉美西斯二世下令于东北尼罗河三角洲新建一座城市为首都比—拉美西斯（意为拉美西斯的家）。父亲去世时，拉美西斯的年龄大概是25岁，但他已经拥有让自己的壮举超越所有的前辈的雄心。

除了他的战绩之外，他的家庭生活也同样见诸于文字之中：八位皇后，一群数量难以考证的妃妾与100多个儿女。当时人们的平均寿命仅仅只有40岁，而他活到了90多岁，所以拉美西斯不得不多次挑选王位的继承人，他的许多儿女都在他之前死去。继承他王位的莫尼普塔，位列王位继承人名单中的第十三位，到60岁时才得以登上王位。

## 现存最早的战争和约是哪一个?

古代埃及与赫梯国的战争是迄今为止有和约传世的最早的战争。公元前14世纪末叶至前13世纪中叶，为争夺叙利亚地区的控制权，古代埃及和赫梯展开了延续数十年的战争。卡迭什之战是这场战争中的关键性战役，也是古代军事史上有文字记载的最早的会战之一。而战后缔结的和约则成为了历史上保留至今的最早的有文字记载的国际军事条约文书。

位于亚非欧三大洲的结合部的古代叙利亚地区，扼古“锡道”要冲，是古代海陆商队贸易枢纽，历来是列强必争之地。早在公元前第3000纪，埃及就曾经多次发动过对叙利亚地区的征服战争，试图建立和巩固在叙利亚地区的霸权。但公元前14世纪，赫梯在埃及忙于宗教改革无暇东顾时崛起。国王苏皮卢利乌马斯雄才大略，在他的亲领下，赫梯积极向叙利亚推进，逐步控制了南至大马士革的整个叙利亚地区，沉重打击了埃及在这一地区的既得利益。

约公元前1290年，埃及第19王朝法老拉美西斯二世登基，决心重整旗鼓，与赫梯一争高低，恢复埃及在叙利亚地区的统治地位。公元前1286年，埃及首先出兵占领了南叙利亚的别里特（今贝鲁特）与比布鲁斯。次年4月末，拉美西斯二世御驾亲征，赫梯王穆瓦塔尔召开王室会议，制定了以卡迭石为中心，扼守要点，以逸待劳，诱敌

深入以粉碎埃军北上企图的作战计划，最后经过激战，双方战成平局。

此后的16年中，小规模战争延绵不断，长期的战争消耗，使双方无力再战。约于公元前1269年，由继承自己兄长穆瓦塔尔王位的赫梯国王哈吐什尔倡议，经拉美西斯二世同意，双方缔结和平条约。条约签订后，赫梯王国将长女嫁给拉美西斯二世，这种政治联姻巩固了双方的同盟关系。

古埃及与赫梯的争霸战争是古代中东历史上的大事。拉美西斯二世是古代埃及军事帝国最后一个强有力的法老，当时的赫梯也处在其鼎盛时期。经过数十年的战争，双方实力都被严重削弱。

## 为何把“腓尼基”颜色作为民族名称?

希腊人称迦南人（Canaan）为腓尼基人，迦南在闪米特语中的意思是“紫红”，这同他们的衣服有关。而迦南在希腊文中的意译便是腓尼基（Phoenicia）。所以“腓尼基”就成了迦南人的代称。腓尼基人和犹太人是近亲，都是西闪米特民族，他们对现代欧美文明的基石——希腊和希伯来文化有巨大影响。

“腓尼基”（Phoenicia）一词对于许多人而言比较陌生，它被世人淡忘已经大约有3000余年。它是古代地中海沿岸兴起的一个民族，一个由地中海东部沿岸的城邦组成的亚洲西南部城邦国家，位于今叙利亚与黎巴嫩境内，是一种文明。

公元前13～前11世纪，在今天的叙利亚境内，西临地中海，东倚黎巴嫩山，北接小亚细亚，南连巴勒斯坦的地方，“腓尼基”民族就活跃在这里。“腓尼基”在希腊语中有“紫红色”的意思，可为何把它作为民族的名字，这其中还有一段耐人寻味的奥秘。

据说，在当时埃及、巴比伦、赫梯以及希腊的贵族和僧侣，都爱好穿紫红色的袍子，可是令他们懊恼的是，这种颜色十分的容易褪去。他们都注意到，居住在地中海东岸的一些人因为会生产一种绛紫色的颜料，所以总是穿着鲜亮的紫红色衣服，似乎他们的衣服一直不会褪色，即使穿破了，颜色也和新的时候一样。这实在太引人注目了，所以大家把地中海东岸的这些居民就叫做“紫红色的人”，即腓尼基人。

对于这种原料的来源有这样一个传说。据说，一位农民弄丢一只猎狗，他到海边寻找，看见狗捉到了一只贝壳，用力一咬，结果从贝壳中喷出一股紫红色液体，溅到狗的鼻子上。农夫用水怎么洗也洗不干净，他用这种液体染布，结果颜色明丽，历久弥新。这种贝壳成为了他们的特产，让地中海沿岸都知道了“腓尼基”民族。

## 有文献记录的印度历史是从哪个时代开始的?

印度的历史从吠陀时代才开始有文献纪录，“吠陀”是祭司们在祭神时所用的颂歌、经文与咒语的汇编，原意是知识、学问，共有四部。虽然主要是宗教内容，但也包含一些雅利安的早期历史。

《梨俱吠陀》是四部吠陀中最古老的一部，其编纂年代大约在公元前 12 至公元前 9 世纪。有些诗句可能更早，最早可推至公元前 14 世纪初，即雅利安人开始入侵印度之际。其余 3 部称《沙摩吠陀》、《耶柔吠陀》与《阿闼婆吠陀》，因成书大约在公元前 8 世纪至公元前 6 世纪间，比较晚，因此又通称为后期吠陀。

在后期吠陀产生的时期，逐渐出现了解释吠陀的文献，即《梵书》、《森林书》与《奥义书》。早期吠陀反映了雅利安人氏族部落组织解体并往阶级社会迈进的历史。这时，私有制也已逐步产生，并开始出现了等级划分的现象。

后期吠陀时代的社会发展复杂多变，铁器已推广使用，农业有了一定程度的发展，劳动分工大大加强。而分工的发展促进了交换的发展，于是商业开始兴起。奴隶制的发展最为突出，大量奴隶的出现，为国家的产生奠定了基础。

在释解吠陀的文献中，《奥义书》确立了一种怀疑主义与大胆思考的传统，其主要观念是唯心主义一元论与泛神论思想，内容驳杂，思想不拘一格。它承认世界的灵魂梵天是最高存在；物质世界是虚幻的；灵魂可以轮回转世；与绝对存在物融为一体，才能解脱轮回，并得到安定——即梵我一致。

吠陀时代的文明认为一个人想要摆脱迫使他转世的枷锁，他的立身行事就要毫不计较得失，完全不考虑功过是否会有报应。尽管涅槃境界对大多数人来说遥遥无期，但虔信者在有生之年即可达到。

## “荷马时代”是指哪一时期?

古代希腊是由一群被称为城邦的奴隶制小国组成的国家。希腊半岛在爱琴文明之后开始进入荷马时代。“荷马时代”指的是公元前 11 世纪至公元前 9 世纪的希腊史，因荷马史诗而得名，荷马史诗也是这一时期唯一的文字史料。

荷马史诗相传为盲诗人荷马写成，实际上它是许多民间行吟歌手的集体口头创作，包括了迈锡尼文明以来很多世纪的口头传说，到公元前 6 世纪写成文字。它作为史料，不仅反映了公元前 11 世纪至公元前 9 世纪的社会情况，而且反映了迈锡尼文明。

荷马史诗包括《伊利亚特》与《奥德赛》两部分。《伊利亚特》描述了希腊联军围攻小亚细亚城市特洛伊的故事，希腊联军统帅阿加米农与勇将阿溪里的争吵是故事的中心，他集中地描写了战争结束前几十天发生的事件。希腊联军围攻特洛伊十年未克，而勇将阿溪里愤恨统帅阿加米农夺其女俘，不肯出战，后因其好友战死，乃复出战。特洛伊王子赫克托英勇地和阿溪里作战身死，特洛伊国王普利安姆哀求讨回赫克托的尸体，举行葬礼。

《奥德赛》叙述伊大卡国王奥德赛在攻破特洛伊后归国途中十年漂泊的故事。它

集中描写的只是这十年中最后一年零几十天的事情。奥德赛受到神明捉弄，归国途中在海上漂流了十年，到处遭难，最后受诸神怜悯才得以归家。当奥德赛流落异域时，伊大卡和邻国的贵族们欺其妻弱子幼，向其妻皮涅罗普求婚，迫她改嫁。皮涅罗普用尽了各种方法拖延。最后奥德赛扮成乞丐回家，和他的孩子杀尽求婚者，恢复了他在伊大卡的权力。

由这两部史诗组成的荷马史诗，语言简练，情节生动，形象鲜明，结构严密，是古代世界一部著名的杰作。

荷马时代的开始都是和多利亚人南下有关联的，而这时期的社会就是迈锡尼文明的结束。原居于希腊半岛北部的伊庇鲁斯的多利亚人于公元前12世纪南下，他们此时尚处于军事民主制时期。多利亚人首先侵入狄萨利亚和彼阿提亚，后来侵入伯罗奔尼撒半岛，消灭了阿卡亚人建立的迈锡尼、太林斯等国家，迈锡尼文明连同它的城市与王宫、王陵、精美的手工艺品、线形文字都被毁灭消失了。

## 城邦是怎么回事?

所谓的城邦，就是一个以城市为中心，周围是乡镇的政权形式的国家。希腊城邦是指公元前8～公元前4世纪古代希腊的城市国家。当时出现过许多城邦联盟，但仍然是数百个城邦并存。古代希腊最强大的的城邦中，雅典第一，斯巴达第二。

所有希腊城邦都是小国。希腊城邦的居民按照政治地位可以分作三大类：第一类是拥有公民权因而能够参加政治活动的自由人；第二类为没有公民权的自由人，包括来自外邦的移民（例如雅典的“异邦人”）和由于特定的历史原因而与当权的公民集体处于不平等地位者（例如斯巴达的“边民”），也有因贫困而失去公民资格者，或是因违法而被剥夺了公民权者，或是被释放的奴隶；最后一类人是处于被剥削、奴役地位的奴隶。奴隶多系非希腊人，但也有一部分是希腊人，例如斯巴达的“黑劳士”。

一般情况下，每个城邦都有三种政治机构：由成年男子构成的公民大会、议事会（如斯巴达的长老会议、雅典的五百人会议）与经选举产生的（或至少需得到公民大会确认的）公职人员，首先是负责军事指挥的公职人员。希腊城邦的历史上也曾有过君主制，甚至有过具有个人独裁色彩的僭主政治；但在城邦制度发达时期，以共和政体居多。

在城邦形成时期，最主要的生产部门都是农业，作为主要生产资料的土地只有公民才有权占有，大多数城邦中的多数公民从事农业生产。在雅典和科林斯等工商业一度颇为发达的城邦中，从事手工业、航海业以及商业的公民也在经济和政治生活中起重要作用。

城邦的重要任务是保卫国家的独立和内部安全。在城邦中，全体成年男性公民组成一个军人团体，每个公民都有随时应征参战的义务。一般情况下，军需以及武器装备由应征者自己负担。

## 奥林匹克运动的前身是什么？

奥林匹克竞技会是人们为祭祖天神宙斯而举行的祭祀竞技活动，这是奥林匹克运动的前身。这种竞技活动最初还只是表演性质的，主要是为了丰富地方部落的祭祀节日，并且仅限于奥林匹亚所在的佩洛旁涅斯城的公民参加。

相传早在竞技会创立之前，奥林匹亚就举办过纪念希腊神话英雄琅罗普斯的殡葬会，后来大力神赫拉克勒斯重又举行竞技会，用以祭祀天神宙斯。公元前 776 年，斯巴达与伊利斯城邦结成神圣同盟，再次恢复了竞技会，并确定每 4 年举行一次。这一年也就成为按竞技会计算的全希腊纪元的开端。公元前 4 世纪时人们将奥林匹克竞技会的序次作为纪年的序次，如公元前 760 年被称作第 5 届奥林匹克第 1 年，公元前 757 年被称为第 5 届奥林匹克第 4 年。

竞技会在夏至（6 月 22 日）后第一个望月日开幕，会期由最初的 1 天，发展到后来的 5 天。会前，由埃利斯城邦选派 3 名纯希腊血统的使者，在宙斯神殿前举行宗教仪式，点燃圣火，然后分别赶赴希腊各地通知竞技会的日期和注意事项。这段时间各城邦必须休战，派出使节和体育代表团提前一周赶到奥林匹亚，竖起一个个帐篷，形成一个热闹的帐篷城。各城邦的官方代表要参加各种外交活动，运动员则要登记、审查。

赛会规定，只有纯希腊血统的公民与自由人才能参赛，还必须是从未受过刑罚，道德上没有污点的男子。公元前 660 年，第 30 届开始，希腊大陆全体居民都可以参赛；从第 40 届开始，希腊殖民地的居民也可参赛。至公元前 820 年开始，才逐渐有了影响，并开始占有了重要地位。

据记载，公元前 776 年开始，比赛参加者的范围与区域发展到整个泛希腊的广大地区。随后便定为每 4 年在埃利斯城邦所管辖的奥林匹亚村举行一次，届时奖给每个优胜者一顶神圣的橄榄枝花冠与一条棕榈树枝。

## 罗马城是怎么产生的？

正如一切古代民族和国家起源的历史都难免与神话传说混在一起一样，罗马城的起源也有自己的传说，罗马人的始祖是特洛伊战争时期特洛伊城的王子伊尼阿斯。而罗马城的名字就是来源于王子伊尼阿斯的一名后裔。

特洛伊陷落后，伊尼阿斯背父出逃，最后渡海来到意大利，并娶当地国王拉丁努斯之女拉维尼莱为妻。伊尼阿斯死后，他的儿子阿斯卡尼阿斯在拉丁姆建立了阿尔巴· 隆加城。此后王位代代相传，直至努米托尔的时候，王位被努米托尔的弟弟阿穆利乌斯篡夺。阿穆利乌斯为确保王位，强迫努米托尔之女西尔维娅作维斯塔贞女。

可是西尔维娅被战神所爱，生了一对孪生子。阿穆利乌斯想把这对孪生兄弟扔入

第伯河杀害。河水将孩子漂到了岸边，后来被一位牧人（名叫法斯图鲁斯）救起并抚养长大。哥哥名叫罗慕路斯，弟弟就叫列莫斯，他们杀死阿穆利乌斯，把王位归还他们的外祖父，自己在别处建城。在建城过程中，兄弟间发生争吵，结果哥哥杀死了弟弟，并以自己的名字命名这座城，这就是罗马城。

据罗马作家瓦罗推算，罗马建城的时间为公元前 754 ～前 753 年，罗马城的建立标志着王政时代的开始。罗马建城的故事，虽然有许多纯属神话，但近代考古发掘表明，这些神话中似乎也有着一些历史的记忆。近代考古表明：后来得名为罗马的那块地方，位于拉丁姆的最北部，这里土地肥沃，交通便利，是附近地区居民去海边取盐的必经之路。

约公元前 10 世纪初，这里的小山丘上出现了原始村落群，并在公元前 8 至前 7 世纪，各村联合为以居住于帕拉丁山上的拉丁人为主的七丘联盟，后来，又并进萨宾人的部落。到公元前 5 到前 4 世纪，阿汶丁山又被合并起来，被合并地区的周围筑有城墙。可见，最早的罗马城应该就是通过联合、归并附近村落的方式逐渐形成的。

## 王政时代是怎么回事?

王政时代是指古罗马从公元前 753 年到前 509 年这一时期，而它又被称作罗马王国或者伊特鲁里亚时期。这一时期是罗马从原始社会的公社制度向国家过渡时期。此时的古罗马还没有成为强大的帝国，还仅仅是个微不足道的小镇，是一个传统的君主制国家。

传说罗马共有三百个氏族，它们组成三十一个胞族（罗马人称之为库里亚）、三个部落（罗马人称之为特里布斯），他们的全体成员构成“罗马人民”（Popuius Romanus）。“王政时代”的管理机构主要有库里亚大会、元老院与勒克斯（王）三种。

库里亚大会是按胞族（即库里亚）召开的民众会议，是由全体氏族成年男子参加的会议。这一会议主要解决公社生活中那些最为重要的问题，在通过决议时，三十个库里亚各有一票表决权。

元老院是由三百个氏族长组成的长老议事会，它相当于库里亚大会的预决机构，有权首先讨论向库里亚大会提出的重大问题。因为它的成员都来自氏族显贵，所以实际上能操纵库里亚会议并对勒克斯施加决定性的影响。

勒克斯(国王)则相当于荷马时代的“巴赛勒斯”,可能由选举产生。他集军事首长、最高祭司与最高审判官于一身。但还没有具备真正国王的权力，还没有掌握民政大权。自公元前 8 世纪中叶至公元前 6 世纪末这 250 年间，传统认为罗马共有七个王，其中第一和第三王为拉丁人，第二和第四王为萨宾人，第五、第六和第七王是埃特鲁里亚人。

罗马与许多其他同时代的意大利城邦国家不同，它的君主制不完全是世袭的。当一个王去世时，城市就进入了一个空位时期。城市就由一名临时执政者统治，临时执政者将有权提名下一位王的人选。临时执政者由元老院提名，任期不定。

一旦临时执政者找到了一个王的候选人，他要将这个人选提交给库里亚大会——一个人民的大会。一旦被库里亚大会通过，元老院就会批准这个投票。从理论上讲，人民选举出了他们的领袖，但元老院掌控着整个过程。

## “法西斯”一词是怎么来的?

“法西斯”起源于罗马，是一个十分古老的名词，如今是专制独裁的代名词。当时，罗马的每一个执政官都有12名侍卫官，侍卫官肩上荷着一束打人的笞棒，中间插着一把斧头，象征着国家最高长官的权力，笞棒的名字就是“法西斯”。

王政时期，罗马人引进了伊达拉里亚式的豪华与威严。

第一种形式是留传后世的礼仪，这是一种凯旋式。每当国王率军征战得胜回城，必举行盛大凯旋式：王着金紫大袍，立于战车之上，带着俘虏，抬着战利品，浩浩荡荡穿过城市街道，直达神庙奉献牺牲。而群众则夹道欢呼观看，场面盛大壮观。这种仪式后来成为罗马社会生活的一个重要内容。

另一种形式是：王在隆重场合头戴金冠，身着紫袍，手持鹰头权杖，坐在象牙宝座之上；王的身边有12名侍从，手捧1束棍棒，上插斧头，谓之“法西斯”，它象征着一种绝对权力，因而成为以后专制独裁的代名词。

“法西斯”这种古代罗马高级长官的权力标志，开始的时候是早期王权的标志，是用皮带捆扎的一束棍杖，其中间常夹有一柄锋刃向外的斧头，后来高级长官出行时由扈从肩扛（每人一束），象征其行政权力，法西斯主义也是由此取名。

法西斯还是用来处人以死刑的一种刑具。倘若有人犯了严重罪行，执政官便声若洪钟地宣判：“用‘法西斯’对他处以死刑。”侍卫官立即从肩上解开笞棒束——“法西斯”，狠狠地抽打罪人，直到把他打得皮开肉绽，拉他跪在地上，最后抽出斧头，当场砍下他的头颅。

## 世界军事史上的工兵首先出现在哪个国家?

亚述帝国的开创者提格拉特帕拉沙尔三世（前746～前726年）在位期间，进行了行政和军事方面的改革。他把常备军分成战车兵、骑兵、重装步兵、攻城兵、辎重兵、工兵等众多兵种，建立起一支训练有素、高效率、战斗力极强的多兵种部队。其中的工兵便是世界史上最早的工兵。

提格拉特帕拉沙尔三世建立常备军后，被称为“王业的枢纽”的常备军成为国家最重要的支柱，它由主力部队与辅助部队组成。主力部队由步兵（分为重装和轻装两类）、骑兵和战车兵组成；辅助部队则主要是工兵和辎重兵。亚述的战车兵非常勇猛，常常使敌人闻风丧胆，在作战中屡显威力。亚述在世界上最先大规模使用骑兵，特别

在追击敌人时起着重要作用。后来，随着军事的发展，骑兵的作用日益重要并明显超过了战车兵。

在亚述军队中人数最多的要数步兵，包括重装与轻装两种，而在步兵的编制中弓箭手居多。亚述的弓箭手以箭法准确著称于世，在攻击战中起着无可替代的作用。在亚述军队中还第一次出现了辅助部队——工兵，工兵的主要任务就是修筑道路、建筑普通的桥梁、浮桥、营垒和建造攻城器械。辎重兵则担任繁重的运输军队给养任务，他们用驮畜、大车运送粮草、兵器，在水路则用木船或者是皮筏支撑的木筏进行运输。

亚述军队下设百人长、五十人长、十人长等支队，由国王亲自率领。亚述人常用闪电战与突袭战术，他们进军神速，一般不会留给敌人战斗准备时间，在敌人未醒悟时，利用强攻或计攻结束战斗。在长期征战中，亚述军队形成了自己的军制特点：以完全用铁制兵器武装起来的常备军作为基础，战车兵、骑兵、步兵、工兵和辎重兵等各兵种全面发展，注重战斗兵团内部各兵种兵员的合理配置，充分发挥各兵种优势协同作战，达到作战目的。

## 庇护制是什么？

“庇护制”是一种起源于约公元前 7 世纪“王政时代”的制度，一直影响着罗马帝国的发展，是古代罗马的一种人身依附制度。

当时，氏族内部分化加剧，一些贫困破产的氏族成员便依附与氏族贵族的门下，成为贵族的“被保护人”，而贵族就成为保护人，被保护人和保护人的关系是世袭的。前者多为贫穷破产和无公民权者，托庇于后者门下，领取份地并为之献纳服役；后者是对前者负“保护”之责的有财势的贵族。

保护人通常拥有大批被保护人作为他们猎取利禄的工具。帝国时代，特别是 3 世纪以后，这种庇护制逐渐流行起来，随着奴隶制危机的加深，贫苦农民在捐税繁重、官府欺压、社会动乱的情况下难以继续独立经济，于是纷纷把土地“献给”大土地所有者，求得“庇护”。被庇护者虽失去自由，为庇护者服役；但使用原有的土地，免受国家税吏的欺凌。

当大庄园越来越成为国家中独立的经济政治实体时，大庄园主也渐渐的成为地方权力的真正拥有者。“庇护制”的盛行极大阻塞了皇帝权力的施行，使地方政府权力化为乌有，到了 4 世纪末的时候在帝国境内庇护制的发展已经使皇帝感到忧虑。

无论在东方或者是西方，皇帝曾限制这种制度的扩张，都没有取得显著的成效。大庄园经济不断吞并小块土地，有产阶层在“庇护制”的推动下，不断蚕食政府的公共权力，这是罗马帝国晚期社会转型过程中的一个重要特征。它在整体上，造成了中央、地方分权局面的出现。这些，都严重破坏了帝国政权的统一性，也深刻改变着帝国社会的组织结构。

## 西方民主政治的基础是通过哪一次改革奠定的?

梭伦改革是雅典城邦甚至整个古希腊历史上最重要的社会政治改革之一，它为雅典城邦的振兴和富强开辟了道路，奠定了城邦民主政治的基础，也是这次改革奠定了雅典民主政治、乃至西方民主政治的基础。

梭伦（约前 640 ～约前 558 年）出身家境中等的贵族世家，年轻时经营贸易，与商旅为伴，同时也是“希腊七贤”之一。他反对贵族专权，同情平民，主张在城邦中实行公正的立场，以城邦利益为重。公元前 594 年，梭伦以其威望与功绩当选为雅典城邦的“执政兼仲裁”，开始进行具有宪政意义的一系列改革运动。

雅典当时的战神山议事会为国家权力结构的中枢，也是贵族操纵立法、行政、司法等大权的工具。梭伦当政之后就恢复了公民大会，并使它成为最高权力机关，决定城邦大事，选举行政官。一切公民，不管是穷是富，都有权利参加公民大会。他设立新的政府机关——400 人会议，类似公民会议的常设机构，由雅典的四个部落各选一百人组成，除第四等级外，其他各级公民都可以当选；设立了陪审法庭，每个公民都能被选为陪审员，参与案件的审理，陪审法庭成为雅典的最高司法机关。这些都为雅典政治制度的民主化开辟了道路。

梭伦的一系列重大改革，是雅典平民反对贵族斗争的一次重大胜利，涉及经济基础和上层建筑多方面，对雅典历史的发展产生了重大的影响。

贵族的实力在这次改革中虽有所削弱，但仍然比平民享有更多的政治权利，氏族制度残余依旧得以存续。贵族仍然凭借血缘门第拥有世袭占有土地的特权。

## 谁是“野蛮的文明人”?

斯巴达人崇尚武力精神，整个斯巴达社会等于是个管理严格的大军营，他们被称作“野蛮的文明人”。他们有着一种独特的政治制度，整个社会过着军事化的生活，孩子们从小受到的教育就是军事训练。斯巴达人除了军事外，不再从事其他生计。

斯巴达的婴儿从呱呱落地时就被抱到长老那里接受检查，如果长老认为他不健康，他就会被抛到荒山野外的弃婴场去。母亲用烈酒给婴儿洗澡，如果他抽风或者失去知觉，这就证明他体质不坚强，任他死去，因为他不可能成长为优秀的战士。

男孩子 7 岁前，由双亲抚养。父母从小就注意培养他们不爱哭、不挑食、不吵闹、不怕黑暗、不怕孤独的习惯。

7 岁后的男孩，会编入团队过集体的军事生活。他们要求对首领绝对服从，要求增强勇气、体力以及残忍性；他们练习跑步、掷铁饼、拳击、击剑与殴斗等。为了训练孩子的服从性和忍耐性，他们每年在节日敬神的时候都要被皮鞭鞭挞一次。他们跪在神殿前，火辣辣的皮鞭如雨点般落下，但不许求饶，不许喊叫，甚至不许出声。

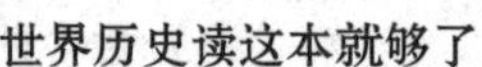

男孩到 12 岁，被编入少年队。他们的生活变得更加严酷。满 20 岁后，斯巴达男人正式成为军人。30 岁成亲，但每天还要参加军事训练。60 岁时退伍，但仍是预备军人。

而斯巴达女孩结婚前会被留在家里，但她们不是整天织布做家务，而是从事体育锻炼，学习跑步、竞走、掷铁饼、搏斗等。斯巴达人认为只有身体强健的母亲，才可以生下刚强的战士。

斯巴达妇女很勇敢与坚强，她们不怕看到儿子在战场上负伤或死亡。一个斯巴达母亲送儿子上战场时，不是祝他平安归来，而是给他一个盾牌，说："要么拿着，要么躺在上面。"意思是说，要么拿着盾牌光荣凯旋，要么光荣战死被别人用盾牌抬回来。

## 什么导致了古希腊的"大殖民运动"？

希腊各城邦很多在历史上都有过大规模的海外殖民活动，这种大殖民运动是由当时希腊社会的经济、政治条件造成的。当时古希腊各城邦人口相对过剩，对当地社会造成了一定的压力，而当时唯一的出路就是强行殖民。因此，为了减轻人口压力，各城邦政府都鼓励向海外移民。

当时，各城邦范围太狭小，生产力水平根本满足不了人口的需要。据记载，公元前 7 世纪的后期，古希腊的铁拉岛大旱，7 年之间滴雨不下，岛上的居民被迫抽签从两兄弟中选出一人到今天北非利比亚的库列涅去殖民。当时城邦内部激烈的阶级分化与阶级斗争也可能是希腊城邦的殖民活动的原因。那些失去土地、生活贫困的农民，为生计所迫，也不得不到海外寻求新的上地；还有些在政治斗争中失败的派别也常常被迫定居海外。

此外，随着社会经济的进一步发展，一些富有进取心的商人与手工业者，也去海外建立新的居民点以寻求商品市场、取得工业原料与奴隶。因此，可以说当时希腊殖民活动是希腊奴隶制城邦社会经济、政治发展的合乎规律的现象。

这种殖民运动加强了希腊各城邦和殖民城邦，以及通过殖民城邦和非希腊各国建立相互的经济联系，因而大大扩展了地中海一带的工商业市场，促进了奴隶制经济的发展。而且，这种殖民活动对希腊城邦自身的政治发展也产生了很大影响。

大殖民活动大大促进了希腊经济的发展，比如工商业的进步，工商业奴隶主实力壮大。另一方面，也给被殖民地人民带来了深重灾难，他们的财产被掠夺，土地被占领，甚至遭到大量屠杀。

## 古亚述王国经历了哪些阶段？

在美索不达米亚历史上，亚述人活动了约一千多年，大致可分为早期亚述、中期亚述和亚述帝国三个时期。亚述人与公元前 19 世纪至公元前 18 世纪发展成为了王国，后来逐渐衰落。公元前 15 世纪的时候实现复兴，公元前 11 世纪受外族入侵再度衰落。公元前 10 世纪再次兴起，直至公元前 612 年被新巴比伦与米提亚联军灭亡。

古亚述时期（约前 2500 ～前 1500 年），又被称作阿淑尔城邦时期。阿淑尔城邦的居民最初是印欧语系的胡里特人，后来逐渐与进入此地的塞姆语系的阿卡德人融合，形成亚述人。其语言是阿卡德语之亚述方言，使用楔形文字。约公元前 17 世纪初，沙姆希·阿达德一世占领由阿卡德北部到地中海的广大区域，自称天下之王。他死后，亚述先后沦为古巴比伦王国和米坦尼王国之藩属。

中亚述时期（约前 1400 ～前 1078 年）。公元前 14 世纪中叶，亚述王亚述乌巴利特一世（约前 1365 ～前 1330 年）击败米坦尼，建立了强大的亚述帝国，史称古亚述帝国。此后亚述统治者采用亚述王的称号，并继续向外扩张。尼努尔塔一世（约前 1294 ～约前 1208 年）战胜赫梯帝国和巴比伦，占领整个两河流域，并把首都从阿淑尔迁到图库尔蒂—尼努尔塔镇。这一时期，国家政体已过渡到君主专制，加强了中央集权，由自由民为主的国家常备军开始存在。公元前 11 世纪末，在阿拉米人迁徙浪潮打击下，帝国再度衰落。

新亚述时期（前 935 ～前 605 年），即亚述帝国。公元前 10 世纪，亚述进入铁器时代。铁器的使用大大提高了生产力，也为长期对外战争提供了充足的兵源与给养。他们在征战初期以掠夺为目的，极度凶残，经过一系列的征服战争，终于建立起了地跨亚、非两洲的奴隶制大帝国。在统治末年，帝国内战，游牧部落西徐亚人趁机入侵，被征服地区纷纷独立，导致帝国走向衰亡，并于公元前 605 年灭亡。

## 空中花园为谁而“生”？

空中花园，又名“悬苑”，是世界七大奇迹之一。公元前 6 世纪，新巴比伦王国的尼布甲尼撒二世（Nebuchadnezzar）为他的患思乡病的王妃安美依迪丝（Amyitis）在巴比伦城修建了空中花园，现已不复存在。

据说空中花园采用的是立体造园手法，将由沥青和砖块建成的花园放在四层平台上，25 米高的柱子支撑着整个平台，并且有灌溉系统。奴隶们不停地推动连系着齿轮的把手。园中种有各种花草树木，远看犹如花园悬在半空中。

千百年来，关于“空中花园”还有一个美丽动人的传说。新巴比伦国王尼布甲尼撒二世（约前 605 ～前 562 年在位）娶了米底的公主安美依迪丝为王后，公主长的美丽可人，深得国王的宠爱。可是时间一长，公主愁容渐生，尼布甲尼撒不知何故。公主说：“我的家乡山峦叠翠，花草丛生。而这里是一望无际的平原，连个小山丘都看不到，我多么渴望能再见到我们家乡的山岭与盘山小道啊！”

听完公主的话，尼布甲尼撒才知公主是得了思乡病。于是，尼布甲尼撒二世命令工匠按照米底山区的景色，在宫殿建造层层叠叠的阶梯型花园。花园上面栽满了奇花

异草，园中开辟幽静的山间小道，小道旁有潺潺流水。工匠们还在花园中央修筑了一座城楼，矗立在空中。巧夺天工的园林景色终于博得了公主的欢心。

花园比宫墙还要高，这就使人产生了整个花园悬挂于空中的感觉，因此被称为“空中花园”，又叫“悬苑”。当年到巴比伦城朝拜、经商或旅游的人们老远就能看到空中城楼上的金色屋顶在阳光下熠熠生辉。

公元2世纪，希腊学者在品评世界各地著名建筑和雕塑品时，就把“空中花园”列为“世界七大奇观”之一，这使得“空中花园”更加的闻名遐迩。

## 雅典国家萌芽是什么时候开始出现的?

提秀斯，雅典传说中的著名人物，英文 Theseus，相传是他统一了雅典所在的阿提卡半岛，并建立起共和制。

相传，很久以前，雅典还是一个臣属于地中海的岛国克里特的小国家，每九年要向克里特神牛（人头牛身怪物米诺陶洛斯）献上童男九人，童女七人。这一年克里特又来索要童男童女，雅典王子提秀斯为了解除人民的苦难，向国王埃勾斯请求自愿充当童男，去征服克里特神牛，为国雪耻。国王答应了他的要求，并在临别前嘱咐提秀斯，如果平安回国，回来时就取下船上的黑帆换成白帆，以免为此挂念。

提秀斯来到克里特，在克里特国王女儿阿里阿德涅的协助下，杀了克里特神牛，安全返回雅典。但是由于他们过度高兴，竟忘了把黑帆换成白帆，以致国王误以为儿子已死，遂投海自尽。于是提秀斯继承王位，成为新的国王。他一登上王位，便在头脑中构成一个宏伟却奇妙的计划。

按照这个计划，他设立了以雅典为中心的中心议事会和行政机构取代阿提卡各城镇的议事会与行政机构，实现了阿提卡的统一；放弃君王政治，建立起了共和制；把居民分为贵族、农民与手工业这三个等级，让贵族“掌管宗教仪式，讲授法律，解释天意”，掌握国家大权，而农民与手工业者则没有任何权力，成为平民。提秀斯是古代雅典统一国家的缔造者。提修斯以不侵犯贵族私有财产为前提，动员贵族放弃司法审判权，以雅典为中心，建立中央议事会与各种行政组织，奠定了雅典国家的雏形。

提修斯在世的年代已无文字可查，考古学家说法不一。不过这些说法的某些内容，却反映了公元前7世纪之前的相当长一段时间雅典历史演变的一些真实情况。

## “巴比伦之囚”是怎么回事?

公元前597～前538年期间，犹太王国两度被新巴比伦王国国王尼布甲尼撒二世征服，其大批民众、工匠、祭司与王室成员被掳往巴比伦，这些人被称为“巴比伦之囚”。

在叙利亚和埃及之间，有一条无人居住的狭长的丘陵地带。后来，有一支海上民族（地中海沿岸各部族）腓力斯丁人占据了这块地方，并在这里定居下来。不久，一支说塞姆语的游牧民族希伯莱人从东边逐渐迁到巴勒斯坦，这就是后来的犹太人。他们与迦南人长期冲突后逐渐混合杂居。公元前 11 世纪，犹太王大卫统一犹太各部族，建立以色列•犹太王国。不久，又夺取耶路撒冷，定为以色列•犹太王国的首都。从此，耶路撒冷成了以色列犹太人的圣城。

公元前 10 世纪，以色列• 犹太王国在所罗门死后分裂为两部分，北部为以色列王国，建都撒马利亚；南部是犹太王国，仍旧以耶路撒冷为首都。面对亚述帝国的进攻，犹太王国的国王以 24 吨黄金的代价，保住了自己的宝座，变为亚述帝国的附庸，而以色列被灭。此后，希伯莱人的王国就只剩下了 1 个犹太王国，于是，希伯莱人也就被称作犹太人。新巴比伦王国国王尼布甲尼撒二世在公元前 597、586 年，两次攻占耶路撒冷，灭亡了犹太王国。他下令将犹太人中所有的贵族、祭司、商贾、工匠一律作为俘虏押解到巴比伦城，只剩下一部分极贫苦的人留在耶路撒冷，修理葡萄园，耕种田地。这就是犹太历史上的“巴比伦之囚”。

公元前 538 年，波斯帝国的创立者居鲁士轻而易举地拿下了千古名城巴比伦，他发布文告，释放 42000 犹太人回耶路撒冷，重建耶路撒冷圣殿。新巴比伦王国国王尼布甲尼撤二世从耶路撒冷耶和华圣殿里掠夺来放于巴比伦神庙中的 5400 件金银器皿也被居鲁士交还给犹太人的首领带回。这段历史对后来的犹太教改革影响很大。

## 古罗马从氏族制度转向国家制度是通过哪次改革实现的？

公元前 578 年至公元前 534 年是塞尔维乌斯• 图利乌斯统治时期。这期间，塞尔维乌斯• 图利乌斯推行改革，他的这次改革也使得古罗马从氏族制度转向国家制度。

公元前 6 世纪时，罗马平民的人数大增，并且在经济和军事事务中所起的作用也越来越大。罗马的工商业多是平民经营，税收的很大一部分也来自平民。一切与罗马有关的战争，无论是自卫战，还是对外扩张都有广大平民的积极参与。广大平民对氏族贵族的门阀特权强烈不满，他们要求形成中的罗马国家机构不再是以氏族门第，而是以财产多寡来确定它管辖下居民的权利与义务。罗马的氏族制度越来越被人民反对，于是塞尔维乌斯进行了改革。

塞尔维乌斯改革的主要内容有以下三点：

第一，规定罗马居民，不论贵族与平民，按财产多少划分为五个等级。第一级，拥有相当 10 万阿司或者更多的财产；第二级，拥有 7.5 万到 10 万阿司财产；第三级，拥有 5 万到 7.5 万阿司财产；第四级，拥有 2.5 万到 5 万阿司财产；此外，无产者（proletarii）不入级。

第二，按百人队设立森都里亚大会（百人队大会），凡是服兵役的都能参加，以氏族血缘关系为基础的库里亚大会被这个以财产原则建立的新机构取代。此后，森都

里亚大会日渐凸显其在政治上的优越性。

第三，罗马城内建立四个地域部落作为管理居民的行政单位，替代原来的三个血缘部落。它们各以所在山丘为名，即埃斯奎林、帕拉丁、苏布拉和科里纳尔；城郊农村则划分为15或16个地区部落。

以血缘关系作为基础的古代社会制度在罗马所谓的王政被废除之前就已经遭到破坏了，取而代之的是一个新的、以地区划分和财产差别为基础的真正的国家制度。塞尔维乌斯改革严重打击了氏族制度，基本上使古罗马完成了从氏族制度到国家的过渡。

## 罗马军队真的战无不胜吗?

前期的罗马军人是由公民产生的，出于对国家的忠诚，军人们表现得十分勇猛，后期又在马略军事改革中推行以雇佣兵制取代公民兵制的改革，保证了军人的素质和训练。这些保证了罗马军队在当时战无不胜，攻无不克。

据说，罗马青年平时犯错的话通常罪不至死，但是在军队中逃跑，偷窃，丢弃武器、盔甲及同性恋都要被处死，最恐怖的就是“什一抽杀法”。罗马军法中规定在战场逃跑的人要被判死刑，而执行的时候长官仅仅拿武器轻轻碰一下示意，然后由所有的士兵一起上前对其凌辱和虐杀，其死状惨不忍睹。当一个团队集体逃跑时，所有人参与抽签，十签中有一死签，抽中者按前面所说的加以惩罚。由于这种严酷的刑罚使得士兵不敢逃跑，所以即使兵力远远弱于对手，罗马士兵也会拼死力战。

公元前2世纪末，由于罗马奴隶占有制的发展、土地兼并日益严重以及长年累月的战争，小农纷纷破产，公民兵制的经济基础遭到严重破坏。公元前111年罗马和篡夺努米底亚王位的朱古达发生战争，因为罗马军队腐败严重而导致了旷日持久的战争。公元前107年马略首任执政官受权征讨朱古达，并且在军事行动中推行军事改革。他于公元前105年打败了朱古达，继而在公元前104至前103年取得了对高卢南部和意大利北部与日耳曼人的金伯尔与条顿诸部落战争的胜利，同时完成了军事改革。

罗马的军事改革把公民兵制变为募兵制，招募穷苦百姓服兵役，规定士兵服役期为16年，服役期间装备、给养与军饷由国家供应，国家给退役士兵分土地；不同的军种使用不同的战斗队形，以增进作战的灵活性和指挥效能；增加工兵和机械装备，加强军纪和训练。

马略的军事改革扩大了兵源，恢复和增强了军队战斗力，保证了军队对外作战的战斗力，成为保证军队战无不胜的又一个基础，对罗马历史发展产生了深远影响。

## 古罗马最受欢迎的角斗士是哪一类?

角斗士，最早的记载可以追溯到公元前264年，他们大多是被迫在各种场合上拼死搏杀的奴隶。角斗士都是经过训练的职业杀手，他们为了取悦皇帝与当地的领主而搏杀到死。而古罗马时期最受欢迎的一种角斗士叫做“色雷斯角斗士”。

角斗士依据武器与铠甲的差别分为不同的种类。一些常见的角斗士分类有：持盾剑斗士，左腿、双肘和双腕穿皮制盔甲，手持大盾牌和剑，这类角斗士还戴有头盔和面盔；色雷斯角斗士，手持仅可遮住躯干部分的小型方盾牌，手中的武器也只有匕首而已；莫米罗角斗士，有厚重的矩形盾牌保护，全身从肩膀到小腿都在盾牌的掩护之下，这类角斗士还戴着有巨大顶饰的头盔，手持短匕首；持网和三叉戟的角斗士，在所有角斗士中，这类角斗士由于几乎是裸体上场，所以最容易受到攻击，仅有的保护只有皮制护肩、网和三叉戟。

在这四类中，“色雷斯角斗士”是最受欢迎的一种角斗士，他们身上几乎没有什么防护的铠甲，而且兵器又是短而轻的匕首，因此角斗双方的攻击速度非常快，完全要依靠自身的体力、速度和技巧来周旋，进攻的同时还要兼顾防守，因为一旦失手，后果是难以挽回的。

一般来说，角斗士要比奴隶的地位高一点。有些角斗士，因其所向披靡的高超搏杀技巧而成为超级明星。有证据表明当时的贵族妇女十分崇拜这些竞技场上的勇士，据说科莫德斯皇帝的母亲就曾为角斗士马提诺斯而疯狂。历史学家们还从庞贝古城遗留下来的墙壁涂鸦中了解到，色雷斯角斗士塞拉蒂斯就是那个时代的“贝克汉姆”。

角斗士们在类似于军事训练营的地方一起训练。训练角斗士的方式与现代训练运动员的方式非常相似。他们要进行非常严酷的锻炼并接受严格的饮食控制，只能进食高热量的食物，并且需要学习使用匕首、剑、网以及锁链等各种武器，之后就经常随团到帝国的各个地方进行巡回表演。

虽然角斗士在某些场合受欢迎，但是仍应该看到这是古代对人的一种不尊重，角斗士仍然是被压迫和迫害的一类人，他们的生活充满血和泪。

## 世界上哪个国家首先成为了地跨亚、欧、非三大洲的帝国?

古代伊朗以波斯人为中心形成的波斯帝国是世界上首个地跨亚、非、欧三大洲的帝国。

波斯帝国是兴起于伊朗高原的古国，又称阿契美尼德帝国。波斯帝国从米索不达美亚横跨至印度，由里海伸展到波斯湾，势力遍布今天的伊拉克、伊朗与阿富汗。波斯人属印欧语系的一支，约公元前二千年末叶从中亚一带迁到伊朗高原西南部，共有十个部落（六个农耕，四个畜牧），曾一度处于米堤亚统治之下。

前 550 年，居鲁士领导波斯各部落推翻米提亚王国，建立起阿契美尼德王朝（一说始于前 558 年），定都在苏萨，被称作波斯帝国之始。自此他们向外扩张，征服小亚细亚、两河流域、叙利亚等地，又向东攻取大夏（巴克特里亚）、粟特等，但居鲁士被北方游牧部落马萨盖特人所杀。

居鲁士的儿子冈比西即位后，率兵征服埃及（前 525 年），因发生高墨达政变（前 522 年），回国途中暴死。大流士一世镇压高墨达政变与各地起义，夺得政权；实行巩固中央集权的改革；继续扩张领土。这个时候，波斯帝国达到鼎盛时期，它的疆土东起印度河流域，西至巴尔干半岛，北起亚美尼亚，南至埃塞俄比亚。波斯帝国包括 70 个民族，接近 5000 万人口，近 700 万平方公里土地，成为世界上第一个地跨亚、非、欧三大洲的大帝国。

前 5 世纪初(大流士一世在位时)，波斯不断西进导致持续近半个世纪的希波战争，最后以波斯失败告终。各地人民不断反抗波斯暴政，国内经常爆发反波斯统治的起义。

前 404 ～前 343 年埃及曾获独立，从前 4 世纪开始，帝国开始衰落。公元前 333 年，马其顿的亚历山大大帝打败大流士三世。公元前 330 年，帝国都城波斯波利斯陷落，国王大流士三世在逃亡中被害，宣告波斯帝国的灭亡。

## 伯罗奔尼撒同盟是什么？

伯罗奔尼撒同盟是指古代希腊以斯巴达为首的伯罗奔尼撒半岛大部分城邦所组成的军事同盟，当时称为“拉凯达伊蒙人及其同盟者”。他们与后期的提洛同盟相对，后者是雅典组织中希腊、爱琴诸岛与小亚的一些城邦形成的军事集团。

公元前 6 世纪中叶起，斯巴达陆续与埃利斯、西居昂、科林斯、迈加拉等一系列的城邦订立双边军事同盟条约。约公元前 530 年，伯罗奔尼撒的大多数城邦参加了同盟。在同盟内部，斯巴达拥有召集全体成员国会议的特权，并担任战时盟军统帅，但是结盟各邦内政独立。全同盟的战和大计在盟国代表会议上投票决定，每国一票。只有得到盟国代表会议的同意，斯巴达才能要求盟国出兵。在没有全同盟一致军事行动时，各邦在和战问题上自主，甚至可以与盟邦作战。

在公元前 5 世纪上半叶的希波战争中，同盟各邦曾和雅典联合抗击波斯入侵（公元前 480 年、前 479 年）。公元前 5 世纪 70 年代以后，伯罗奔尼撒同盟与提洛同盟对抗，对整个希腊历史的发展产生了重大影响。公元前 431 ～前 404 年，伯罗奔尼撒同盟和雅典及其同盟者之间爆发伯罗奔尼撒战争，失败的雅典一度被迫入盟。

公元前 4 世纪上半叶，随着斯巴达国力的增强，它和盟邦的关系变得错综复杂，同盟内部纠纷、退盟、战争事件时有发生。公元前 394 年，忒拜联合雅典、科林斯等城邦共同反抗斯巴达。公元前 371 年，忒拜在留克特拉战役中战胜斯巴达，斯巴达霸权也随着公元前 366 年伯罗奔尼撒同盟的解散而消亡。

## 大流士一世是如何夺得统治权的?

大流士（公元前 6 世纪），通过平定波斯宫廷高墨达政变而登上帝位，成为波斯帝国国王，此外还流传着许多关于他登上王位的传说。

公元前 529 年，居鲁士在和马萨格泰人的战争中阵亡之后，他的儿子冈比西斯为巩固统治，杀死了亲兄弟巴尔狄亚。不久，僧侣高墨达假扮巴尔狄亚在波斯国内发生政变，夺取了政权，而冈比西斯在平息叛乱的过程中离奇死亡。这时，波斯国内分崩离析，自封为王者多如牛毛。就在此时，阿契美尼德家族的旁支，原波斯安息省省长的儿子大流士在赌城意识到一个巨大的机遇正摆在自己眼前，于是联合其他六位贵族密谋了一次政变，杀死了高墨达及其亲信。

在杀死高墨达等人之后，大流士等 7 人面对王位各不相让。最后商议决定，第二天早晨除欧塔涅斯不参加外，其余 6 人乘马于市郊集合，谁的马先叫谁就当国王。散会后，大流士苦苦思索，想让自己的马能在明日清晨最早嘶叫。他绞尽脑汁却毫无办法。忽然，他想起了自己的马夫，那聪明的马夫肯定有自己的小窍门。大流士把自己的想法告诉了马夫，马夫只是笑笑，让大流士尽管放心。

深夜，马夫选了一匹大流士平时骑的母马，拴在清晨将要比赛的地方。过一会再把马牵回去。天明日出时，那精明的马夫随大流士乘马赶赴郊外。他左手插在裤子里，右手拉着马嚼子。待 6 人全到齐后，他迅速而自然地抽出左手，佯装抚弄马的鼻子，那马激动不已，仰天嘶鸣。

那 5 人见状，急忙翻身下马，跪倒在地，连称大流士为大王。原来，马夫临行前曾把左手伸到那母马的阴部呆了一会儿，大流士所乘的公马闻到了母马的气味，骚动不安就嘶鸣起来。大流士凭借自己的军事才能平定天下，重新统一了波斯帝国。

## 大流士一世是什么时间开始改革的?

大流士一世是波斯帝国国王（前 522 ～前 486 年），出身于阿契美尼德家族支系。他在随冈比西斯征战时被任命为万人不死军的总指挥，并且在冈比西斯二世暴亡之后密谋政变，于公元前 522 年夺得王位。他在登上王位之后就开始了一项重要的改革。

公元前 522 ～前 485 年，波斯帝国国王大流士采取一系列改革措施巩固波斯统治和自己的专制政权。主要内容有确立君主专制，将全帝国分为 23 个行省与五大军区，整顿军队，联合各被征服地的统治阶级，统一币制，修建驿道，将琐罗亚斯德教定为国教。其中大力整顿了赋税，规定每省的纳税额，由包税人征收，每年可得税银 1.456 万塔兰特（每塔兰特为 30.3 公斤）。大流士改革对于波斯帝国的强盛起到了重要作用。

具体说，大流士改革有以下几个方面：

在地方行政制度上采取军政分权制度。大流士划全国为 23 个行省，每省设立总

督（负责管理行政、司法和赋税）和将军（负责统领驻军）各一人，二者相互独立。又在总督身边设立“皇室秘书”，以加强皇室和总督的联系。

效法亚述，进行军事改革。包括建立“不死队”；把全国分为5个军区，以便于管理；皇帝为最高军事统帅，军队由波斯贵族领导；并严格规定每省驻防军的规模；在腓尼基人的协助下建立海军；每年进行军队检阅。

重新规定各省的赋税，并采取包税制度。

修筑驿道有利于军队的机动性，更促进各地经济文化的交流，缩小了各地之间的差距；开凿运河方便了北非与西亚的经济往来和文化交流；统一度量衡；奉一神教拜火教（琐罗亚斯德教）为国教。

## “三权分立”来源于什么？

公元前510年，罗马人驱逐了残暴的前国王卢修斯·塔克文·苏佩布（高傲者塔克文），建立了罗马共和国，形成了国家由元老院、执政官与部族会议三权分立的政治体系，王政时代结束。掌握国家实权的元老院由贵族组成，执政官由百人队会议从贵族中选举产生，行使最高行政权力，而部族大会由平民与贵族构成。

在三权分立中，王权是指两名执政官，从百人议会中选出的执政官掌管国内事务，指挥军队作战，一年一任，不得连任。两名执政官权力平等，如遇非常时期，设独裁官（又称狄克推多）替代两执政官，任期仅为半年。

元老院、百人队会议、库里亚会议继续保留，但库里亚会议形同虚设，百人队会议依然是富人占优势，所提议案要经元老院批准，所以元老院是实权机关，300名终身职的元老是贵族势力的坚实堡垒，他们掌管着国库的运作与一切的对外事宜。

公元前494年设立的保民官是为保护平民的利益，一年一任，必须由贫民中选出，初为2名，后增至10名。凡是不利于平民利益的行为、法令等，保民官都有权力予以否决，保民官的人身和他的否决权神圣而不可侵犯，其权力以后又进一步扩大。除此之外，还设立财务官、市政官和大法官，他们都是一年一任，不得连任。

三权分立是被后人认为古代最为经典的政治体系之一。这种结合了君主、议会、共和三种政体基本特点的体制为其称霸一方提供了保障。但同时它也存在着奴隶和奴隶主的矛盾，以及后来随着国土的扩大，征服者和被征服者的矛盾、保守派和改革派、元老派和骑士派的矛盾。而平民与贵族之间这一最基本的矛盾更是始终伴随着共和国，这使其日后必然走上改革的道路。

## 哪次改革推动了雅典民主共和国的形成？

公元前509年到前508年，针对梭伦改革未深入触动雅典选举体制与血缘团体的情况，雅典民主政治家克里斯提尼在希腊人民推翻僭主政治的形势下，进行了比较彻底的改革。这次改革推动了雅典民主共和国的形成。

克里斯提尼的改革内容包括：创设十个地区部落作为雅典各项公职的选举单位。从组织上消除了氏族血缘部落，结束了贵族操纵公职选举的局面，抽掉了贵族权势根基。人为划分部落，打破了以地理集结党派的惯例，这样就防止了社会动荡。以五百人会议替代四百人会议作为最高行政机构。五百人会议不同于四百人会议：首先它不是按照血缘而是按照地域部落产生，不再带有原始的氏族意义；其次，职能扩大，执行公民大会的决议，不只是为公民大会准备议案，处理日常政务；最后，实行抽签选举，轮番执政的原则。

克里斯提尼的改革还设立最高的军事机构——十将军委员会，这是由十个地区部落各选一人组成的，一年一任，轮流统帅军队，其中一人为首席将军。同时，以秘密投票的方式选出危害国家的不安定分子，打击贵族顽固分子，防止僭主政治再起。反映了公民大会权力的提高，一定程度上体现了“主权在民”的思想。

克里斯提尼的改革具有划时代意义：它标志着百余年来平民反抗贵族斗争的胜利与雅典奴隶制民主政治的初建。基本上肃清了氏族部落制度的残余，完成了雅典有氏族过渡到国家的整个过程，推动了雅典民主共和国的形成，标志着雅典民主政治的最后确立。

此后，奴隶和奴隶主之间的矛盾取代了贵族和平民的矛盾成为雅典的主要矛盾，古希腊从此进入以雅典为中心的古典时代。

## 佛教是谁创建的？

佛教是世界三大宗教之一，公元前6世纪至公元前5世纪，古印度的迦毗罗卫国（今尼泊尔境内）王子创建了佛教。王子的名字是悉达多，他的姓氏是乔达摩，又因为他属于释迦族，人们称他作释迦牟尼，意思是释迦族的圣人。佛教被创建之后就广泛流传于亚洲的许多国家，西汉末年经丝绸之路传入中国。

释迦牟尼佛出生于北印度，也就是现在的尼泊尔，它在印度的北方，中国西藏的南部。传说乔达摩· 悉达多在外出巡游时，恰遇老人、病人、死者与修行者，深感人间生老病死的苦恼，经常在阎浮树下沉思而不得离苦之道，于是在29岁时的某个月夜乘马出家修道。

他遍访名师寻求解脱，遇阿罗陀迦兰，不久释迦牟尼达到了阿罗陀所教导的一切，使后者大为叹服，建议合作领导他的沙门团体。然而释迦牟尼却不满足于这种学说而选择退出，仍未成道的他接着又跟随郁陀罗摩子修行。他认为这仍然不是解脱的境界，但是这时候的释迦牟尼已经找不到合适的老师来教他了，也没有人敢随便答应做他的老师。于是释迦牟尼和五比丘在苦行林中苦修6年，忍受饥饿痛苦。35岁时，他意识

到苦行无法达到解脱，转而前往菩提伽耶，后来在菩提树下禅定49日，在本然之中观察诸法缘起而悟得三明和四谛，最终成为佛陀。

公元67年，佛教正式由官方传入中国。明帝永平十年（67年），汉明帝夜梦金人飞行殿庭，晨起问于群臣，太史傅毅答说：西方大圣人，其名曰佛；陛下所梦恐怕就是他。汉明帝就派遣中郎将蔡愔等十八人去西域，访求佛道。蔡愔等于西域遇竺法兰、摄摩腾两人，并得佛像经卷，用白马驮回洛阳。汉明帝特为此建立精舍给他们居住，称为白马寺。

从此，佛教就在东方的另一个文明中心扎根，长盛不衰。

## 马拉松这项体育活动出自哪里？

公元前5世纪初，波斯帝国灭亡了吕底亚，乘机进攻位于小亚细亚地区的希腊城邦，这期间的一场战争，成为了现在的马拉松长跑的来源。

在波斯国王对依阿尼亚地区各希腊城邦的战争中，雅典和埃维厄两城邦出兵援救。两城邦虽然派出大批士兵及军舰援救，在坚持数年后仍然被波斯大军打败。公元前494年，波斯完全征服了依阿尼亚地区。在这一时期当中，依阿尼亚的许多优秀人物逃到希腊的其他地方。波斯王为了惩罚雅典与埃维厄，因此决定出兵希腊。

他首先运用外交攻势，离间希腊各个城邦的关系。然后在公元前490年，波斯王大流士一世出动陆海军共25000人，进攻雅典与埃维厄两国。波斯军队很快攻破了埃维厄，并且血洗了这座城邦，将全城市民贬为奴隶。

面对来势汹汹的波斯大军，雅典向斯巴达求救但是遭到拒绝，雅典无奈之下只好孤军奋战。雅典派米提阿德斯率领一万重装步兵，前赴波斯军的着陆地点——马拉松平原和敌军决战，而雅典则由海军负责防守。面对二倍于己的波斯军队，米提阿德斯将全军布阵至和波斯军队一样长度的简单平行战斗序列，并将精锐安插在两翼。交战初期，雅典军中路被波斯军步步进逼，只得向后退却，因而造成波斯大军中路孤军深入的态势。雅典军两侧精锐马上合围中路波斯军，波斯陆军被围歼。

从海路偷袭雅典的波斯海军，也没有打败雅典海军，只好撤退。在马拉松大战获胜后，一位名叫斐力庇第斯的士兵跑回雅典报捷，他极速跑了42.196公里，消息送到雅典之后力竭而死。为了纪念这位勇敢的士兵，人们此后就组织了一项长跑运动，这就是马拉松长跑的来源。

马拉松战役中，雅典阵亡了192人，而波斯则损失了6400人。可惜这对于庞大的波斯帝国来说并不是重大的打击，因此波斯帝国此役之后依旧时刻寻机进攻希腊。

## 谁是“历史之父”？

希罗多德是公元前5世纪（约前484～前425年）的古希腊作家，他记录了自己旅途的见闻和第一波斯帝国的历史，著成《历史》一书。这是西方文学史上第一部完整流传下来的散文作品，因而希罗多德被称为西方文学的奠基人。从古罗马时代开始，希罗多德就被尊称为“历史之父”，这个称呼也一直沿用到今天。

大约在公元前484年，希罗多德诞生于小亚细亚西南海滨的一座古老的城市，这是古希腊人早年向海外开拓时建立的一座殖民城市。希罗多德有一个富有的奴隶主父亲，他的叔父为本地一位著名诗人。希罗多德从小学习勤奋，酷爱史诗。当时，他们城邦的统治者是一个通过阴谋篡夺了政权的家伙，成年后的希罗多德跟随叔父等人积极参与推翻篡位者的斗争，但是斗争遭到镇压，他的叔父被杀害，他自己也被放逐。

大约从30岁开始，希罗多德开始了一次范围广泛的旅游，到过埃及、两河流域、意大利半岛和西西里岛多地，而每到一地，希罗多德都会到历史古迹名胜处浏览凭吊，考察地理环境，了解风土人情，他还喜爱听当地人讲述民间传说与历史故事，他把这一切都记下来，并一直随身带着。

公元前445年左右，希罗多德来到了当时希腊的政治、经济与文化中心——雅典。当时的雅典，经历了希（腊）波（斯）战争，政治经济都获得了高度发展，一派欣欣向荣的景象，学术文化也得到长足的发展。希罗多德感到异常兴奋，他积极参加各种集会与政治文化活动，并很快同政治家伯里克利以及悲剧家索福克勒斯等人结下了深厚的情谊。并且整理出了自己早年的见闻，写成《历史》一书，他也被人称为“历史之父”。

## 斯巴达三百勇士真的存在吗？

在电影《斯巴达三百勇士》中，描述了雅典对抗波斯王朝的一场战争，而三百勇士真的存在吗？据史料记载，的确有这样一场战争。

公元前480年，继任的波斯王薛西斯一世亲自率领30万陆军和1000艘战舰再次进攻希腊。雅典面对波斯大军再度压境，立即进入备战状态，以地米斯托克利为主帅，阿里斯德岱斯为副将迎战。这次进攻的波斯大军号称百万，希腊各城邦均有着生死存亡已系于一线的感觉，他们因此结盟，共同抵抗波斯，所以斯巴达也参与了对抗波斯的行动。

斯巴达王李奥尼达与其本国精兵299人及伯罗奔尼撒半岛其他城邦的7000人在希腊的第一道防线——温泉关设防。李奥尼达和他的士兵与百万波斯陆军拼命厮杀，波斯军死伤惨重而不能前进。但在第三天，一个希腊的叛徒引导波斯军队走小路进攻李奥尼达的后方，李奥尼达无法抵御，只得下令让伯罗奔尼撒半岛的军队先行撤退，

并以其自己的三百精兵死守温泉关。在经过一番激烈厮杀后，斯巴达全军覆灭，但是斯巴达勇士的勇敢与无畏却受到后世的敬仰与人们的称赞。

据说，波斯人在打扫战场时只找到了 298 具斯巴达人的尸体。原来，有两个斯巴达人没有参加战斗，一个是由于害眼病，一个则是因为奉命外出。战后，他们回到斯巴达时，家乡的人都十分的鄙视他们，没有人理会这两个“懦夫”。其中一个人受不了这种屈辱，自杀了。另一个在后来的战斗中牺牲，即使这样斯巴达人还是拒绝将他安葬在战死者的墓地中。

波斯人离开温泉关后，希腊人把其他希腊战死者的遗体收集起来，统一葬在激战的小山上。人们建造了一座石狮用来永久怀念英勇的斯巴达国王李奥尼达。这场战役结束的四十年后，波斯人才把李奥尼达的遗骸交还给斯巴达。悲痛的人们授予这位伟大的国王最高的荣誉，将他的遗骨重新安葬在山上，斯巴达每年都举办仪式活动来纪念这位盖世英雄和他所带领的三百勇士。

## 提洛同盟是如何得名的?

希波战争期间，以雅典为首的古希腊部分城邦为防御波斯帝国再一次侵略，于公元前 478 年结成了军事、政治同盟。也被称作“第一次雅典海上同盟”，又称“雅典海上同盟”。因为盟址和同盟金库设于爱琴海的提洛岛，所以又称“提洛同盟”。

提洛同盟的目的原是为了继续对付波斯联合作战，后来成为雅典称霸的工具。入盟者有小亚细亚、爱琴海诸岛及希腊本土城邦，后来增至约 200 个。初期，入盟各邦都可以保持原有的政体，同盟事务由在提洛岛召开的同盟会议决定，各盟邦地位平等，按照实力大小提供不同数量的舰船、兵员和盟捐，重大事务须同盟会议决定，组织管理权和舰队指挥权则归雅典。

从公元前 5 世纪 60 年代起，提洛同盟逐渐被雅典利用以控制与剥削盟国，雅典也就变成事实上的盟主。史书中也常称提洛同盟为“雅典霸国”或者“雅典帝国”。公元前 454 年同盟金库迁到雅典。公元前 449 年希波战争结束，雅典停止召开同盟会议，独吞同盟基金，镇压盟邦反抗。各盟邦则沦为雅典的纳贡国、附属国，同盟的性质也因此改变，成为雅典对外扩张和同斯巴达争霸希腊的工具。雅典强令各盟缴纳税款并随意用于本国需要的贡款。雅典向盟国派出大量军事殖民者，残暴地镇压宣布退盟的城邦。他们逼迫盟国的重要案件交雅典审理，规定盟国采用雅典的铸币，支持建立亲雅典的民主政体。

伯罗奔尼撒战争期间，雅典要求盟国增派援军甚至任意增加盟捐。斯巴达则利用盟国的不满，支持他们反对雅典，脱离提洛同盟。公元前 404 年，战败的雅典根据和斯巴达签订的和约，被迫解散提洛同盟。

提洛同盟的建立和其性质的演变，对整个希腊世界的政治、经济发展都有极其重大的影响。

## 哪部法典是罗马成文法的标志?

著名的《十二铜表法》的颁布标志着罗马成文法的开端。公元前 452 至 451 年间，在平民保民官的强烈要求与平民的共同努力下，古罗马编订出十二表法，镌刻在青铜板上，公布于罗马广场，《十二铜表法》由此形成。

公元前 454 年，罗马元老院被迫承认了由人民大会制定法典的决议，设置法典编纂委员 10 人，并派人到希腊考察法制，至公元前 451 年制定了十表法律，第二年又增补二表。这就是著名的《十二表法》。因各表系由青铜铸成，因此习惯上称作《十二铜表法》。经森图里亚会议批准，这些法律被公布在罗马广场，这就是古罗马第一部成文法典。公元前 390 年，高卢人侵入罗马，在战火中铜表全部被毁，原文已经散失，现在只能从其他的古代著作中获知一二。《十二铜表法》的内容分别是:传唤、审判、求偿、家父权、继承及监护、所有权及占有、房屋及土地、私犯、公法、宗教法、前五表之补充、后五表之补充等十二篇。《十二铜表法》成为共和时期罗马法律的主要渊源。

《十二铜表法》的制定，使贵族滥用权力也多少受到限制，按律量刑，贵族不可以随意解释法律。该法的出台成为了后世罗马法的渊源，对于中世纪，甚至近代欧洲法学也有重要影响。

## 哪次战役是希波战争中最重要的大战?

萨拉米海战是希波战争中的一部分，不仅是最后一战，也是最重要的一场大战。攻占温泉关以后，波斯大军来到希腊雅典城，却发现雅典城是座空城，什么都没有。波斯王薛西斯大怒，下令烧毁了希腊这座最大、最富庶的城市。

在当时的希腊，一直流传着有关太阳神的一个预言：希腊的命运只能靠木墙才能拯救！根据这个预言，有人主张把居民撤往山上去。可是，雅典杰出的海军统帅提米斯托克利对古老的预言却有着自己的想法。他说希腊的未来在海洋，太阳神所说的木墙就是指大船。因此他提议所有的妇女儿童都坐船到亚哥斯的特洛辛与本国的萨拉米斯岛上去躲避，所有的男人都乘着战船，集中到萨拉米海湾．他的建议被雅典和其他城邦的人接受。

就在雅典人转移后不久，雅典的海军就与波斯大军相遇，由于提米斯托克利的策划使波斯人大意交战，经过激烈的作战后，波斯前锋舰队不能抵挡，被迫后撤。而从后面增援的波斯战舰并不清楚战况，它们笛鼓齐鸣，猛往前冲。由于正值顺风，支援战舰冲进海湾，恰好同后撤的前锋舰只迎头相撞，顿时，乱成一团，提米斯托克利见此状况，乘机指挥全军四面出击。波斯舰队进退维艰，被冲撞得七零八落，毫无还手之力，海军统帅阿拉禾西亚见败局已定，只能狼狈后撤。波斯王薛西斯在山头上目睹

着这场海战的经过，无奈地看着波斯战舰要么沉没，要么被擒。八个小时的激战，波斯舰队 200 艘战船多被击沉，50 艘被俘获。

薛西斯考虑到整个远征军的前途，面对失败，只好留下一部分兵力在中希腊继续作战，而自己率领其余部队退回到小亚细亚。萨拉米海战之后，希腊开始由防守转为进攻，最终把波斯军队赶出了希腊本土。它是希波战争中，继马拉松战役、温泉关战役之后具有决定性的一战。

## 马其顿王国是哪一年实现统一的？

腓力二世于公元前 4 世纪中期，统一了马其顿。公元前 4 世纪前期，摄政王腓力二世（公元前 359 ～前 336 年在位）废黜幼主，自立为王。开始了他一生的戎马生涯。

公元前 4 世纪，马其顿帝国在马其顿地区崛起，他曾征服了小亚细亚、波斯、埃及等地，把希腊文明带到了中东各地。马其顿位于希腊北部，由上、下马其顿两地区组成。上马其顿地处高原山区，仅有几个关隘与外界相通。下马其顿土地肥沃，适于农耕，是马其顿的政治、经济、文化中心，它对于上马其顿有着传统上的宗主权。

马其顿在希波战争初期曾一度依附于波斯，但又常常暗地里给希腊人递送情报。公元前 5 世纪末，马其顿国都从西北山区的埃格迁到东南沿海的佩拉。到公元前 4 世纪，摄政王腓力二世自立为王。

腓力年少时曾在底比斯作人质，曾经获得过古希腊奥运会马车赛的冠军；再者，他对希腊诸邦的情况了解很深，所以在他执政时希腊人不敢将其视为蛮族之王。腓力二世执政后，国力迅速崛起。

腓力二世吸取了希腊的先进经验，并采取具有马其顿特色的措施，强化王权、削弱贵族会议与公民大会的权力，推行改革。其中最重要的是军事改革，他建立了一支忠于国王的常备军，创立了强大的的马其顿方阵。后来他又侵占了色雷斯的金矿，每年可有稳定的收入以扩充军事。马其顿军队的战斗力迅速超越了希腊其他城邦的军队。他们有强大的舰队以进攻东方各国。

腓力二世在国势强大后，趁着希腊处在城邦混战之际南下侵略希腊。公元前 338 年，马其顿军在中希腊的克罗尼亚打败以雅典、底比斯为首的反马其顿盟军。第二年，腓力在科林斯召集各邦开会，宣布希腊各城邦成立联盟，几乎全希腊都承认了马其顿的霸权，并决定进攻波斯。

## 自称“巴比伦及世界四方之王”的是谁？

马其顿国王亚历山大三世，也就是亚历山大大帝，自称为“巴比伦及世界四方之王”。公元前 336 年夏，亚历山大之父、古代马其顿国王腓力二世在女儿的婚礼上突然遇刺身亡，刚满 20 岁的亚历山大继承了王位。

就在腓力二世遇刺身亡的时候，被腓力二世所征服的希腊各城邦国与色雷斯、伊利里亚等地的一些部落纷纷在此时叛乱或者宣布独立。年轻统帅亚历山大首先率军进入巴尔干半岛北部，将背叛自己的伊利里亚诸部落征服，把色雷斯人击退至多瑙河滨。他下决心要远征波斯。

亚历山大以波斯人曾蹂躏过希腊圣地，又参与过对腓力二世的谋杀为借口远征东方波斯。亚历山大怀着征服世界的梦想，离开故土，踏上了遥远的征程。公元前334年春，亚历山大渡过赫勒斯滂海峡（即达达尼尔海峡），开始了长达 10 年的东征之战。

他开始远征波斯帝国的军队是由步兵 3 万名、骑兵 5 千名和战舰 160 艘组成的。公元前 333 年秋，亚历山大又在伊苏斯城附近以其著名的“马其顿方阵”击败了不甘初战失败的大流士三世。

公元前 331 年春，亚历山大率步兵 4 万与骑兵 7 千向美索不达米亚挺进，在尼尼微附近的高加米拉进行了与波斯的最后一场大规模的决定性战斗。公元前 331 年 10 月 1 日清晨，亚历山大运用其机动灵活的“马其顿方阵”最终战胜了强劲的对手，亚历山大乘胜东进，占领了东方最大的城市、古代东方的文化中心巴比伦，并为自己加了一个称号——“巴比伦及世界四方之王”。

亚历山大又率军从巴比伦出发，占领了波斯帝国的首都苏撒、波斯波利斯与矣克巴塔那等三座都城。大流士三世逃至北方的大夏，至此古波斯帝国以及阿契美尼德王朝遂亡。马其顿军队征服了波斯的全部领土后，建立起来了横跨欧、亚、非三洲的亚历山大帝国。

## 创建孔雀帝国的是何人？

旃陀罗崛多出身于一个饲养孔雀的农民家族中，公元前 324 年，他在印度次大陆建立了统一的王朝，人们因他的出身称这个王朝为“孔雀王朝”，又称“孔雀帝国”。

公元前 325 年，马其顿王国的亚历山大沿印度河南下撤回巴比伦。亚历山大退兵之后，印度次大陆北部人民起义四处发生，政局十分动荡。这时，一个名叫旃陀罗崛多的人成为驱逐马其顿驻军的领袖，他早年在难陀王朝廷供职，他曾经企图趁亚历山大入侵之机推翻难陀王朝，以失败告终。旃陀罗崛多领导的起义军多次成功打败侵略者，大约在公元前 324 年，旃陀罗崛多便独立为王。

而后，旃陀罗崛多又东进攻下摩揭陀的首都华氏城，终于将难陀王朝推翻，宣告这次大陆北部统一完成。旃陀罗崛多依靠大批常备兵（据说拥兵达 60 万人），在次大陆进行扩张与征服，并成功地抵御了塞琉古王国的入侵。

旃陀罗崛多统治下的孔雀王朝基本上是一个统一的奴隶制帝国，设有庞大的官僚机构维护统治，国王是国家的最高主宰，集政治、军事、司法等方面大权于一身。国

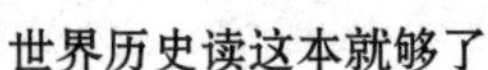

王之下有一个不大的统治阶层，这些人可以充当国王的顾问和参议，也可以被选拔为各种官员。官员有三类：地方长官、城市长官和军事长官。

孔雀帝国由若干省组成，国王直辖靠近都城的东部与中部省份，边远省份则往往由王子统治。帝国境内还有许多半独立的部落，国王对中央、地方和军队的官员都派密探进行侦察与监督。

孔雀王朝时期，生产力有了很大的提高。铁器开始普遍制造与使用；灌溉事业也发展起来，各地开凿了沟渠、水井和池塘；手工业也有很大的发展，出现了一些以棉纺织品著称的地区；造船、建筑、雕刻等业也有进展。现在保存的有重量可达 50 吨，高 15 米以上的刊刻诏令的石柱。

## 谁被称为印度历史上最伟大的君王?

阿育王，又称无忧王，被认为是印度历史上最伟大的一位君王。他是印度孔雀王朝的第三代君主。阿育王是一位佛教徒，后来还成为了佛教的护法。阿育王的知名度在印度帝王中是无人能及的，他对历史的影响同样也居印度帝王之首。

阿育王之名意译为“无忧王”，成为孔雀王朝第三任国王后，他一生的业绩可以明显分成前半生和后半生两个部分：前半生是“黑阿育王”时代，主要是经过奋斗坐稳王位和通过武力基本统一了印度；后半生是“白阿育王”时代，他在全国努力推广佛教，促成了这一世界性宗教的繁荣。

18 岁时，他就被任命为阿般提省总督，后来在镇压旦叉始罗城叛乱中立下大功，积累了政治资本。公元前 273 年，其父王病重，阿育王回国开始争夺王位。传说他杀死了 99 个兄弟之后才坐稳了宝座，这虽是夸张的说法，但也可看出王位争夺的血腥激烈。

阿育王杀人无数，他在即位后发动了一系列统一南亚次大陆的战争，规模最大的一次为公元前 261 年远征孟加拉沿海的羯陵伽国的战争。这次战争之后，孔雀王朝基本完成了统一印度的事业，但也造成了 10 万人被杀，15 万人被掳走的世间惨剧。

远征孟加拉沿海的羯陵伽国的战争是印度历史的转折点，也是阿育王一生的转折点。阿育王被漫山尸体、血流成河的场面所震撼，深感痛悔，从小隐藏在他心中的佛性这时终于被恻隐之心所唤醒，决心皈依佛门，这也彻底改变了他的统治策略。

阿育王向佛教僧团捐赠了大量的财产与土地，还在全国各地修建佛教建筑，据说奉祀佛骨的佛舍利塔就有 84000 座。

阿育王为了传播佛教亲自到各地去朝礼佛的圣迹、修建佛塔、访问有名的大德高僧，还在全国的名胜地方的大山崖上刻上佛的教导。这些是印度佛教史和世界佛教史上的无比瑰宝，至今依然屹立不倒。

## 第一次布匿战争于何时爆发？

公元前264年到公元前241年，为争夺西西里，爆发了第一次布匿战争。在这次战争中，罗马人在意大利南部希腊人的帮助下建立了舰队，罗马人在对这支舰队进行了改进后，保证了他们在以后的海战中占有优势。

公元前264年，锡拉库茨雇佣兵（马美尔提亚人）发动兵变攻取西西里的墨西拿城，这成为了第一次布匿战争的导火线。锡拉库茨的统治者希耶罗二世想夺回城市，对马美尔提亚人展开军事行动。马美尔提亚人同时向罗马和迦太基求助。罗马军队和迦太基军队开到西西里后发生冲突，揭开战争序幕。

公元前264年，罗马人挫败迦太基人，夺取墨西拿。公元前263年，锡拉库茨与罗马结盟。公元前262年，罗马人占领迦太基据有的西西里重镇阿格里真托，罗马人在陆战中获得全胜。在对封锁西西里和意大利南部海岸的迦太基舰队的报复行动无能为力的情况下，罗马人在意大利南部希腊人的帮助下组建了一支舰队，其战船与迦太基人的一样，也是桨式战船。但是，罗马人在战船上使用了一种新的技术装置（乌鸦吊），从而确保了他们在以后的海战中占据优势。罗马士兵可用这种装置登上敌船。

公元前260年，杜伊利乌斯率领的罗马舰队在米莱附近的海战中第一次战胜安尼巴尔统领的迦太基舰队。此后，罗马人便开始远征阿非利加，以占领迦太基本土。公元前241年，罗马舰队在埃加迪群岛附近的交战中再次得胜，因此，制定了有利于罗马的合约。

第一次布匿战争以罗马的胜利而告终，但是他们没有解决对地中海西部地区的政治与经济统治权问题，因为迦太基的经济与政治军事实力并没有被摧垮。

## 箕氏王朝是朝鲜半岛上的第一个王朝吗？

箕氏王朝是朝鲜半岛历史上的第一个王朝，是箕子所建立的王朝，不过这只是一个模糊的推测。公元前195年至公元前108年，燕国亡命者卫满推翻了朝鲜半岛上的箕子朝鲜，建立卫氏朝鲜，这是朝鲜半岛历史中得到考古及文献证明的最早的国家。

中国的战国时期，全盛时期的燕国国力曾一度涉足朝鲜半岛，有关地域在秦朝统一六国之后，也被归入秦朝的统治之下。根据《史记》记载，汉高祖刘邦时，燕王卢绾背叛汉朝，逃往匈奴，卫满也带千余名党徒一同前往，进入朝鲜半岛。卫满率领部属刚来朝鲜时，得到朝鲜王箕准的礼待。箕准不仅拜他为博士，还赐给他圭，封给他西部方圆百里的地方。箕准当时的目的很清楚，就是希望利用卫满为他守护西部边境。然而卫满却是一个很有政治野心的人，他利用封地为依托，不断招引汉人流民，积聚自己的政治、经济力量。

公元前194年，羽翼已丰的卫满，派人向箕准假传汉朝要派大军来进攻的急信，请求回到准王身边来守护他。箕准上当后答应了卫满的请求。于是卫满趁此机会，率

军向王都王险城（今朝鲜平壤）进发，一举攻取王都，自立为王，国号仍称朝鲜，历史上称其为“卫氏朝鲜”。卫氏王朝控制了朝鲜半岛的北部地区，与西汉燕地相邻。此时的西汉正处在汉惠帝时期，天下初定，汉廷批准辽东太守主动和朝鲜国王卫满相约：卫满为汉朝藩属外臣，为汉朝保卫塞外，不让汉朝边境受到侵犯；塞外各族首领朝见汉朝天子，以及各国和汉朝通商，卫满不许从中阻扰。而汉朝答应给予卫满以兵力与物资上的支援作为对朝鲜王朝的回报。

有了西汉藩属外臣的身份和汉廷的军事、经济的支持后，卫满开始不断地侵凌与征服临近小邦，真番、临屯都主动前来归顺，它的领地扩大到方圆几千里，卫氏政权的势力因此迅速膨胀。卫满的孙子右渠成为朝鲜王时，更是大量招引汉人流民，以此来扩充卫氏政权的实力；而随着卫氏势力的日益雄厚，右渠不但自己不肯再向汉朝通商朝贡，而且还阻碍邻近真番等小国和汉朝通商朝贡。

## 罗马灭亡迦太基是通过哪一次战争？

第三次布匿战争是古罗马与迦太基之间三次布匿战争中最后、最短的战争。从公元前 149 年至公元前 146 年，通过三年作战，独立的迦太基国家便不复存在了。

在第二次布匿战争以后，罗马忙着东西作战：在东边，忙着征服希腊帝国；在西边，忙着压制伊比利亚半岛上的叛乱。但是罗马人还是视迦太基为眼中钉，因为在第二次布匿战争时，迦太基差点攻进罗马城。元老们每次不论什么话题演讲最后，都有同样的一句话：“迦太基一定要消灭！”

迦太基战败后，虽然在政治上一蹶不振，但到公元前 2 世纪时，商业和物质财富的积累又迅速复兴，这种复兴也招致罗马的忌恨，决心消灭迦太基。公元前 150 年努米底亚国王马西尼萨出兵迦太基，迦太基被迫自卫。罗马借口迦太基破坏和约，于公元前 149 年开始了与迦太基的第 3 次布匿战争。

罗马军队在北非登陆后，迦太基曲意求和，答应交出人质与武器，但罗马提出极为苛刻的条件：拆毁迦太基城，居民迁到距海至少 15 公里的内地等。迦太基人愤然拒绝，转而抵抗，罗马军队围攻迦太基城两年未下。

公元前 146 年春天，迦太基发生饥荒，并且疾病流行，罗马军趁机以强大兵力破城而入。迦太基陷落后，城市被夷为平地，25 万居民经过战争幸存的不到 5 万人，而且还都沦为奴隶。

罗马在迦太基设置了阿非利加行省，宣告独立的迦太基国家被完全消灭了。

## 贵霜帝国在哪里？

贵霜帝国是地处中亚地区的一个古国，在迦腻色伽一世以及其承继者统治之下达至鼎盛，被认为是当时欧亚四大强国之一，与汉朝、罗马、安息并列。鼎盛时期（105～250年）的疆域从今天的塔吉克绵延至里海、阿富汗和印度河流域。

公元前140年，月氏人南下到大夏。当时月氏人共有五个部落，每个部落都有一个酋长，称为翕侯。公元前1世纪初，五翕侯中的贵霜翕侯丘就却消灭了其他的四个翕侯，统一五部，建立起了贵霜国家。随后丘就却南下攻击喀布尔河流域与今克什米尔地区，后定都在高附（今喀布尔），初步奠定了帝国的基础。

公元90年，贵霜王因求婚于汉公主，被班超拒绝，派遣副王谢率军七万攻打班超，被班超打败后纳礼求和。此时的班超一直不知贵霜王名，仅以“月氏王”称呼他。2世纪初，阎膏珍即位，再次征服印度西北部，在中亚吞并锡斯坦，并将势力范围扩展到花拉子模，国势大张，形成中亚的一个庞大帝国。

183～199年，胡毗色伽二世在位期间，已经开始显露衰败迹象，它对中亚的控制也减弱。约公元213年，波调即位后，贵霜势力在中亚又有所扩展，曾一度重新控制花拉子模，并同亚美尼亚库斯诺依斯结盟对抗萨珊王朝。233年，萨珊王阿尔达希尔一世率军攻入锡斯坦，然后经呼罗珊进入花拉子模，接着攻入索格狄亚那、巴克特里亚、喀布尔、坦叉始罗，这给贵霜造成了致命的打击。不过在波调死后，贵霜仍控制着印度河以东地区。

到公元3世纪贵霜帝国已分裂为若干小的公国，其年代和历史是非常模糊的。

## 斯巴达克起义的领导人是谁？

公元前73年（有些史料为前74年）至公元前71年，角斗士斯巴达克领导的斯巴达克起义，是在罗马帝国境内爆发的一次最大的奴隶起义。起义的主要原因是罗马奴隶社会内部（即奴隶主和被剥夺人权、遭受残酷剥削的奴隶之间）的阶级矛盾。

公元前73年的一个深夜，位于罗马中部卡普亚城的角斗士们击倒守卫的士兵，拔出士兵身上的短剑，冲出牢门，打开沉重的铁门挥舞着镣铐向维苏威冲出。这次角斗士起义的领袖是斯巴达克，他原来是希腊东北的色雷斯人，在一次反罗马的战斗中被俘获而沦为奴隶，他生得英俊健美，勇毅过人。因为他聪明而且富有教养，体格健壮，他的主人把他送进角斗士学校，想将他训练成一名出色的角斗士。

在角斗士学校，他以勇敢与智慧，成了角斗士们的精神领袖。他利用一切机会劝说角斗士们要为自由而死，而不应成为罗马贵族取乐的牺牲品。在他组织了200多个角斗士准备暴动的时候不慎泄密，于是他决定提前行动，结果仅有78人冲出虎口。斯巴达克起义军迅速壮大，他大量收容坎帕尼亚省的逃亡奴隶、角斗士、破产农民和从罗马军团逃出的士兵，人数达到1万。他们多次打败了罗马军许多小部队，他还对士兵进行训练，宿营和行军也都有严格的制度。公元前73年秋，罗马派大法官瓦里尼乌斯率军队讨伐斯巴达克，遭到起义军痛击。

罗马元老院力图尽快镇压起义军，派遣格奈乌斯·庞培与玛库斯·路库鲁斯两支军队分别从西班牙与色雷斯驰援克拉苏。斯巴达克决定对克拉苏进行总决战，以阻止罗马军队会合。他以急行军率军北上，迎击克拉苏，斯巴达克（6万人）全军在阿普利亚省南部一场激战中被击溃，斯巴达克奋战在最前列，直到牺牲。

## 谁是首个古罗马“祖国之父”？

在罗马共和国和罗马帝国时期，“祖国之父”是一个向其拥有者表示敬意的头衔，类似于近代的“国父”。但它并不意味着某人创建了一个新的国家，而是因为其拥有者在维护其祖国（罗马）的国家安全和领土完整等方面做出了杰出的贡献。著名的演说家西塞罗成为第一个接受“祖国之父”头衔的人。

“祖国之父”的头衔是由罗马元老院授予的，和其他所有的罗马共和国的头衔一样。第一个接受“祖国之父”头衔的人就是著名的演说家西塞罗。他因在执政官任期内镇压了喀提林阴谋从而获得了“祖国之父”的称号。

马库斯·图留斯·西塞罗（公元前106～前43年），古罗马著名政治家、演说家、雄辩家、法学家与哲学家。出身于古罗马的奴隶主骑士家庭。根据普鲁塔克的记载，他是一个优秀的学生，学的很快并且很快成为了罗马关注的焦点。因而他得以师从罗马执政官学习罗马法。他善于雄辩，成为罗马政治舞台的显要人物。

他从事过律师工作，后来进入政界，于公元前75年在西西里担任刑事推事官。公元前70年，他因起诉了西西里的前执政官加伊乌斯而在法学界名噪一时。公元前63年，西塞罗成为了第一个图留斯家族中首个担任执政官的“新人”，也是三十多年以来第一个通过选举担任这一职务的人。在这一时期，他的突出政绩在于镇压了喀提林阴谋。开始时期他是一个倾向平民派的代表，以后成为贵族派并于公元前63年当选为执政官。

前49年，恺撒侵入意大利，与凯撒政见不合的西塞罗逃往罗马。那年6月，西塞罗逃出意大利并前往希腊。恺撒在前44年3月15日被“释放者”刺杀，之后马克·安东尼在希腊击败刺杀凯撒并且外逃的布鲁图斯的军团，同时派人刺杀了西塞罗。

## “前三头”是什么？

公元前73年，罗马爆发了斯巴达克斯奴隶大起义。苏拉的两位部将克拉苏与庞培在镇压这次起义过程中一度成了罗马的风云人物。但是因为与元老院的冲突，他们废除了苏拉留下的制度。公元前60年，克拉苏、庞培和盖厄斯·儒略·凯撒结成秘密的政治同盟，一起反对元老院，史称“前三头”。

公元前58年，盖厄斯·儒略·凯撒出任山南高卢总督，他利用山北高卢各部落间的不和与日耳曼人入侵高卢之机，作战三年，占领了大部分高卢的领土。盖厄斯·儒略· 凯撒的声望与势力都因此大增，引起了庞培的嫉妒和戒心。公元前53年，克拉苏在对安息的战争中失败阵亡，“三头”剩下了“二头”。庞培便和元老院相勾结反对盖厄斯· 儒略· 凯撒。

公元前49年1月1日，元老院作出决议：盖厄斯· 儒略· 凯撒在高卢总督任期届满之后，必须解散军队；如果拒绝，他将会被宣布为祖国之敌。这项决议宣告了庞培与盖厄斯· 儒略· 凯撒之间的关系完全破裂。1月10日，盖厄斯· 儒略· 凯撒越过分割他管辖的高卢和意大利本土之间的卢比肯河，进军罗马，从而引发内战。庞培被元老院任命为指挥官前往应战，在帕萨卢斯战败后仓促逃到希腊。盖厄斯· 儒略· 凯撒占领了罗马，之后被元老院任命为独裁官。

但是盖厄斯· 儒略· 凯撒没有选择这一个临时性的职位，而当选了前48年的执政官。不久，盖厄斯·儒略·凯撒开往希腊和庞培展开决战，把庞培赶到埃及，盖厄斯·儒略· 凯撒又追到了埃及。埃及国王为了讨好盖厄斯· 儒略· 凯撒，杀了庞培。

公元前45年，盖厄斯· 儒略· 凯撒结束了长达4年的内战，带着埃及女王和他们的儿子凯萨里奥凯旋罗马，成为了罗马唯一的最高统治者，标志着前三头同盟的统治彻底结束。

## 朝鲜半岛的三国时代是什么时候结束的?

在公元前57年到公元668年之间，高句丽（前37～公元668年）、百济（前18～公元660年）、新罗（前57～公元935年）占据朝鲜半岛，这三个国家也就是当时朝鲜的三国时代。

朝鲜半岛三国时代和中国的三国时代不同。中国的三国是由一个国家分裂而形成，朝鲜却是三国不同发展而形成的，最后也没有统一到同一个国家。公元3世纪时，三个国家发展成熟，形成三雄争霸的局面。

高句丽是三国中最早建立起来的国家，它在鸭绿江南北两岸区域兴起，它也是三国中最大的国家。公元前37年，高句丽县成立于西汉玄菟郡，它先后定都辽宁的恒仁与吉林的集安，427年迁都平壤。高句丽对中国中原政权叛服无常，但总体上叛少服多。公元372年，它把佛教定为国教。5世纪，在好太王与长寿王统治下，高句丽进入鼎盛时期。公元668年高句丽为唐朝和新罗联军所灭。

高句丽建立者朱蒙的两个儿子因继承问题逃亡马韩，建立了百济王国，大致在今汉城的位置。百济吞并了马韩部落。4世纪时，百济达到鼎盛时期，统治了朝鲜半岛西部的大部分地区。后来，高句丽扩张，进攻百济，它被迫把都城迁到泗沘（现在的扶余郡）。384年，佛教从高句丽传入百济。公元660年，百济为唐朝与新罗的联军所灭。

公元前57年，新罗统一了朝鲜半岛东南部地区，尔后吞并了辰韩部族从而立国，国号为“徐罗伐”。公元503年，王国正式改名为“新罗”。6世纪中叶前，新罗吞并

了伽倻，高句丽与百济两国闻讯后结盟，新罗的都城在金城（今属韩国庆州）。公元528年，佛教被定为国教。高句丽文化与百济文化深受中国文化的影响，而新罗的文化不同，其独特的黄金制品显示出其文化上还受到了北方游牧民族的影响。

公元660年与668年，唐朝联合新罗先后消灭百济和高句丽，朝鲜半岛三国时代宣告结束。

## 你知道埃及艳后是谁吗？

克丽奥佩托拉七世是古埃及托勒密王朝的最后一任法老，也就是埃及艳后。公元前30年，屋大维进攻埃及，克丽奥佩特拉自杀身亡，埃及并入罗马，终结了古老的埃及文明。

埃及托勒密王朝的最后一位女王是埃及国王托勒密十二世和克丽奥佩特拉五世的女儿，她生于公元前69年，从小在骄奢淫靡的宫廷中长大。克丽奥佩特拉七世是一个才貌出众、擅长手腕、聪颖机智、心怀叵测而一生富有戏剧性的人。

公元前51年，克丽奥佩特拉七世的父亲去世，他留下遗嘱指定克丽奥佩特拉七世和她的异母兄弟托勒密十三世（公元前63～前47年）为继承人，共同执政。但他们两人因派系斗争和争夺权力而失和。克丽奥佩特拉七世于公元前48年被逐出亚历山大里亚后，在埃及与叙利亚边界一带聚集军队，准备攻入埃及。

此时，恺撒追击庞培来到埃及，对埃及的王位之争进行调停。托勒密十三世却在对恺撒的亚历山大里亚战争中失败，溺死于尼罗河。克丽奥佩特拉七世依靠恺撒巩固了自己的统治地位，而在名义上则按照埃及的传统，与另一异母兄弟托勒密十四世结婚，共同统治埃及。为了取悦于恺撒，克丽奥佩特拉七世百般逢迎，盛宴款待，陪伴他乘坐游船溯尼罗河而上，观赏风光。

恺撒死后，安东尼称雄于罗马，并于公元前34年出征亚美尼亚。得胜后，他不是在罗马而是在埃及的亚历山大里亚按照埃及的礼仪来举行凯旋式。两人同登黄金做成的王座，克丽奥佩特拉称为“诸王之女王”，其子托勒密十五世称为“诸王之王”。

公元前30年，屋大维进攻埃及，包围亚历山大里亚，安东尼和克丽奥佩特拉七世都自杀而死，而这也宣告了埃及托勒密王朝的结束。

## 公历是在什么时候实行的？

恺撒根据希腊数学家兼天文学家索西琴尼计算的历法，决定在公元前46年1月1日起执行《儒略历》，把一年设12个月，四年一闰，年平均长度为365.25日。在1582年后又被教皇格里高利十三世改善，变为《格里历》，即沿用至今的公历。

《儒略历》以回归年为基本单位，是一部纯粹的阳历。它把全年分设为12个月，单数月是大月，长 31 日，双月是小月，长为 30 日，只有 2 月平年是 28 日，闰年为 29 日。每年设 365 日，每四年一闰，闰年 366 日，每年平均长度是 365. 25 日。《儒略历》编制好之后，盖厄斯·儒略·恺撒的继承人奥古斯都又从 2 月减去一日加到 8 月内，还把 9 月、11 月改为小月，10 月、12 月改为大月。

之前，罗马人的纪年方法是把一年分成 12 个月，每月 30 或 31 天，全年 355 天，另有包含 27 个日的“闰月”，有时会夹在二月与三月之间，这样闰年里就会有 377 或 378 天。在这样一个历法系统里，平均下来每年有 366 又 1/4 天。

本来这个历法是为了切合太阳的运行规律的，但是由于闰月的添加是由罗马神官们自行决定的，所以在战争时代或者其他一些宗教活动荒废的时候会有相当长的一段时间无法宣布哪一年为闰年，所以历法就会大大地偏离太阳规律。

同时由于消息传播的方式不发达，远离城邦居住的居民甚至一直不能了解到神官发布的闰年通告，由此导致许多人对这天的日期一无所知。这个情况在凯撒当政时期变得尤为严重，因此凯撒决定进行历法改革，永久的把历法和太阳运行规律结合起来，不受宗教活动或其他人为因素的影响。

《儒略历》比回归年 365. 2422 日长 0. 0078 日。因此 400 年要多出 3. 12 日。公元 325 年，规定春分由 3 月 21 日提早到 3 月 11 日。1500 年后由于误差变得较大，被罗马教皇格里高利十三世于 1582 年进行改善和修订，变为格里历，即沿用至今的世界通用的公历。

## 凯撒是什么时候遇刺的?

公元前 44 年，凯撒宣布将远征帕提亚，以拯救在卡莱会战中被俘虏的九千名罗马士兵。但是，当时的占卜师却说“只有王者才能征服帕提亚”，此举让共和派议员认为凯撒终将称王。这一年 2 月份的一个典礼上，执政官安东尼把花环献给凯撒，并称呼凯撒为王。反凯撒一派则更为恐惧，于是策划谋杀凯撒。

以该尤斯·卡西乌斯、马人可斯·布鲁图斯、德基摩斯·布鲁图斯为首的参与反对恺撒阴谋的大约有 60 多人，他们自称为解放者。这些人在刺杀凯撒前曾与卡西乌斯会面，卡西乌斯告诉他们说如果东窗事发他们就必须自杀。在公元前 44 年 3 月 15 日，一群元老叫凯撒到元老院去读一份要求凯撒把权力交回议会陈情书，可是这陈情书是假的。当马克·安东尼从一个叫做卡斯卡的解放者那里听到这个消息之后，他赶紧到元老院的阶梯上要阻挡凯撒。可是这些参与预谋的元老先他一步找到了凯撒，把他领到了剧院的东门廊。

凯撒在读这假的陈情书的时候，卡斯卡把凯撒的外套脱开之后用刀刺向他脖子。凯撒警觉到卡斯卡，转身抓住卡斯卡的手，并用拉丁语说:“恶人卡斯卡，你在做什么？”被吓到的卡斯卡转向其他元老，用希腊话说:“兄弟们，帮我！”

这时，包括布鲁图斯的所有人都开始刺向凯撒。凯撒想要脱逃未果，最后这些人把他翻倒在地上，将他杀害了。阴谋者本想把他的尸体投入台伯河，但是慑于执政官马克· 安东尼与骑兵长官雷必达而没有这样做。

## 古罗马帝国是谁开创的?

公元前30年，屋大维进兵埃及，打败了自己的对手，成为古罗马的最高统治者。屋大维是古罗马的杰出政治家，也是他使帝制替代共和制度，成为古罗马帝国的开创者。

安东尼原是恺撒的心腹部将，雷必达为骑兵长官，屋大维是恺撒的养子，三人于公元前43年公开结盟后，借口为恺撒报仇实施大屠杀，以摧毁敌对力量。

屋大维是杰出的政治家，成为三巨头时还不满20岁。他坐镇西方之后便开始了早已胸中有数的计划。公元前36年，他借助雷必达的兵力消灭了西西里庞培的残余势力，接着又引诱雷必达的士兵倒戈，剥夺了雷必达的兵权。三头只剩下了两头。此时，屋大维虽然在意大利得势，但安东尼在东方也巩固了统治地位，并在埃及当起了模范丈夫，屋大维又开始了他的下一步计划。公元前32年，屋大维带着武装随从，迫使拥护安东尼的两个执政官与300名元老逃往埃及，安东尼一纸休书遗弃了屋大维的姐姐。为了报复，屋大维破坏古老的习俗，迫令神庙贞女交出安东尼的遗嘱，并向元老院宣读。结果激起罗马人的不满，于是元老院与公民大会剥夺了安东尼的一切职权，并向埃及女王宣战。

公元前31年，屋大维与安东尼在阿克兴海角决战，在其将军兼好友阿格里帕的帮助下逆转战局，埃及女王克丽欧巴特拉和安东尼逃脱到亚历山大。回亚历山大之后，女王并没有公布实情，而是散播屋大维战败的消息。公元前30年，屋大维进兵埃及，保卫亚历山大。当时安东尼与克丽欧巴特拉经过阿克兴海战后实力大减，已无力与屋大维抵抗。

女王和安东尼最终自杀，女王在自杀前派人给屋大维送去遗书，遗书中请求屋大维将她和安东尼合葬。之后，埃及被并入罗马版图，屋大维接着凯旋罗马。一个世纪之久的内战终于结束，共和国最终被帝制替代。

## 庞贝古城是什么时候消失的?

庞贝约建于公元前7世纪，距维苏威火山10公里，是古罗马第二大繁华富裕的城市。公元79年9月24日，维苏威火山爆发，庞贝被湮没，古城消失。

公元前8世纪，庞贝是由地中海天然良港的一座小渔村逐渐发展为城市。几百年之后，它成为仅次于意大利古罗马的欧洲第二大城。庞贝北距罗马300公里，西接著名的西西里岛，南通希腊与北非，地理位置相当重要。

亿万年来，庞贝城北维苏威火山因多次喷发而带来的奇异岩浆土、火山石和地热温泉，使庞贝声名远播。那一大片略带焦味的肥沃岩浆土，使庞贝出产的葡萄个大汁甜，酿酒绝佳，成了各地贵族争购的上品。那昼夜不绝的地热温泉，不但诱人入浴，更吸引许多贵族、富商纷纷来到庞贝造花园、建别墅，并连片开发娱乐场馆，使庞贝很快成为烟柳繁华之地。其黑中透着亮红的火山石，因有止痛、安神、止血的神奇功效，人人都争相拥有。

根据发掘出来的庞贝古城可知，庞贝城略呈长方形，有城墙环绕，四面设置城门，城内大街纵横交错，街坊布局有如棋盘。据记载，庞贝城是由奥斯坎斯部落兴建的，是一座人口稠密，商旅云集的小城。公元前 89 年，庞贝城被罗马人占领，成为罗马帝国的属地。到公元 79 年为止，这里早已成为富人的乐园，贵族富商纷纷到此营建豪华别墅，尽情寻欢作乐。庞贝城人口超过 2.5 万人，成为闻名遐迩的酒色之都。

在庞贝古城中，重要的建筑围绕着市政广场，有朱庇特神庙、阿波罗神庙、商场等，此外还建立了剧场、体育馆、引水道等罗马市政建筑必备设施。作坊店铺都按行业分街坊设置，连同大量居民住宅，构成研究罗马民用建筑的重要实物。这里的厅堂廊庑多施壁画，是古典壁画重要的遗存。这些壁画都有较高水平，它们被发现之后，对欧洲的新古典主义艺术影响非常大。

但是在维苏威火山爆发的情况下，这座高度发达的古城一夜消失在人们的视线里。庞贝由于被火山灰掩埋，所以街道房屋保存较为完整。从 1748 年起考古发掘持续至今，为了解古罗马社会生活和文化艺术提供了重要的资料与证据。

## 你知道日本国的起源吗？

《三国志》中《魏志·东夷传》倭人条（通称魏志倭人传）记载的倭女王国名为“邪马台国”，被后人认为是日本国家的起源。

早在《后汉书》中就有关于光武帝刘秀赐予倭国使者金印的记载，在晋朝陈寿所著的《三国志· 魏书· 倭人传》之中也用了约两千字的篇幅介绍了三国时代倭国的情况。文章提到，当时的日本有一个下属 30 多个小国的女王国叫“邪马台国”，邪马台国已是控制相当大地域的阶级国家，尽管其阶级分化与国家机构仍未尽成熟。而统治该国的女王就是“卑弥呼”。

据书中记载，邪马台国历代以男人为王，但在连续六七十年的战乱之后，他们拥立了卑弥呼担任女王。卑弥呼擅长用鬼神之事迷惑百姓，年纪虽然很大却并未结婚，只有一个弟弟辅佐朝政。卑弥呼为王之后，从来没有外人见过她的面，只有千名仕女和一名送伙食的男人出入于宫闱之中。

据记载，公元 238 年，卑弥呼派遣使者难升米朝来朝见魏王曹睿，魏王把刻有“亲魏倭王”的一枚紫绶金印赐予卑弥呼，此外，还包括铜镜百枚在内的礼物等等。邪马

台国和另一个由男王统治的狗奴国向来不和，她特地再次派遣使者来到魏国求助，魏王派出使者并发檄文表示支持邪马台国，但是狗奴国对魏王的檄文很不在意。在长期的战争中，卑弥呼去世。卑弥呼女王死后，葬仪隆重，“大作冢，径百余步，殉葬者奴婢百余人。”邪马台国之后拥立了一名男性为王，但是引起国中大乱，只好再次拥立卑弥呼一族的女性“台与”为女王，这才平息了内乱。

之后，台与派遣使者来到中国，然而那时中国的三国时代已经结束，晋朝占据了主导地位。从那之后，邪马台国就从中国的史书中失去了踪影。

## 巴高达运动发生在哪个时期?

公元 3 世纪 70 年代，高卢下层人民发动反抗罗马帝国的运动，因参加者自称“巴高达”（高卢语意为“战士”）而得名。这次运动使罗马在高卢的统治陷于瓦解，到 80 年代起义军遭到镇压，5 世纪时再度兴起，给罗马政府以沉重打击。

巴高达的名称源于克勒特语“斗争”一词，意为“战士”。巴高达的队伍，主要由奴隶与隶农组成。公元 269 年，巴高达开始起义，不久，起义者围攻了鲁格敦高卢的奥古斯托敦城（奥登）。这个城市原来和罗马城订有兄弟联盟的条约。奥登城向罗马求援，罗马皇帝当时正忙于同哥特人斗争，因此无力援救。

巴高达的队伍经过七个月的围攻最终攻克了奥登城，杀死了一部分奴隶主贵族，剥夺了他们的财产。这次起义坚持了三年多，后来被罗马皇帝奥勒良（270 年～ 275 年）强行镇压。但是，巴高达运动并未就此停止，从 283 年起，巴高达的队伍又展开了更大规模的斗争。这次斗争仍把鲁格敦高卢作为中心。这些以农民为步兵，以牧人为骑兵的巴高达部队，攻城陷阵，焚庄园，杀富豪，分地分财。他们选举两位首领埃里安与阿芒德作为皇帝，自铸钱币。

皇帝戴克里先在 286 年派共治者马克西米安前往高卢进行镇压，马克西米安在几次的战斗中都被化整为零的巴高达挫败，士兵临阵退却。后来，马克西米安使用十一抽杀法处罚退却的士兵，最后才镇压了这次起义。巴高达运动的胜利进展，使罗马统治阶级非常震惊。449 年，罗马大将艾息阿斯带领大军压境，在众寡悬殊的情况下，巴高达分子最终被打败了。余众转移至西班牙北部，以塔拉哥行省为中心组织暴动。

巴高达余部仍继续活动直到 5 世纪末才结束，坚持斗争了两百余年之久，沉重地打击了罗马的统治。

## 戴克里先是在什么时候开始改革的?

公元 284 年，宫廷亲卫队首领戴克里先被军队拥立为帝。继位之后，为了挽救罗马帝国的危机，挽救腐朽没落的奴隶制，加强奴隶主阶级的统治，戴克里先随即进行了一系列的改革。

首先他开始了行政改革，消除共和国残余。戴克里先继位之后，剥夺了元老院所有的政治权力，所有与共和制有联系的行政官职例如执政官、监察官、保民官等都成了荣誉称号，全部政权都集中到了皇帝与以皇帝为首的官僚机构手中。

为了解决帝位继承问题，并解答谁是帝国东西两部的新皇帝，戴克里先创立了分别由四位统治者治理的“四帝共治制”。“四帝共治”就是把帝国划分为4个部分，东西两部分别由两位主皇帝统治，再各以一位副皇帝辅政。同时戴克里先进行了行省改革，把整个帝国划分为12个大行政区，在各行省，军权与民政管理权分别掌握在不同的官吏手中。

其次戴克里先又进行了军事改革，把军队分为边防军与巡防军两种。巡防军用以镇压人民起义，从事远征，边防军则用以对付外族入侵。

再次是财政改革，戴克里先改革税制，赋税以实物为主，并统一税制。他把帝国的领土分成若干个固定的税区，农村居民一律课征土地税与人头税。城市无地的居民只纳人头税，缴纳货币。

最后戴克里先对币制与物价进行了改革。他规定每个标准金币的含金量为5.45克，比奥古斯都制造的金币减轻了三分之一，但比3世纪危机时制出的劣质金币含金量多一些，以应对当时的货币贬值。由于黄金和物资缺乏，金币发行后很快就被人收藏起来，物价依旧上涨。为抑制物价，他又颁布“物价敕令”，对各种物品与各种工资标准都作了具体的规定。

这些措施改革（尤其是经济方面）违背了客观规律，完全建立在强制实行的基础上展开，虽然暂时稳定了帝国的统治，但好景不长，不久便失去了作用。

## 君士坦丁堡是什么时候建立的?

312年，君士坦丁一世在罗马的米尔维桥战胜了罗克森提乌斯（马克西米安的儿子），成了西部唯一的皇帝。他在公元323年击败了李锡尼乌斯，成为了罗马世界的唯一统治者，为了表示专制政体的彻底建立，君士坦丁宣布拜占庭为帝国的首都，并取名君士坦丁堡，意为君士坦丁的城市。

君士坦丁在其统治期间，首先废除了“四帝共治制”，加强皇帝的个人独裁统治；他授权三个儿子治理帝国各地。君士坦丁还进行了戴克里先的官僚改革，增加了官僚职位，扩大了官僚人数，同时实行官阶制，以严格的等级划分全国官员，按阶品授以尊贵的头衔，并享有一系列特权。

皇帝的意旨成为唯一的法律。凡是涉及皇帝本人的一切措施均冠以“神圣的”形容词，皇帝本身被神化了。在军队方面，君士坦丁用皇帝直接控制的宫廷亲卫队来替代近卫军。这样，近卫军长官也就失去了其军事势力，军事领导权则交给“军事长官”

与他的副手“骑兵长官”手中。同时，他又降低了边疆驻军的重要性与他们的实力，使他转变为地方民兵性质，由地方将领指挥。

此外，他还极大地增加了军队中日耳曼人的比例，大量接受日耳曼人在内地以及边防服役，有的甚至进入了宫廷亲卫队。由四万名哥特人构成的“联盟者”队伍从帝国政府那里领取饷银，为帝国服务。

为了表示专制政体的彻底建立，君士坦丁还永远地离开了罗马，并于公元330年正式对外宣布拜占庭为帝国的首都，罗马的元老院被迁到新的首都。新首都建立起华丽的政府建筑物和神庙，并取名为君士坦丁堡，意为君士坦丁的城市。从此，君士坦丁堡比罗马城更具有重要的地位。君士坦丁的迁都表明，罗马城在帝国统治区内的地位日趋下降。

公元313年，君士坦丁颁布的“米兰敕令”承认了基督教的合法权益，同时还表示会免除教会神职人员的徭役，偿还他们先前被没收的财产，最终使基督教成为罗马皇帝对内实行统治的精神工具。

## 谁被称为“上帝之鞭”？

阿提拉时期的匈奴帝国是匈奴史上的最后一章，也被称为最辉煌的一章。由于他使罗马人蒙羞，使日尔曼人闻风丧胆，人们把他与他的匈奴铁骑称为“上帝之鞭”。

公元433年，27岁的阿提拉和他的兄弟布来达一同从他们的叔父罗阿斯手中继承了帝国的王位。阿提拉登基成为匈奴帝国的国王之后，匈奴人力量开始崛起。

西方史书上关于阿提拉本人各方面的记载，有不少的贬损。据记载，阿提拉年轻时作战勇猛，称王之后则更是运用他的头脑完成了对北方的征服。他表现出了勃勃野心与高超的政治外交手腕，并且为人狡猾、残忍。作为匈奴王的阿提拉，他的步态与举止都显示出了一种傲居全人类之上的自负和傲慢。

据传说，他曾自称拥有战神之剑，所以他的部下觐见时，如果正面直视他就必须得后退，否则就会烧坏自己的眼睛。他有一个转动眼珠的习惯，而且极其凶猛，好像他乐于欣赏受他惊吓的人所表现出来的恐惧。

阿提拉生活上崇尚简朴，但臣民都对他非常惧怕。在他外出巡查的时候，只要见到他必须朝着他欢呼，来表示敬畏。在西方的历史传说中，阿提拉十分凶狠残暴，专门喜欢做劫掠城市的恶行，并且身上集中了极端的邪恶，婴儿看到了他都会死去。

据说，阿提拉身材矮胖，双肩很宽，短粗的脖子上长着一个硕大无比的头颅，有粗硬的黑发以及稀疏的胡须，鼻子扁平，一双黑眼睛锐利而阴鸷。这种描写似乎有些不太恭敬，但有一点毫无疑问，阿提拉是一个东方人的形象。这说明匈奴人在经过三百多年的西迁之后，并没有被其他民族混血而失去了原本的体质特征。

## 西罗马帝国在哪一年灭亡?

罗马帝国于286年被戴克里先分为两部分，位处西部的帝国称为西罗马帝国。公元476年9月4日，皇帝罗慕路斯•奥古斯都被奥多亚塞威迫退位，西罗马帝国正式灭亡。

公元410年8月24日夜间，西哥特人在领袖阿拉里克的领导下第三次围攻罗马城，城内奴隶乘机响应，在半夜里打开城门，西哥特人占领并洗劫了这个西罗马帝国的统治中心。6天后，为了维持西罗马帝国的名号，西哥特人扶植了一个傀儡皇帝。439年，汪达尔人建立了汪达尔——阿兰王国，定都迦太基。他们不断从海上袭击罗马帝国，先后占领科西嘉岛与西西里岛，进一步削弱了帝国已衰退的商业。455年，汪达尔首领盖塞里克趁乱入侵，攻进罗马并杀掉佩特罗尼乌斯•马克西穆斯，将罗马城洗劫一空。

公元450年，西罗马拒绝了匈奴大帝阿提拉大单于娶西罗马皇帝的妹妹荷诺利亚公主的要求。公元451年6月20日，阿提拉的匈奴大军在今天的巴黎市郊与西罗马、西哥特联军展开了大决战。最终，西哥特国王战死，匈奴也损失惨重，无力再攻。公元452年，匈奴帝国经过休整，又一次发动了对西罗马的战争。他们攻入了意大利，北部所有的城市都被匈奴人摧毁，随后西罗马求和。

西罗马皇帝招募日耳曼人作雇佣军来维持统治，但不久皇帝成了雇佣军的傀儡，完全丧失了实际权力。在匈奴帝国崩溃之后不久，受匈奴引发的蛮族西迁所影响，被匈奴摧残的西罗马帝国也彻底走向了绝路。公元476年罗马雇佣兵领袖日耳曼人奥多亚克废黜只有6岁的西罗马皇帝罗慕洛。至此，东部的罗马政府成为了罗马帝国的唯一合法政府。

公元476年后，罗马帝国在许多蛮族王国侵入的情况下渐渐分裂成十个王国，西罗马的灭亡标志着奴隶制在西欧的崩溃，西欧历史也由此揭开了新的一页。

## 对西方文明影响仅次于《圣经》的是哪部法典?

古罗马完备的法律体系,包括市民法(仅适用于罗马公民)、自然法(适用于所有人)与国家关系法（用于调节罗马人与其他民族之间的关系）对西方文明有很重要的贡献。其中《民法大全》被认为是对西方文明的影响仅次于《圣经》的一部法典。

公元534年，在东罗马帝国国王查士丁尼的主持下编撰完成《民法大全》。该法典基本思想与原则已融入西方乃至世界各国的法律中，它的影响仅次于《圣经》。

其法典的主要内容包括：任何人在缺席时不得被判罪，不得基于怀疑而惩罚任何人……“与其判处无罪之人，不如容许罪犯逃脱惩罚”；任何人不能仅因为思想而受惩罚；提供证据的责任在陈述事实的一方，而非否认事实的一方；判刑时必须始终考虑罪犯的年龄与涉世不深；武力和畏惧完全与自愿的同意背道而驰，而后者乃诚实契约之根基；父亲的罪名或所受的惩罚不能玷污儿子的名声；妇女不得参与任何公务，因而她们不能担任法官、行使地方官吏的职责、提起诉讼、为他人担保、担任律师；未成年人也不得参与公务。

法典还规定：人人都应养育自己的后代；任何人若遗弃孩子，都将受到法律的惩罚；家长或监护人如果弃自己的孩子于死地，则当孩子被他人出于同情之动机救助后，原家长或保护人根本无权得到孩子；尊重和服从习俗，不得轻视，但其有效性不应凌驾于理性或法律之上；拷问用于查明犯罪真相，但不应作为首选方式，首先应当求助于证据；如果当事人涉嫌犯罪，则可以通过拷问迫使他供出同谋与罪行；当几名罪犯与同一桩案子有牵连时，对他们的审讯应从其中胆小怕事者和年幼者开始。

这一部影响重大的法典，成为了西方立法的典范之作。

# 中 古 史

对于比较单一、平静的世界上古时代而言，世界中古时代的人类历史就显得尤为复杂了。朝代的更迭、帝国的兴衰、战争的扩大以及文化上的相互影响，造就了中古时期千变万化的历史舞台，也成就了其璀璨的文化。所以，在中古史的讲述上，我们也已无法仅仅依据文化圈的人文概念和地理及民族的自然分布，按照从中古东亚、中古东南亚、中古南亚、中古中亚到西亚、中古东南欧、中古东欧、中古西欧再到中古非洲和美洲这样传统的划分方法来对其进行说明，而是依据时间发展的顺序来讲。但由于现在研究界对世界中古史还没有统一的时间分期，我们也只好采取世界史研究领域比较普遍的看法，即从公元 5 世纪“中古史的开端”讲到公元 17 世纪“资产阶级革命的爆发前”，具体说来，就是以公元 476 年西罗马帝国灭亡为开端，至公元 1640 年资产阶级革命的爆发前为终结。

对于世界历史来说，公元 476 年和公元 1640 年无疑是两个具有世界影响力的标志性年代：公元 476 年，当盛极一时的西罗马帝国最终走向了灭亡，许多蛮族便开始踏上了征程，他们的入侵不仅扰乱了欧亚大陆几个主要的大国，而且促使欧亚社会体制发生了新的变化，重新整合也是箭在弦上；而公元 1640 年资产阶级革命的爆发更是给世界发展带来了新的机遇。在资产阶级革命爆发前，商品货币经济普遍发展起来，世界各地区的经济形式发生转型，资产阶级革命的发生使资本主义经济迅速发展得到了可能，世界范围的贸易圈逐步建立起来，世界经济逐渐连为一体。因而可以说，真正的“世界史”开始起步了。

因此，在这一部分我们主要涉及的是各种文化的相互交融、影响以及由此产生的各种战争形势，希望能够对中古史有一个更深刻的了解。

## 伊朗玛兹达克人民起义的领导者是谁？

公元 491 ～公元 529 年的伊朗玛兹达克运动，是伊朗萨珊王朝中期，由琐罗亚斯德教高级僧侣查拉杜士特· 胡拉干最初发起的一次具有宗教色彩的反对封建贵族的人民起义运动，它的领导者是玛兹达克。

玛兹达克（？～ 529 年）原是袄教（亦称琐罗亚斯德教或拜火教）的僧侣，创立新教并前往各地传教,成为独立的教派宗师。他主张社会财产、土地和水源应平等分配，国家应该设立基金以供应全社会共同使用，将一夫多妻制废除，并号召信徒为权益而斗争。玛兹达克的主张打击了贵族和袄教僧侣的势力，虽然受到了贵族和僧侣的排挤和反对，但农民和奴隶却全力地拥护他。

虽然伊朗贵族势力视玛兹达克为眼中钉、肉中刺，但他们万万想不到的是，自己的国王卡瓦德一世由于害怕他们的势力越来越大，从而影响自己的统治，曾和玛兹达克交往并应允他的斗争活动。491 年，玛兹达克教派在首都首先发动了起义。但卡瓦德国王没有想到的是玛兹达克发动的起义迅速得到了农民、手工业者以及部分奴隶的积极响应，此起义形成浩荡之势，很快蔓延到全国各地。公元 496 年，大贵族与袄教高级僧侣终因不满于国王的“不作为”而发动政变，卡瓦德被废，王位由其弟扎马什普继承。

卡瓦德在三年后靠外国势力恢复王位，晚年，向贵族及袄教僧侣妥协，于公元 529 年召开神学会议。在会议上，库斯鲁联络贵族、袄教僧侣把到会的玛兹达克及其教派其他首领数百人全部杀害。

玛兹达克被害后，玛兹达克教派以邪教的名义被取缔，起义者 8 万余人遭屠杀。玛兹达克起义虽以失败告终，但伊朗的封建贵族和僧侣势力受到了重击。

## 谁是拜占庭帝国当之无愧的“常胜将军”？

贝利萨留（约 505 ～ 565 年）是拜占庭帝国统帅，是当之无愧的“常胜将军”。

他生于色雷斯，早年曾经做过皇帝查士丁尼一世的侍卫，527 年率军参加对波斯的战争。530 年任德拉总督的他在十年间连续率军击败 4 万波斯—阿拉伯联军、镇压尼卡起义、解救被围皇帝、入侵北非、出征东哥特王国、攻入意大利南部、占领罗马、攻陷东哥特，战功卓著。

贝利萨留的妻子安东妮娜与皇后提娥多拉原是马戏演员旧相识，交情甚深，于是贝利萨留凭着这种关系成为皇帝查士丁尼一世的侍卫和宠臣。公元 527 年，他率军参加对波斯的战争，公元 529 年任禁卫军长官，次年出任德拉总督，采用骑兵伏击战术，击败 4 万波斯—阿拉伯联军，名声大振；公元 532 年镇压首都君士坦丁堡的尼卡起义，解救被困的皇帝，又立新功；公元 533 ～公元 534 年，奉命率步兵 1 万、骑兵 6000

入侵北非，消灭了汪达尔—阿兰王国并俘其国王，凯旋归都，被授予执政官称号。

公元 535 年，为了完成查士丁尼攻占东哥特王国以收复意大利本土的使命，贝利萨留再次率军远征。这一年的冬季，他的军队在西西里岛登陆，还未来得及北上就又被召去非洲镇压了一次叛乱。公元 536 年，贝利萨留率军攻入意大利南部，后北上攻占罗马，于公元 540 年攻陷东哥特都城拉文纳，俘东哥特王维蒂吉斯。

公元 559 年由于匈奴人的入侵，他再次得到皇帝重用，率军击退匈奴人。自古红颜薄命、英雄气短，贝利萨留后因被指控参与谋反，于公元 562 年锒铛入狱，次年获释后不久便去世了。

身为“常胜将军”，他不仅在军事上注意改进军队的战术与装备，还以善于使用骑兵著称。他所建立的新型骑兵，当时就被称为“铁甲军”，后来一直成为捍卫东罗马(即拜占庭帝国）的骨干力量。“常胜将军”贝利萨留戎马一生，英勇善战，为拜占庭帝国立下赫赫战功。

## 拜占庭历史上是否存在过“蓝绿阵营”？

东罗马王朝的拜占庭时期，定期举行赛车会，并且形成了特殊的组织——吉莫，它依驾车人的服色分作蓝党（以东正教徒为主）与绿党（以一性派教徒为主）两个党派。所以拜占庭时期存在过“蓝绿阵营”。

蓝绿两党政治观点与宗教观点存在分歧，因而经常发生斗争，这就给了统治者可乘之机，正好可以利用吉莫间的敌对关系对其进行操纵。

在 532 年的赛车会上，两党下层因对上层官吏的横暴与苛税深感不满，要求罢免特里博尼安与卡帕多西亚的约翰两个暴吏，并且释放两党被囚禁的成员。在合理要求遭到拒绝之后，群众带着极大的愤慨，捣毁监狱，焚烧官邸，由此爆发了声势浩大的起义。尼卡起义是公元532年1月在拜占庭首都君士坦丁堡城爆发的一场平民起义。“尼卡”原为希腊语，意思是胜利，因此，此次起义也因为参加者高呼“尼卡”而被历史铭记为“君士坦丁堡尼卡起义”。

起义军所放的大火持续了 3 天，焚毁了圣索菲亚大教堂等许多的公共建筑物，并一度殃及皇宫。查士丁尼一世见事态扩大，迅速撤换两个宠臣，并亲赴赛车场企图说服起义者，却没有任何效果，正所谓“屋漏偏逢连夜雨”，此时，一贯训练有素的政府军也在节节败退，全城除皇宫外均被起义者控制。在毫无办法的情况下，查士丁尼一世开始显露出政治家一贯的丑恶嘴脸，改施阴谋，一面派贝利萨留组织蛮族的雇佣军进行回击，一面派人收买蓝党。

起义进行到如火如荼的第八天，蓝党却突然倒戈，起义军顿时阵脚大乱，之后的平息中，起义群众约 3 万余人遭蛮族雇佣军屠杀，绿党领袖希巴提乌斯也被处死，这场起义最后以失败告终。

## 谁征服了东哥特王国?

公元535年，拜占廷帝国皇帝查士丁尼一世为了征服东哥特王国，发动了一场历时近20年的战争，史称哥特战争。553年，塔吉纳一役东哥特军大败，东哥特国王托提拉受伤致死，554年，查士丁尼征服了东哥特帝国。

公元527年，查士丁尼即位东罗马帝国皇帝，他梦寐以求的政治理想就是完成旧罗马帝国大统一的局面。当时，对于查士丁尼的复辟计划来说，最大威胁来自于东方新兴起的萨珊波斯帝国，为解此后顾之忧，查士丁尼于532年和波斯王科斯洛兹订立了“永久和约”，之后，便开始了他的霸权政治征途。

拜占廷将军贝利萨留于公元535年受命，率军占领东哥特王国的西西里岛。公元536年，贝利萨留及其军队在意大利半岛登陆，智取那不勒斯，同年12月攻陷罗马。怯懦无能的国王狄奥达特被东哥特人废黜，将军维蒂吉斯被推选为王。一年后，维蒂吉斯倾全国兵力包围罗马城，连续发动猛攻，公元537至公元538年，贝利萨留率部困守危城达一年之久，待查士丁尼一世所派援军到达后方解围。

公元540年贝利萨留大败东哥特人，不甘受奴役的东哥特人，在新任国王托提拉带领下奋起反抗侵略者。由于此时贝利萨留已离开意大利，加之拜占廷雇佣军士气低落，纪律松弛，公元542年，东哥特军在佛罗伦萨附近击败拜占廷军，公元543年直指南部重镇那不勒斯，并于公元546年收复罗马，重新控制意大利半岛的中部和南部，并派舰队进取西西里、科西嘉与撒丁岛等地。

公元552年，查士丁尼一世再次组织精锐部队途径纳尔塞斯并于北部进入半岛。一年之后，塔吉纳一役东哥特军战败，托提拉受伤致死，泰亚斯带领东哥特人坚持抵抗，最终于公元554年灭亡。

## 拜占廷为何兴起了一场历时百余年的圣像破坏运动?

公元726年，拜占廷帝国皇帝利奥三世宣布反对圣像崇拜，企图以此收回教会的地产，从而改善帝国财政状况，达到抵制外族入侵的目的，一个全社会破坏圣像的运动便应运而生。

公元730年1月，拜占廷皇帝立奥召集御前会议，以拒绝签字者立即免职为条件，要求僧侣及高级贵族在他制定的反对圣像崇拜的法令上签字，圣像破坏运动轰轰烈烈地开展起来。当时主张与参加破坏圣像的主要是东方各军区的军事贵族、开明僧侣、保罗派信徒以及其他反教会的下层群众；而当时的正教高级教士、旧贵族、修士以及欧洲地区民众则坚持圣像崇拜，君士坦丁堡工商界人士也站在圣像崇拜者一边。

运动开始后，圣像崇拜和反崇拜的斗争异常激烈。由于教会和修院不满于他们的圣像、圣迹和圣物被捣毁，土地和财产被没收，修士被迫还俗，参加生产，承担国家赋税和徭役，教俗旧贵族为了维护自己的利益，便以海岛为依托，发动了反政府的叛乱，但遭到利奥三世的镇压。公元731年，教皇格利哥里三世宣布开除立奥和全体圣像破坏者的教籍，也加入到运动中来；利奥则剥夺教皇在南意大利的征税权与对伊利里亚的管辖权作为回击。

君士坦丁五世时期（741～775年），圣像破坏运动达到最高峰。公元753年皇帝在查尔西顿召开宗教会议，会上通过了反对圣像崇拜、拥护皇帝宗教政策的决议，大量修院被封闭，土地和财产被没收；坚持圣像崇拜的僧侣被囚禁、放逐，有的甚至被处决，两派斗争更加激化。公元787年，伊琳娜女皇在尼西亚召开宗教会议，谴责圣像破坏运动，宣布恢复圣像崇拜，运动的第一阶段至此结束。

公元813年，利奥五世继位，圣像破坏运动进入它的第二阶段，但是这个阶段的深度和广度均不及前一阶段。公元843年，狄奥多拉重新宣布恢复圣像崇拜，历时117年的圣像破坏运动至此终结。

## 谁是日本的“武则天”？

日本第33代天皇“推古天皇”是日本最早的女帝，也是东亚最早的女性君主，她的名字是额田部皇女，据说她也是最早使用“天皇”号的日本君主。她被称为日本的“武则天”。

推古天皇是第29代钦明天皇之女，生于钦明天皇15年（公元554年），卒于推古天皇36年3月7日(公元628年4月15日)。母亲是大臣苏我稻目之女苏我坚盐媛，第31代用明天皇是推古天皇的同母兄、第32代崇峻天皇是推古天皇的异母弟、苏我马子是推古天皇的舅舅。

钦明天皇32年（公元571年），额田部皇女成为异母兄渟中仓太珠敷皇子（第30代敏达天皇）的妃，576年成为敏达天皇皇后。用明天皇2年4月（公元587年）病逝后，拥立崇峻天皇的苏我马子在战争中打败拥立穴穗部皇子的物部守屋，于是，皇太后（额田部皇女）下诏，泊濑部皇子（崇峻天皇）即位。但是，在崇峻5年11月（公元592年），崇峻天皇泊濑部皇子被苏我马子指使的刺客暗杀。12月，苏我马子拥立上上代的皇后额田部皇女于丰浦宫即位，当时额田部皇女39岁，是日本历史上最早的女帝（神功皇后、饭丰皇女在此之前就是日本历史上的掌权者，但没有正式即位）。即位之初，立圣德太子为皇太子，总摄朝政。

推古天皇在位的36年间，以圣德太子为中心，推行了一系列政制改革，她在位的前期和后期，曾数次发兵征战朝鲜半岛新罗。

## 日本最高荣誉首领为何称为“天皇”？

“天皇”一词在“推古改革”时被日本推古王朝正式采用，用以代替以前的“大王”，并希望在此基础上建立一个以天皇为中心的中央集权的政治制度，故此日本最高荣誉

首领被称为“天皇”。

公元 562 年，大和政权在朝鲜半岛的据点任那被新罗所灭，朝鲜半岛的失利，打击了当时的日本朝廷重臣大伴氏的威信，而主持军事的物部氏和主持财政的苏我氏则更加得势。公元 587 年，在用明天皇（公元 585 ～ 587 年）死后，苏我马子迅速消灭其政敌物部氏，把持朝政，操纵皇位继承事务。公元 592 年，苏我马子拥立外甥女额田部皇女即位，成为日本历史上第一位女天皇，即推古天皇（公元 592 ～ 628 年）。次年，又任命推古天皇的外甥圣德太子摄政。

为了维护天皇的权威与统治，圣德太子首先制定了不能世袭的冠位制度，即“冠位十二阶”。冠位只是一种荣誉称号，没有职权，也没有人数限制，朝廷根据个人的才干与功绩来授予头衔，而不必考虑出身门第，此举广纳天下人才，削弱了世袭贵族的势利。604 年，圣德太子颁布了用汉文书写的《十七条宪法》。这是日本最早的成文法，内容大多来自儒家思想，以劝善弃恶的训诫和说教为主，目的在于加强皇权和压制氏姓贵族的势利，消除人民的反抗。

而此时，与日本隔海相望的中国，也已经结束了南北朝对立的局面，建立了统一的封建集权国家——隋朝。为了学习更多中国的先进思想与文化，圣德太子于公元 607 年，恢复了中断 100 多年的中日邦交，同时还派遣留学生与留学僧到中国学习，中国的佛教文化也在圣德太子的大力推广下源源不断地流入日本，形成了一种以佛教文化为代表的飞鸟文化。

在圣德太子摄政的三十年间，推古王朝开始正式采用了“天皇”一词代替以前的“大王”称号，试图建立以天皇为中心的中央集权制度，而其实行的一系列的政治改革，对日本社会更产生了极其深远的影响。

## 是什么让日本一脚踏进了封建社会的大门?

发生于公元 646 年的大化改新，是日本的一场社会政治变革运动，让日本踏入了封建社会的大门。在这一年，日本革新派以唐朝律令制度为依据，从经济到政治的各个方面着手对日本旧习进行改革，建立了中央集权的封建国家体制，并诏书公布改新的内容。

公元 645 年 6 月，中大兄皇子、中臣镰足等人在皇极天皇接见高句丽、百济和新罗使节时，制造了“乙巳之变”。政变后，皇极天皇退位，革新派拥立孝德天皇，建元大化，迁都难波（今大阪）。次年，日本革新派进行了“大化改新”。

日本政府用诏书形式公布改新的主要内容：废止私有土地、部民，行公地公民制，保留朝廷的手工业部民，国家赐大夫以上的高官以食封（按级别所赐封户的赋课）。确定中央、地方的行政区划和组织，中央分京师和畿内（京都周围地带），地方分国、郡、里。整备军事、交通制度。官吏由国家任免，废除世袭制。编制户籍、计账（规定赋役的登记），统定分给人民土地和应负租赋的数额。

新政府以唐朝律令制度为蓝本，改日本旧习。律令规定授予皇族以下贵族、官吏的位阶及相应的特权，确立严格划分良贱的身份制。公元 668 年，中大兄即位为天智天皇，编纂了日本第一部成文法《近江令》。天智天皇死后发生壬申之乱（公元 672 年），天智之弟大海人皇子杀天智之子大友皇子，自立为天武天皇，同年迁都飞鸟净御原宫（在今奈良县），制定八色姓，固定贵族身份。公元 689 年，编订《飞鸟净御原律令》，以防止旧氏姓贵族的复辟。

20 多年以后，藤原不比等人于大宝元年（公元 701 年）编成日本封建国家最完备的法典《大宝律令》，最后完成大化改新以开元盛世的唐朝为楷模的天皇制国家的理想。

## 日本律令法典形成的标志是什么?

日本于公元 701 年颁布的《大宝律令》，又称为“大宝令”，是日本的第一部成文法典。它是一部以中国唐朝的《永徽律》为蓝图，以刑法为主，诸法合体的法典，是日本古代的基本法典，它也成为了日本律令法典形成的标志。

文武天皇 4 年（公元 700 年），刑部亲王、藤原不比、粟田真人、下毛野古麻吕等 19 人受命撰定律令，其中还有公元 659 年随遣唐使入唐的伊吱连博德、唐人萨弘格以及白猪史骨、黄文连备、田边史百枝、田边史首名、山口伊美伎大麻吕、调伊美伎老人等大陆移民的后裔，他们是日本当时的一流法律学家和汉学家。

大宝元年（公元 701 年）律令基本修成，随之部分实施，第二年开始全面施行。该会典因制定于大宝年间，故称《大宝律令》。从天武天皇之子刑部亲王与镰足之子藤原不比等领导制定的情况看，《大宝律令》和《净御原令》有一定的关系，大概是对《净御原令》进行修订而成。

《大宝律令》由律 6 卷、令 11 卷组成。律，相当于刑法，在模仿唐律之外还增加了日本传统管制秩序的制度；令，则是根据日本社会经济的实际，参照唐令制定的，相当于行政法、民法、诉讼法的法令，统治阶级将其作为国家的基本法予以重视。

制定《大宝律令》17 年后，养老 2 年（公元 718 年），藤原不比等奉元正天皇（715 ～ 724 在位）之命，修成《养老律令》。它是由撰定律令者对大宝年间的《大宝律令》略加修改而成的，包括律 10 卷 13 篇、令 10 卷 30 篇。《养老律令》修成后并没有立即施行，而是在搁置了 39 年之后，于公元 757 年实施。

因《养老律令》是对《大宝律令》略加修改而成，所以其内容大同小异，日本人普遍把《大宝律令》的制定看作日本律令法典形成的标志。

## 日本何时出现的“女儿国”？

日本历史上知名的“奈良时代”（公元 710 ～ 794 年），始于公元 710 年日本天皇迁都平城京(今奈良)。由于这一时代女性天皇掌握了较长时间的政权，因而“奈良时代”也被称为是女人的天下，史称“女儿国”。

奈良时代开始于公元 710 年，止于公元 794 年，这期间的奈良朝一方面受到中国唐文化的影响，另一方面又通过唐朝接受到印度、伊朗的文化，从而达到了日本文化首次全面繁盛的局面。日本遣唐使、派往中国的留学僧和留学生为日本文化和美术的发展与繁荣，做了巨大贡献，日本当时在全国大兴造寺、造像，堂皇的绘画、华丽的装饰艺术，如今仍然可见奈良时期的寺院。

奈良时代历经八代天皇，女人在奈良朝占了四代共三十年。元明女帝是奈良时代的第一代天皇，她死后，还有元正（女）、圣武、孝谦（女）、淳仁、称德（原孝谦）、光仁、桓武。皇后光明子几乎掌握了圣武这一代的政治，淳仁这一代也是上皇孝谦的天下，所以奈良朝可以说是女人的天下。

也许是受唐朝武则天的的影响，再加之这个时期的日本国大多是由女人当政，于是国家极力保护佛教，因此，佛教文化，特别是佛教美术开始繁荣起来。如：7 世纪初期，开创日本佛教文化的飞鸟文化；7 世纪后期，出现独具一格的白凤文化；8 世纪中叶，在唐代鼎盛期文化的影响下以写实手法体现人类丰富情感的天平文化等等，无不说明了当时佛教文化欣欣向荣、大行其道。

这个时期，不但佛教发展迅速，文化方面也取得了相当大的成就。在“奈良时代”，日本文化方面的金字塔是堪与佛教美术相媲美的《万叶集》。《万叶集》共收集了 8 世纪中叶前约 400 年间的和歌约 4500 首，这些和歌的作者上至天皇下至庶民，蕴含着古代日本人朴素的生活情感。

## 日本幕府政权始于何时？

武将源赖朝于日本平安王朝的末期打败了贵族阶级的实权派平清盛一族后，逼迫在源平之战中为自己立下了汗马功劳的兄弟源义经自杀，一手遮天，建立起的镰仓幕府（公元 1192 ～公元 1333 年）是日本幕府政权的开始。

建久三年（公元 1192 年）七月，源赖朝受封为征夷大将军，正式开幕，史称源氏幕府或镰仓幕府。镰仓幕府是真正意义上的武家政权，具有相对独立的统治机构，以镰仓为中心，触角几乎延伸到日本社会的每个角落。

在武家政权的中央也即镰仓，设置有直接从属于幕府将军的负责行政的“公文所”，负责司法的“问注所”和负责军警权力的“侍所”；而在地方上，各国都设置褫夺了朝廷派驻的国司军警手中大权的守护职，守护平时维持治安，监督御家人轮流戍守京都和镰仓（称京都大番役和镰仓大番役），战时则统率国内的御家人出征。

幕府的经济基础主要来源于“关东御成败地”,在这里“成败”是“处分”的意思，即幕府将军有权管理，可随意处分的领地。这些领地由三部分组成：一、“关东御领”，即朝廷赏赐给赖朝个人的五百多处庄园；二、“关东御分国”，指朝廷把伊豆、相模、上总、信浓、越后、骏河、武藏、下总八国的国司任免权下发给赖朝，可由幕府推荐御家人担任，并可由幕府直接解职；三、“关东进止所领”，即北条时政争取来的，幕府可在很多庄园和公领中设置地头的权力。

源赖朝还额外设置了京都守护、镇西奉行和奥州总奉行等官职，完善了所谓的“幕政”，为了加强对京都及边远地区的控制。其实“幕府”一词正和“将军”一词相同，都来源于中国，但与日本不同的是，中国的将军们一旦开幕建府，攫取了天下的权力，很快朝代就会更迭，从未出现过朝廷仍在、真正的权力掌握在幕府手中的情况，因此中国虽有幕府，却没有幕政。

镰仓幕府的建立标志着日本由中央贵族掌握实际统治权的时代已经结束了，日本天皇成为傀儡，幕府成为实际的政治中心。在贵族时代地位很低，但鄙视平安朝贵族萎靡的生活的武士登上了历史舞台，他们崇尚以“忠君、节义、廉耻、勇武、坚忍”为核心的思想，结合儒学、佛教禅宗、神道，形成武士的精神支柱“武士道”。

## 日本何时发生了“承久之乱”？

以后鸟羽上皇为首的皇室贵族在承久三年，即公元1221年发动了倒幕战争，历史上称之为“承久之乱”。

处于日本战国时代的皇室依靠的力量仅仅是畿内及其附近几国1万几千名武士与僧兵的力量，他们怀着侥幸的心理，主要寄希望镰仓方面的御家人的大量倒戈。然而皇室的判断完全错误，据《吾妻镜》记载，这时北条政子召集大江广元、北条义时等以下御家人，向他们指出御家人在幕府建立前的悲惨生活，歌颂了源赖朝的恩惠，警告大家：幕府方面一旦失败，贵族对武士任意驱使时代必将重新到来。她声泪俱下的讲话促进了御家人的团结，御家人纷纷率领自己部族参战。北条义时采纳大江广元短期决战的主张，以长子泰时（公元1183 - 公元1242年）为大将，弟时房为副将，分兵三路（东海、东山、北陆）向京都进发。进军路上，军队人数迅速扩展到19万人。皇室军队不堪一击，幕府军出镰仓不到一个月就占领了京都。

战后，后鸟羽、顺德和土御门三上皇被分别流放到三个孤岛上，废黜仅4岁的仲恭天皇，立后堀河天皇（公元1221年～公元1232年在位）；没收站在皇室一边的公卿、武士的领地3000多处，将他们分别处以斩、流之刑，使有战功的御家人占领这些地头，称“新补地头”，以区别源赖朝时的“本补地头”。幕府按庄园11町给免租田1町的比例对新补地头赐田，他们多的就是这些田地的年贡。同时还从向庄园领主交纳年贡

中按田地1段5升米的比例抽出“加征米”（“新补率法”），以此作为新补地头的另一部分。幕府的京都守护被“六波罗探题”取代，赋予监视朝廷并行使迄今幕府统治力量薄弱的三河（爱知县）以西各国司法和行政权力，监督和指挥西国御家人，北条氏世袭其职。

## 你知道元朝同日本的“文永之役”吗？

镰仓时代日本同中国宋朝一直进行着正常的贸易往来和文化交流，保持了睦邻友好关系，直至13世纪70年代，元朝军事封建主对日进行侵略而暂告中断。公元1206年，成吉思汗（铁木真）统一蒙古，建立蒙古汗国，不久两国开战，史称“文永之役”。

公元1271年，忽必烈改国号为元，侵略矛头终于指向了日本。公元1268年，他命高丽使者持书赴日，书中表面上要求建交，实质是要日本朝贡。京都朝廷几经研究，未予回答，但惊慌万状，不知所措，只好连日到各社寺祈祷。第二年忽必烈的使者再来，此次朝廷打算给忽必烈的使者带去国书，但由于北条时宗（公元1251～公元1284年）正式就任执权不久且年少气锐，所以被阻拦而未发。此后，公元1271年至公元1272年忽必烈又两次遣使，重提他的要求，甚至以武力相威胁，北条时宗仍坚持拒绝回书，同时积极采取措施，不仅命九州的守护地头加强沿岸防御，而且命令驻守镰仓的御家人回国，四国、中国的御家人依次西下，以加固九州的警备。

文永十一年（公元1274年）上半年，忽必烈强征高丽船工、民夫建造兵船900艘，然后又镇压了高丽军民坚持数年之久的反元起义，完成了他发动征日战争的最后准备。10月初，都元帅忻都和右、左副元帅洪茶丘、刘复亨率军大举征日。10月5日至14日，元军袭击日本的对马、壹岐，对马“守护代”宗助国和壹岐“守护代”平景隆分别仅以80骑与百余骑迎战，结果全军覆没。

元军随后侵入松浦半岛沿海诸岛，19日兵船驶进博多湾。20日上午10时，日本开始同当天早晨登陆的元军交锋。习惯于一骑对战的日本武士很不适应元军采用的步兵集团战术；元军作战时击鼓鸣锣，常使日军战马惊跃狂奔，控制不住；元军使用一种日本武士从未见过的火药武器——震天雷，其射出的铁弹爆炸声往往使日本武士“目眩耳塞，茫然不辨东西”；元军箭短而射程远，也为日箭所不及。激战至暮，从情形可以看出，战幕一拉开，日本武士就显然处于不利地位，日本武士被迫退到大宰府附近，组成新的防线。

然而天有不测风云，忽必烈的第一次对日远征竟然结束于一场意外。就在当天夜里，一场意外的台风刮沉了元兵船200艘，剩下的船只不得不返航。这次忽必烈远征日本，史书称为“文永之役”。

## 日本从何时开始跨入战国时代?

日本从应仁之乱后开始走入战国时代。应仁之乱，亦称文明之乱，是日本室町幕府末期封建领主间的内乱,发生于应仁元年(公元 1467 年)至文明九年(公元 1477 年)。

公元 1449 年，耽于酒色，不理政事的足利义政成为室町幕府第 8 代将军，社会动荡，各地不断发生德政暴动，将军权力逐渐衰落，幕府实权旁落重臣和实力强大的守护大名细川胜元、山名持丰等手中。义政早年无子，公元 1464 年以弟义视为继嗣、以细川胜元为保护人。但次年其妻日野富子生子义尚，以山名持丰为保护人。之后二者争夺继嗣地位的斗争，使中央势力发生分裂。

公元 1467 年 1 月 18 日，细川胜元和山名持丰以畠山政长和畠山义就在京都发生武装冲突，山名持丰助义就获胜为导火线，各自调集援军进入京都。细川方面有斯波义敏、畠山政长、赤松政则、京极持清等，大本营在将军驻地幕府，称东军。山名方面有斯波义廉、畠山义就、一色义直、六角高赖等，大本营在幕府以西的山名持丰邸，称西军。

5 月 26 日，两军开始大战，8 月，大内政弘率军 2 万东上京都，支援西军，10 月激战于相国寺，未决胜负。京都地区的战斗进入胶着状态，战乱逐渐波及地方。长期战乱极大地消耗了双方的实力，在京都作战的守护大名和地方武士则借机扩大自己的领地，争夺领国统治权，有的甚至企图夺取守护大名的地位。

公元 1472 年，两军首脑开始和谈，第二年，持丰和胜元相继死去，次年 4 月一度达成和议，但因赤松政则、畠山义就和大内政弘反对，未能实现。公元 1477 年 9 月，大内政弘在畠山义就由于领国不稳率军返回河内后，在幕府重新承认他对周防、长门、丰前、筑前等领国的统治权，并于 11 月率军退出京都，至此，战乱基本结束。

应仁之乱中，相国寺等古建筑与许多艺术珍品遭破坏，京都大半化为焦土，人民备尝离乱之苦。战乱后，幕府将军、守护大名和庄园领主贵族的力量更加衰弱，日本历史进入新兴的战国大名互相混战的战国时代。

## 谁是日本战国时期的“曹操”?

活跃于日本安土桃山时代的战国大名织田信长与中国三国时期的曹操有很多的相似之处：他成功控制以近畿地方为主的日本政治文化核心地带，使织田氏成为日本战国时代中晚期最强大的大名。唯一不同的是，织田信长后来遭到部将明智光秀的背叛，魂断本能寺。

织田信长，公元 1534 年 7 月 2 日，出生于尾张国那古野城（今名古屋市，另有一说是胜幡城），幼名为吉法师，尾张守护代旗下三奉行之一的织田信秀的嫡长子，6 岁就成为那古野城的城主。母为信秀正室土田御前,同母弟有信行(信胜)、信包和秀孝。

织田信长在公元1559年确立了对整个尾张国的支配权，在元龟三年（公元1572年）被称为“第六天魔王”，当时武田信玄正要上京，信玄写了封信给信长，并署名“天台座主沙门信玄”，而信长给信玄的回信书则署名“第六天魔王信长”。从此大概可以看出信长与信玄之间彼此挑衅的味道很重。

信长当时以“第六天魔王”自称。对信玄等人而言，死后可以成佛；但对织田信长而言，只有现在看得到的才是真实的。信长并不认同死后悟道的想法，这大概就是信长当时以“第六天魔王”自称的原因吧，织田信长本身亦存在为人所惧的部分，这和三国时期的曹操有巨大的相似之处。

公元1581年为信长全盛期，这一年的2月28日，京都天皇内殿的东边马场举行了为以信长为首的织田家一门、丹羽长秀等织田军团的军容展示，即所谓的京都军马演练。公元1582年5月29日，信长为准备出兵远征毛利而前往京都，之后则逗留于本能寺，但派往援助秀吉的明智光秀军却突然出现在京都并于6月2日袭击本能寺。

由于当时誓言效忠明智光秀的人很少，属下兵力大都对信长的信赖较深的缘故，光秀于进攻本能寺时，并没有告诉部下攻击的目标就是织田信长，据传言率领约100人的信长本身亦持枪奋战，负伤后返回房内，日本战国时代的一代枭雄被迫自杀，享年49岁。

## “壬辰倭乱”中谁是日本进攻朝鲜的最大阻力？

李舜臣，祖籍京畿道开丰，生于今首尔地区，字汝谐，号德水，创建了铁甲战舰龟船，防范倭寇的进犯，成为日本进攻朝鲜的最大阻力，他是朝鲜的民族英雄，朝鲜海军将领，抗日领袖。

公元1576年，李舜臣武科及第后，出任全罗道井邑县监等职。公元1591年，任全罗道左水军节度使。为了提高朝鲜海军的战斗力，抵御外侮，操练水军，李舜臣还对建造的铁甲“龟船”进行了改造。改进后的“龟船”船身及上面的“龟壳”用硬木制作，包上铁板，铁板上还装有密集的铁钉，船头有一个设有两个炮眼的大龙头，船身四周凿有很多炮眼枪眼，船的两侧各有10面船桨，战斗时一齐划动，航行飞快，进退自如，在以后的壬辰卫国战争中发挥了巨大作用。

公元1592年，朝鲜壬辰卫国战争爆发。日军20多万大军进犯朝鲜，并迅速攻陷王京、开城、平壤等地，占领了大半个朝鲜半岛，朝鲜民族称这一段历史为“壬辰倭乱”。李舜臣于这一年的6至8月率部在玉浦、泗川和闲山岛等海战中连战皆捷，粉碎了日军水陆并进计划并夺取了制海权。这一年的9月，李舜臣任忠清、全罗、庆尚三道水军统制使，10月在釜山海战中又击沉日军海军将领九鬼加隆率领的敌船百余艘，令日本海军不敢再战。

公元1597年，李舜臣在日本反间计下，受诬告而被革职下狱。之后不久，日本调集重兵再犯朝鲜，朝鲜水军在庸将元钧指挥下几遭全灭。这一年的9月，李舜臣重被起用后重整舰队，10 月以 13 艘舰船击退 330 余艘敌舰，与日军鏖战于鸣梁海峡，粉碎日军西进企图，这就是朝鲜历史上著名的“鸣梁大捷”，也是世界海军史上以少胜多的光辉战例。随后李舜臣移师古今岛（今莞岛），建立海军基地，同陈璘、邓子龙率领的中国水军组成联合舰队，对敌加强进击并实施海上封锁。

公元 1598 年 12 月，在露梁海战中，李舜臣与陈璘等指挥联合舰队大败敌船队，但在追击逃敌时中弹牺牲。两年后，朝廷为表彰他的功绩，封他为一级宣武功臣。公元 1643 年赠谥“忠武”，朝鲜半岛人民为了纪念他，称他为“忠武公”，追封为右议政、左议政及领义政。

## 哪次战役被日本誉为“决定天下的战争”？

日本的安土桃山时代以及战国时代发生于美浓国关原地区的关原合战，这是应仁之乱以来全日本的最大规模的内战，战役双方均动员了超过十万兵力，被誉为“决定天下的战争”。最终在小早川秀秋叛变之下，使这场战争在一天内分出了胜负，德川家康取得了统治权。

公元 1599 年（庆长四年）闰三月三日（4 月 27 日），家康在丰臣秀吉死前委托的监护人前田利家病重离世，家康间接成为最有政治影响力的人物。利家死后不久，武勇派当中不满石田三成的七人：加藤清正、福岛正则、黑田长政、藤堂高虎、加藤嘉明、浅野幸长和细川忠兴准备在伏见城前田宅邸暗杀石田三成。

公元 1599 年九月七日，德川家康进入大坂城，九月九日（公历 10 月 27 日）重阳节当天，众人齐聚歌贺丰臣秀赖，同时，由于增田长盛与长束正家向德川家康告密，发现了对家康的暗杀计划，主谋者是前田利长，还有浅野长政、大野治长和土方雄久，各方对此事件大为紧张。同年九月二十八日，德川家康出兵到大坂城。

公元 1599 年（庆长四年）十一月十九日，东北地方的大名户泽政盛向德川家康密报上杉景胜最近的动作，之后，越后国的大名堀秀治派遣了密探，经调查后向德川家康汇报景胜有背叛之意。

庆长五年（公元 1600 年）六月，德川家康从伏见出发，出兵讨伐上杉景胜，七月进入江户城，同年九月十四日晚七时，石田三成率西军主力撤出大垣城，退守关原。

十五日，在小早川秀秋叛变之下，历经了整整八个小时的厮杀，最终以西军的彻底失败而拉下了关原大战的终幕。几天后石田三成在伊吹山中被捕，与小西行长以及安国寺惠琼三人以首要战犯的罪名遭到处决，德川家康实质上取代丰臣氏夺取了政权。

## 你知道中国的大明皇帝册封了谁为“日本国王”吗？

日本战国时代末期杰出的政治家和军事家，江户幕府的第一代将军德川家康（公

元 1543 ～公元 1616 年），原姓松平氏，小名竹千代，初名元信，后改名元康，最后改名家康，1566 年奉敕改姓德川，生于名古屋附近的冈崎，为冈崎城主松平广忠之子，1616 年被明皇帝册封为“日本国王”。

公元 1568 年，德川家康的同盟者织田信长进入京都，迈出了统一全国的第一步。公元 1572 年 10 月，德川家康闻讯率己部五千人及织田信长援军三千余，途径德川家康的远江国，意图进军京都的武田信玄动员两万五千人于三方原，史称三方原会战。(传说家康遭武田军山县昌景追击时，曾吓到拉大粪，他让人当场绘下自己愁苦的样子，作为日后激励之用，该画像现在仍存在。)

由于双方兵力悬殊，且用兵之妙信玄又略高一筹，德川家死伤一千六百余人，德川、织田联军大败，其部下分四批陆续扮成德川家康吸引了信玄军兵力，德川家康本人才得以逃回滨松。

此役德川家康虽然打了败仗，但武田信玄却十分佩服德川军的勇猛顽强。武田信玄的猛将马场信房（又称马场信春）事后对信玄说:“看了三河军的尸体，头朝我军倒下的都是脸朝下，头朝滨松倒下的都是脸朝上，这说明这些士兵都是向前冲杀时战死的，因想逃跑而被处斩的一个也没有。”据说德川家康就是经过此役而取得了“海道一雄”的名声。

公元 1603 年 2 月，家康被朝廷任命为征夷大将军、右大臣、源氏的长者（即源氏的族长、家主），同年，他在江户开幕。公元 1605 年，家康把大将军职让给了儿子秀忠，宣布“家天下”，自称大御所并隐居骏府城，但仍然掌握着军政实权。

公元 1615 年 5 月，家康经大坂夏（今大阪）之役灭掉丰臣秀赖，随后改元元和，因日本自此再无大战事，所以史称“元和偃武”。公元 1616 年 3 月，家康出任太政大臣，并向明朝皇帝称藩，被明皇帝册封为“日本国王”。同年 6 月 1 日死于骏府城，终年 73 岁，葬于久能山。

## 日本为什么要发布“锁国令”？

从公元 1633 年到公元 1639 年，日本江户幕府先后 5 次发布关于禁止对外交通与贸易的法令，即是“锁国令”。

6 世纪中叶起，葡、西、荷等西欧各国列强先后来日本传教、贸易，为防止商人富豪与幕府对立，禁止天主教传播，巩固幕藩体制，幕府的对外政策从第二代将军德川秀忠时起，开始向锁国政策转变。公元 1616 年，规定欧洲船只只能在平户、长崎两港停泊交易。公元 1624 年，拒绝与西班牙通商。30 年代后，加快锁国步伐，连续 5 次发布锁国令。

第一次于公元 1633 年 2 月发布锁国令，全文 17 条，以对贸易实行统制，禁止奉书船（持有幕府出海证书的船）以外的日本船只出海，准许在海外侨居不满 5 年的日本人归国为主要内容。

第二次于公元 1634 年 5 月发布，内容与第一次相同。

第三次于公元 1635 年 5 月发布，全文 17 条主要内容是：严禁天主教，严禁一切侨居海外的日本人归国，禁止一切日本船只出海。

第四次于公元 1636 年 5 月发布，共 19 条，内容与第三次大体相同，增加了将葡萄牙人与日本女子所生子女驱逐出国等项。

第五次于公元 1639 年 7 月发布，共 3 条，主要是只准许中国和荷兰的商船至长崎贸易，禁止葡萄牙船只来日本。

公元 1641 年，将平户的荷兰商馆迁至出岛，至此，日本的锁国体制最后完成。日本维持锁国政策达 200 多年之久，一直到 1853 年在美国炮舰政策的压力下才重新开放。

日本在“锁国”期间同中国、荷兰和朝鲜保持一定的贸易关系。荷兰是西欧国家，主要信奉新教，向幕府保证不传教，荷兰船带来的商品有丝织品、棉织品、药品、钟表、砂糖、欧洲工艺品等。中国是东方国家，又是近邻，日本从贸易往来中获得丝绸、毛织品、书籍、高级消费品和武器。这种贸易完全由幕府垄断，在经济上可以加强对地方封建领主的控制，日本出口商品主要是鱼翅等海产品。

## 近代首次统一日本的战国时代大名是谁？

继室町幕府之后，丰臣秀吉为日本战国时代末期封建领主，是公元 1590 年到公元 1598 年期间日本的实际统治者，成为完成近代首次统一日本的日本战国时代大名。

丰臣秀吉出生于尾张国爱知郡中村（今爱知县名古屋市中村区），父亲木下弥右卫门是一个贫困农户（有说法是下级武士），母亲是大政所。丰臣秀吉幼年时期取名为日吉丸，仕于织田信长，成为武士之后改名木下藤吉郎，秀吉的第一件工作就是帮主人拿拖鞋。公元 1554 年（天文二十三年），丰臣秀吉以足轻的身份成为了织田信长家的家臣，深得信长疼爱，在织田家的地位不断提升。

公元 1560 年左右，秀吉成为织田家的足轻组头（足轻是临时征集的农民兵，组头相当于小队长），并参加了著名的桶狭间合战。据说，战后因其功绩卓著，信长将浅野家的养女宁宁（另译成弥弥）许配给他，这位人称“北政所”的宁宁小姐后来成为秀吉的贤内助，在丰臣政权中影响颇大。

公元 1582 年，明智光秀在支援秀吉出兵毛利氏途中，发动本能寺之变，攻占京都并夜袭投宿在本能寺的织田信长，信长自焚本能寺，尸骨无获，其长子织田信忠于二条御所战败后切腹自尽。由于报信者的失误，当时正亲自率兵包围备中国高松城的丰臣秀吉，于事变三天后才得知消息。

之后，在毛利氏大老小早川隆景主导下，他迅速与毛利氏以守将清水宗治自尽为

条件议和。秀吉率兵在五日内“强行军”约200公里返京，并随即与明智军展开决战，这次行军史称“中国大撤退”，行动之迅速大大震撼了京师的明智军。回师之时，秀吉以信长之名为号召，成功收纳流窜在各地的信长旧属，于山崎之战，大败准备不及的明智光秀。明智光秀死后，秀吉乘机控制京都一带，不过无法阻止织田氏内部出现派系分裂。

秀吉在清洲城拥立尚在襁褓的信忠长男三法师（元服后称织田秀信）继任家督，在清洲会议上得到多数织田族人与家臣支持。公元1591年，秀吉将关白之位让给外甥丰臣秀次，自称太阁（前关白的尊称）。

公元1591年，秀吉派遣了蒲生氏乡、浅野长政及石田三成联同东北地方大名平定九户政实之乱，进行他人生中最后一场日本国内战争。公元1598年8月18日，丰臣秀吉因病逝世，死于伏见城，享年62岁。

## 哪次起义最后完成了日本的“锁国体制”？

在日本江户幕府初期的公元1637年，九州岛原半岛和天草岛农民与天主教徒发起反对幕藩封建压迫和宗教迫害的大起义，史称日本岛原起义，又名天草起义。次年失败，这次起义促进了日本锁国体制的最后完成。

岛原与天草是天主教在日本的传教中心，先后领有该地的大名天草种元、小西行长和有马晴信都是天主教徒。江户幕府从公元1612年起，在实行锁国政策同时，加强了对天主教徒的迫害。松仓重政继有马直纯领有岛原后，用烙印、火烤、灌凉水、针扎、竹锯锯首、滚开的硫黄水浇头等毒刑强迫信徒改宗。他为了讨好幕府，主动承担巨额军赋，支援修筑江户城，还在领地内大兴土木，加重了农民的负担。其子松仓胜家袭封后，巧立名目，盘剥尤为苛酷。

公元1634年后，松仓胜家对因连年歉收，实在无力完纳年贡和各项杂税的农民施加各种酷刑，与岛原一水之隔的天草岛领主寺泽氏，也采取同样手段迫害农民与天主教徒。

公元1637年10月25日，口之津农民首举义旗，附近各村纷纷响应，天草的农民和教徒也开始行动，逐杀官吏。起义群众推选少年益田时贞（亦称天草四郎）为首领，以益田好次等天主教徒和浪人、武士充任参谋，很快控制了岛原半岛南部和天草的大部分，但在攻打半岛上的岛原城和天草岛上的富冈城时相继失利。

这一年的12月初，幕府命板仓重昌率军镇压，义军及其家属近4万人占据半岛上的有马氏的废城——原城，凭险固守。板仓的两次进攻均在起义者的顽强抵抗下失败，公元1638年元旦强攻时，板仓被击毙。

同年的1月14日，老中松平信纲率军抵岛原，以12万大军围困原城，并利用荷兰人的军舰炮击原城14天之久。起义军为打破幕藩军的围困，并乘机夺取粮食、弹药，经常夜间出击打击敌人，但由于长期被困，补给困难，终于弹尽粮绝。2 月 27 日，松平信纲发动总攻，28 日城陷，以益田时贞为首的起义者男女老幼万余名，均惨遭杀害。

岛原起义虽然失败了，但使江户幕府受到巨大冲击，从而促使统治者为缓和农民的反抗，以失败罪处斩松仓胜家，寺泽氏领地被没收。此后，幕府严厉推行禁教政策，促进锁国体制的最后完成。

## 谁建立起了强大的阿拉伯帝国？

来自古莱氏部落哈希姆族的欧麦尔一世，全名欧麦尔· 伊本· 哈塔卜，建立起来了强大的阿拉伯帝国。他是早期追随穆罕默德的重要人物之一，也是穆罕默德最忠实的信徒。公元 634 年艾布· 伯克尔去世后，他当选为第二任哈里发。

欧麦尔一世即位之后发动了阿拉伯历史上空前的大规模征服运动，不仅灭亡了波斯帝国、打垮了拜占庭帝国，而且还建立起来了强大无比的阿拉伯帝国，不仅改变了旧大陆 1/3 居民的信仰，还使中古时代诸文明的地理分布发生了永久性的改变。

公元 635 年，阿拉伯人兵分两路，对拜占庭和波斯帝国展开了全面进攻。东路大军在哈立德将军的率领下，迅速通过人迹罕至的叙利亚沙漠，在雅穆克河畔一举歼灭了拜占庭 5 万大军，占领了叙利亚首府大马士革。占领叙利亚以后，阿拉伯人乘胜挥师东进。公元 637 年，卡迪西亚一战，阿拉伯军队力挫波斯军队，占领伊拉克，随后进入伊朗高原，深入波斯腹地。公元 642 年，阿拉伯军队在尼哈温战役中彻底击溃了最后的波斯大军主力，一举消灭了具有 1200 多年文明的波斯帝国。

与此同时，由著名统帅阿慕尔率领的西路大军，也是捷报频传。公元 640 年，阿慕尔率军攻入附属于拜占庭的埃及，一年之后又攻陷亚历山大港，次年占领开罗。公元 644 年，正当欧麦尔的事业如日中天，战争不断取得胜利之时，欧麦尔被一信奉基督教的波斯奴隶刺死，但阿拉伯人和伊斯兰教的扩张并没有停下来。

强盛的阿拉伯帝国在欧麦尔一世的手中真正成形了，而在伊斯兰教发展史上，欧麦尔一世的影响也是仅次于“安拉的使者”穆罕默德。作为确立一门世界性宗教历史地位的帝王，欧麦尔一世足以和君士坦丁大帝等皇帝相媲美。

## 谁是阿拉伯帝国中第一个继承父位的“秦二世”？

公元 679 年，穆阿维叶一世宣布其子叶齐德一世为哈里发继承人，哈里发的选举制度从此被改写，阿拉伯帝国也由此成为一个由世袭王朝统治的封建国家。

在伊斯兰教最初的四位哈里发（即所谓“纯洁的哈里发”或“正统哈里发”）的执政结束之后，由阿拉伯帝国的叙利亚总督穆阿维叶（即后来的哈里发穆阿维叶一世）建立的倭马亚王朝是阿拉伯帝国的第一个世袭王朝。该王朝成为穆斯林世界从 661 年

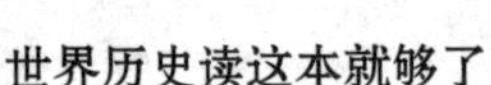


至750年的统治王朝。

倭马亚家族为麦加贵族古来氏族12个支系中最强盛的一支，是公元4世纪时古来氏族部落首领库赛伊的长子阿卜杜勒•马纳夫的后代。穆罕默德传教初期，麦加贵族、倭马亚家族首领阿布•苏富扬以坚决反对穆罕默德闻名当时。公元622年，他还迫使穆罕默德迁居麦地那，但与此同时，倭马亚家族的另一位重要成员奥斯曼•伊本•阿凡却是穆罕默德最初的追随者和最亲密的战友之一。

穆罕默德逝世的时候，未对其继承人的产生方式作出任何指示，伊斯兰教世界在哈里发的人选问题上不久即产生分歧。最终，倭马亚家族的奥斯曼•伊本•阿凡于公元644年成为哈里发。由于哈里发实际上是一种政治、军事的领导者，所以，他大力扶持本家族成员在帝国境内担任要职。公元656年，奥斯曼•伊本•阿凡遇刺，其堂弟叙利亚总督穆阿维叶反对其侄子与女婿阿里•伊本•艾比•塔里卜继任哈里发，从而引起大规模内战。

穆罕默德在传教时的宿敌阿布•苏富扬的儿子穆阿维叶，在穆罕默德占领麦加后与父亲一起皈依伊斯兰教，又于公元633年参加了伊斯兰军队对叙利亚发动的征服战争，并于战后成为大马士革总督。公元661年阿里被刺后，穆阿维叶压服反对者继而成为哈里发。公元679年，穆阿维叶一世宣布其子叶齐德一世为哈里发继承人。

## 哪次战役断送了阿拉伯世界的版图扩张之路?

阿拉伯帝国在征服西班牙后，开始了对法兰克王国的征服，在8世纪20年代初的“普瓦提埃战役”中，法兰克军队力克阿拉伯军队，在普瓦提埃交战中取得最终的胜利，阿拉伯世界版图的扩张至此终止。

公元7世纪，穆罕默德复兴的伊斯兰教的出现，拯救了阿拉伯民族，在宗教的感召下，阿拉伯人团结起来，开始了轰轰烈烈的征服运动。

公元732年，这支基督徒军队与法兰克宫相查理指挥下的回教大军相交在都尔平原。双方都知道这将是一场关键战役，两军对峙了七天之久，没有一边敢先出兵。终于在10月的一个星期六，双方摆开阵势。

面对训练有素、严阵以待的法兰克军队，阿拉伯军队在一天之中向法兰克军队发出一次又一次的攻击，凶悍精锐的骑兵在新月形旗号的庇护下，冲向法兰克军人摆成的人墙……然而，阿拉伯骑兵屡次进击都无法攻破法兰克军队的坚墙，十字旗帜坚毅地在空中飘扬着。入夜以后，双方都力竭回营，都尔平原血流成河，尸首遍地，然而阿拉伯人最猛烈的攻击都被挡住了。

第二天一早，法兰克军队再度摆阵，却不见阿拉伯骑兵出现。法兰克军队分小队出去搜寻，但数里范围内都找不到一个敌兵，在阿拉伯人所弃的营内，他们发现了成堆自别处掠夺的战利品。原来阿拉伯人早已撤退到庇里牛斯山后，进入西班牙了。

普瓦提埃战役，一场发生在公元 732 年的法兰克王国与阿拉伯帝国之间的决定整个人类西方文明命运的决战，战后惨败而归的阿拉伯人再也没有能力对西方文明世界发动入侵，这直接保证了西方文明尤其是基督教文明的生存和发展。

## 谁出卖了阿塞拜疆人民的“贝克起义”？

由于亚美尼亚的长老萨赫勒·苏卡特出卖起义的领导人巴贝克，巴贝克最后牺牲，整个起义被迫宣告失败。这次起义是阿塞拜疆人民为反对阿拔斯王朝统治而发起的反抗斗争，虽受到了阿拔斯王朝统治者的残酷镇压，但人民却坚持不懈，顽强抵抗。

贝克起义的领导人，巴贝克，出生于伊朗阿塞拜疆小商人家庭，是胡拉米叶派首领，他早年以放牧和为商队赶脚为生，8 岁时参加了以贾维丹· 本· 萨赫勒为首领的、思想深受琐罗亚斯德教与马兹达教派教义影响的胡拉米叶教派。该教的宗旨是，为被阿拔斯王朝哈里发曼苏尔处死的呼罗珊总督艾布· 穆斯林复仇。

巴贝克在贾维丹死后被拥护为该派首领，他在亚南山区的巴兹继续宣传胡拉米叶派的思想，宣称神的启示并未中断，他接受神的新启示，继承和发扬贾维丹精神，以铲除人间暴虐为己任；提出用暴力没收大封建土地，平分给农民，实行人间平等，取消捐税，号召人民起来推翻阿拔斯王朝统治。他的这些口号深刻触碰到了人民最关心的问题，受到人们的热烈拥护。

公元 816 年，巴贝克在巴兹发动武装起义，各地农民、手工业者和奴隶们纷纷响应，参加者多达 30 万之众，因为身穿红衣，而被称作“红衣军”。起义军率先攻占拉恩和比勒干附近城镇，很快便席卷阿塞拜疆，后扩展到亚美尼亚、伊朗西部与里海各地，控制北部商业要道，并与拜占庭结盟，对阿拔斯王朝形成了严重威胁。

起义军所到之处，铲除劣绅，废掉暴政，免除赋税，将封建主土地没收分给农村公社，后因阿塞拜疆等地大封建主的叛变，起义力量遭到削弱。公元 833 年，起义军在哈马丹附近被哈里发军队打败，损失 6 万人，被迫退守巴兹。

公元 837 年，起义遭到残酷镇压，在起义中心巴兹城堡陷落后，巴贝克逃往亚美尼亚，后被当地长老萨赫勒· 苏卡特出卖，被缚后交到王朝军队将领阿夫信手中，于公元 838 年 1 月被肢解处死，轰轰烈烈的“贝克起义”失败了。

## “督马起义”挽救了拜占庭帝国吗？

“督马起义”，虽然取得了一些胜利和成果，但是最后还是以失败而告终，最终也没能挽救拜占庭帝国，这次起义发生于公元 821 至公元 823 年，是由斯拉夫人督马（约公元 760 ～公元 823 年）领导的，是一场在拜占庭帝国小亚细亚地区发生的人民起义，因此被称作“督马起义”。

公元 9 世纪时，拜占庭帝国的封建化进程大为加速，农民与封建统治阶级的矛盾日益加剧。由于自由农民与村社的土地逐渐被军事封建主所霸占，越来越多的农民丧失土地，沦为农奴，有的地区士兵也遭受同样的命运，赋税严重，人民困苦不堪。

公元 821 年，小亚细亚军区军官督马发动起义，人民群众纷纷起来响应。起义主力是农民，参加者还有士兵、城市贫民和逃离庄园的奴隶，起义同时还得到了反对圣像崇拜的保罗派的支持，阿拉伯的哈里发也援助督马，多方联手削弱强邻拜占庭。

督马以女皇伊林娜的儿子自称，在阿拉伯人的辖地安条克加冕称帝，也就是皇帝君士坦丁六世。督马进行了一些改革，废除了法定的捐税，并把财物分给人民，因而得到人民的拥护。

督马出身于行伍，富有作战经验；起义军装备精良，在爱琴海水兵的协助下，督马夺取帝国舰队，占领了几乎全部小亚细亚地区，并攻占色雷斯和马其顿的部分地区，与当地的斯拉夫人里应外合，起义军的队伍迅速壮大，起义很快席卷了整个拜占庭帝国。

公元 821 年末，起义军进攻首都君士坦丁堡，围城达一年之久，拜占庭皇帝迈克尔二世采取分化政策，一方面收买督马军中的动摇分子，另一方面请求保加利亚国王奥穆尔塔格出兵干涉。督马腹背受敌，被迫从君士坦丁堡撤军，后来他在阿卡迪波尔与帝国军相持了 5 个月之久，公元 823 年兵败被俘遇害，余部坚持作战直到 825 年。

这次起义虽然失败了，但还是给统治者敲响了警钟，迫使帝国不得不减轻一些捐税，如灶户捐等，以缓和日益紧张的阶级矛盾，但此后的拜占庭帝国还是日益衰落，在下坡路上越走越远，逐渐丧失其在国际上的重要地位。

## 谁建立了曾经统一朝鲜的高丽王朝?

公元 9 世纪以后，新罗王朝内部日益腐朽，再加上贵族叛乱和农民起义，新罗中央政府日趋衰落，地方封建集团乘机不断扩张势力范围。公元 904 年，新罗王室庶子弓裔在铁圆（今江原道铁原）自称为王，建立了泰封国（后高句丽）。弓裔建国之后，王建和他的父亲献上松岳郡（京畿道开城），投奔弓裔，弓裔于是任命王建为松岳城主。

公元 918 年，王建推翻弓裔，并得到了地主和商人们的支持（此时地主和商人的政治与经济势力都已远远胜过新罗政府），自立称王，改国号为“高丽”。王建立国后，采取了敌对后百济，和新罗友好的策略。公元 935 年合并新罗，公元 936 年攻破后百济，统一朝鲜三国后，王建自封天子，迁都松岳，并改称为开京（即今朝鲜开城）。

高丽王朝成立后，采取了一系列的开明政策。废除奴婢制度；进行土地改革并颁行田柴科制度；建立科举制度；统一由中央任命地方官员。这些措施有效地削弱了地方上的封建地主的势力，树立了中央的威信，强化了中央集权统治。

它还借鉴了中国的皇室制度：称首都为“皇都”；称首都的皇宫为“皇城”；国王的命令被称为“诏”；国王的继任人被称为“太子”；国王的母亲被称为“太后”。

但是与中国不同的是高丽国王被称为“大王”、“陛下”或“海东天子”。公元1275年，高丽向元朝称臣，这些称呼被禁止使用。

从公元1231年至公元1273年，高丽在元朝（蒙古）进行的先后九次的征伐中，终于投降，成为元朝的征东行省。公元1388年，高丽禑王派都统使李成桂进攻辽东，李成桂一出高丽地区后，就发动兵变，于公元1392年在开城废黜高丽国王，夺取政权，改国号为朝鲜，高丽灭亡。

## “越南十二使君之乱”发生于什么时候？

公元10世纪中叶，安南地区（在今越南北部和中部部分地区）爆发内乱，十二使君割地称雄，互相混战，十二使君皆吴王之旧臣，史称“越南十二使君之乱”。公元939年，越南封建主吴权称王，公元945年吴权去世，杨三哥篡夺吴权长子吴昌岌的王位，从此地方豪强纷纷占山为王，自称使君。

公元945年杨三哥夺位，吴权的长子吴昌岌随即出逃到茶乡（在今越南海阳省金城县）投奔范令公。范令公巧妙地将昌岌隐藏到山林间，三哥派遣指挥使杨吉利及杜景硕（十二使君之一）追捕昌岌，往来数次，结果都是无功而返。

公元950年，太平、唐阮二村发生叛乱，杨三哥派遣吴权次子吴昌文以及杨吉利和杜景硕领兵征讨，吴昌文在途中发动兵变，在杜景硕等的支持下，成为吴朝新君王。

据《钦定越史通鉴纲目》记载，“自三哥篡立，土豪竞起，昌文复国，政尚姑息，不能相一”。吴昌文虽成为了国君，但其治国无方，威信全无，从朝廷到地方各级都充满矛盾与冲突。吴昌文与兄长吴昌岌虽一同称王，共理国事，但因吴昌岌擅作威柄，所以二王之间出现裂痕。公元951年，华闾洞（位于今越南宁平省嘉远县）的丁部领凭借着高山大河的天然险阻，不履行作为一个臣子的职能，企图叛乱。昌文、昌岌二王虽一同征讨，但也未能剿灭，只把丁部领之子丁琏带回作人质。

在公元965年亲征太平、唐阮二村的最后一次征战中，战况惨烈，吴昌文才入境，将船靠岸，就被伏弩射中，后因医治无效死亡。吴昌文死后，吴氏王室的声威，更加低落，他的侄儿吴昌炽（吴昌岌子）也仅能以“吴使君”的名义割据一方，全国继续陷于动乱状态。

吴朝的衰落使十二使君时期的割据者们野心膨胀，纷纷违背了民族的和平、统一的愿望，称兵据地，给人民带来了无数的损失和深重的灾难。丁部领顺势高举统一国家的大旗，顺应了民意，最后完成了国家的统一。

## 越南李家王朝的创始者是唐太宗的后人吗？

越南李朝的开国君主李太祖（公元974～公元1028年），本名李公蕴，有人认为

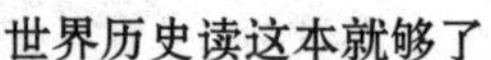


他是唐太宗之子曹王李明之后裔。先祖为中国福建移民的李公蕴是古法村人氏（今北宁省东岸县）。

李公蕴在位时年号为顺天，庙号太祖，谥号神武皇帝，葬于寿陵，共有六子和十三女。他早年受业于高僧万行法师，在黎庄宗时任左亲卫殿前指挥使。公元1010年，李公蕴乘前黎朝嗣主年幼之机，篡夺皇位，改元顺天，建立李朝。

李公蕴当政以后，首先把国都从位于宁平山岳地带狭小的华闾，迁到位于富饶的红河三角洲地区的要冲大罗城，改称升龙（即今河内），使其成为政治、经济、文化和军事中心，以佛教为国教，对越南国家的发展起了重要作用。他改古法州为天德府、华闾城为长安府。于天德府修建八所寺庙，并立碑记功。在龙城营造宫殿，在城外修建四大寺。

李公蕴夺位后遣员外郎梁任文、黎再严到宋朝，请求册封。宋朝真宗皇帝只对其作了口头上的谴责曰："黎桓不义而得，公蕴尤而效之，甚可恶也。"而后自我安慰道："然以其蛮俗不足责。"随后还是对李公蕴进行册封，授权静海军留后李公蕴特进、检校太傅、安南都护、静海军节度观察处置使和交趾郡王等称谓，赏赐食邑三千户，食实封一千户，兼御使大夫、上柱国，又特别赐他为推诚顺化功臣，仍赐袭衣、金银带、器币等物。

李氏政权得到了宋朝的承认后，逐渐形成了一种制度，就是一旦有人继承王位，就要接受宋朝的册封，必须得到宋朝的承认。

公元1014年，在芳林州（治今越南永富省越池）打败大理军队后的李公蕴向北及西北扩张，最终占领今永富省、河宣省及北太省等地僚人区，并把他的女儿嫁给了甲峒首领甲承贵，封他为谅州知州，大有尽取宋邕、钦二州之势。

## 谁被称为"缅甸的阿育王"？

阿奴律陀因大力护持佛教而被尊称为"缅甸的阿育王"。他与莽应龙、阿瑙帕雅一起被称为缅甸"三大民族英雄"，是缅甸蒲甘王朝的创建者。

阿奴律陀是混修恭骠之子，即位后，先后征服了南部的打端、西部若开族的阿拉干王国，并和北方的南诏国维持和平均势，统一群雄割据的局面，为蒲甘王朝（公元1044～公元1287年）奠定了基业。当时王朝的领域，北起八莫，南滨大海，东部统领掸族诸部，西临北阿拉干，是缅甸最早统一的王国。

阿奴律陀在叫栖（今译皎克西）与密铁拉境内兴修水利，便利灌溉，扩大耕种面积，使农业有了很大发展。随着城乡人口的增加，又建立了按人口比例抽丁的征兵制度，以扩大兵源。

阿奴律陀曾率军至南诏（今云南大理）求取佛牙，受到南诏王盛情接待，建立了友好关系，并获碧玉佛像而归。在归途中，接受缅甸北部掸族各土司的朝觐，娶孟拱土司之女修牟罗，以提高其在掸族中的威望。为加强边防，又建立43个前哨城堡，以防掸族的入侵。

公元1057年，阿奴律陀用武力征服下缅甸直通，俘获僧俗学者和各种工匠达3万人，用32头白象驮回三藏经及珍宝等战利品至蒲甘，又聘高僧阿罗汉为国师，以上座部佛教（小乘佛教）取代落后的阿利教，促进了蒲甘的宗教、政治、经济、文化等的发展，也为统一缅甸奠定了基础。从直通传入孟文字母后，缅甸开始有了自己的文字。征服直通后，首先统一了整个下缅甸，后又征服阿拉干北部，完成了缅甸历史上的第一次统一。

阿奴律陀广建佛塔，其中以兴建在蒲甘的瑞喜宫佛塔最为著名，该佛塔是用来珍藏从锡兰迎来的佛牙和圣物的，建塔工程浩大，直至他逝世时尚未竣工。

公元1071年应锡兰王之请，阿奴律陀派遣多名高僧携经典至锡兰讲经弘法。在远征波帝迦耶国时，又接受国王呈献的公主和许多工匠，其威信超越缅甸国境。公元1077年阿奴律陀去世。

## 缅甸历史上最强盛的封建王朝是哪个?

东吁王朝（公元1531～公元1752年）是缅甸历史上最强盛的封建王朝，是莽瑞体（缅名叫德林瑞体）于1531年在东吁创建的，在中国史籍中称其为洞吾、东胡、底兀剌。

公元13世纪末，辉煌一时的蒲甘王朝灭亡，缅甸随后进入了大分裂时期。北部形成掸族统治的以阿瓦城（今曼德勒附近）为中心的阿瓦王朝。缅族不堪忍受其压迫，纷纷移居东吁。南部则形成孟族统治的以白古（今勃固）为中心的白古王朝。

从公元1535年至公元1539年，莽瑞体攻灭白古王朝，推行了团结孟族的政策，使孟族将士为其所用，并雇佣有近代武器和战舰的葡萄牙兵。公元1541年又攻占对外贸易要港马都八。莽瑞体去世时，缅甸中部和南部基本统一。公元1551年，莽应龙继位，为发展政治、经济、文化采取了一系列措施，政绩卓著，他灭阿瓦王朝，征服各掸邦，完成了缅甸的第二次统一。

莽应龙死后，农民起义此起彼伏，各地封建主重新割据。阿拉干王朝封建主乘机率葡萄牙雇佣兵，并联合东吁封建主，于公元1599年俘获缅王莽应里（缅名南达勃因），攻占白古。莽应龙幼子良渊王（公元1600～公元1605年在位）挽救了危在旦夕的东吁王朝，占领以阿瓦为中心的粮仓地区，保住了上缅甸的半壁河山，而随后继承他王位的阿那毕隆再次完成了缅甸的统一。

他隆执政时，停止了劳民伤财的对外扩张战争，致力于国内经济的恢复和发展，分配土地给无地农民。1638年他还进行一次全国性普查，编制了各地户口、耕地面积、产量和税赋情况，以此次的调查统计作为征税和征调劳役的依据，国家从此国富民强。

公元1627年，荷兰和英国东印度公司在缅甸设分公司。公元1740年缅甸孟族起义，动摇了东吁王朝的统治，公元1752年孟族军队占领首都阿瓦，结束了东吁王朝的统治。

## 谁是莫卧儿王朝的创始人？

生于中亚费尔干纳的帖木儿直系六世孙札希尔· 乌德丁· 穆罕默德· 巴布尔（公元1483～1530年）是印度莫卧儿王朝创始人。公元1494年继费尔干纳王位，1529年，在巴特那打败比哈尔的阿富汗首领，最终建立莫卧儿帝国。

巴布尔是成吉思汗（母系）和帖木儿（父系）的后裔，是蒙古化的突厥人，“莫卧儿”即是“蒙古”的意思；巴布尔是绰号，意为老虎。巴布尔的父亲乌玛尔· 沙伊赫· 米札尔，是中亚费尔干那（中国史书称大宛）帖木儿帝国的一个藩国的统治者。帖木尔死后，帝国为他的子孙分割，费尔干那独立。公元1483年2月，巴布尔出生于费尔干那，11岁时他的父亲亡故，他成功挫败了来自四方的吞并阴谋，在中亚锡尔河上游称王，成为费尔干那的统治者。

野心勃勃的巴布尔即位后立志要仿效先辈帖木儿，成为一个大帝国的统治者。公元1525年11月，巴布尔率领一支12000人的军队，攻入旁遮普，大败道莱顿·汗·洛提守军，又于公元1526年初，进而向德里进军。这一年的4月21日，与洛提王朝国王易卜拉欣· 洛提亲率的大军40000人在德里北帕尼帕特遭遇，巴布尔凭借受过训练的骑兵与火器的有效配合获得辉煌的胜利。易卜拉欣战死，德里和亚格拉随即被占领。

4月27日，巴布尔在大清真寺的礼拜仪式上，自行宣布为“印度斯坦皇帝”，以德里作为他的新首都，结束了德里素丹国在印度320年的统治，建立莫卧儿帝国。

1529年5月6日，巴布尔军队在炮火掩护下，强渡哥格拉河，运用侧击战术消灭了盘踞在孟加拉的阿富汗人，赢得了一次重大的胜利，接着又回军西进，歼灭据有拉合尔的阿富汗反叛部落，到此时为止，巴布尔已经征服整个印度斯坦地区，建立了一个庞大的帝国。

## 谁为自己的皇后建造了“完美建筑”泰姬陵？

莫卧儿王朝第5代皇帝沙· 贾汗为了纪念他已故皇后阿姬曼· 芭奴而建立了泰姬陵。陵墓全称为“泰吉· 玛哈尔陵”，又译泰姬玛哈，在今印度距新德里200多公里外的北方邦的阿格拉城内，亚穆纳河右侧，是印度知名度最高的古迹之一，也是伊斯兰教建筑中的代表作，被誉为“完美建筑”，为世界八大奇迹之一。

据说沙· 贾汗的宠妃阿姬曼· 芭奴性情温柔，擅诗琴书画，是一位具有波斯血统的绝世美女。她21岁时与当时为贾汗吉尔国王的三王子库拉姆结婚。她婚后与库拉姆同甘共苦，行影相随，足迹遍布疆场。公元 1628 年，库拉姆继承王位，给自己取名沙·贾汗，意为世界之王，宠妃阿姬曼·芭奴也因此得到宫中最高头衔——泰姬·马哈尔。但是好景不长，公元 1631 年，阿姬曼·芭奴在跟随沙·贾汗南征时，因难产而死，年仅三十九岁。

阿姬曼·芭奴在她婚后十八年里，共为沙·贾汗生下十四个子女，存活的只有四男三女。阿姬曼·芭奴之死，令沙·贾汗伤心欲绝，为了表达他对宠妃的思念之情，他决定为宠妃建造一座全世界最美丽的陵墓，同时，下令宫廷为她致哀两年，禁止一切娱乐活动。

公元 1633 年，泰姬陵在沙·贾汗选中的印度北部亚穆纳河下游空旷的转弯处的大花园内开始动工兴建，沙·贾汗可以从河上游的阿格拉城堡上远远地望见。珠宝最受沙·贾汗喜爱，因此，他选用大理石建造泰姬陵，并以十分精巧的手艺在大理石上镶嵌无数宝石作装饰。这项工程选用了大量的印度的大理石，中国的宝石、水晶和玉、绿宝石，巴格达和也门的玛瑙，斯里兰卡的宝石，阿拉伯的珊瑚等。

公元 1650 年，沙·贾汗在泰姬陵建成之后不久，便被儿子篡夺了王位，囚禁在阿格拉城堡，晚年靠每天远望泰姬陵度日，直至伤心忧郁而死。死后，他与宠妃一起被葬在泰姬陵。

## 谁在北印度建立了苏尔王朝？

苏尔王朝（公元 1540 ～公元 1555 年）是公元 1540 年，由阿富汗人舍尔沙（公元 1540 ～公元 1545 年在位）在北印度所创建的，它是一个伊斯兰封建王朝。

南比哈尔阿富汗酋长舍尔沙原名法里德汗，他利用印度莫卧儿皇帝胡马雍征伐古吉拉特的巴哈杜尔沙的机会，扩充实力，纠集许多阿富汗贵族在其麾下，迫使孟加拉统治者向他割地纳贡。此后，他率阿富汗人组成的军队在乔萨与卡瑙季两战役中重创了莫卧儿军队，迫使胡马雍放弃印度斯坦，逃往拉合尔。

公元 1540 年，法里德汗据有德里后，自称舍尔沙，建立起来了苏尔王朝，后进驻亚格拉，并逐步把势力扩张到旁遮普、木尔坦、信德、拉贾斯坦以及马尔瓦。

他将国家权力集中在自己手中，并设由贵族、军人、学者、长老组成的咨询会议协助自己决策，他还把全国划分为 47 个省；省下设县，称“帕尔加纳”；设各级军政长官和教法官实行管理，创建了较完善的国家行政制度，实行高度集权的官僚政治体制。

舍尔沙遵奉逊尼派教义，实行伊斯兰教法，推行宗教宽容政策，废除贵族法律特权，允许其他宗教徒按其教规进行宗教活动，任用印度教徒担任各级军政官员。

为鼓励商业贸易，废除苛捐杂税，只征收海关税与市场交易税。舍尔沙在位期间还修干道 34 条，设驿馆，以利商旅和邮传。废除旧币，重新铸造金、银、铜币，并一直沿用到公元 1835 年。他改革田赋制度，重新丈量土地，土地按质分等征税，采

取措施保护农田，发展农业。

公元 1445 年 5 月，赛利姆沙、菲鲁兹沙、阿迪尔沙在舍尔沙在对拉杰普特人的征战中阵亡后相继即位，王朝在阿富汗军事贵族争夺王位的内战中陷于瓦解。

胡马雍在波斯军队的支持下，于公元 1555 年，重征印度平原，占领拉合尔、德里和亚格拉，苏尔王朝灭亡，莫卧儿王朝继续统治印度。

## 长达三个世纪的“泰缅战争”始于何时？

泰缅战争开始于 1548 年，是泰国与缅甸之间为兼并土地、掠夺劳动力和取得中南半岛政治经济优势而进行的长期战争，经历了从 16 世纪中叶到 19 世纪初长达三个世纪的时间。

这场泰缅战争大致可分为四个阶段。第一阶段是公元 1548 年到公元 1592 年。公元 1486 年，泰缅之间在缅甸东吁王朝兴起后，开始出现小规模边境冲突。公元 1563 年，缅王莽应龙入侵，次年攻占阿瑜陀耶，将泰王及大部分王室成员和居民掳至缅甸，另立傀儡王。五年之后，因泰国力图摆脱缅甸的控制，导致莽应龙又一次大举进攻。公元 1569 年 8 月，莽应龙处死前傀儡王以后，立亲缅的彭世洛太守为傀儡王。泰国王子帕那莱（即后来的纳黎宣）于公元 1584 年 6 月宣布独立，并率军攻入缅甸，在之后的公元 1592 年底，泰军在双方交战的泰国廓沙拉力克缅主力，致其统帅即缅甸王储阵亡。

第二阶段是公元 1593 到公元 1664 年。在第一阶段之后，泰军掌握了战场主动权，不断向缅甸发动进攻。公元 1613 年起，缅甸军队开始反攻，之后一段时间，双方激战于缅甸南部与泰国北部，互有攻守。到了 1644 年，泰国乘缅甸忙于应付清缅战争和王室内讧之机，大举进攻，在蒲甘附近与缅军决战，却遭到失败，被逐出缅境。

在第三阶段的公元 1665 年到公元 1759 间，双方处于休战状态，部分地恢复了睦邻友好，维持了近百年的和平。

最后一个阶段是公元 1759 年到公元 1810 年，缅甸雍籍牙王朝兴起，不断向外扩张领土，导致双方的尖锐对立。公元 1785 年，双方主力决战于泰国南部的北碧（干乍那武里），缅军大败。以后，战争影响和范围日益缩小，逐渐演变成局部的边境冲突。

公元 1824 年，第一次英缅战争爆发后，缅甸开始沦为殖民地，泰缅战争遂告终止。这场战争持续了三个世纪，也折磨了泰缅两国人民三个世纪，人民遭受的痛苦可想而知。

## 谁奠定了莫卧儿帝国在17世纪的辉煌？

著名的政治和宗教改革家阿克巴（公元 1542 ～公元 1605 年），一译“亚格伯”，全名艾布· 乌尔法特· 哲拉鲁丁· 穆罕默德· 阿克巴，是印度莫卧儿帝国第三代皇帝，他奠定了莫卧儿帝国在 17 世纪的辉煌。

胡马雍的长子阿克巴，出生于信德的欧麦尔古德村，少年时受教于波斯苏菲派学者米尔· 阿卜杜· 拉蒂夫，13 岁时任旁遮普总督。公元 1556 年，在卡拉瑙尔的一个花园内举行登极典礼，14 岁的阿克巴遂成为印度国王。

然而，这个国王只是名义上的，大权掌握在保护人手中，而且北印度大部分地区还在阿富汗人统治之下。公元 1556 年，阿克巴和培拉姆汗向德里进军，攻占了德里。

公元 1560 年 3 月，阿克巴为了亲自掌握大权，采取果断措施，宣布解除培拉姆汗的宰相职务。公元 1562 年，他开始亲自处理行政、军事大事，确立了他作为一个专制君主的统治地位。

阿克巴有一句名言："一个帝王应该专心于征略，否则，他的邻国就会起兵打他。"这句话一直是后代莫卧儿王朝对外政策的指导思想。阿克巴在巩固了自己的统治地位以后，便开始对周围地区进行大规模征略。公元 1567 年 10 月，阿克巴攻打这些拉其普特人的要塞——齐图。三年后，阿克巴又攻占另外两个拉其普特要塞，从此基本上解除了拉其普特人的威胁。

阿克巴于公元 1592 年征服逃到奥利萨的阿富汗人残部，不仅恢复了巴布尔时代帝国的疆界，还把统治扩张到西部印度。公元 1594 年，他又从波斯人手中夺回坎大哈，大大巩固了印度斯坦西北部的统治。

阿克巴奠定了莫卧儿帝国在 17 世纪的辉煌。他于公元 1605 年去世，后被葬在锡坎德拉。

## 泰国的哪位国王被称作"黑帝"？

彭世洛城行政长官坦马罗阇之子纳黎宣，原名帕那莱，是泰国阿瑜陀耶王朝国王（公元 1590 ～公元 1605 年），被称为"黑帝"，是泰国历史上著名的五位大帝之一。

帕那莱在 14 岁时曾被作为人质押往缅甸，公元 1571 年被从缅甸赎回，立为储君，16 岁被任命为彭世洛城的行政长官，到了公元 1584 年，帕那莱事先获悉缅王莽应里命令自己率部队协助他去镇压阿瓦的叛乱，其实是想乘机将其杀害这一阴谋，在孟肯宣布独立。

公元 1585 年到公元 1586 年，缅军三次进犯暹罗都没有获胜。此后，泰缅之间开始了长期的战争。公元 1590 年，父王坦马罗阇去世，35 岁的帕那莱正式即位为王，始称纳黎宣。他在位时，奖励工商业发展，繁荣经济；将全国分为若干行省，由国王任命的长官管辖，废除许多亲王在边境地区的领地。

公元 1591 年和公元 1593 年，纳黎宣曾经两度入侵柬埔寨，公元 1594 年，还攻陷柬埔寨首都韦洛。到了公元 1595 年，纳黎宣的军队第一次攻打缅甸首都勃固，由

于阿拉干、清迈等援助缅甸，虽未能攻克，但缅甸失去了霸主的地位。

纳黎宣与东吁、阿拉干联合，同时聚集边民在毛淡棉屯田，以准备充裕的军粮，准备进军勃固。公元1599年，纳黎宣从暹罗发兵，未及赶到缅甸，莽应里已成了东吁和阿拉干人的俘虏，勃固变成一片废墟。

纳黎宣因为没有分到战利品十分恼火，转而又去攻打东吁，由于后勤供应不济而回，在公元1605年，纳黎宣在攻打阿瓦时因疽疾并发而死。

纳黎宣在位时东征柬埔寨、西抗缅甸，使大城王朝形成了泰国历史上空前绝后的最大版图，纳腊萱大帝之后的泰国历代国王再也没有重现其先祖的风光。此外，今天闻名世界的泰拳，就是当时纳腊萱大帝首先开始提倡的。

## 万历朝鲜战争中朝鲜依附于中国的哪个王朝？

万历朝鲜战争，又称朝鲜壬辰卫国战争，在这次战争中，朝鲜王朝正式要求依附于中国的大明王朝，成为中国的附庸国。中国称之为朝鲜之役，与宁夏之役、播州之役合称为万历三大战争。

公元1592年4月，日本大臣丰臣秀吉以朝鲜拒绝攻明为由，开始了对朝鲜的正式战争。4月12日，丰臣秀吉第一军团一万八千七百人先渡海至对马岛待命，4月13日，九军出发之命到达，这一年的4月14日侵朝的日军首先于釜山登陆，19天后的5月2日克朝鲜王京汉城，6月15日攻陷平壤。

面对日军的大举侵略，朝鲜各地自发地组织义军，企图阻止日军的前进。而当时的王朝成员却于5月8日仓皇出奔平壤，并在5月27日日军第一、第二、第三军团追击下，从被突破临津守备而攻陷的开城继续外逃，朝鲜国王李昖不得不在6月11日离开平壤，流亡至中朝边境的义州，并遣使向明朝求援。

当时朝鲜全国八道已失，仅剩靠近辽东半岛之地义州的平安道以北一带尚未为日军所陷。宣祖李昖知道，如若没有外援，靠他自己的力量根本不可能光复朝鲜，因此便派几批使臣去明朝求救。朝鲜的使臣们除了向万历皇帝递交正式的国书外，还分别去游说明朝的阁臣、尚书、侍郎、御史、宦官，甚至表示愿意内附于明朝，力图促使明朝尽快出兵援朝。明朝朝廷亦认为倭寇的表面目的在于朝鲜，实际上在于中国，而我兵救援朝鲜实际是为了保卫中国。不久后便答应宣祖李昖渡过鸭禄江，居住在大明领土辽东半岛的宽奠堡，正式受到明廷的保护，同时出兵援助朝鲜。

6月已亥日，在明朝中央反复搜集情资与讨论之际，辽东已经率先派遣宽奠堡副总兵都指挥佟养正率领8名飞骑传信先渡江到朝鲜义州附近准备，为援朝做准备。不久之后在中朝的共同努力下，大败日本的侵略。

## 谁是印度马拉塔王国的缔造者？

17 世纪，反抗莫卧儿王朝外族统治的印度教英雄贾特帕拉蒂• 西瓦吉（公元 1630 ～ 1680 年）在印度次大陆中德干地区，缔造了独立的马拉塔王国（马拉特联邦）。

贾特帕拉蒂• 西瓦吉于公元 1630 年 2 月 19 日生于印度中部浦那附近撒黑崖迪里山寨一显贵的印度教徒家庭，父亲沙吉• 蓬斯尔是一个小封建主，为比贾普尔苏丹国的酋长。当时的印度处于穆斯林统治之下，对穆斯林各种迫害印度教徒的行径深感痛恨的贾特帕拉蒂• 西瓦吉，16 岁便出任马拉特军少年队队长，团结马拉特人，以浦那为据点，积极开展反抗比贾普尔苏丹和莫卧儿王朝的斗争，誓为印度教徒的解放而奋斗。

从公元 1655 年开始，西瓦吉率领一支由印度教徒组成的队伍，不断向北方的莫卧儿王国和南方的斋浦尔与高康达穆斯林苏丹国发动进攻。公元 1659 年，他计歼妄图诱杀他的比贾普尔苏丹国统帅阿弗扎尔。次年，当贾特帕拉蒂• 西瓦吉开始向莫卧儿帝国发动进攻时，莫卧儿皇帝奥朗则布则派其副王沙伊斯塔对他进行了围剿，最终占领了浦那。

西瓦吉于公元 1663 年率兵潜入浦那，刺伤沙伊斯塔并杀死了他的儿子，同时还夺取了莫卧儿王国海滨城市苏拉特，迫使敌守军撤离德干高原。眼看马拉特反抗力量日益壮大，奥朗则布深感不安，遂紧急调派驻守拉杰普特的大将军米尔查• 罗阇• 查伊• 辛格将西瓦吉围困于普兰达尔山堡。

公元 1665 年，由于敌强我弱，西瓦吉不得不暂时向敌查伊• 辛格求和，双方签订了《普兰达尔条约》。割让了 23 个城堡和年产值达 160 万卢比的土地，而且莫卧儿王朝还给西瓦吉以印度高级王公待遇的承诺。之后，西瓦吉携子出逃。但次年他在赴阿格拉觐见奥朗则布时却受到冷遇，当他对此提出强烈抗议后，又遭到软禁并面临死亡的危险。

公元 1667 年，西瓦吉设法逃脱奥朗则布的控制，回到自己的领地。第二年他重新组织起一支军队，公元 1670 年，在经过两年准备，他率兵卷土重来，至公元 1673 年止，西瓦吉不仅收复了浦那等失地，还扩张了领土，后又在此基础上建立了一支强大的海陆军。

公元 1674 年夏，西瓦吉加冕为“查特拉帕蒂”（即独立的君王），并定都拉具加尔城。通过由 8 名大臣组成的内阁进行统治，直至他公元 1680 年 4 月 3 日去世。

## 谁是中国史书上的“绿衣大食”？

被西方称为“南萨拉森帝国”的法蒂玛王朝（公元 909 ～ 1171 年）是中世纪伊斯兰教什叶派在北非及中东建立的封建王朝，以伊斯兰先知穆罕默德之女法蒂玛

得名，因其旗帜、服饰尚绿，故中国史书称之为“绿衣大食”。

什叶派在多次遭到阿拔斯王朝统治者的镇压和迫害后，一部分人集体往北非迁移。893 年，也门的什叶派伊斯玛仪支派宣教师艾布· 阿卜杜拉在麦加朝觐时，接受了北非柏柏尔部落朝觐者的邀请和伊斯玛仪派总部的派遣，抵达突尼斯，开始在基塔麦部落中传播伊斯玛仪派教义。

他在宣教过程中赢得了众多信徒的拥戴，于是趁机创建了一支武装力量，成为当地的政教领袖。不久，赛义德· 伊本· 侯赛因为逃避哈里发的镇压，乔装成商人，从叙利亚北部赛莱木叶伊斯玛仪派总部逃亡突尼斯，在与艾布· 阿卜杜拉会合的过程中被艾格莱卜王朝埃米尔齐亚达图拉二世捕获入狱。902 年，艾布· 阿卜杜拉率柏柏尔军发动起义，对艾格莱卜王朝在各地的军队发动了猛烈进攻。

909 年 3 月，起义军攻占其首都拉卡达（今凯鲁万城），推翻了艾格莱卜王朝，将从狱中救出的赛义德·伊本·侯赛因拥戴为哈里发，立国为法蒂玛朝，初建都拉卡达，后来于 920 年迁都马赫迪亚城（在今凯鲁万东南海岸）。

赛义德即位后，在宗教上，奉什叶派伊斯玛仪派为国教，成为伊斯玛仪派的宗教领袖，在政治上与巴格达的阿拔斯王朝相抗衡。公元 934 年赛义德死后，其继任者仍奉行向外扩张政策，在第五代哈里发阿齐兹统治时期，国势极盛，成为版图横跨亚非两大洲的强大伊斯兰国家。

十字军入侵埃及以后，应法蒂玛王朝末代哈里发阿迪德的邀请，西亚赞吉王朝素丹努尔丁派部将希尔库及其侄子萨拉丁率军前去救援，1171 年萨拉丁推翻法蒂玛王朝哈里发阿迪德，自立为素丹，建立阿尤布王朝。至此，法蒂玛王朝灭亡。

## 西非地区最后一个黑人土著大帝国灭亡于何人之手？

15 世纪至 16 世纪，西非地区最强盛的古国，桑海帝国，是萨赫勒地区最后一个黑人土著大帝国。公元 1590 年，摩洛哥军队侵入桑海帝国，占领了加奥、廷巴克图等地，西非地区最后一个黑人土著大帝国就这样被灭亡了。

桑海作为一个王国的出现，与加纳王国同样古老。早在公元 7 世纪，桑海人就在登迪建立邦国。11 世纪初叶，桑海统治者将都城迁到商业城市加奥。

日益强大的桑海越过浩瀚的撒哈拉沙漠，与遥远的北非和地中海发展起了相当广泛的贸易关系，甚至王室墓碑的石料也是从西班牙运来的。当加纳和马里相继称霸西苏丹地区时，桑海曾先后成为他们的藩属。

然而，具有长期独立王国传统的桑海民族不甘于被外人统治。桑海于 14 世纪下半叶脱离由于内乱而遭到削弱的马里帝国，并利用其有利的地理位置，开始向四周尤其是尼日河湾以西地区扩张。

从 15 世纪起，桑海逐渐形成一个强盛的帝国，并最终发展成为非洲历史上面积几与欧洲相等的最大的文明古国，之后的西苏丹地区乃至撒哈拉以南的非洲大陆，一直没有出现能与之相比的庞大帝国。不仅如此，桑海帝国文化学术的繁荣、政治法律制度的完备，在撒哈拉以南非洲古代历史上也是独一无二的。

桑海文明的世纪代表着古代非洲黑人文明辉煌的颠峰，使桑海帝国在伊斯兰世界享有盛誉。经过多年的东征西讨，以前的马里帝国的霸主的地位不仅被桑海人取代了，而且还成为西苏丹历史上版图最大、国力最强的大帝国。

## 只有埃及存在金字塔吗?

世界上除了埃及存在金字塔外，在墨西哥尤卡坦半岛北部还有一个金字塔，它是一座建成于公元前500～前475年的著名古建筑，称为库库尔坎金字塔，它是曾经的古代玛雅人留下的文明遗址，被称作美洲地区的“金字塔”。

高29米，周边各宽55米多的库库尔坎金字塔是一座用土筑成的九层圆形祭坛，周长250米左右，最高一层建有一座6米高的方形坛庙，塔的四周各有91级台阶，台阶的两侧宽达1米的边墙，所有的台阶加上顶层正好等于玛雅人一年的365天。北边墙下端，有一个带羽毛的大蛇头石刻，蛇头高1.43米，长达1.80米，宽1.07米，蛇嘴里吐出一条大舌头，颇为独特。在每年春分、秋分这两天的下午，金字塔附近就会出现蛇影奇观。

在太阳开始西下的时候，北边墙受到阳光照射的部分，从上至下由笔直逐渐变成波浪形，直到蛇头，犹如一条巨蟒从塔顶向下爬行，蛇身有7个等腰三角形排列成行，正好如同蟒背的花纹，随着太阳西落，蛇影渐渐消失。每当“库库尔坎”金字塔出现蛇影奇观的时候，古代玛雅人就会欢聚在一起，为了庆祝这位羽毛蛇神的降临而高歌起舞。

库库尔坎金字塔将玛雅人掌握的建筑几何知识绝妙地展示了出来，玛雅的金字塔可说是仅次于埃及金字塔的最出名的金字塔建筑了，而金字塔旁边的天文台，更是把这种高超的几何和天文知识表现得淋漓尽致。

与埃及的金字塔不同的是：埃及金字塔是金黄色的，内部有通道，有墓室，四角锥形；而由灰白色巨石堆成的玛雅金字塔则比较矮一点，通常是实心的，在它顶端有一个祭神的神殿，所以不完全是锥形的。而在库库尔坎金字塔的一侧，却有一个奇怪的小门，叫通天石室。可见，库库尔坎金字塔是独特的。

## 古代南美洲印加传说中的“太阳神之子”是哪位?

古代南美洲印加传说中的开国君主是曼科• 卡帕克。传说中，大约在1200年，曼科• 卡帕克以“太阳神之子”的身份，率领印加部族在秘鲁的库斯科建立王国，扩

张领土，为其统治下的印地安人创造了文明的生活。他是南美洲印加传说中的“太阳神之子”。

古代的印加传说所记录的曼科· 卡帕克以前的情况是：人们一直生活于未开化的环境当中，不懂得耕种、建屋、造衣，以及没有宗教信仰，不懂礼貌，直到曼科· 卡帕克御世。关于曼科· 卡帕克的来历，南美印第安人还有这样一个传说：由于人类的生活尚处落后阶段，因此，印加人所崇拜的“太阳我父”（太阳神因蒂），“便派他的一儿一女，即曼科· 卡帕克及他的姊妹兼妻子玛玛· 奥克略· 瓦科从天庭来到地上，让他俩教化众人崇拜和尊奉太阳我父，为自己的神；让他俩给人们制订规章和法律，使众人像通理性、懂礼貌的人一样生活。”

传说中，太阳神因蒂吩咐曼科· 卡帕克夫妇，带着一根金杖寻找一个可以往地上一戳就能插进去的地方，找到后就在此处建立王宫。因此，曼科· 卡帕克和他的妻子玛玛· 奥克略· 瓦科二人均是印加开国的重要人物。

后来，曼科· 卡帕克夫妇在附近一带召集更多的对于他们的衣着、言行举止及食物都感到十分惊奇，深信二人是太阳神的子女的野人到库斯科，由曼科· 卡帕克画出图迹，民众照他的意思建成都会。曼科· 卡帕克又把库斯科分成各个城区，并且开渠引水，灌溉田地，教晓居民从事耕作，从而获取食物。

据说，在曼科·卡帕克死后，人们把他的遗体填上防腐剂，保存起来，随时瞻仰，当作神灵拜祭。

## 古代印加帝国葬送在哪位天真的末代国王手中?

公元 1525 年，瓦伊纳· 卡帕克临死前，把基多分给阿塔瓦尔帕（约公元 1502 ～公元 1533 年）统治，其余领土分给另一个儿子瓦斯卡尔。公元 1530 年，兄弟之间为争夺印加王位发生了斗争。阿塔瓦尔帕依仗基多部落的支持发动内战，公元 1532 年战胜瓦斯卡尔，夺取王位，成为古代印加帝国末代国王（公元 1532 ～公元 1533 年）。

西班牙殖民征服者皮萨罗于 1532 年 11 月率领远征军南下，占领印加帝国北部重镇卡哈马卡，他假称要与阿塔瓦尔帕会晤。之后，皮萨罗先让一位天主教神甫向阿塔瓦尔帕说教，劝其接受洗礼信奉天主教，并服从督军（指皮萨罗）。因为阿塔瓦尔帕拒绝了侵略者的无理要求，所以遭到皮萨罗事前布置好的袭击，最后被捕。

皮萨罗命令善待阿塔瓦尔帕，使他得以在囚室内继续向臣子们发号施令，并将命令传达到外面的世界。阿塔瓦尔帕被俘的消息很快传遍了全国。被囚的阿塔瓦尔帕对皮萨罗说，如能获释，他将命人在屋子里堆满黄金，并用手在墙上比划，表示黄金堆到他比划的位置为止，希望通过满足西班牙人的贪欲来换取自由，皮萨罗便命人在他比划的位置划出一道线。于是，西班牙人和阿塔瓦尔帕签订了一份协议，大概内容是

如能按上述条件堆满一屋子黄金，西班牙人将释放阿塔瓦尔帕。

黄金日渐堆积，似乎看到了希望的阿塔瓦尔帕又失算了，因为即使他运来整个印加国所有的黄金，也满足不了西班牙人贪婪的胃口。随着日子一天天过去，黄金运来的速度越来越慢，在黄金即将堆满的时候，西班牙人撕毁了先前同阿塔瓦尔帕的协议，一边就地分赃，一边宣布将处决阿塔瓦尔帕。

阿塔瓦尔帕于公元 1533 年 8 月 29 日，戴着手铐脚镣，被带到了刑场上，临死，他把几个幼子托付给皮萨罗，求其抚养，然后便溘然长逝。

## 你知道巴西黑奴“帕尔马雷斯起义”是怎么一回事吗?

葡萄牙语“帕尔马雷斯”意为“棕榈”，巴西黑奴“帕尔马雷斯起义”指的是 17 世纪巴西黑人逃亡奴隶在棕榈丛林举行的一场起义，它跟逃亡奴隶在棕榈丛反抗的环境有关，所以被称作是“帕尔马雷斯起义”。

从 16 世纪中叶起，葡萄牙殖民者在巴西推行大种植园奴隶制。公元 1532 年，第一批黑奴运入巴西，一个世纪后，巴西黑奴已达 60 万，受奴役的黑人不堪虐待，纷纷逃亡内地丛林建立据点，被称为“逃奴堡”。

公元 1630 年，各逃奴堡联合起来，较大的逃奴堡有塔波卡斯、苏库皮拉、马卡科等，按照非洲社会的组织形式在伯南布哥州巴利格山区成立了帕尔马雷斯黑人联盟。联盟总面积相当于葡萄牙本土，首府设在马卡科，设有行政、军事和司法机构，具有国家的雏形，极盛时期，人口约 2 万。

起义者选举被人称为赞比（意为不死之神）的甘加• 祖巴为终身执政者，由他指定其亲属作为自己的助手或下属逃奴堡的首领，居民在分配的土地上种植甘蔗、木薯、香蕉、玉米和豆类等农作物，并与邻近的葡、荷移民和印第安人进行少量的物物交换，手工业生产相当发达。

黑人国家建立初期，居民之间关系平等，领导人由民主选举产生，因此当时被人们称为“共和国”。黑人国家实行耕战结合，训练了一支 1 万人的军队。在战争期间他们经常同印第安部落组成联盟，战俘被当作奴隶，对杀人、奸淫、偷盗、逃跑者处死刑。

帕尔马雷斯国吸引大批黑奴逃亡到这里，至公元 1660 年已有几万人住在这个国家。公元 1643 年和 1645 年，荷兰占领军曾先后两次起兵讨伐，到了公元 1654 至公元 1678 年间，葡萄牙人曾派遣 25 支远征队进攻帕尔马雷斯，都被打败。公元 1693 年 6 月，伯南布哥殖民地政府集合伯南布哥、圣保罗和阿拉戈斯的军事力量 6000 人，对起义者发动新一轮的围剿，对起义进行残酷镇压。

1694 年 2 月初，帕尔马雷斯国首府马卡科被攻陷，赞比率领一批战士突围，第二年的 9 月 20 日因为部下叛变，赞比在突围中牺牲。1697 年 5 月，帕尔马雷斯国最

终被摧毁。

## 英国“可尊敬的”史学之父指的是谁?

中世纪早期的英国，比德（约公元 673 ～公元 735 年）被尊为英国史学之父，他在极其艰难的条件下仍坚持奋力撰述，著作等身，为英国留下了弥足珍贵的文化遗产，自己也被冠以“可尊敬的”的称号。

比德是英国盎格鲁撒克逊时期的编年史家、神学家，7 岁入修道院，30 岁任神甫，毕生居住在修道院中，从事宗教活动和撰述。比德的史学成就十分卓著，他诞生的时期正值英国历史上的“七国时代”，他的故乡韦尔河畔属于七国中的北方大国诺森伯利亚。他在七岁时被送入韦穆修道院，托付给修道院院长比斯克普扶养，不久之后转入和韦穆修道院结为一体且相距不远的贾罗修道院，并在此后的五十多年里一直在这里居住。

比德在贾罗修道院的生活除了“研习宗教经典，奉行宗教仪式”以外，还经常以“攻读、教授和写作”为乐。贾罗修道院里有一个图书室，经最初几任修道院院长的热心搜集，藏有大量的基督教典籍与异教的古典作品，自幼受到良好教育，并精通希腊文、拉丁文，略通希伯来文的比德，可以在这所图书室里尽情浏览。他深入研究《圣经》和教父著作，沿袭爱尔兰教会传统对这些典籍进行注释；他还广泛涉猎古典著作，曾在自己的作品中援引柏拉图、亚里士多德、西塞罗、维吉尔等众多名家的作品。

他的著述包括以天文、历法、音乐、哲学、语法、修辞、算术、医药等为内容的作品，历史著作主要有两种，一本是《修道院长列传》，另一本是《英吉利教会史》，另还有一封给埃格伯特的信，这些物品在比德著述中都成为传世之作，但其著述的大部分还是对《圣经》的阐释。比德在其有生之年始终以极大兴趣从事写作，他在教会史第 5 卷第 24 章中列举了自己毕生的著述成果，共计三十六种（一说三十七种）。

## 谁灭了英国历史上的“战国七雄”并统一了英格兰?

生于英国“七国时代”的英格兰韦塞克斯王国国王埃格伯特（约公元 775 ～公元 839 年），是韦塞克斯王国王位合法继承人，他是名义上统一英格兰的第一位国王。

埃格伯特大约生于 775 年，是西撒克逊王国王位的合法继承人、前任西撒克逊国王伊尼的兄弟伊吉尔德之后裔，艾尔蒙德之子。公元 786 年，西撒克逊王国的王位被“家谱不明”的勃屈力克所窃取。勃屈力克深恐埃格伯特夺其王位，将他驱逐出境，埃格伯特避难于查理大帝的朝廷，西撒克逊王国和法兰克王国在他三年避难时期建立起了友好关系。同时，埃格伯特还从他的恩人查理大帝那里学得了不少治国之道。

公元802年，勃屈力克逝世，西撒克逊王国的“贤人会议”一致推举埃格伯特为王，埃格伯特从此结束了数年的流亡生涯。他在登基以后，首先整顿国内纪纲，然后开疆拓土。当时，英格兰南部各王国地狭人稀，易于驾驭，唯麦西亚王国因其称霸中原，兵威显赫，最为可畏，从而成为埃格伯特的头号敌人。公元823年，埃格伯特击败麦西亚国王于艾兰顿，即今威尔特郡之劳顿，它摧毁了麦西亚国王的霸主地位，成为了盎格鲁·撒克逊的历史转折点，威塞克斯变为诸王国中最强大的王国，埃格伯特一跃而为肯特、苏塞克斯、萨雷和埃塞克斯的霸主，并于公元829年全面征服麦西亚王国，而在这时，诺森伯里亚王国内部为争夺王位，无力御敌，只好束手称臣。自此，埃格伯特名义上统一了七国，这个统一的国家叫做英格兰。

埃格伯特于839年去世，其长子艾塞尔沃夫继位，而由其次子亚塞尔斯旦统治已经降服的肯特王国、埃塞克斯王国、萨里王国和苏塞克斯王国。

## 什么条约成为划定近代德、意、法的国土雏形的尖刀？

在843年8月的《凡尔登条约》和870年的《墨尔森条约》签订之后，近代意大利、德意志和法兰西三国领土的雏形自此形成。

《凡尔登条约》是欲以分割法兰克人的查理曼帝国的条约，这一条约预示近代西欧国家的形成，也是查理曼帝国瓦解的第一阶段。路易一世（查理大帝之子）曾经安排由第一个妻子所生的三个儿子继承产业，但从公元829年起，他又想把大部分领地分给第二个妻子所生的小儿子（后来的秃头查理二世），从而引起长子的数次造反。

公元840年路易一世死后，其长子洛泰尔即位。翌年，路易一世的另两个儿子日耳曼人路易和秃头查理结成联盟，反对洛泰尔，展开内战。公元842年，洛泰尔战败求和，次年8月，加洛林帝国皇帝路易一世的三个儿子，日耳曼人路易、秃头查理和洛泰尔在凡尔登（位于今法国东北部）签订了分割国土的条约，即《凡尔登条约》。

条约规定了加洛林帝国一分为三，洛泰尔承袭帝号，并分得意大利中部与北部以及莱茵河和阿尔卑斯山以西，埃斯科（斯海尔德）河、默兹河、索恩河和罗讷河以东地区，称中法兰克王国；秃头查理分得洛泰尔领地以西地区，称西法兰克王国；日耳曼人路易分得莱茵河以东地区，称东法兰克王国。

公元855年，洛泰尔去逝，他的三个子嗣，再次把中法兰克王国分为三份，各自管理自己的领地，分别是北部的洛林与普罗旺斯及南部的意大利。可是，管理北部两片领地的儿子相继在公元863年和公元869年去逝，这使得西法兰克及东法兰克的君主共同把中法兰克王国瓜分。最后，西法兰克及东法兰克瓜分了洛林和普罗旺斯两地，而意大利则继续维持现状。

在瓜分洛林和普罗旺斯两地的时候，他们又在今日荷兰的墨尔森签署了另一项条约，即《墨尔森条约》，从而基本上确定了近代意大利、德意志和法兰西三国领土的雏形。

## 谁是“长腿爱德华”？

生于公元1239年的亨利三世之子爱德华一世，于公元1272年即位为英国国王，又称“长腿爱德华”、“苏格兰之锤”（因他对苏格兰人民的镇压）或“残忍的爱德华”，他奉行积极的内外政策，使英格兰成为当时欧洲的重要大国，他是金雀花王朝最重要的代表人物之一。

英俊的爱德华一世，身材高大有一双极长的腿（大概和躯干的比例符合黄金分割），因此有一个外号“长腿”。他击败了威尔士的末代君主李威林，并顺利夺得他的王国，是个敢于冲锋陷阵并武运亨通的武士级国王；而后进攻苏格兰，虽然最终也未能达到完全控制苏格兰的目标，但却为今天的统一的英伦三岛打下最初的基础，因此也被称作是“苏格兰之锤”或“残忍的爱德华”。

虽然他在对外政策上的确十分狠毒，但是在英格兰历史上他也算得上是一位军事才能和政治铁腕都极为不凡的伟大君主：

首先，他完备了英格兰的军事制度和各个兵种。之前，西欧各国在军事上都是重骑兵轻弓兵的，而弓兵的潜在威力在爱德华一世的手上被充分挖掘出来，他不仅召集了一支装备精良的重铠骑兵，并开创了长弓兵的先河。同时，他创造了先用弓兵扰乱敌方战阵，骑兵跟上冲击的战术，几十年后其嫡孙英王爱德华三世正是凭借他所缔造的英格兰军队和战术，横扫法国，取得了“英法百年之战”前期的辉煌胜利。

其次，“大宪章”制度是在英王爱德华一世时被得到了最终确定。“大宪章”在他的祖父英王约翰手里被签订时仅仅只是个象征性的妥协文件，由于国王要维护庞大的军费开支而不得不与贵族议会苟合。没有想到的是，“大宪章”在爱德华手中非但没有削弱或者限制王权，反而，一定程度上保证了国王的权利，爱德华的军事政治才能由此可见一斑。

## 英国资产阶级什么时候开始圈地？

英国新兴的资产阶级与新贵族在14、15世纪农奴制解体过程中就开始圈地了。他们剥夺农民的土地使用权和所有权，通过暴力把农民从土地上赶走，强占农民份地及公有地，限制甚至取消原有的共同耕地权和畜牧权，把强占的土地圈占起来，变成私有的大牧场、大农场。这就是英国历史上有名的“圈地运动”。

15世纪末以后，世界商路从地中海沿岸转移到大西洋沿岸，英国正处在大西洋航运的中心线上，工商业发达的英国东南部农村地主看到英国对外贸易大大发展，羊毛价格不断上涨，养殖业成为获利丰厚的事业，首先圈占公有土地开始圈占土地，后来又圈占小佃农的租地与公簿持有农的份地，此后一些贵族也加入圈地行列，许多小农的土地被圈占，农民不得不远走他乡到处流浪。

16、17世纪，随着英国工场手工业得到发展，圈地运动借城市的兴起，以及对农产品的需求大增进一步高涨。英国政府在公元1688年以后制定大量使圈地运动以合法的形式进行的立法，公开支持圈地，规模更大，根据不完全统计，通过圈地运动，英国有六百多万英亩土地被圈占。

工业革命开始后，城市人口剧增，贵族地主为了生产更多的肉类和粮食供应对农产品的需求越来越多的城市，不断扩大投资，改善土地的生产能力，加速进行圈地，出现圈地建立大农场的热潮。资产阶级革命胜利后，资本主义英国的统治阶级以加快圈地运动来获得巨额财产。

18世纪，《公有地围圈法》的通过，使更大规模用暴力把农民共同使用的公有地（农民对公有地有使用权，而西方法律中使用权也是一种财产权）强行夺走，然后据为私有的圈地运动成为可能，英国的圈地运动直到1845年才逐渐结束。

## 《济贫法》是什么时候颁布的？

公元1601年英王室通过了一个新法案：《济贫法》，用以应对圈地运动以后英国偷盗者、乞讨者增多，社会不安因素急剧增加的局面。从此之后，英国颁布的关于社会救济的法律一直延续到1948年。

16世纪英国圈地运动迫使众多农民背井离乡，沦为流浪汉，失业现象日益严重，英国统治者被迫考虑救济贫民问题。公元1572年，英格兰和威尔士开始征收济贫税，后来又设立教养院，收容流浪者，并强迫其劳动，更于公元1601年颁布了英国第一个重要的《济贫法》。救济办法因类而异，凡年老及丧失劳动力者，在家接受救济；贫穷儿童则在指定的人家寄养，长到一定年龄时送去作学徒；流浪者被关进监狱或送入教养院。法官被授权以教区为单位管理济贫事宜，征收济贫税及核发济贫费。

继《济贫法》之后，斯图亚特王朝于公元1662年又通过《住所法》，规定贫民须在其所在的教区居住一定年限者方可获得救济。公元1723年的《济贫法》更进一步规定设立习艺所，受救济者必须入所。公元1782年的法律又作出相反规定，把原料发给有劳动力的贫民在家作工，只把年老及丧失劳动力者集中起来救济用以克服法律在执行中的弊端。

1795年5月，伯克郡济贫官员就公元1793年对法战争开始后，各地发生抢粮事件在斯皮纳姆兰村开会，决定向收入低于公认最低生活标准的工人提供补助，也就是“斯皮纳姆兰制”，以此来缓和阶级矛盾。

公元1834年议会通过《济贫法（修正案）》，这是公元1601年以后最重要的济贫法，史称新济贫法。该法改“斯皮纳姆兰制”的家内救济为受救济者必须是被收容于习艺所中从事苦役的贫民，但是所内的生活条件极为恶劣，劳动极其繁重，贫民望而却步，被称之为劳动者的“巴士底狱”。

20世纪以来，济贫法的重要性逐渐降低。英国于1946年和1948年分别通过了《国民保险法》和《国民救助法》，而卫生部主管的社会保险已经完全代替了济贫。至此，济贫法失去作用。

## 英国历任国王中谁的婚姻最具政治意义？

爱尔兰领主亨利八世（公元1491～公元1547年）是英国都铎王朝第二任国王，亨利七世之子。他的父亲本来只是王室远亲，后来在战场上夺取王位，开创了都铎王朝。1509年，亨利八世继承王位。他的婚姻是英国历任国王中最具政治意义的一位，共有六位皇后。

亨利八世登基之后，先后娶了6位夫人，他的婚姻问题一直是众人关注的焦点，但由于国内外的政治原因，他的六任皇后都没有好的结果。第一个妻子被迫离婚；第二个妻子（就是安妮· 博林）在为他生了一个女儿伊丽莎白（即后来的伊丽莎白一世女王）之后不久，因为政治原因，被以通奸罪砍头处死；第三个王后珍· 西摩在公元1537年生下太子爱德华后因肺病死去；公元1540年亨利八世与安娜· 克利夫斯结婚后又协议离婚；两年后他又以通奸罪处死了第五个王后凯瑟琳· 霍华德；公元1543年他与凯瑟琳· 帕尔结婚。此外他亦有大量情妇及私生子，这种不可避免的悲剧一再重演与国内外政治斗争密切相关。

可以说，亨利八世的后事更具政治意义。亨利八世于公元1543年临死时设下遗嘱，由爱德华与他的后代继位；如果爱德华没有后代，爱德华死后由玛丽和她的后代继位；假如玛丽没有后代，玛丽死后由伊丽莎白和她的后代继位。他没有想到如此严密的安排最终会因三位继承人都没有后代而失去意义。伊丽莎白一世去世后，都铎王朝也终结了。

亨利八世在位38年，这期间英国的社会经济状况、政治体制、文化、思想、宗教各方面都有了巨大变化。亨利八世于公元1547年1月28日留下一个接近破产的国家，病逝于温莎。遗嘱任命十六位主要是改革派的新贵族组成枢密院，辅佐9岁的爱德华六世。

## 谁是英国的“童贞女王”？

英格兰王国与爱尔兰女王伊丽莎白一世（公元1533～公元1603年），是都铎王朝的第五位君主，也是最后一位君主。因其终身未嫁，被称为“童贞女王”。

伊丽莎白一世即位后，不但成功地保持了英格兰的统一，而且在经过近半个世纪的统治后，使英格兰成为欧洲最强大的国家之一。英国在北美的殖民地亦在此期间开始确立，英格兰文化也在此期间达到了一个顶峰，涌现出了诸如莎士比亚、弗朗西斯·培根这样的著名人物，伊丽莎白一世的统治在英国历史上被称为“伊丽莎白时期”，亦称为“黄金时代”。

诞生在伦敦的格林尼治普雷森希宫的伊丽莎白，是亨利八世和他的第二个王后安妮·博林唯一幸存的孩子，她出生时就被指定为王位继承人，但是由于她父母是按新教教规结婚的，天主教认为她是一个私生女。

伊丽莎白在古典、历史、数学、诗歌和语言等方面都受到良好的教育，英国文艺复兴时期著名的人文主义者罗杰·阿斯坎是她的教师。在凯瑟琳·帕尔与她的其他教师的影响下伊丽莎白成为了一个新教徒。在她统治期间她可以说和写英语、法语、意大利语、西班牙语、拉丁语与希腊语六种语言。公元1558年，伊丽莎白的姐姐玛丽无子而亡，伊丽莎白成了她的合法继承人，英国国会重申了亨利八世国王规定伊丽莎白作为继承人的安排。

公元1559年1月15日，伊丽莎白在威斯敏斯特教堂被加冕为女王。成为国王后，她让人大跌眼镜，一直没有结婚。

由于伊丽莎白从未结婚，因此也就没有给王朝留下一个合法的继承人，亨利八世的最终目的在伊丽莎白死后而灰飞烟灭。至此，强大的都铎王朝灭亡了。

## 你知道“沉默权”最早出现在哪里吗?

我们在观看警匪片时，常常会看到警察在明确告知犯罪嫌疑人享有沉默权，即对司法人员的讯问可以不予回答的场景：警察一脸严肃地对保持沉默的犯罪嫌疑人说：“你有权保持沉默，但你所说的一切都将作为呈堂证供。”这项权利来源于17世纪发生在英国伦敦李尔本受鞭笞案。

这个案件对于沉默权的确立具有里程碑式的意义。公元1639年的一天，英国官方认为李尔本贩运的几本书里有“煽动性的文字”，便将其查获。并以“贩运禁书”及“煽动反政府邪说”的罪名逮捕了李尔本，押往伦敦进行审判。法庭强迫李尔本宣誓作证，但他严词拒绝。

李尔本大声说：“任何人都不能违背自己的良心，去回答那些会将自己带入到各种犯罪的问题，即使是装模作样也不可以。”最后，法官恼羞成怒，以“藐视法庭”为由，决定对他施以鞭刑。李尔本被拖到伦敦塔下的广场上行刑，李尔本十分愤怒，他大声痛斥审讯的不公，围观的民众对他的遭遇很是同情，对法庭的野蛮做法感到愤怒。

在英国人的观念中，人们除了对上帝的自愿忏悔，任何人都不得剥夺别人的权利，使他们低头。看到李尔本受鞭打的惨状，民众群情激愤，高呼：“权利！权利！沉默！沉默！”

意思是说即使沉默，也是人们该有的权利。

公元1640年，李尔本呼吁议会通过法律确立反对强迫自证其罪的规则。公元

1641 年，议会掌权，宣布禁止在审讯中使用宣誓制度，同时宣布李尔本一案判决不合法，沉默权开始萌芽。

公元 1688 年，国王詹姆斯二世对七个违抗他关于执行极端主义的法律和命令的主教提出起诉，在审判中，主教圣克罗夫特说："我有权合法地拒绝发表任何可能使我自证其罪的言论。"七个主教都声称他们有保持沉默的权利。陪审团裁决七主教无罪，这就以判例法的形式在西方国家中最早确立了沉默权制度。

公元 1912 年，英国又通过《裁判规则》等法律，对沉默权的内容作了明确规定。

## 谁是英国历史上唯一一位被公开处死的国王？

英格兰、苏格兰和爱尔兰国王查理一世（公元 1600 ～公元 1649 年）是英国历史上唯一一位被公开处死的国王。

詹姆士一世与丹麦公主安妮的第二个儿子查理一世，在苏格兰长老派来的老师的教导下，精通拉丁文和希腊文，公元 1625 年继位。查理执政的最初几年，英国处于与法国和西班牙双线作战的状态中。由于议会不信任白金汉而拒绝给他战争拨款，他不得不采取极端措施，比如向富有臣民强行借款，并监禁拒不借款的 5 名爵士；让士兵住进民宅白吃白喝；典卖妻子嫁妆；不经议会批准而征收关税等。

公元 1625 年和 1626 年的两次议会都表示，不信任国王和英军统帅白金汉。国王为了钱竟然连老婆的嫁妆都卖了，走到这个地步也真是无奈。公元 1642 年 8 月 22 日，查理在诺丁汉祭旗，打响了第一次内战（英国内战）。但是在不久之后的公元 1647 年，查理一世落入了托马斯· 费尔法克斯和奥利弗· 克伦威尔统率的打了胜仗的圆颅党手中。

由于军事领袖们认定是国王发动的对人民的战争，决定国王必须接受审判，下院这时也清洗了与怀特岛上的查理议和的和平派。公元 1649 年 1 月，一个高级法庭建立起来，国王被带到威斯敏斯特大厅受审。

由于查理一世从最开始就认为这个法庭是不合法的，因而也不为自己的行为认真辩护。1 月 27 日，在由 135 名人员组成的特别法庭中，有 59 人签署了由克伦威尔下达的以"背叛他的国家，背叛他的人民"的罪名处死国王查理一世的命令。

公元 1649 年元月 30 日早晨，结束了查理一世 49 岁的生命。一周后，查理一世的尸体在温莎城堡被秘密掩埋。查理一世成为了到目前为止英国历史上唯一一位被公开处死的国王。

## 英国农民于何时发动反圈地运动的"凯特起义"？

公元 1549 年 6 月 20 日，在英国诺福克郡温姆镇上，爆发了一场由小贵族领导的，农民和流浪者参与的反圈地运动的大起义，即是历史上著名的罗伯特· 凯特兄弟领导的农民起义。

公元 15 世纪末 16 世纪初，英国毛纺织业迅速发展，羊毛价格不断上涨，养羊业的收益超过农业的一倍以上，新贵族为了把大片的土地圈围起来做牧场养羊，便利用暴力、退佃等方法，将农民从土地上赶走，这就是英国历史上的“圈地运动”。在圈地运动中，大批农民失去了赖以生存的土地，流离失所，全国到处充斥着流浪者。据统计，当时伦敦人口只有十万多，然而有 5 万多都是流浪者。英国社会动荡不安，社会矛盾加剧。

面对这种情况，农民为了生活纷纷起来反对圈地。英国的诺福克郡温德姆镇是圈地运动最严重的地区。这里的农民在一个深夜拆毁了地主圈地的栅栏，这次事件成为这次起义的开端，小贵族罗伯特· 凯特兄弟成了起义的首领。起义迅速波及全郡，广大农民纷纷起来反抗。公元 1549 年 7 月初，起义军就发展到两万多人，在起义的过程中，起义军起草了准备提交给国王的 29 条纲领。

英国政府对付凯特起义采用两种方式：欺骗与镇压。一方面假意答应农民的部分要求，另一方面又派兵进攻起义军的营寨。但他们的阴谋很快就被农民粉碎，之后，农民占领了诺福克郡首府诺里季。政府军在镇压了其他地方的农民起义之后，派瓦维克伯爵率领 15000 外国雇佣军勾结当地贵族武装共同镇压起义。

1549 年 8 月底，农民起义在本国与外国的联合进攻下被击败，3500 余农民战死，俘后被处死的有 300 多人，凯特兄弟 2 人也被俘处死。凯特起义虽然失败了，但它有力地打击了封建统治，圈地运动在一定范围一定时期内有所收敛，农民的土地权利得到了捍卫。

## 哪场战役使克洛维成为法兰克王国的国王?

说到法兰克王国，不得不提的就是著名的苏瓦松战役。它对法兰克王国来说是一场决定性的战役，因为它使克洛维成为法兰克名副其实的国王，为法兰克王国的建立奠定了基础。

公元 476 年，西罗马帝国灭亡后，取而代之的是一些日耳曼人的“蛮族”国家，主要有占有了欧洲西部的西哥特王国，包括现在的西班牙与法国西部，占有意大利的东哥特王国，以及占有了现在的法国和德国的大部分的法兰克王国。法兰克人生性强悍，能征善战，是天生的战士，在这三个“蛮族”国家中，也以法兰克的势力最为强大。

公元 3 世纪，法兰克人在罗马帝国日薄西山之时，乘机崛起，渡过莱茵河，到处抢占罗马人的地盘，第一个便征服紧挨在其南边的罗马帝国高卢行省。

公元 486 年，立志要统一法兰克的“海滨法兰克人”克洛维在继承法兰克王位五年后，率军从高卢北部动身，向南部的罗马残余部队发动进攻，在巴黎南部的苏瓦松

展开激战。罗马军人万万也无法预料，法兰克人的爱好就是打仗，他们不会恐惧，因为只有战死才能让他们倒下。在战争中，法兰克军人灵巧地用盾牌护身，如疾风般冲向敌人，几乎要抢在掷出去的标枪的前头，他们好像游戏一样扔自己的战斧，远远飞砍敌人，常常百发百中。克洛维凭借骁勇善战的法兰克军队最终战胜了罗马将军西阿格留斯及其所率的军队，夺取了高卢南部的大片土地。

苏瓦松战役对于法兰克来说是一场决定性的战役，它为法兰克王国的建立奠定了基础，使得法兰克王国最终得以建立，并且确立了克洛维对法国的统治。

## 法兰克王国的创立者是谁？

法兰克王国的创立者是图尔内的法兰克国王希尔德里克一世的儿子克洛维。公元481年，克洛维在其父亲死后成为萨利克法兰克人部落首领，他竭力向南推进，在向罗马帝国的高卢的扩张过程中，建立了法兰克王国。

公元486年，克洛维一世在苏瓦松战役中战胜了高卢的末代统治者，罗马帝国的将军西格里乌斯。这场胜利使他拥有了高卢南部的大片土地，在臣民的拥护之下，克洛维正式建立了法兰克王国，命名为墨洛温王朝（公元486～公元751年），克洛维一世即为法兰克王国的第一任国王。

法兰克王国的建立，为其以后的领土扩张准备了条件。公元500年在克洛维岳父、西哥特国王戈迪吉塞尔以西哥特王国肥沃的土地为酬的求助下，羽翼渐丰的克洛维以助其平复宫廷斗争为由，出兵攻入西哥特。克洛维于公元507年和河滨法兰克人以及阿摩里卡人联合，再次攻入西哥特王国，尔后把西哥德人赶往了西班牙，夺取了西哥德在高卢内的土地。

打败了西哥特王国后，克洛维又开始打起曾与他合作过的河滨法兰克人的算盘。出于自己国家连年征战和河滨法兰克人天生英勇的考虑，克洛维没有采取正面作战，而是精心策划了一个阴谋。他派人邀请河滨法兰克人首领之子克洛德里克来参加宴会，暗中却指点克洛德里克夺权，不久河滨法兰克人首领被暗杀的消息传来，克洛维又派出勇士装作庆贺克洛德里克将其暗杀。事后，克洛维不但装作毫不知情，还假惺惺地表示愿意接受河滨法兰克人作为臣民，群龙无首的河滨法兰克人只好臣服。

公元511年11月27日，克洛维一世逝世，葬于法国巴黎圣德尼基督教堂。他的四儿子分别继承了他的领土，并建立起苏瓦松、巴黎、奥尔良和兰斯王国。公元751年，墨洛温王朝建立，结束了这种割据的局面。

## 谁是法国当之无愧的“铁锤”宫相？

查理·马特（公元688～公元741年），法兰克王国墨洛温王朝末期的宫相，他因战功卓著，被称作当时的“铁锤”宫相。

法兰克王国的宫相一职，原本只是国王宫廷总管，负责掌管宫廷财务与王室地产，后来权力日重，逐渐开始代替国王主持王室法庭，统率军队，经管官员任免和土地封赏等事务。居此一职位的人的势力在7世纪已是相当于中国的“挟天子以令诸侯”，到8世纪则更成为法兰克王国的实际统治者了。

查理•马特当政时期，法兰克王国面临着严重的内忧外患，除了内部贵族叛乱之外，外族也不断对其进行侵略。国王查理• 马特在依靠奥斯特拉西亚自由农民组成的军队，平定了各地的叛乱之后，重新统一了纽斯特里亚、勃艮第以及阿奎丹等地。在此期间，查理• 马特建立了一支强大的骑兵。

公元720年，阿拉伯人越过比利牛斯山，攻入法兰克王国境内的阿奎丹，查理闻讯，率领一支由奥斯特拉西亚中小地主与富裕农民组成的军队来到都尔。公元732年10月，两军在今法国境内罗亚尔河之南、都尔与波亚迭之间的原野上发生激战，这便是世界历史上著名的战役都尔之役（或称波亚迭之役）。在战争中，虽然阿拉伯军队是一支久经战斗的军队，但却因沿途劫掠财物甚多，士卒无心恋战而被法兰克人击退，悄然退走。这场战争不仅捍卫了法兰克王国的独立，也从此阻止了阿拉伯人向西欧的继续深入，查理也由此名声大振，获得了“马特尔”（意为铁锤）的称号。

查理• 马特尔在这次战争之后，继续南征北战，在南方镇压了法兰克王国南部的叛乱，在北方又屡次打败萨克森人与弗里斯人的进攻，通过一系列的战争，他把法兰克王国的版图逐渐扩展到东起威塞尔河，西抵大西洋，西南接比利牛斯山，北至北海，使法兰克成为一个强盛的帝国。

## 谁是法国的“美男子腓力”？

法国卡佩王朝国王腓力四世（公元1268～公元1314年）在世时已获得“美男子腓力”的美誉。他在位期间，致力于扩大王室领地，统一法国。但当时由于各诸侯顽强抵抗、并且英国强烈干涉，所以最终的成果有限。

公元1268年，腓力四世在巴黎附近的枫丹白露出生，当时法国处于他的祖父路易九世统治末期。路易九世热衷于十字军东征，常年战争不仅花费了大量钱财，后来他自己也在北非战场阵亡。而腓力四世的父亲“大胆”腓力三世又腐败无能，他听从别人的摆控向西班牙的阿拉贡王国挑起了战争，结果公元1285年兵败身亡。

腓力四世是腓力三世的次子，3岁丧母，父亲在娶了继母以后并不关心他。公元1276年，在他的长兄死去后，在复杂的宫廷斗争中成长起来的腓力四世于1285年10月继位。性格深沉含蓄，注重实际的腓力四世身材高大，仪容潇洒，因而得到“美男子”的绰号。和他祖父与父亲不同，他对远离法国本土的征战毫无兴趣，从一登基就尽力摆脱对外征战，致力于统一法国本土，他的措施促进了法国的发展，并巩固了政权。

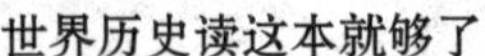


公元 1294 年，腓力四世以领主名义，召英国国王爱德华一世来巴黎受审，但遭到了英国的拒绝。于是他就发兵夺取了加斯科尼的城堡，战争因而爆发，公元 1297 年英国被迫宣布应战。

腓力四世利用阿维农教皇做了许多事，首先就是解散法国境内以十字军东征的名义发了大财，并享有各种宗教特权，在宗教界颇具势力的圣殿骑士团。腓力四世一直觊觎圣殿骑士团的巨大财富，他认为拥有这些财富可以进一步巩固王权，于是他在公元 1312 年宣布圣殿骑士团解散，将其成员交由国王法庭判罪，主要首领被处以火刑。

腓力四世，这位沉默寡言，行动诡秘的君主，最终因劳累成疾，公元 1314 年 11 月 29 日死于枫丹白露，享年 46 岁。

## 你知道法国曾召开的“三级会议”是怎么一回事吗？

三级会议是法国中世纪在国家遇到困难时，国王为寻求援助而召集教士（第一等级）、贵族（第二等级）和市民（第三等级）三个等级的代表参加的不定期的等级代表会议。

三级会议的主要职能之一是批准国王征收新税，在会议期间，三个等级各自讨论议案，只有在拟定对国王的回答时才举行联席会议，三个等级，不分代表多少，各有一票表决权。

公元 1300 年，腓力四世（美男子）向法国教会征税，以弥补与佛兰德交战造成的财政支出增加，但遭到罗马教皇卜尼法斯八世拒绝。双方发生冲突，但问题依然没有解决。公元 1302 年，法国财政吃紧，政府无法支付高额的军费开支。为了解决这一问题，国王腓力四世（美男子）在得不到当时教皇支持的情况下，为了得到大众的支持，不得已第一次召开了三级会议。

在英法百年战争时期，为了抵抗外敌，规定三级会议有权监督政府。16 ～ 17 世纪初，由于专制王权加强，三级会议的权力被大大削弱。从公元 1614 年到路易十六统治时期共 175 年的时间内，三级会议一直被中断。

公元 1789 年 5 月 5 日法国大革命前夕，由于国王财政困窘，不得不在凡尔赛宫重新召开三级会议，第三等级代表（包括资产阶级），提出三个等级一起开会，共同审查代表资格，并要求取消等级区分，按人数表决。

在提议遭到了国王的拒绝后，第三等级的人士于这一年的 6 月 17 日自行召开国民议会，从此以后，以等级为基础的三级会议退出了法国历史。

## 谁是法兰西国土统一的奠基人？

吞并了勃艮第公国、安茹公国、普罗旺斯伯国和曼恩伯国等，基本统一了法兰西全境的法国瓦卢瓦王朝国王（公元 1461 ～公元 1483 年）法国路易十一国王，是法兰西国土统一的奠基人，因其政治手腕十分的灵活，又称“万能蜘蛛”、“法兰西领土的集合者”。

公元 1440 年，路易十一（公元 1423 ～公元 1483 年）参加布拉格叛乱运动，公然反对他父亲查理七世。后来他父亲宽恕了他，任命他为多菲内总督。公元 1461 年，查理七世去世，路易十一继位后以竭力执行巩固王权，集中封建领地的政策，采取高压手段对付不顺从的封建诸侯。

诸侯们对此做出了激烈反应，他们成立了以勃艮第公爵查理为首的“公益同盟”，以联合抵制国王的兼并行动。路易十一于公元 1462 年兼并鲁西永和塞尔丹，公元 1465 年与公益同盟缔约。公元 1468 年，他由于战争失败被查理逮捕，从而被迫与公益同盟缔结屈辱条约，把索姆河流域的城市还给勃艮第，把诺曼底让给其弟查理。

不久之后，路易十一撕毁条约，重占诺曼底。他用金钱资助瑞士、洛林，并获得了在瑞士征兵的权力，成功地挑拨了勃艮第与瑞士、洛林之间的关系。公元 1477 年，查理在南锡战败身死，勃艮第公国辖区大部分被路易十一占领。公元 1475 年，路易十一利用贿赂手段使查理的同盟者英格兰国王爱德华四世退兵。但在公元 1479 年，路易十一被查理的女婿奥地利大公马克西米连一世（后成为神圣罗马帝国皇帝）击败，结果勃艮第公国的领地尼德兰落入哈布斯堡王朝之手。

公元 1481 年，路易十一把安茹、曼恩、普罗旺斯并入王室领地。在其统治末年，法国基本统一，只有布列塔尼公国尚未并入法国版图，加来港及其附近地区仍在英国人手中。

路易十一统治期间，王权加强，得到市民的支持，他任用新兴资产阶级担任政府官职，保护手工工场，修建公路，吸引金银入口，开设印刷所，创办邮政。这些措施促进了法国经济的发展。

## 法国“公益同盟”因何被无情摧毁？

“公益同盟”由法国贵族组成，是反对当时的法国国王路易十一的一个同盟协议，后来在路易十一的政治、军事打击下被迫解散。

百年战争期间，各地贵族为使自己的领地摆脱王室而独立，乘王权衰微之机大力发展地方势力。战争结束后，法王恢复了除加莱港以外的全部失地，此时，部分法国贵族仍然保持着政治上的独立。

公元 1465 年 3 月，勃艮第公爵、贝里公爵、波旁公爵与布列塔尼公爵等人联合起来结成反对国王的“公益同盟”。同年 7 月，“公益同盟”军围攻巴黎，法国国王路易十一（公元 1461 ～公元 1483 年在位）假意与“公益同盟”签订和约而获得喘息时机，佯装妥协，侍机摧垮贵族同盟。

当时，勃艮第公爵统辖着除勃艮第地区外，还有弗兰德尔、阿图瓦、佛朗什一孔泰、那慕尔、荷兰和卢森堡等地在内的最为辽阔的地域，俨然是一个幅员辽阔的国家。在百年战争中，军队强大，经济繁荣，几乎未被战乱影响的勃艮第，成为法国贵族同盟的中坚，是法兰西民族统一的主要障碍。

路易十一以战争和外交手段摧毁了贵族同盟。公元 1477 年，勃艮第公爵查理在围攻南锡时阵亡，路易十一不失时机地派兵占领勃艮第和皮卡底，先后把布洛内、阿图瓦、安茹、普罗旺斯、洛林、比利牛斯等采邑兼并，圆滑狡诈的路易十一使用各种手段，坚忍不拔地致力于法兰西民族的统一，扩大法国的版图。

在路易十一去世时，法国领土已基本统一，近代法国版图初步确立。

## 谁被法国人称为“新教的教皇”？

约翰• 加尔文（公元 1509 ～公元 1564 年），又译喀尔文、克尔文是法国著名的宗教改革家、神学家，也是基督教新教的重要派别加尔文教派（在法国称胡格诺派）的创始人，被人称作是“新教的教皇”。

公元 1509 年 7 月 10 日加尔文在法国北部努瓦出生，公元 1523 年到巴黎就学；后赴奥尔良大学学习法律，深受人文主义思潮影响。公元 1531 年他回到巴黎，专攻神学。公元 1534 年加尔文成为新教徒，因受政府迫害，后化名逃往瑞士巴塞尔。公元 1536 年，他在巴塞尔出版了一部影响很大的新教百科全书——《基督教原理》。此后，加尔文除短期被迫离开外，一直在日内瓦领导宗教改革。

加尔文提出“先定论”，认为上帝的选民注定能得救，上帝的弃民一定要遭殃；人是否得救皆由上帝事先决定，与本人努力无关。在他的建议下，日内瓦成立由加尔文宗长老、议员和官员组成的宗教法庭，密切监视人们的思想和行动，宗教法庭的实际负责人是加尔文。凡听讲道迟到、酗酒吵架、拜偶像、唱歌跳舞和亵渎上帝的人，法庭可警告、罚款、监禁，甚至烧死。他反对教阶制，主张民主选举教职人员，建立民主的廉俭教会，适应了新兴资产阶级激进派的要求。

公元 1553 年，反对三位一体说教、发现人体血液小循环的西班牙著名医生塞尔维特等 50 多人被他以异端罪名下令烧死。在他的领导下，日内瓦成为政教合一的神权共和国，成为宗教改革的中心，并将宗教思想传播到欧洲各国。因此，有人称加尔文是新教的教皇。公元 1564 年 5 月 27 日，加尔文在日内瓦不幸去世。

加尔文对新教的发展有相当重要的贡献，他的教义在荷兰、苏格兰与英格兰影响很大。但加尔文不仅向其他国家传播新教教义，还从事政治活动，试图拉拢一些法国王室成员与贵族加入法国的喀尔文教派胡格诺派，结果却导致法国发生宗教战争，随后他延揽大批欧洲新教难民到日内瓦，导致日内瓦成为正宗的国际中心，号称“新教的教皇”。

## 哪两个派别的对抗引爆了法国“胡格诺战争”？

开始于16世纪40年代的法国宗教战争，又名胡格诺战争，是在天主教和新教这两个宗教派别的严重对抗下爆发的。

当时的加尔文教开始在法国传播，称为胡格诺教，法国南部信奉加尔文教的大封建贵族，企图利用宗教改革运动来达到夺取教会地产的目的，与北方有分裂倾向的信奉天主教的大封建贵族有深刻的利害冲突，最终演变成长期内战，即胡格诺战争。

公元1562年3月1日，吉斯公爵弗朗索瓦•德•洛林对新教徒在瓦西镇的大屠杀，标志着法国胡格诺战争第一阶段的开始。公元1563年3月19日，安布鲁瓦敕令的颁布，保证了新教徒的信仰自由，宣布了这一阶段的结束。

公元1567年至1568年的第二阶段，开始于新教徒试图劫持国王，围攻巴黎。第二次战争以签订《隆朱莫条约》而告终。

第三次宗教战争发生于公元1568年到1570年。新教徒和西方的对抗，带来了第三次战争，以签订圣日耳曼敕令，确定设立新教的设防安全区为结束的标志。

公元1572年到公元1573年的第四次战争，开始于骇人听闻的1572年8月24日的圣巴托洛缪大屠杀，并由此对抗激化。

第五次宗教战争（公元1574～公元1576年）开始于新教领袖孔代亲王亨利一世• 德• 波旁和纳瓦拉的亨利从宫廷的逃亡，最后签订了《博略和约》，给予了新教徒更多的宗教自由。

接下来的第六次宗教战争（公元1576～公元1577年）以吉斯家族领导的天主教神圣联盟的组成为开端。

之后又发生了第七、八次宗教战争，其中的第八次宗教战争（公元1584～公元1598年）是以新教的盟友荷兰人反抗西班牙的统治成为当时新教和天主教对抗的重要转折点。当时天主教徒和西班牙国王腓力二世联盟。

公元1588年，亨利三世为了破坏神圣同盟，在布卢瓦暗杀了天主教徒的领袖第三代吉斯公爵亨利一世• 德• 洛林和他的兄弟第二代吉斯枢机主教路易二世• 德• 吉斯。亨利四世通过公元1598年的宗教宽容的南特敕令调解了宗教上的问题，胡格诺战争也随之宣告结束。

## 东哥特王国是哪个民族建立起来的？

在现在的意大利与克罗地亚一带，有一个很古老的国家，叫东哥特王国。是日耳曼民族的一支——东哥特人建立起来的国家。

东哥特人是一群居住在黑海草原的日耳曼人，于公元4世纪的后半期形成部落联盟。公元375年，东哥特部落联盟被匈奴人击溃后，随匈奴人向西推进，转移到潘诺

尼亚居住。公元 453 年，在匈奴王阿提拉死后，东哥特人乘机摆脱匈奴人的统治。于公元 454 年，进入罗马帝国境内多瑙河上游的班诺尼亚（今匈牙利西部）。

公元 488 年，东哥特王狄奥多里克（公元 493 ～公元 526 年在位）在拜占庭帝国皇帝芝诺的怂恿之下出兵意大利，围困拉文纳，久攻不下，于是和当时意大利半岛的统治者奥多亚克订约，共同管理意大利。

公元 493 年，狄奥多里克背信弃义，在宴请奥多亚克时将其杀死并收编了他的余部，建立起东哥特王国，定都于腊万纳，领土包括今意大利和克罗地亚达尔马提亚一带。

公元 535 年，拜占庭皇帝查士丁尼一世对东哥特王国发动战争，打败了东哥特国王维蒂吉斯（公元 536 ～公元 540 年在位），并一度占领了罗马和拉文纳。

不久，东哥特国王托提拉（公元 541 ～公元 552 年在位）登基，他是一位具有军事、政治才能的统治者。为了复兴国家，他把从罗马贵族领地上逃跑的奴隶和隶农编入军队，没收罗马贵族的土地，减轻居民的赋税，从而得到了国内人民的支持。托提拉多次在对拜占庭的战争中取得胜利，还曾一度收复大半失地，但不幸的是他在公元 553 年的塔金那战役中战败身亡。

公元 555 年东罗马帝国入侵，东哥特王国灭亡。对意大利人而言，东哥特人也许只是历史上一群短暂的侵略者，但是狄奥多里克却给了意大利三十年的和平。意大利古典文明与大多数罗马的社会制度也大都在这一时期的和平环境下得以孕育、发展和保留。

## 中国史书记载中的“黑衣大食”是哪个王朝？

欧洲人称之为“东萨拉森帝国”的阿拔斯王朝（公元 750 ～公元 1258 年），是哈里发帝国的一个王朝，是阿拉伯帝国的第二个世袭王朝。因其旗帜尚黑，在中国史书中将其称为“黑衣大食”。

阿拔斯王朝时期是阿拉伯的黄金时代。阿拔斯的后裔阿布• 阿拔斯利用波斯籍释奴艾卜•穆斯林在呼罗珊的力量，联合什叶派穆斯林，于公元 750 年（一说公元 752 年）推翻了倭马亚王朝的统治，建立了阿拔斯王朝，定都库法，公元 762 年迁新都巴格达。公元 1258 年，被忽必烈之弟旭烈兀所灭。

阿拔斯王朝的建立，标志着阿拉伯帝国进入一个新时代。在这个时代，新帝国的高级官吏除了阿拉伯人，还有伊拉克人、叙利亚人、埃及人，特别是波斯人，帝国的最高统治者已不再是征服者阿拉伯贵族阶级，取而代之的是新的官僚阶级。在这一时期，阿拉伯帝国控制下的大多数地区也都完成了信仰方面的转变，彻底伊斯兰化。

公元 762 年，阿拔斯王朝迁都巴格达也产生了巨大的影响。一方面，国家的重心由地中海沿岸的叙利亚转移到不仅是两河流域的肥沃地带，而且正处于四通八达的商道交接要冲的美索不达米亚。另一方面，首都由大马士革东迁巴格达以后，阿拔斯王朝受到波斯专制主义的政治因素以及波斯的社会风尚的巨大影响。

阿拔斯王朝最初的100年，特别是哈伦• 拉希德与马蒙统治期间，不仅军事实力强大，而且在政治、经济各方面都有比较大的发展，尤其是在科技方面，阿拉伯人处于世界领先水平，阿拉伯为当时世界上屈指可数的富庶地区。王朝的“哈里发”大力提倡发展生产、农业、工业、商业、运输业，并在巴格达建立了一所综合性学术机构——“智慧宫”，开始了“百年翻译运动”，所以，哈伦• 拉希德与马蒙统治期间被称为阿拉伯人历史的“黄金时代”。

阿拔斯王朝文化的繁荣与发达，为揭开近代欧洲的面纱、推动近代欧洲乃至整个人类历史的发展做出了不可磨灭的贡献，阿拔斯王朝的文化与文明史是伊斯兰历史上最为耀眼的一朵奇葩。

## 被称为“欧洲之父”的是哪个皇帝？

查理曼大帝（公元741～公元814年），是法兰克国王，他建立了囊括西欧大部分地区的庞大帝国，公元800年，由罗马教皇加冕称帝，号为罗马人皇帝，是神圣罗马帝国的奠基人。由于他率先引入了欧洲文明，故被后世尊称为“欧洲之父”。

公元741年查理曼大概出生在亚琛市的附近，即其后来的都城。他的父亲是矮子王丕平，祖父是伟大的法兰克领袖查尔斯• 马特尔。公元751年，丕平宣称自己为法兰克国王，从而建立起一个新王朝——加洛林王朝。公元768年丕平驾崩，法兰克王国被查理曼和他的弟弟卡洛曼两人瓜分。公元771年，查理曼在其弟弟卡洛曼猝然去世后，成为法兰克王国唯一的君主。

查理曼登基之时，法兰克王国主要包括今日的法国、比利时和瑞士以及今日荷兰和德国的许多地区，查理曼不失时机地进行领土扩张。他出征德国南部和法国西南部，以巩固他对这些地区的控制。他还同阿瓦尔人进行了一系列的战争，并最终彻底打败了阿瓦尔军队，确保了帝国和东部边界地区的安全。

虽然萨克森和巴伐利亚以东的国家未被法兰克人占领，但是在从德国东部到克罗地区一条宽广的地带上的那些国家，却都承认法兰克的宗主权。公元778年，查理曼对西班牙发动了一次侵略，并在西班牙北部建立起西班牙三月国，该国承认他的主权。

法兰克人在查理曼统治的四十五年里进行了五十四次出征，这些战争的胜利，成功地使西欧大部分地区都归属于他的统一领导之下。

公元800年，罗马教皇为查理曼加冕，查理曼由此成为罗马人的皇帝。他在统治期间，行政、司法、军事制度及经济生产等方面都有杰出的建树，并大力发展文化教育事业。公元814年冬天，查理曼外出打猎，感染风寒，不久在首都宫中逝世，时年72岁。

## 查理曼大帝的背后有哪些不为人知的故事?

名人的背后似乎总是隐藏着一些不为人知,但却为人所感兴趣的事情。在历史上,关于查理曼大帝也流传着这样三个有趣的故事:虚伪的“孝顺”,谦让的“加冕”活动和难以理解的“迷恋”。

据说查理曼大帝很孝顺父母,但就是这样的一位孝顺的皇帝却把母亲给他娶来的媳妇给休了,然后自己又娶了一大堆妻妾。他成群的妻妾们为他生的儿女们很得他的宠爱,据说每次出征都要带着,尤其是因为对女儿的疼爱,致使女儿们都不能出嫁!看来说他孝顺大概是后来史者的“春秋笔法”,“为尊者讳”了吧。

在一次重要的节日活动中,教皇“出其不意”地把王冠戴在了他头上,大帝此时却装作很不高兴的样子,意思好像是说教皇想要陷他于不义了,其实后来他对大帝的差事干得还是很惬意的,而且还把这个“不义”的帝位传给了自己的子孙。据说现在英国的议会,新当选首相也会像查理曼大帝一样,说一些表示自己“能力有限”、“当之有愧”之类的冠冕堂皇的话,当然最后还是“却之不恭”、“勉为其难”地当上了。

最令人难以置信的是,查理曼国王年老时爱上一位年轻貌美的日耳曼姑娘,整日沉迷于美色,荒废国事,朝廷的文武百官莫不忧心忡忡。然而,红颜薄命,这位姑娘突然意外去世,朝廷显贵松了口气。可是事与愿违,查理曼国王的爱并未因此而消逝。

他下令将尸体用香料做防腐处理,摆在他的寝宫内与她日夜相守,国王这种与尸体厮守的深情做法令杜宾主教不寒而栗,怀疑有魔咒作祟,于是就检查尸体,结果在死尸舌头下方发现一只镶嵌美丽宝石的戒指。后来,戒指落入杜宾主教手中后,查理曼国王随即遣人迅速埋葬尸体,而立刻把款款深情转移到了主教身上。

不久之后,主教意识到了国王的变化,为了避免这尴尬的窘状,他便将戒指扔到康斯坦茨湖了。从此,查理曼国王终日醉心悠游湖畔,时时刻刻不愿远离。

## 你知道扑克牌中的“小人儿”是谁吗?

在现代的扑克牌中,有着这样的图片,一个个的“小人儿”代表着一个个的符号与大小,然而,这些“小人儿”到底是谁,又是从哪里来的呢?原来这些“小人儿”叫“圣骑士”,又叫圣战士、圣武士、圣堂武士等,指的是指当年跟随查理曼大帝东征西讨的十二位(加上查理曼大帝就是十三位)战士。

之所以叫圣骑士是因为:称为“圣”,他们的事迹也多是发生在基督教国家与撒拉森人的战争中,其中加杂了很多有关神话、魔法、爱情等的故事,广为流传在基督教的正史里,而他们所追随的查理曼大帝又是基督教的忠实卫道者。而“骑士”的由来,是因为虽然这些人之中有的善于弓箭,有的善于陆上打斗,有的善于马上战斗,有的善于魔法,有的善于妖术,但却都是受封过的骑士!

十二圣骑士的故事，在公元800年前后开始出现在查理曼大帝的传说之中。之所以有12位圣骑士，是取自基督教中耶稣的十二门徒中的12，实际上是指查理曼大帝的近位部队与近身侍臣等。

最常见的12圣骑士有：最伟大的骑士罗兰德，他是查理曼大帝的远亲；野蛮人李拿度，他是罗兰德的远亲；大主教托宾，是仅次于梅林的魔法师；魔法师和妖人马拉吉吉；被六仙女祝福的丹麦王子奥吉尔；不列坦尼国王所罗门；英格兰的美男子艾斯佗弗；法华利亚公爵那墨；撒克森人斐兰巴拉斯；森林之塔的领主弗罗雷斯马特；罗兰特的朋友奥利弗；背叛者加尼隆。

当然，在其他的神话中也有另一批圣骑士的名字：艾文、艾弗利、奥多、拜伦格尔、安赛斯、格尔恩、吉瑞尔、安杰利尔、参孙和吉拉德。扑克牌中的红心K便是查理一世。

## “克吕尼运动”是以哪个修道院为中心的?

公元910年，西欧天主教会内部兴起了一次重大改革运动，因这次运动是以法国克吕尼修道院为中心的，故被后人称为“克吕尼运动”。

克吕尼运动开始于克吕尼修道院第一任院长伯尔诺(公元910～公元927年在任)之时，他主张严格隐修生活，整肃宗教礼仪；提出了僧侣必须遵守西欧修道院原有的本笃法规，强调守贫（不置私产）、守贞（独身）、服从（服从修道院领导）；反对世俗势力控制修道院及侵蚀其地产。

由此，克吕尼修道院取得了除接受教皇领导外，不受主教和世俗领主管辖的特恩权。此后，克吕尼修道院的主张赢得不少教俗人士的支持，许多旧的修道院陆续按照克吕尼的模式进行改造。新的克吕尼派修道院不断兴建，该运动最大时得到2000多所修道院的响应。

公元11世纪前半期，克吕尼派运动已形成有组织有领导的修会，其中，克吕尼修道院院长成为名副其实的领袖。所有下属修道院除隶属于克吕尼外，不受任何主教和世俗诸侯控制。其他修道院称下属修道院，其负责人称分院长，各分院长由克吕尼院长任命，并听命于他。

公元11世纪中叶以后，罗马教廷为核心的教会改革运动迅速展开。改革派提出：神职人员严守独身，不得婚配；各地主教由教皇任命，不得由君主叙任；禁止买卖神职;宣称教皇权力至上,可废黜君主。这些主张引发了教皇与神圣罗马帝国的长期斗争。主要表现为主教叙任权之争。

公元12世纪中叶，314个克吕尼派修道院分别分布于法兰西、意大利、德意志、西班牙、英格兰、苏格兰和波兰等地。12世纪中叶以后，随着克吕尼派权势显赫，财富激增，以反对僧侣世俗化起家的修道院本身也世俗化了，克吕尼运动遂丧失其历史作用，逐渐衰落。

## 谁为神圣罗马帝国竖立起了第一根擎天柱?

神圣罗马帝国奠基人和首任皇帝奥托一世（公元 912 ～公元 973 年），是德意志萨克森王朝第二代国王，兼意大利国王。他是一位有作为的国王，是 19 世纪末德国统一以前最强有力的统治者，为神圣罗马帝国竖立起了第一根擎天柱，被称为奥托大帝。

公元 936 年，奥托一世成为萨克森公爵，后立为王。他即位后，积极打击封建割据势力，维护中央集权。公元 937 年，在平定巴伐利亚公爵叛乱后，变公爵世袭制为国王任命制，剥夺公爵的宗教权。公元 949 年，以征讨、联姻等手段完全控制士瓦本（由其儿子统领）、洛林（由其女婿统领）、巴伐利亚（由其弟弟统领）、萨克森和法兰克尼亚（二者由奥托一世本人统领）五大公爵领地，建立起强大的王权。

公元 951 年，奥托一世入侵意大利，在帕维亚加冕为意大利国王（或称伦巴德王）。公元 953 年，奥托一世的儿子和女婿因权力分配问题对奥托不满，就联合美因茨大主教反对奥托一世，奥托一世笼络德意志贵族一起抵抗反叛者，最后取得胜利。

公元 954 年，奥托一世为讨论重新分配土地的问题召开帝国会议，并借此会议将亲信安插到各个公国之中，控制了各国内政。公元 955 年，奥托一世御驾亲征奥格斯堡之战，彻底粉碎匈牙利人的入侵。

公元 962 年 2 月，奥托一世在罗马加冕为神圣罗马帝国皇帝，称他为“奥古斯都”。加冕后的第 11 天，奥托一世与教皇签订了著名的《奥托特权协定》，规定教皇的人选由皇帝来决定，皇帝对教皇进行保护，教皇要绝对效忠于皇帝。公元 963 年，奥托一世废黜教皇若望十二世，确立利奥八世为新教皇，这一举动开启了皇帝任免教皇的先例。

公元 966 年，奥托一世出兵南意大利，因拜占庭帝国的抵制，被迫议和。他长期奉行对外扩张政策，不仅给被侵略地区人民带来苦难，也影响了德意志的统一。奥托一世于公元 973 年去世。

## 波兰“国父”是谁?

大体上统一了波兰国土的皮雅斯特王朝的第一位波兰大公梅什科一世（约公元 935 ～公元 992 年），是波兰历史上最杰出的帝王，被后世尊称为波兰“国父”。

自古以来生活在东欧平原西部的波兰人，属于古斯拉夫人的西支。9 世纪中叶之后，这个地区逐渐形成了两大“部落公国”。在小波兰是维斯拉公国，在大波兰是由皮亚斯特家族统治的波兰公国。公元 963 年，皮亚斯特家族的梅什科一世成为王公。在他的带领下，波兰历史翻开了新的一页。

公元 964 年，泽莫米斯尔之子梅什科一世（或译为“米埃什科一世”）与波希米亚公爵波列斯拉夫一世的女儿多布拉瓦结婚，并于公元 966 年受洗，规定基督教（天主教）为波兰国教。

梅什科一世本指望依靠与波希米亚的同盟关系，来抵抗神圣罗马帝国皇帝奥托一世的威胁。但在公元 963 年他还是被迫臣服于奥托一世。公元 973 年，梅什科一世在被奥托一世之子、皇帝奥托二世打败后再次宣誓效忠于皇帝。

公元 981 年，梅什科一世在战争中失去了一部分领土。奥托二世去世后，梅什科将新的皇帝奥托三世作为结盟对象。公元 990 年，他打败了捷克王公波列斯拉夫二世，占领了西里西亚。公元 992 年，梅什科一世在去世前，于一份文件中将波兰置于教皇保护之下。后来，他的儿子勇敢者波列斯拉夫一世又统一了以克拉科夫为中心的小波兰地区，终于完成了统一波兰的事业。

梅什科一世在位时大体上统一了大波兰（今波兰中西部地区），在与德意志封建主侵略的长期斗争中，将西里西亚、马佐夫舍、波莫瑞和维斯瓦河流域等均纳入了波兰疆域，巩固和扩大了波兰国家版图，成为斯拉夫国家中的大国之一。梅什科一世不仅在政治、军事上功勋卓著，而且注重国家文化的建设和发展。公元 966 年梅什科一世接受基督教并引进了拉丁文，促进了国家封建化和文化的发展。

## 拜占庭的“军队之父”指谁?

罗曼努斯二世之子巴西尔二世（公元 958 ～公元 1025 年）是拜占庭皇帝。他在位期间，拜占庭国力达到了查士丁尼一世之后 5 个世纪以来的极盛。巴西尔堪称是为了拜占庭奋斗终生的军人，他一生和他的军队同起同居，被称为“军队之父”。

巴西尔二世出生于公元 958 年，5 岁继位，18 岁亲政，31 岁才平定所有敌对势力，真正独揽大权。他执政后实行政策的重点就是遏制豪强。公元 996 年，他严令大封建主必须将侵占的村社农民土地悉数归还。公元 1001 年颁布规定“富强者”必须在缴纳赋税方面为“贫弱者”负责的“代缴法”。

国内的危机解决了之后，巴西尔二世将注意力转向西亚。公元 995 年，巴西尔二世集结了一支四万人的军队前往亚洲与阿拉伯人作战，在叙利亚获得几次胜利，解除了阿勒颇之围，进而占领了奥龙特斯河河谷。

公元 1002 年，通过一系列的征服，萨缪尔将保加利亚的疆域扩张到了北至多瑙河，南达希腊北部，东抵亚得里亚海，西至黑海的广大区域，保加利亚达到了极盛时期。但其所有的领土都是 300 年来从拜占庭夺走的，巴西尔决心夺回这些领土。在此后的十几年中，拜占庭军就和保加利亚军队在巴尔干长期交战。

公元 1014 年 7 月 29 日，巴西尔将保加利亚主力逼至爱琴海北岸的萨洛尼卡附近，在与其决战中取得了决定性的胜利。巴西尔命令将俘虏的 14000 名保军中的 99% 的战俘刺瞎，而令剩下的 1% 战俘把他们带回家，以恐吓保加利亚人，由此巴西尔赢得了“保加利亚人杀手”的名声。

公元 1018 年，巴西尔大举入侵保加利亚，保加利亚第一王国就此灭国。而与此

同时，公元1016年，巴西尔和基辅罗斯联合，击败了卡赞王国对克里米亚半岛的进攻，成功保住了拜占庭在克里米亚半岛南部的领土。

公元1025年，巴西尔出兵准备征服欧亚最后一块拜占庭的传统领地西西里，但不幸在途中逝世，死后葬在他的骑兵训练营地。

## 谁建立了匈牙利历史上的第一个封建王朝？

因建立者为阿尔帕德大公而得名的阿尔帕德王朝（公元889～公元1301年）是匈牙利历史上的第一个封建王朝。一共传了4个大公、25个国王，统治412年。在他们的统治下，匈牙利逐渐由一个部落联盟发展成为一个中欧东部的强国。

公元889年，突厥部落卡巴尔人（这个部落和可萨人有关）派阿尔帕德做马扎尔人新的首领，称号是匈牙利大公。公元1000年，匈牙利大公伊什特万一世不仅把先祖的丰功伟绩更加发扬光大，还在匈牙利推行天主教，并获天主教教宗加冕，成为匈牙利第一位国王。他于公元1003年占领特兰西尼亚，废弃部落政治结构，改用伯爵领地制度，每一领地由国王任命的伯爵管辖。另外，伊斯特万宣布非由自由民占据的地区均为国王的财产，为匈牙利君主国未来的财富和势力奠定了基础。

公元1038年，无子嗣的伊斯特万在去世时选择了一个远亲、威尼斯总督之子彼得为王位继承人，这招致了许多人的不满。公元1046年，另一个远亲借助基辅大公的军队，从基辅进入匈牙利异教徒居住地区，立即得到异教徒和彼得的反对派的支持，他们进逼王宫，杀死了彼得。

公元1047年，另一个改宗基督教的阿尔帕德王朝成员安德鲁成为匈牙利国王。12世纪，拜占庭帝国皇帝插手拉洛斯二世和斯蒂芬四世和他们的侄子斯蒂芬三世之间的斗争，对匈牙利曾有过很大的影响。但是斯蒂芬三世的兄弟和继承人贝洛三世重新恢复了匈牙利君主的独立和权威。

阿尔帕德王朝在贝洛三世在位时趋于鼎盛。它从王室领地取得巨大的财富，占领塞尔维亚和加利西亚，使匈牙利成为欧洲中东部的一个巨大强国。贝洛去世后，这个国家日趋衰落。在公元1241年到公元1242年，匈牙利遭受了蒙古旋风入侵和蹂躏以后，被迫减少国王的统治力量。

公元1301年，权力已经大大削弱的阿尔帕德王朝随着无子嗣的国王安德烈三世之死而断绝。此后匈牙利王位成为了与阿尔帕德王室联姻的几个外国王室争夺的目标。

## 谁把海盗帝国带向了最后的辉煌？

由英格兰国王、丹麦国王、挪威国王，丹麦历代王者所发展起来的海盗帝国，最终在哈拉尔蓝牙王之孙、斯凡八字胡须王之次子克努特（公元995～公元1035年）

的手里达到了顶峰，将海盗帝国带向了最后的辉煌。

斯凡的两个儿子哈拉尔和克努特在其父死后，将帝国瓜分。哈拉尔是丹麦国王，克努特则为英格兰国王。但由于阿尔弗烈德大帝的后人是英格兰民心所向的统治者，他们拒绝丹麦人克努特来当他们的国王，克努特被迫回到丹麦。

公元 1015 年，克努特在其兄哈拉尔的支持下，率领一支共有 200 艘海盗船组成的船队来到英格兰，双方展开了激战。骁勇善战的丹麦海盗战胜了英格兰人，公元 1016 年，克努特与英国人达成妥协，英国一分为二，他与阿尔弗烈德的后代埃德蒙二世分治。同年 11 月，埃德蒙二世去世，克努特成为英国唯一的国王。公元 1018 年，丹麦的哈拉尔国王突然去世，克努特回国继位，同时成了丹、英两国的国王。

正当克努特的事业如日中天的时候，由于挪威人对他有极大不满，使挪威国王奥拉夫二世的统治陷入了危机。公元 1028 年，克努特在挪威贵族的支持下乘机进军挪威，打败了奥拉夫，又当上了挪威国王，同时统治瑞典南部地区。公元 1230 年，他又击败了逃往海外的奥拉夫二世的反扑。

这样，克努特建立了包括今丹麦、挪威、英格兰、苏格兰大部和瑞典南部的大帝国，被尊称为“克努特大帝”，他的帝国也被称为“北海帝国”，是历史上唯一一个几乎统一了北海沿岸地区的帝王。

在他的大帝国中，克努特更喜欢英格兰，他一年中的大部分时间都住在英格兰。他开始时对英格兰采取强硬统治，但后来渐渐采用绥靖政策，不仅给寺院以大量捐款，取得当地教会的信任和支持。还为消除丹麦人和英格兰人之间存在的差别而努力。自他的祖父蓝牙王起，丹麦王室就以基督徒的身份治国，克努特多次派牧师到丹麦传教布道。在他统治时期，丹麦的基督教发展迅速。

公元 1035 年，盛极一时的北海大帝国很快便随着克努特的去世而分崩离析，成为历史。克努特的统治是北欧海盗最后的辉煌。自此之后，海盗王国再也没有取得过骄人的战绩。

## 第一次全面向欧洲人展示中国文明的是哪部著作？

在《马可·波罗游记》中，马可波罗将地大物博、文教昌明的中国形象展示在世人、特别是欧洲人的面前，第一次较为全面地向欧洲人介绍了中国发达的物质文明和精神文明。

马可·波罗的父亲和叔叔早年到东方经商，来到元大都（今天的北京），并朝见过蒙古帝国的忽必烈大汗，还带回了大汗给罗马教皇的信。马可·波罗整日缠着他们讲东方旅行的故事，这些故事引起了小马可·波罗的浓厚兴趣，使他下定决心要跟父亲和叔叔到中国去。

公元 1271 年，17 岁的马可·波罗，终于跟随父亲和叔叔以及十几位旅伴，从威

尼斯进入地中海，然后横渡黑海，经过两河流域来到中东古城巴格达。他们从霍尔木兹向东，越过荒凉恐怖的伊朗沙漠，跨过险峻寒冷的帕米尔高原，向东方进发，一路上跋山涉水，终于来到了中国新疆。

他们继续向东，穿过塔克拉玛干大沙漠，来到古城敦煌，瞻仰了举世闻名的佛像雕刻和壁画。接着，他们经玉门关见到了万里长城，最后穿过河西走廊，终于在公元1275年的夏天到达了元朝的北部都城上都。马可· 波罗的父亲和叔叔向忽必烈大汗呈上了教皇的信件和礼物，并向大汗介绍了马可·波罗。大汗非常赏识年轻聪明的马可·波罗，特意请他们进宫讲述沿途的见闻，并携他们同返大都，后来还留他们在元朝当官任职。

聪明的马可·波罗很快就学会了蒙古语与汉语。他借奉大汗之命巡视各地的机会，走遍了中国的山山水水，深感中国的辽阔与富有。

公元1292年春天，马可· 波罗和父亲、叔叔受忽必烈大汗委托，护送一位蒙古公主到波斯成婚。他们趁机向大汗提出回国的请求，大汗答应他们，在完成使命后，可以转路回国。

公元1295年末，他们三人终于回到了阔别二十四年的亲人身边。1298年，马可·波罗在威尼斯与热那亚的战争中不幸被俘。有幸的是，他在狱中遇到了作家鲁思梯谦，于是便有了马可·波罗口述、鲁思梯谦记录的伟大而全面的介绍中国文明的《马可·波罗游记》，中国文明也由此首次系统地向外传播。

## 是谁创建了奥斯曼帝国?

奥斯曼帝国的创建者是生于小亚细亚北部的奥斯曼· 加奇。

他原属中亚西突厥乌古斯人卡伊部落，为埃尔图格鲁尔之子。早年随父习武，协助他的父亲为罗姆素丹国守卫边境，曾在当地苏菲派长老埃德巴利约那里学习苏菲学理，并与其女玛尔哈顿结婚。

公元1281年，奥斯曼继其父担任部落首领，袭边境贝伊职位。公元1299年，奥斯曼利用罗姆素丹国王室衰微，境内各突厥小公国的贝伊纷纷独立这一时机，正式宣布独立，称“加齐”，建立奥斯曼国家，成为小亚细亚强大的公国之一。奥斯曼本人信仰虔诚，恪守宗教功修，生活俭朴，圣战精神强烈，他遵奉哈乃斐学派教法，宣布逊尼派教义为正统信仰，国内宗教问题由教法学家协商决定。

奥斯曼扩张的主要目标是异教徒的拜占庭帝国，千年古国拜占庭此时已如同身患痼疾的老人，它的军队主要是雇佣军，又不再有东征的十字军给它支援，在真主名下团结一致的奥斯曼人的攻击下节节败退。奥斯曼一直避免对他的前宗主国罗姆苏丹国开刀，罗姆苏丹国灭亡之后，由于国力尚不够强大，出于策略，他又承认统治波斯的伊儿汗国为宗主国，曾代表小亚细亚各公国向这个蒙古朝廷纳贡。

公元1301年，在巴法埃农战役中，奥斯曼因为击败拜占庭军队，赢得了“贝伊”的称号，他占领小亚细亚西北部的美朗诺尔城之后，将该城改为卡加希萨尔，并迁都于此，作为进一步前进的据点。公元1326年，奥斯曼给他儿子乌尔汗留下了“要公正、仁慈、珍视学者、保护人民”的遗嘱之后，就撒手人寰了。乌尔汗攻占了布鲁沙，并迁都至此，将奥斯曼的遗体葬于此城，布鲁沙也因此成为奥斯曼人的圣城。

奥斯曼帝国的崛起，使自阿拉伯帝国崩溃以来四分五裂的伊斯兰世界又有了主心骨，奥斯曼统治期间，奥斯曼土耳其人逐渐从游牧走向定居生活。也由于奥斯曼帝国堵住了东西方交通的陆路，使得西欧人不得不从海上寻找新的交通线，就有了后来的大航海时代。

## “黄金诏书”是用黄金做的诏书吗?

黄金诏书又称金玺诏书，它因诏书上盖有黄金印玺而得名，并非是用黄金做成，它是神圣罗马帝国皇帝查理四世（公元1347～公元1378年在位）于公元1356年颁布的一部帝国法律的名称。

在匈牙利长期的对外战争中，贵族阶层势力不断地膨胀。13世纪初，王位之争复起，封建割据势力抬头，王权再度衰落。1222年，匈牙利贵族借第五次十字军东征受挫之机，逼迫国王安德鲁二世颁布了《金玺诏书》，来保证贵族所享有的各项特权，包括确认其领地为世袭财产，豁免贵族及教会的赋税，下层地方官从本地贵族中遴选，还规定以后必须每年召开一次国会，大小贵族均可自由参加，国王如不履行承诺，贵族反抗而不受惩处的权力。

该诏书于公元1356年1月和12月分别在纽伦堡和梅斯的帝国议会上公布。《金玺诏书》除序言外，共分为31章。诏书规定：皇帝由当时权力最大的7个选帝侯（圣职选帝侯：美因茨、科隆、特里尔三大主教；世俗选帝侯：波希米亚国王、莱茵—普法尔茨伯爵、萨克森—维滕贝格公爵及勃兰登堡藩侯），在法兰克福选举产生。

金玺诏书还规定：选举会议由美因茨大主教召集并主持；帝位加冕礼在亚琛举行；罗马人民的国王就是神圣罗马帝国皇帝，不再需要罗马教皇的加冕。此外，金玺诏书还规定选帝侯在其领地内政治独立，拥有征税、铸币、盐、铁矿开采等国家主权，独立的、不准臣民上诉的最高司法裁判权，以及监督帝国的职权。

金玺诏书彻底解决了自萨利安王朝的罗马皇帝亨利四世以来世俗王权与教权长达近3个世纪的纷争，从法律上对当时德意志政治状况的承认，从一定程度上摆脱了教皇干涉德意志政治的局面。但《金玺诏书》的颁布，也在一定程度上加剧了当时的政治动荡局面。金玺诏书的原件今保存在维也纳国立图书馆。

## 谁以微薄之力借一场改革运动撼动了欧洲的宗教?

16至17世纪的欧洲,教会十分的腐化堕落,于是坚决抗议罗马天主教会的马丁•路德,发动了一场撼动欧洲宗教的改革运动,即为著名的欧洲宗教改革运动。

公元1483年出生于德国的艾森斯莱市的马丁• 路德,受过良好的高等教育,曾一度攻读法律(听从他父亲的建议),中途辍学,成为一名奥古斯丁教团教士,公元1512年他在维腾贝格大学取得神学博士学位,此后不久就在该校任教。

路德对天主教会的反感是逐渐产生的。公元1510年他去罗马旅游时,听闻罗马牧师的贪污腐化与世俗观念,让他感到震惊;目睹天主教会实行的受贿赎罪(赎罪是天主教会赐予的对罪犯惩罚的一种宽恕,包括减少罪犯必须炼狱的年限),使他极其愤怒,于是他公开表示抗议。

公元1517年10月31日,路德把他深刻地批判了罗马教会的贪污腐化,特别是受贿赎罪行为的著名的《九十五条论纲》张贴在维腾贝格大学教堂的大门上。路德除了把《九十五条论纲》送给美因茨大主教一份,还把论纲印刷出版,在该地区进行广泛散发。

路德抗议教会的范围迅速扩展,可想而知,教会是不会仁慈地看待他否定教皇与总教会会议的权威,坚持只接受《圣经》和公理的指导的观点的,路德被传叫到教会官吏面前,经过多次审判,将他解职,并根据他的《蠕虫的饮食》一书(公元1521),最终宣布他为异端分子和犯法分子,他的著作均被查封。

路德的观点在德国人民与许多德国王亲中得到了广泛的支持,这种支持足以使他避免遭受任何严重的犯罪刑罚,包括按照惯例应遭受的火刑。不过,他还是隐藏了大约一年时间。

路德的最重要的著作是《圣经》的德译本,它使得任何识字的人都有可能亲自学习《圣经》,而不依赖教会及其教士们。除此之外,路德还是一位多产的作家,他的许多作品都具有广泛的影响。

## 谁给好望角带来了好运气?

来自葡萄牙的著名航海家巴尔托洛梅乌• 缪• 迪亚士,于1488年春天最早探险到非洲最南端好望角的莫塞尔湾,给好望角带来好运的同时,也为后来另一位葡萄牙航海探险家达• 伽马开辟通往印度的新航线奠定了坚实的基础。

迪亚士出生于葡萄牙的一个王族世家,青年时期就喜欢海上的探险活动,曾随船到过西非的一些国家,积累了丰富的航海经验。15世纪80年代以前,许多人雄心勃勃地乘船远航,只为弄明白非洲大陆的最南端究竟在何处,但结果都以失败而告终。

作为开辟新航路的重要部分,西欧的探险者们对于越过非洲最南端去寻找通往东方的航线产生了极大的兴趣，迪亚士也因此受葡萄牙国王若昂二世委托，寻找非洲大陆的最南端，以开辟一条通往东方的新航路。

1487 年 8 月，经过十个月时间的准备后，迪亚士与四个相熟的同伴以及他的兄长一起从里斯本出发，踏上了这次冒险的征途，他们率领两条武装舰船和一艘补给船，沿着非洲西海岸向南驶去，去探索非洲最南端的秘密。

迪亚士率船队离开里斯本后，沿着前几任船长所探查过的路线一路南下，过了南纬 22 度后，他开始探索欧洲航海家从未到达过的海区。大约在公元 1488 年 1 月初，迪亚士航行到达南纬 33 度线。2 月 3 日，他到达了今天南非的伊丽莎白港。为了印证自己真的找到通往印度的新航线的想法，他让船队继续向东北方向航行，3 天后，他们来到一个伸入海洋很远的地角，迪亚士将它命名为“风暴之角”。

1488 年 12 月，迪亚士回到里斯本后马上向葡萄牙国王报告了航海过程，国王非常高兴，又把不太吉利的“风暴之角”这个名字，改为“好望角”，意思是绕过这个海角就有了达到富庶东方的希望。

## 谁是发现新大陆的第一人？

曾先后 4 次出海远航的意大利航海家哥伦布发现了美洲大陆，开辟了横渡大西洋到美洲的航路，证明了大地球形说的正确性，促进了旧大陆与新大陆的联系。

但对于意大利航海家哥伦布是不是发现新大陆的第一人，一直有着各种不同的讨论。

克里斯托弗• 哥伦布（约公元 1451 ～公元 1506 年），生于意大利热那亚，死于西班牙巴利亚多利德。很多人认为哥伦布并非最早发现美洲大陆的人，因为哥伦布到达的只是他自己没有到过的“新大陆”，这块“新大陆”对哥伦布与西方人来说也许是“新大陆”，但对于美洲原住民——印第安人来说却并不一定是新大陆，他们早在 4 万年前就已经从亚洲渡过白令海峡或者是通过冰封的海峡陆桥到达美洲了。

不管是哥伦布还是其他西方人登上的美洲大陆，都不是“首先发现”，在他们来之前这里不仅有几千万的居民，而且早在他们之前就已经有很多的亚洲人登上过美洲的土地，只是亚洲人不是为扩张势力范围和掠夺殖民地而来，而是为了寻找生活场所、躲避灾祸、文化交流或商业贸易，是一种和平的迁徙或探险，这与哥伦布和后来的西方殖民者形成了鲜明的对比。哥伦布到达美洲大陆虽然对西方世界是影响很大的事件，但由于印第安人与西方人都是人类，因此印第安人才是最早发现新大陆的人，只是他们的发现的影响不那么大而已。

哥伦布的航行有着深刻的社会原因、思想原因及经济原因，哥伦布的发现是历史上一个重大的转折点，成为美洲大陆开发和殖民的新开端，但这一发现却导致了美洲原住民印第安人文明的毁灭。

哥伦布一生从事航海活动，先后移居葡萄牙和西班牙，为了印证他从欧洲西航可达东方的印度和中国的想法，他先后向西班牙、葡萄牙、英、法等国的国王寻求协助，以实现出海西行至中国和印度的计划，但直至他去世都没有得到任何的帮助。

## 谁领导了佛罗伦萨的萨伏那罗拉起义？

生于弗拉拉的吉洛拉谟· 萨伏那罗拉（公元 1452 ～公元 1498 年）在公元 1494 年法王查理八世入侵意大利时，领导平民进行了萨伏那罗拉起义，恢复了佛罗伦萨共和国。

公元 1452 年 9 月 21 日，萨伏那罗拉生于意大利东北部城市费拉拉城，他的祖父名叫米歇尔·萨伏那罗拉，曾写过《帕多瓦颂》等作品，是当时有名的医生和地方志学者。萨伏那罗拉从幼年起，主要在接受 14 世纪保守的宗教教育，终身保持着虔诚的宗教信仰的祖父亲手教育下逐渐成长。

公元 1475 年 4 月 24 日，萨伏那罗拉离开费拉拉到博洛尼亚，并加入了多明我会，成为托马斯· 阿奎那的忠实信徒。公元 1479 年，萨伏那罗拉回到费拉拉，在一所修道院里讲授《圣经》。公元 1482 年，他被派到佛罗伦萨多明我派的圣马可修道院，从事讲道活动。他的渊博学识和严格的禁欲主义苦行生活，使他在那里赢得了很高声誉。

公元 1491 年，萨伏那罗拉就任圣马可修道院院长。公元 1494 年 9 月，觊觎意大利已久的法国国王查理八世乘机率军侵入意大利。当法国军队兵临佛罗伦萨城下时，萨伏那罗拉领导人民举行了公开的起义，高呼“人民与自由”的口号。起义成功后，萨伏那罗拉依靠各阶层人民，在佛罗伦萨恢复了 13 世纪末建立的共和国，他全权执政，着手进行政体改革。

公元 1497 年，他重点进行宗教改革，着手建立他理想中的神权国。次年 5 月，“激怒党”挑起群众暴动，攻入他所在的圣马可修道院，把他以及两个同伴逮捕下狱，严刑逼供。5 月 23 日，萨伏那罗拉以伪预言家、宗教分裂者及异端的罪名被绞死并被焚尸，他的两个同伴也同时遇难，共和国失败。

## 谁开辟了西欧直达印度海的航路？

公元 1497 年，瓦斯科· 达· 伽马（约公元 1460 ～公元 1524 年）奉国王之命，率领舰队从里斯本出发，绕过好望角，开辟西欧直达印度的新航路。

公元 1460 年，达· 伽马出生于葡萄牙一个名望显赫的贵族家庭，其父曾受国王若昂二世的派遣，从事过开辟通往亚洲海路的探险活动，并想开辟这一道海路，却在出发前逝世，达 · 伽马继承了他的遗志。

公元 1497 年 7 月 8 日，瓦斯科· 达· 伽马奉葡萄牙国王曼努埃尔之命，率领四艘船共计 140 多水手，从首都里斯本启航，他循着 10 年前迪亚士发现好望角的航路，踏上了探索通往印度新航路的航程，迂回曲折地向东方驶去。

在航行了将近 4 个月时间和 4500 多海里之后，他们来到了和好望角毗邻的圣赫勒章湾。向前将遇到可怕的暴风袭击，水手们均无意继续航行，而此时达· 伽马宣称不找到印度他是决不会罢休的，执意向前。圣诞节前夕，达· 伽达率领的船队终于闯出了惊涛骇浪的海域，驶进了西印度洋的非洲海岸，并于这一年的 4 月 14 日来到马林迪港口，马林迪酋长为达·伽马率领的船队提供了著名的阿拉伯航海家艾哈迈镕·伊本· 马吉德作为导航者。

同年 8 月 29 日，达· 伽马带着香料、肉桂与五六个印度人率领船队返航，于公元 1499 年 9 月带着剩下一半的船员胜利回到了里斯本。

达·伽马的一生既是航海家的一生，也是早期殖民者掠夺的一生，他开创的新航线，开辟了欧洲进行殖民掠夺扩张的新时代。公元 1502 年 2 月，瓦斯科· 达· 伽马为建立葡萄牙在印度洋上的海上霸权地位，率领船队开始了第二次印度探险。公元 1524 年 4 月，达伽马以葡属印度总督身份第三次赴印度，9 月到达果阿，不久染疾，12 月死于柯钦。

## 谁被称为“第一个拥抱地球的人”？

葡萄牙航海探险家麦哲伦是第一个率队完成环球航行人，即“第一个拥抱地球的人”。他环球航行的成功不仅开辟了新航线，还证明了地球是一个圆球，他的航行是世界航海史上的一大成就。

公元 1517 年，地圆说的信奉者麦哲伦，向葡萄牙提出了环球航行计划。虽然没有得到国家葡萄牙的支持，却受到了为获得更多财富，想向海外发展的西班牙国王所赏识，西班牙国王为麦哲伦装备了由 5 艘远洋海船、二百多名船员组成的远航探险船队，支持麦哲伦进行航海探险。

麦哲伦探险船队于公元 1519 年 9 月 20 日驶离西班牙，5 艘远洋海船在大西洋的惊涛骇浪中航行。公元 1520 年 3 月 31 日，麦哲伦发现了一个平静的港湾，并将它命名为“圣胡利安”港，船队驶入港湾，在那里抛锚过冬。

公元 1520 年 10 月 21 日，探险船队沿着南美洲海岸向南航行，发现了一条通往太平洋的海峡。在此过程中，“圣安东尼奥”号航船找不到船队，船上的主舵手乘机哗变，驾驶着风帆船返回西班牙，而麦哲伦却一无所知，以为它失踪了。麦哲伦船队只剩下 3 艘风帆船继续航行。后来人们为纪念麦哲伦，把这条海峡称为麦哲伦海峡。

公元 1521 年，麦哲伦船队横渡太平洋。同年 3 月麦哲伦因想要征服菲律宾一个岛上的土著居民，遭到了土著居民的反抗，被一支毒箭射中，最终客死他乡。麦哲伦

死后，他手下的人继续了麦哲伦未完成的航程，“维多利亚”号远洋帆船在麦哲伦船队的旗舰“特里尼达”号因船体漏水，无法继续航行后，渡过印度洋，绕过好望角，越过佛得角群岛，于公元 1522 年 9 月 6 日，回到了西班牙，完成了人类首次环球航行。

麦哲伦船队由出发时的二百多名船员到最后只剩下 18 名船员返回，5 艘远洋海船也只剩下“维多利亚”号远洋帆船，麦哲伦船队以巨大的代价取得了首次环球航行的成功，证明了地球是圆球形的，世界各地的海洋是连成一体的，因此，人们称麦哲伦是第一个拥抱地球的人。

## “斯德哥尔摩血案”发生于哪一年？

斯德哥尔摩血案发生于公元 1520 年 11 月 7 日到 10 日，是丹麦国王克里斯蒂安二世在丹麦军队成功占领瑞典斯德哥尔摩后下令执行的惨案。

这宗惨案除了是以小斯腾· 斯图尔为首的反对联合者与丹麦贵族（即克里斯蒂安国王）斗争的结果，也是起源于瑞典国内两派政治势力：支持联合（支持由丹麦主导的卡尔马联合）者和反对联合（支持瑞典独立）者的角力。

当时，瑞典认为特罗雷通敌并将他围困在堡垒中，选出小斯腾· 斯图尔来摄政。克里斯蒂安二世出兵救援特罗雷，但被斯图尔带领的农民军队打败，只得退回丹麦。他于公元 1518 年再次出兵瑞典，再次被斯图尔击退。公元 1520 年，克里斯蒂安率领法籍、德籍和苏格兰籍雇佣兵大军再次入侵，终于取得胜利。

1520 年 1 月 19 日，斯图尔在一次战役中负伤而死。丹麦军队遂长驱直进，直逼瑞典国会成员聚集的乌普萨拉。

5 月，丹麦海军加入战团，使斯德哥尔摩两路受袭。克里斯蒂娜顽抗了 4 个多月，终于 9 月 7 日向丹麦投降。这一年的 11 月 1 日，瑞典代表拥戴克里斯蒂安为瑞典世袭国王。11 月 7 日黄昏，克里斯蒂安召开私人会议，在王宫宴请了很多瑞典领导人。11 月 8 日薄暮间，拿着灯笼和火把的丹麦士兵闯入大堂，押走了一些人。当晚，克里斯蒂安将其余的宾客也囚禁起来。

11 月 9 日晚上 12 时整，反对联合的斯卡拉和斯特兰奈斯大主教被以特罗雷大主教为首的议会，以异端的罪名判处死刑，押解至大广场斩首。其后，14 名贵族、3 名市长、14 名镇议员以及 20 多个斯德哥尔摩平民都被溺毙或斩首。第二天，有更多人被处死，估计共有 82 人被杀。

## 谁是奥斯曼帝国掌舵时间最长的苏丹？

兼任伊斯兰教最高精神领袖哈里发之职的苏莱曼一世(公元 1494～公元 1566 年)，是奥斯曼帝国第 10 位、也是在位时间最长（公元 1520 年～公元 1566 年在位）的苏丹。

苏莱曼大帝是欧洲16世纪的一位杰出的君主，在他的统治下，奥斯曼帝国在政治、经济、军事和文化等诸多方面都进入极盛时期。苏莱曼在位期间，国内的政治经济发展迅速，因此，他在西方被普遍誉为苏莱曼大帝，而他也因在位时完成了对奥斯曼帝国法律体系的改造，被奥斯曼帝国国内和东方誉为卡努尼苏丹苏莱曼，“卡努尼”意为“立法者”。

苏莱曼大帝亲自统帅奥斯曼军队征服了基督教重镇贝尔格莱德、罗得岛及匈牙利的大部分，在与波斯（今伊朗）萨非王朝的战争中占领了大半个中东地区，并将西至阿尔及利亚在北非的大部地区纳入奥斯曼帝国版图。奥斯曼人的扩张态势一直到1529年的维也纳之围才被暂时遏制。苏莱曼大帝在位期间，奥斯曼帝国舰队称霸地中海、红海和波斯湾。

作为一个庞大帝国的舵手，他在位时期是奥斯曼帝国艺术、文学和建筑的黄金时代。苏莱曼大帝主持编撰的权威法典奠定了在他逝世后帝国数个世纪的法律制度基础，他亲自开创了社会、教育、税收和刑律等方面的立法改革。苏莱曼大帝不但凭借他自己的努力成为一名出色的诗人和金匠，还是文化的大资助人。

除此之外，苏莱曼大帝还迎娶了一位奴隶出身的后宫罗克塞拉娜，成为他的皇后许蕾姆苏丹，打破奥斯曼人的传统，许蕾姆苏丹不仅在帝国后宫有很大的影响力，还积极参与进苏莱曼大帝的政治生活。

## 欧洲资产阶级反对封建制度的第一次大决战是哪次起义？

公元1524年至公元1526年，德意志农民发动了大规模反封建起义，参加者阶层广泛。这次起义是宗教改革的顶点，在德意志历史上有深远的历史意义，被恩格斯誉为“欧洲资产阶级反对封建制度的第一次大决战”。

16世纪初，政治上处于封建割据状态的德意志工商业进一步发展，资本主义因素逐渐成长，教、俗诸侯维护封建特权，加紧了对农民的剥削压迫，试图恢复业已开始解体的农奴制，引起农民的强烈不满，西南部地区农民秘密结社，积极准备武装起义，并以宗教改革为先导展开反封建斗争。公元1524年夏，士瓦本南部的农民率先起义，起义者在平民思想家闵采尔的影响下，制定起义纲领“书简”，起义迅速蔓延到整个士瓦本，农军达到三四万人。

士瓦本联盟军司令特鲁赫泽斯一方面同几支农军达成停战协议，另一方面却企图伺机反扑。这几支农军为与官方进行谈判，拟订了著名的以减轻封建剥削为要求的“门明根十二条款”。公元1525年4月，特鲁赫泽斯背信弃义，镇压士瓦本起义军。同年3月底，弗兰科尼亚爆发了更大规模的农民起义。5月，起义军制定主张建立统一的德意志君主国的“海尔布朗纲领”。6月，起义被特鲁赫泽斯镇压。

这一年的3月，在闵采尔领导下图林根和萨克森的农民、平民和矿工起义，在米

尔豪森建立革命政权“永久市政会”占领市镇、城堡、寺院，将封建主的财产分给农民和平民。5月15日，黑森伯爵率联军在弗兰肯豪森击败起义军。起义军战死以及被杀者达5000人。闵采尔受伤被俘，英勇就义。

公元1526年夏，在盖斯迈尔指挥下，蒂罗尔地区农民起义军，多次打败奥地利大公和士瓦本联盟军，并追击溃逃之敌至萨尔茨堡，后来，盖斯迈尔率军退往威尼斯坚持斗争，德意志农民战争最终失败了。

德意志农民战争虽然失败了，但它的意义十分巨大，它强有力地冲击了天主教会在德国的统治，促进了宗教改革以及文艺复兴在整个欧洲的发展。

## 你知道谁是俄国历史上的第一位沙皇吗?

瓦西里三世与叶琳娜•格林斯卡娅之子伊凡四世•瓦西里耶维奇（公元1530～公元1584年），又被称为伊凡雷帝或“恐怖的伊凡”、“伊凡大帝”，是俄国历史上的第一位沙皇。

伊凡四世三岁即位，母亲暂时摄政，无奈当时大贵族们的横暴，各集团激烈争权、倾轧和谋杀，这些对伊凡四世性格的形成及其活动产生了深刻影响。公元1547年，加冕称沙皇之后他正式开始执政，他在公元1549年建立重臣会议，编纂新法典。公元1549至1560年，他在中央和地方的政治、行政、法律、财政、军队、宗教等方面进行改革。

伊凡四世的政府竭力强化国家中央集权，巩固专制统治。他在执政时期，制定了第一部军队条令——《贵族会议关于屯扎和守备勤务决议》。其军事改革以完善军事指挥体系，建立常备军，整顿俄国地方部队的勤务和调整俄国边境守备及屯扎勤务为基本内容。他的改革奠定了俄国正规军的基础。伊凡四世的改革，尤其是军事改革，使俄罗斯走向强大。

公元1547年开始，伊凡四世实行独裁统治。对内反对大贵族分立主义，给贵族势力具大的打击，具体表现在公元1565年建立了沙皇特辖地区制。伊凡四世消除了以前大公权力很小，受领主们很多限制的领主政体，打破了领主政体对沙皇权力的一切限制，建立沙皇专制政体，打击地方割据势力，统一俄罗斯，建立了中央集权的政体。

在对外政策方面，伊凡四世开始了俄罗斯的对外扩张，伊凡四世时期，俄罗斯开始成为多民族国家。公元1556年以后，俄国先后吞并了阿斯特拉罕汗国、大诺盖汗国以及巴什基尔亚，使北高加索许多民族归顺俄罗斯。而灭掉喀山汗国是俄罗斯历史上重大的转折点，标志着从此以后俄罗斯拥有强于蒙古鞑靼人的力量。

## 俄国君主何时将“沙皇”一词作为正式称谓?

“沙皇”，这一来自俄国人对拜占庭君主的称呼，俄国沙皇伊凡三世在位时已经使用过，但并没有被固定下来，伊凡四世在位期间正式成为俄国君主的称谓。

“沙皇”，即“царь”(“恺撒”的俄语发音)，这一称号来自被尊称为伊凡大帝的伊凡四世，他是俄国的第一任沙皇。早期俄罗斯人认为罗马帝国的继承人是拜占庭帝国，是宇宙的中心。俄罗斯人尊称拜占庭的君主为“沙皇”，而认为俄罗斯的大公们是拜占庭沙皇的大臣。

之后，俄国受到蒙古的统治，强盛的蒙古大汗还娶了拜占庭的公主为皇后，在蒙古鞑靼人的骇人听闻的统治下，俄罗斯人转而尊称蒙古大汗为“沙皇”，俄罗斯大公转而成为蒙古“沙皇”(即蒙古大汗)的大臣。随着蒙古人的衰落，俄罗斯人不愿意再尊称蒙古大汗为“沙皇”了，但始终不敢正式自称“沙皇”。

公元1547年，16岁的伊凡大帝发表了与他的年龄很不相称的讲话，他指出：自己要亲政并正式自称沙皇。他的讲话让领主们听得瞠目结舌并暗自赞叹，他们觉得伊凡四世的讲话是那么深思熟虑。最后伊凡大帝顺利成为了历史上第一位沙皇，莫斯科公国则被改为沙皇俄国，又称俄罗斯。

伊凡大帝一生取得许多令人惊讶的非凡成就，在伊凡四世之前，莫斯科的大公权力很小，他们的很多行为都受到领主们的限制。伊凡四世在位后打破了对沙皇的一切权力限制，领主政体被改为沙皇专制政体。伊凡四世的政府尽力巩固专制政权，国家中央集权得以强化。他还进行了改革，其军事改革的主要内容是：建立常备军，整顿俄国地方部队的勤务和调整俄国边境守备与屯扎勤务，完善军事指挥体系。

伊凡四世改革，尤其是军事改革，使俄罗斯逐渐走向强大。他还使俄罗斯跻身欧洲强国之林，在他统治时期，俄罗斯获得了较快的发展。同时，“沙皇”一词也成为俄国君主的正式称谓。

## 俄国等级代表君主制是何时确立的?

公元1549年2月召开的第一届缙绅会议表明俄国等级代表君主制的正式建立。

伊凡四世即位初期，王公与领主贵族(波雅尔)的割据势力还非常强大，沙皇政权极不稳固，而且还面临着国内阶级矛盾尖锐的问题。伊凡四世一方面依靠城市市民与服役贵族镇压人民起义，另一方面还必须不断同领主贵族开展激烈斗争。公元1549年2月底，为了调整统治阶级内部的关系，以加强自己对全国的统治，伊凡四世在莫斯科召开了有高级僧侣、领主贵族、服役贵族和政府高级官员等参加的联席会议。

这次会议宣布实行旨在巩固皇权的改革，并决定编纂新的法典以替代《1497年法典》，这是俄国历史上第一次“缙绅会议”，即等级代表会议，它的召开标志着俄国

等级代表君主制的建立。后来，凡遇国家大事，均由僧侣、贵族、城市民众三个等级代表参加的缙绅会议讨论决定。

但是，会议的期限与议程却由沙皇决定，除国家农民的代表偶尔参加会议外，占人口大多数的契约农与债农均被排挤在外，实际上，在会议上起着主导作用的是贵族。17 世纪上半期，频繁召开的会议，对巩固沙皇政权发挥了重要作用。公元 1613 年，缙绅会议选举米哈伊尔· 费多罗维奇为沙皇。公元 1648 ～公元 1649 年缙绅会议通过的《会典》表明了沙皇政权的巩固。17 世纪下半期，处于由等级代表君主制向绝对君主制转变时期的俄国，很少再召开缙绅会议。

公元 1683 ～公元 1684 年，俄国于最后一次召开缙绅会议，通过了同波兰缔结的《永久和约》。随着绝对君主制的确立，缙绅会议完成了它的历史使命，它也走向了消亡。

## 沙皇伊凡四世在哪场战争中惨败？

俄国沙皇伊凡四世（雷帝）为争夺波罗的海出海口以及波罗的海东岸土地，发动了与波兰、立窝尼亚骑士团、立陶宛和瑞典、丹麦的立窝尼亚战争，在这场战争中沙皇伊凡四世遭到惨败。

爱沙人、拉脱维亚人、立窝人、库尔人等波罗的海诸部落，自古以来都居住在战略地位相当重要的国家，相当于现在的爱沙尼亚。公元 1237 年，德意志封建主在这里建立了“持剑骑士团”，又称“立窝尼亚骑士团”。

公元 16 世纪，立窝尼亚出现若干独立城市和几个主教区。公元 1552 和 1556 年，立窝尼亚先后征服喀山汗国、阿斯特拉罕汗国。使俄罗斯形成统一国家的沙皇伊凡四世，又于公元 1558 年 1 月进攻“立窝尼亚骑士团”，同年攻占纳尔瓦和杰尔普特。公元 1559 年里加大主教和骑士团接受波兰国王兼立陶宛大公西格蒙特二世· 奥古斯都的保护，厄塞尔主教则接受丹麦国王的保护。

公元 1560 年，俄军占领费林和马林堡等地。公元 1561 年，骑士团瓦解，立陶宛占领立窝尼亚本土，库尔兰归属波兰，厄塞尔归属丹麦。瑞典乘机占领爱沙尼亚北部和主要港口列维尔。公元 1563 年，伊凡四世亲率俄军攻占立陶宛所属罗斯古城波洛茨克。公元 1564 年，俄军在乌拉河畔和奥尔沙两次战役中被打败，总指挥 A.M. 库尔布斯基背叛俄军，归顺立陶宛。到了公元 1569 年，波兰和立陶宛合并，组成统一的波兰 - 立陶宛王国。公元 1571 年，俄波两国签订停战协定。

公元 1572 年，西格蒙特二世逝世，波兰暂时退出战争，俄瑞双方交战。五年之后，俄军占领了除列维里和里加以外的立窝尼亚地区。到了公元 1576 年，斯特凡四世· 巴托里当选波兰国王，率军进入俄国腹地，公元 1579 年，攻克波洛茨克，公元 1580 年，又攻克大卢基，第二年，包围普斯科夫，同年，瑞军攻占纳尔瓦。俄军战败，被迫求和。

公元 1582 年，俄波两国在查波尔· 雅姆签订将立窝尼亚大部分地区和波洛茨克划归波兰的停战协定。第二年，俄瑞两国在普柳萨河畔签订将纳尔瓦和芬兰湾全部海岸归瑞典的停战协定，历时 25 年的立窝尼亚战争以俄国的彻底失败而告终。

## 丹麦与瑞典之间何时爆发了“北方七年战争”？

公元 1563 年，丹麦为了争夺波罗的海的霸权，同瑞典进行了一场长达七年之久的战争，史称“北方七年战争”，这场战争以双方签订《什切青和约》结束。

16 世纪中叶，在瓦萨王朝统治下的瑞典，逐渐成为北欧的新兴强国。力图对外扩张控制整个波罗的海的瑞典将昔日的宗主国丹麦视为最大的障碍和对手。公元 1560 年，埃里克十四世在其父瑞典国王古斯塔夫一世（公元 1523 年～公元 1560 年在位）去世后继位，他使用“三顶王冠”作盾徽，以表示瑞典有权统治已不复存在的斯堪的纳维亚联盟，并成为丹麦、挪威的宗主国。

后来瑞典同西班牙结盟，两国就征服与瓜分丹麦问题达成了秘密协议。丹麦力图夺回在波罗的海的霸主地位，同时恢复昔日的斯堪的纳维亚联盟，并觊觎瑞典控制的波罗的海东部和通向俄罗斯的贸易路线。丹麦在伯爵之战结束后的复兴时期实力有了恢复，因而联合了在这一地区有重大贸易利益的汉萨同盟盟主吕贝克和与瑞典有领土争执的波兰向瑞典发起进攻。

战争一开始，丹麦及其盟国就对瑞典实行海上封锁，并在公元 1563 年攻克瑞典要塞埃耳夫斯堡，切断了瑞典通往北海的出路。但是，战争在公元 1565 年出现了转机，瑞典新建的舰队打破了丹麦的封锁，取得了制海权。陆战方面丹麦开始向斯德哥尔摩进军。

公元 1568 年，埃里克十四世在瑞典发生争夺王位的内战中被推翻，但是丹麦未能利用有利时机获得决定性胜利，双方各有胜负。经过两年多艰苦的谈判，双方缔结了瑞典向丹麦付出巨额赔偿赎回埃耳夫斯堡的《什切青和约》，瑞典向北海扩展和争夺波罗的海霸权的企图也受到遏制。

战争虽以丹麦取得优势而结束，但丹麦已没有能力恢复其在波罗的海的霸权。

## “特辖制”曾给俄国带来了 场“白色恐怖”吗?

在立窝尼亚战争的失利和领主的背叛，导致伊凡四世于 1565 年 1 月宣布实行为摧毁王公和领主的封建割据势力、巩固俄罗斯中央集权国家制定的“特辖制”这一非常制度，这一制度曾给俄国带来了一场“白色恐怖”。

“特辖制”将全国领土划分为特辖区与领主辖区两部分，其中特辖区由沙皇直接管辖，包括全国军事上和经济上最重要的地区以及一部分城市；领主辖区则由领主杜马管辖。为了镇压领主和王公的反抗，建立了一支主要由服役的中小贵族组成的、绝

对效忠沙皇的特辖军，起初有1000人，后上升到5000～6000人。

在“特辖制”期间，伊凡四世不仅处死斯塔里茨基王公弗拉基米尔·安德烈耶维奇、罗斯托夫王公C. 洛巴诺夫－罗斯托夫斯基以及莫斯科总主教菲利普等参与叛乱的王公领主和教会上层，而且镇压了一批反对特辖制的中小贵族。被遣走的特辖区内的王公与领主的世袭领地被分配给特辖军和中小贵族，特辖军到处烧杀掳掠，一时间恐怖气氛笼罩全国。

公元1567年，费多罗夫等4名领主的“叛国案”被揭发，有400人受株连被处死。公元1570年，伊凡四世宣布诺夫哥罗德参与了叛国阴谋，亲率特辖军对诺夫哥罗德进行了为期6周的血腥讨伐，恐怖浪潮达到顶点。每天都有1000到2000名贵族、商人、市民和农民被杀害，一座繁华的商业城市顿成死城。

就在返回莫斯科途中，伊凡四世又血洗了普斯科夫和特维尔城。公元1572年，伊凡四世鉴于王公和领主反对派已基本被消灭，为集中力量继续进行立窝尼亚战争，宣布废除不得人心的特辖制。

特辖制剥夺了王公和领主的政治权利，摧毁了他们赖以生存的世袭领地，中小贵族的军功封地逐渐取代领主的世袭领地。但另一方面，它巩固了俄罗斯中央集权国家，所以它有一定的进步作用。

## 哪次革命成功拉开了资产阶级革命的序幕？

爆发于尼德兰的资产阶级革命是人类历史上第一次成功的资产阶级革命，同时也是反对西班牙统治的民族解放战争。这次革命成功拉开了资产阶级革命的序幕。

“尼德兰”本意是低地，指莱茵河、谢尔德河下游及北海沿岸地势低洼的地区，包括今荷兰、比利时、卢森堡和法国北部的一小部分。当时的统治者西班牙国王腓力二世实行的高压政策，不仅激起尼德兰人民的极大愤慨，就连尼德兰贵族也因在政治上受到排斥而日益不满，尼德兰贵族利用人民运动日益高涨的形势，组成以中小贵族为主的“贵族同盟”。公元1566年8月11日，佛兰德尔的一些工业城市中的城市贫民和手工工场工人发动起义，起义者冲进教堂和修道院，捣毁圣像、圣徒遗骨和遗物，没收教会财物，焚毁地契和债券，斗争的锋芒首先指向西班牙反动势力的精神支柱——天主教会。

运动从南部开始迅速席卷了西兰、荷兰、不拉奔、弗里斯兰等12个省区，起义群众捣毁寺院以及教堂5500多所。他们不仅破坏圣像，还烧毁债券和契约，到处强迫市政当局停止迫害新教徒，限制天主教僧侣的活动，承认新教徒信仰自由，起义者甚至准备夺取城市领导权，日渐高涨的群众性革命运动成为尼德兰革命的开端。

公元1567年春，运动遭到血腥镇压，同年8月，西班牙国王腓力二世派阿尔发为尼德兰总督，血腥镇压尼德兰革命者，并推行新的税制。尼德兰人民被迫在南方密林中，组成森林乞丐游击队；而在北方沿海，组成海上乞丐游击队，继续英勇反抗西班牙的暴政。

公元1576年11月8日，为了恢复南北统一，共同反对西班牙的统治，南北各省代表缔结《根特协定》。公元1609年1月9日，西班牙国王腓力三世无奈与荷兰签订《十二年停战协定》，实际上承认了荷兰的独立。

在北方尼德兰革命获得了完全胜利，世界上第一个资产阶级共和国在欧洲被建立起来了。

## 你知道俄国政治家波扎尔斯基吗？

波扎尔斯基（公元1578～公元1642年），全名德米特里· 米哈伊洛维奇· 波扎尔斯基，他是17世纪初俄罗斯国家混乱时期领导民众反对瑞典和波兰干涉的重要领袖之一。

出身于破落的贵族之家的波扎尔斯基，拥有公爵头衔，在苏兹达尔地区还有世袭领地。沙皇鲍里斯· 戈东诺夫统治时期，他在政府里担任公职。忠于沙皇瓦西里· 伊万诺维奇· 叔伊斯基的波扎尔斯基在波兰人扶植假沙皇伪德米特里二世侵入俄罗斯之后，领导军队反击入侵。公元1610年6月24日，叔伊斯基在战役中遭到惨败，不久被叛变的贵族集团推翻。后来伪德米特里二世也被杀。实际上俄罗斯处于波兰军事占领之下。

不久，瑞典国王卡尔九世也以援助俄国为借口公开介入，并占领了诺夫哥罗德。部分俄国大贵族企图妥协，并拥立波兰国王西吉斯孟三世之子瓦迪斯瓦夫做沙皇，这遭到俄罗斯人民的强烈反对。公元1611年，波扎尔斯基在莫斯科参加了该城市民反对干涉者发起的武装起义，在这场战斗中不幸负伤。这一年的年末他和另一位主要军事领袖库兹马· 米宁会合，开始共同领导民军，并在公元1612年10月26日解放了莫斯科。

在罗曼诺夫家族的米哈伊尔· 费奥多罗维奇被全俄“缙绅会议”选为沙皇以后，波扎尔斯基在政府中担任过许多重要职务。后来，他以督军身份参加了1632年至1634年的俄波战争。波扎尔斯基逝世后，遗体安葬在苏兹达尔，他和米宁的纪念雕像竖立在莫斯科华西里· 柏拉仁诺教堂前。

## 谁是“乌兹别克杰出的政治家和军事家”？

生于乌兹别克穆斯林贵族家庭的阿卜杜拉汗二世（约公元1533～公元1598年）被史学家称为“乌兹别克杰出的政治家和军事家”。他曾是中亚布哈拉汗国君主（公元1583～公元1598年在位），他的父亲伊斯坎达尔是米安卡里（在布哈拉和撒马尔罕之间）地区领主，他一直受伊斯兰教的传统教育。

16 世纪中期，布哈拉汗国处于封建割据的混战状态。公元 1551 年，阿卜杜拉领军在喀尔米奈城挫败塔什干领主巴拉克汗的进攻。后来，他在当地苏菲派长老的赏识和推荐下，成为同巴拉克汗相抗衡的军事领袖，并在逐鹿河中的斗争中获得胜利。公元 1557 年，他攻占了后来变成汗国的政治和伊斯兰文化中心的布哈拉。公元 1561 年，他拥立其父伊斯坎达尔为汗，而实权实际上掌握在自己手中。接着，他以强大的兵力削平了地方割据势力。

公元 1583 年，阿卜杜拉继承汗位，开始健全行政管理制度，推行伊斯兰教法，加强中央集权，汗国日渐强盛。之后他深入钦察草原腹地，开始向外扩张，在吉兰努乌提峡谷立有远征碑文。公元 1584 年至公元 1586 年，阿卜杜拉先后征服帖木儿后裔统治的巴达克山与伊朗萨法维王朝统治的呼萝珊大部分土地，并占领谋夫、赫拉特和麦什特等城市。公元 1591 年到公元 1595 年间，他还曾 3 次远征花剌子模，逼其就范。

阿卜杜拉对外同萨法维王朝相对抗，还同印度莫卧儿帝国与奥斯曼帝国结盟，并注意发展同中亚、西亚各国的经济与文化联系。他对内改良灌溉工程，鼓励发展农业和商业，减轻赋税，改革币制，修筑道路，使经济复兴。他奉伊斯兰教逊尼派教义为国教，对苏菲派道堂赐有瓦克夫土地，宫廷中聘有伊斯兰教学者担任宗教顾问。

阿卜杜拉在布哈拉奖掖学术文化，学者荟萃，在史学、文学等方面也都作出了贡献。兴建有伊斯兰教经学院、清真寺和其他宗教建筑，史学家称其为“乌兹别克杰出的政治家和军事家”，公元 1598 年逝世。

## 谁被世人誉为“国际法始祖”？

古典自然法学派主要代表之一的胡果· 格劳秀斯（公元 1583 ～公元 1645 年）是近代自然法理论的创始人之一，同时也是世界近代国际法学的奠基人，被世人誉为“国际法始祖”。

胡果· 格劳秀斯可以说是一个天才，他 14 岁便入大学；16 岁跟随荷兰大使赴法兰西；20 岁担任官修《荷西战史》总编辑；25 岁成为荷兰等省检察长。然而格劳秀斯的成功并不仅限于此，他的著作还系统而全面地阐述了近代国际法的基本原理，这使他成为近代国际法学的奠基人，进而被世人誉为“国际法始祖”。其中，格劳秀斯的两大贡献不能让人忘记：首先，他是真正意义上阐述了国际法的概念的第一人；其次，公海自由的经典理论是由他提出的。

当然，相比之对国际法概念的阐述，格劳秀斯的公海自由才是他的经典理论，对于世界人民的交往和经济的交流有着积极的意义。在《海上自由论》一书中，格劳秀斯猛烈抨击了葡萄牙对东印度洋群岛贸易和航线的垄断。他认为，“海洋是取之不尽，用之不竭的，是不能占领的，应向所有国家和人民开放，让他们自由使用”。时至今日，格劳秀斯的“公海自由”已然作为一项国际法原则，被全世界人民所接受。

公元1982年的《联合国海洋公约》规定的六个方面的自由，也是源自于“公海自由”的精神，因为它规定这些自由对沿海国和内陆国一律适用。它进一步地规定：航行自由；飞跃自由；铺设海底电缆和管道自由；建造国际法所容许的人工岛屿和其他设施的自由；捕鱼自由；科学研究自由。这些成为人们共同遵守的规定。

因此，现代的我们在海上旅行的时候，一定要想到让我们能在海上自由航行，而不受强大帝国的干扰的格劳秀斯。

## 西班牙“无敌舰队”真的天下无敌吗？

公元1588年8月，西班牙与英国为了争夺海上霸权，在英吉利海峡进行了一场激烈壮观、举世瞩目的大海战。这次海战之中，最令人奇怪的是，称为“最幸运的无敌舰队”西班牙号及其“无敌舰队”几乎全军覆没，证明它并不是天下无敌。

16世纪，西班牙为了保障其海上交通线及其在海外的利益，建立了一支拥有3000余门大炮、100多艘战舰、数以万计士兵的强大海上舰队，最盛时期舰队达到千余艘舰船，这支舰队横行于大西洋和地中海，骄傲地自称为“无敌舰队”。

16世纪中期，英国和西班牙的矛盾加剧。罗马教皇因英国女王伊丽莎白于公元1587年处死了信奉天主教的玛丽，颁布诏书，号召对英国进行圣战。西班牙以此为借口，扩编了海上舰队，命名为“最幸运的无敌舰队”，向英国进发，开始对英宣战。这次海战中，西班牙武器先进，战船威力巨大，实力强大，且兵力达3万余人；而当时英国军队规模小，整个舰队的作战人员也只有9000人，两军相比，悬殊巨大，西班牙显而易见占据了绝对优势。

当时，双方主要使用的火炮有三种：长重炮、加农炮、皮里尔（射石炮，已过时），西舰另外还有其他多种的杀人火炮。因为英舰使用的是射程较远、威力较低的长重炮，西舰装备的大多是短射程、威力大的加农炮，因此英舰在攻击时总是能保持相对安全的距离。

纵向发射是西班牙采用的战术，西班牙在舰队上有许多武装士兵，还有神父，近距离作战时则是冲撞和采取登船作战；而英国拥有优秀的炮手，采用舷侧发射，并以其较长射程，避开与西舰的登船作战。

因此，这场海战的结局以势力弱小的英国大获全胜而告终，“无敌舰队”差一点全军覆没，从此以后西班牙急剧衰落，“海上霸主”的地位开始被英国取而代之。

## 谁成就了西班牙历史上最强盛的时代？

哈布斯堡王朝的西班牙国王（公元1556～公元1598年在位）腓力二世（公元1527～公元1598年）执政时期是西班牙历史上最强盛的时代，西班牙的国力在腓力

二世统治下达到巅峰。

强大的神圣罗马帝国皇帝查理五世（西班牙的卡洛斯一世）是腓力二世的父亲，伊莎贝拉（葡萄牙人）是他的母亲。公元 1556 年，在查理五世宣布退位后，腓力二世继承了哈布斯堡帝国除家族起源地奥地利与德意志之外的其他所有部分，包括尼德兰、西西里、西班牙与弗朗什孔泰、那不勒斯、米兰及全部西属美洲和非洲殖民地。

腓力二世继续执行其父在西班牙实行的一切强化中央集权的制度。腓力二世扑灭了公元 1590 年至公元 1591 年阿拉贡为保持其自治地位而发动的暴动，在他统治时期，中央政府真正开始剥夺一些历史上的王国和民族地域的独立性。他为了更有利于王室获得直接的税收，取消一些城市的自治法规。在腓力二世时代，西班牙的集权程度和官僚体系的臃肿可与东方国家"媲美"。

腓力二世对低地国家实行毫不妥协的铁腕统治。公元 1567 年，他任命著名的将领和刽子手阿尔瓦公爵为尼德兰总督，严厉镇压尼德兰人民的一切反抗活动，大约处死了 8000 人。

除此之外，腓力二世是坚定而狂热的天主教徒，这大大影响了他在一些问题上的判断，并使政府卷入一系列宗教纷争，特别是由于腓力二世希望铲除各种异端或异教的决心，中世纪的宗教审判和迫害异端在他统治时期达到登峰造极的程度。他的很多政策中都能看到宗教信仰的影子。腓力二世非常支持天主教宗教裁判所，使大批持异端邪说的人在火刑（火刑柱）上消失殆尽。他的另一项政策则使 1568 年到 1570 年被强制迁徙到西班牙内地的摩尔人受到残酷迫害。

尽管西班牙有美洲殖民地的强力支撑，但仍未能解决军费浩荡造成的财政危机，腓力二世为保障无休止的军事行动不得不多次增税。其在公元 1557 年、公元 1575 年和公元 1598 年 3 次宣布国家破产，他的去世，也就标志着西班牙的衰落。

## 你知道西班牙作家塞万提斯参加过哪次海战吗？

发生于 1571 年的勒班多海战，由西班牙王国、教宗国、萨伏依公国、威尼斯共和国、热那亚共和国和马尔他骑士团组成的神圣同盟舰队，在这场战斗中击溃了奥斯曼海军。西班牙作家塞万提斯曾经是勒班多海战中的一名士兵，并且在战斗中受了伤。

这场战争是欧洲基督教国家联合海军与奥斯曼帝国海军在希腊勒班陀近海展开的一场海战。公元 1571 年 10 月 7 日早上，神圣同盟海军总司令唐胡安激励舰队全员，展开了对奥斯曼帝国海军的作战。开战后，配置在神圣同盟军左翼及中央的加莱赛战船手首先炮击土耳其军的排桨船，并成功击沉、击伤其中几艘，土耳其舰队的部署成功地被先发制人的神圣同盟军打乱。然而，土耳其左翼舰队指挥官却为防止侧翼受到包围而调开南翼舰队。同时，两军在北部战线也开展了激烈的战斗，同盟军左翼舰队与土耳其军右翼舰队在沿岸一带开始进行战斗。

熟悉地形的土耳其军成功迂回到同盟军的后方，并用弓箭射杀对方的司令，没有指挥官协调的同盟军左翼顿时大败。不久，同盟军左翼舰队的新指挥官重整舰队阵势，保留了舰队的力量。此外，土耳其军北翼由于土耳其右翼舰队司令被同盟军枪杀，开始出现混乱，各舰开始溃逃。然而，在南方战线中，同盟军右翼舰队却和土耳其军左翼舰队隔海对峙，相互进行包围和突破，形成胶着状态。

同日下午，土耳其军旗舰与同盟军的旗舰接舷，两军的中央部队出现激烈的战斗。此时，唐胡安命士兵用火绳枪射击土耳其军士兵，致使不少土耳其军士兵被射杀，包括土耳其军总司令阿里• 巴夏亦，土耳其军开始出现大混乱。在土耳其军舰中负责摇桨的基督徒纷纷向唐胡安投降，导致同盟军战力增加不少。

南方战线中，孤军面对同盟军三支舰队包围，土耳其左翼舰队司令官心知不妙的，开始撤退。直到下午四时后，同盟军旗舰的桅杆上挂上土耳其军总司令阿里• 巴夏的首级，战事才告结束。

## 谁为今日罗马尼亚的疆域奠定了基础?

米哈伊（公元 1558 ～公元 1601 年），在历史上首次将瓦拉几亚、特兰西瓦尼亚和摩尔达维亚三个小国统一在一起，他的统治虽然仅仅持续了 6 个月，但是已经奠定了今日罗马尼亚疆域的基础，因此他被称为是“罗马尼亚最伟大的民族英雄之一”。

奥斯曼帝国开始在公元 14 世纪末入侵罗马尼亚各公国，罗马尼亚各公国君主依靠农民、小地主和商人，进行了维护民族独立的斗争。在占绝对优势的土耳其军队压力下，瓦拉几亚公国于公元 1415 年臣服于奥斯曼帝国，摩尔多瓦也于公元 1489 年沦为土耳其附庸。公元 1541 年，特兰西瓦尼亚也被迫臣服于土耳其。

公元 1593 年 10 月 11 日，自称是前任瓦拉几亚王公的私生子的米哈伊在奥斯曼帝国的扶植下成为瓦拉几亚的君主。他与特兰西瓦尼亚和摩尔达维亚在公元 1594 年秋签订盟约之后，起兵反抗奥斯曼帝国，参加神圣罗马帝国发起的十三年战争。次年，米哈伊同特兰西瓦尼亚签订条约，承认其宗主权之后，在特兰西瓦尼亚的援助下，在克卢格雷尼沼泽地带设伏，以少胜多，大败土军。

在之后不久的斗争中，他又屡次击败奥斯曼帝国军队。公元 1598 年，土耳其以放弃包括布加勒斯特在内的多瑙河沿岸大片地区为条件与之签订和约。第二年 10 月 18 日，米哈伊彻底击败安德鲁•巴托里的军队，征服了特兰西瓦尼亚。公元 1601 年初，他已经被逐出特兰西瓦尼亚和摩尔达维亚，东瓦拉几亚也被波兰军队占领，米哈伊试图通过重新投靠鲁道夫二世来挽回颓势。但是被认为其野心难驯，两面三刀，又失去利用价值，鲁道夫二世授意部下在 8 月 9 日将其刺杀，之后国土分裂，再度从属于奥斯曼帝国。

## 世界上第一份有关宗教宽容的敕令是在何时颁布的?

公元 1598 年 4 月 13 日，法国国王亨利四世签署颁布了承认法国国内胡格诺教徒的信仰自由，并在法律上享有和公民同等的权利的南特敕令。这条敕令也是世界上第一份有关宗教宽容的敕令。

16 世纪中叶以后，新教的加尔文教派逐渐在法国境内活跃，马丁·路德也在德意志境内推行新教宗教改革。他们的出现，令原本的天主教徒感到受威胁，但新教教徒的影响力日益增力，双方发生冲突。公元 1559 年，法国国内的新教教徒组成了胡格诺集团，对抗捍卫天主教的统治阶层吉斯家族。公元 1562 年，双方爆发武装冲突，史称“法国宗教战争”。

公元 1598 年 4 月 13 日，法国国王亨利四世为结束胡格诺战争在南特城颁布保证不追究胡格诺战争中的一切行为的敕令，胡格诺派获得信仰自由，有权建造教堂和召集教务会议；在法律上享有公民的一切权利；在审讯新教徒时组成新旧教法官混合法庭；在军事上允许胡格诺教徒保留 100 多座城堡，拥有军队和武器；在政治上与天主教徒一样，新教徒有权担任各种官职和向国王进谏。这是欧洲历史上第一个保证宗教宽容的文献。

亨利四世签署了这条敕令后，立刻遭到了天主教徒的强烈反对，此外，教宗克莱孟八世对此敕令的评价也十分负面，称之为“这是对我有害的东西”。为了安抚天主教徒，亨利四世宣布天主教为国教。然而，这却是世界上第一份宗教宽容的敕令，亦是自罗马帝国后，欧洲史上第一次的宗教并存。

亨利四世去世后，敕令并没有得到认真执行。法国首相黎塞留于 17 世纪 20 年代以武力镇压胡格诺教派，剥夺了他们政治上和军事上的权利。法王路易十四也于公元 1685 年 10 月 18 日，颁布法令，彻底废止南特敕令，导致数年内 25 万以上的新教徒逃往英格兰、普鲁士、荷兰和美洲。

## 俄国鲍洛特尼科夫起义兴起于何时?

公元 1606 年至公元 1607 年，一场由逃亡农奴 И. И. 鲍洛特尼科夫领导的俄国农民反对农奴制度的起义在俄国兴起，史称鲍洛特尼科夫起义。

16 世纪下半期，封建俄国颁布了一系列法令，把农民强制束缚在地主的土地上。由于封建经济的发展，农奴制得到了近一步的发展，大批农民丧失生产资料，沦为农奴，导致阶级矛盾日益激化。公元 1601 到公元 1603 年，天灾人祸，连年饥馑，粮价飞涨，民不聊生，农民和农奴纷纷逃亡到南方，由此而引发了暴动。终于公元 1606 年夏天，爆发了逃亡农奴 И. И. 鲍洛特尼科夫领导的农民战争。

起义在乌克兰普季夫尔爆发，并迅速发展。这场战争，阶级基础雄厚，农民、农奴、城市工商业者、射击军、哥萨克和部分贵族加入了义军，鲍洛特尼科夫率队伍经克罗梅、谢尔普霍夫，向莫斯科挺进。公元1606年10月，起义军开始围攻莫斯科。

在起义的过程中，鲍洛特尼科夫发布文告，惩处封建主，夺取他们的田庄和财产；号召农民、奴仆和莫斯科下层居民拿起武器，“杀死贵族与所有的商人”；宣布要推翻沙皇瓦西里四世•舒伊斯基，另立“好沙皇”——伊凡四世的儿子德米特里。

此政策深得人心，得到了广大下层农民的支持。起义军声势大振，两个月内，战争就席卷了大半个俄国。瓦西里四世采用多种手段瓦解起义运动，包括收买、离间手段，诱使起义军中的贵族分子倒戈，集中全力镇压起义者。这一年的12月2日，两军在莫斯科城下决战，起义军失利，鲍洛特尼科夫率领余部退守卡卢加。

公元1607年5月，起义军转移到图拉，在那里顽强抵抗率兵征讨的瓦西里四世近4个月之久，最后在沙皇决河淹城和允诺赦免所有起义者的诱骗下出降。但沙皇背弃诺言，鲍洛特尼科夫于公元1607年10月被逮捕，在次年的流放中被杀害。

鲍洛特尼科夫起义失败的原因有很多，一方面由于没有明确的政治纲领，缺乏统一领导和严密组织；另一方面，没有看清楚敌人的真面目，终于被镇压下去了。但这次起义是俄国农民反对农奴制度的第一次重大行动，是17世纪初农民战争的高潮。

## 谁是瑞典历史上最杰出的“北方雄狮”？

古斯塔夫二世•阿道夫是瑞典历史上最杰出的国王、政治家、军事家。公元1611～公元1629年，他为谋求波罗的海霸权，先后同丹麦、俄国和波兰进行战争，并取得胜利。在当时，被誉为“北方雄狮”。

古斯塔夫二世•阿道夫（公元1594～公元1632年）出生于斯德哥尔摩的皇室家庭，是瑞典瓦萨王朝创立者古斯塔夫•瓦萨的孙子。公元1610年，他曾随父出征，与丹麦作战。公元1611年，年仅16岁的他宣布继位。公元1612年到公元1613年，他与丹麦军队作战失败，被迫割地求和。

公元1614年到公元1617年，他率军对俄国开战，并取得战争的胜利，获得芬兰湾周围土地。后进行军事改革，实行普遍征兵制，精简军队编制，改善武器装备，建立战斗力强大的常备军，使炮兵变成独立兵种，并使其与步兵、骑兵和后勤兵密切配合，采取灵活的线式战术。公元1621年，他又发动历时八年的对波兰战争，接连获胜，几乎全部占领波罗的海沿岸。

公元1630年，古斯塔夫二世•阿道夫率军参加战争，深入德意志腹地。公元1631年，他在布莱登菲尔德战役中击败蒂利率领的神圣罗马帝国军，获得“北方雄狮”称号。次年，他在列克河之战再次击败蒂利，攻占纽伦堡，进逼慕尼黑。同年11月16日，在吕岑会战中，他击败华伦斯坦率领的帝国军，但本人亦阵亡，终年38岁。

但是，“北方雄狮”开创的军事制度并没有随着雄狮的陨落而逝去，他在历史上

首次将“职业化”、“正规化”和“现代化”引入了军队和战争，其军事创新成为欧洲军队的标准和楷模，其“全新战术”影响西方军事达一个多世纪之久。在此后一百年中，瑞典的军事实力一直强大无比，俨然波罗的海地区的霸主。

古斯塔夫二世• 阿道夫无论在欧洲军事史上还是在世界军事史上，都是一位极具影响力的伟大统帅，被现代人称作“现代战争之父”，和亚历山大大帝、恺撒、腓特烈大帝、拿破仑等帝王名将一样，成为西方顶级军事家的代名词。

## 《威斯特伐利亚和约》是哪次战争的产物?

公元 1618 ～公元 1648 年，波希米亚人民为反抗奥地利帝国哈布斯堡王朝统治，发动了长达三十年的战争。这场战争使得罗马帝国的内战演变成全欧参与的国家战争。战争结果是哈布斯堡王朝战败，并签订《威斯特伐利亚和约》。这场战争是欧洲各国争夺利益、树立霸权以及宗教纠纷剧化的产物。

公元 1618 年 5 月 23 日，波希米亚首都布拉格的新教徒发动起义，冲进王宫，将神圣罗马帝国皇帝的两名钦差从窗口投入壕沟，并成立临时政府，由三十位成员组成，宣布波希米亚独立。

公元 1645 年 3 月，瑞典军在波希米亚大败神圣罗马帝国军。该年 8 月，法军又于纳林根会战击溃神圣罗马帝国军，神圣罗马帝国皇帝的德意志领土大部分被占领。公元 1648 年，法瑞两国联军再在处斯马斯豪森会战及兰斯会战完胜神圣罗马帝国军。战争至此，双方都已元气大伤，双方于该年 10 月达成和解协议，缔结了《奥斯纳布吕克条约》与《明斯特和约》两个条约，合称《威斯特伐利亚和约》，至此三十年战争完全结束。

德意志作为三十年战争的主要战场，经济遭到极大破坏，其内部分裂也因战后诸侯国各割地盘而不可逆转，间接令神圣罗马帝国变得名存实亡。

这场战争后，荷兰与瑞士的独立受到保障，瑞典国王取得了德意志的波罗的海沿岸的大片土地，并因此成为了德意志的诸侯，可以随时插手德意志的内部事务。而且瑞典亦得到五百万杜卡登的赔款，并从此一跃成为北欧强国。而荷兰更为新的海上霸主。西班牙在战争中不论陆战还是海战均告失利，并从此失去了欧洲一等强国的地位。法国在这场战争中取得了阿尔萨斯与洛林，并获得了欧洲霸主的地位。

## 荷兰是什么时候从中国手中骗得了台湾?

在中国成为西方列强侵略的对象之后，中国的台湾，更成为西方殖民者侵略的第一批目标，而荷兰却于 1624 年，以欺骗的卑劣手段，霸占台湾长达 38 年。

荷兰对台澎的野心由来已久。早在公元 1604 年 8 月，在进攻已被葡萄牙人占领的澳门的计划破产后，荷兰武装船队在韦麻郎的指挥下，开始转向当时因为春汛结束没有明朝驻军的澎湖岛。得知这一消息后，明朝福建都司沈有容率领武装在澎湖登陆，严令韦麻郎退下海去。面对武力威逼，荷兰军队被迫退出澎湖，回到巴达维亚。然而第一次失败后，荷兰并没有停止对台澎地区的侵略野心，一直在筹划新的战争，以后荷兰利用在澎湖的基地，不断搔扰中国大陆，严重危害东南沿海民众的生产和生活。

明朝政府决心保卫台湾海峡的正常生产秩序，把荷兰殖民者从澎湖赶走。公元1624年2月8日，福建巡抚南居益派遣守备王梦熊率领的水军，在澎湖北部吉贝屿、白沙岛东部登陆，向荷兰殖民者发动进攻，双方激战数次，荷兰殖民者难以坚持，8月间退守风柜尾的荷兰新任司令宋克同意撤出澎湖，福建当局则允许他们到台湾进行贸易活动。这又为荷兰侵占台湾提供了机会。

殖民者为达到侵略目的无所不用其极。公元1624年9月，宋克指挥的荷兰武装船队，在离开澎湖风柜尾后来到台湾大员。当时，荷兰人装出一付可怜样，提出只要借用"一张牛皮大的地方"就行了，善良的中国人当然信以为真，以为荷兰人只是为停船上岸，所需地方不大，也就同意了。殖民者的狡猾骗过了中国人。

那么，在殖民者眼中，一张牛皮大的地方究竟有多大呢？当地的中国人要求荷兰人承诺"一张牛皮大的地方"时，无耻的殖民者竟然把一张牛皮分割成很细的皮线，连接起来圈地，这就是"一张牛皮"。荷兰在中国台湾建造的内城于公元1632年底完工，外城在2年后完工，它是建立在中国台湾的第一个外国侵略者的据点。

荷兰殖民者在台修建热兰遮城的同时，又在台江对面的赤坎修建仓库、住宅、商业区，定名为普罗文查城，后改名为赤坎楼，成为其在台的第二个据点。荷兰占领台湾38年，共有12任总督。

## 你知道葡萄牙光复节是哪一天吗？

公元1640年12月1日，是葡萄牙贵族发动革命，囚禁代表西班牙统治葡萄牙的皇室成员曼度亚公爵夫人的日子。12月2日，若奥四世开始以国家主权代表的身份，致函埃武拉市政厅宣布政令，葡萄牙作为一个国家的地位，也从此恢复。葡萄牙恢复独立纪念日或光复节，就是为了纪念这一发生在公元1640年12月1日的伟大历史事件。

公元1640年5月，巴塞罗那爆发了起义，为了镇压这次起义，葡萄牙的贵族们都收到了让他们去加泰罗尼亚参战的动员令，这项动员令让忍耐已久的葡萄牙上层阶级再也坐不住了，大家开始聚集在当年的王位继承人女公爵卡塔琳娜的孙子、如今的布拉甘萨公爵若奥的周围，策划着一次干脆彻底的行动。

这一年的12月1日上午九点左右，40名王公贵族突然冲进里贝拉王宫，控制了宫廷卫队，随后抓出来代表菲利普行使权力的他的表妹曼图阿女公爵和她的国务大臣米格尔· 德· 瓦斯贡塞洛斯，在将米格尔· 德· 瓦斯贡塞洛斯处死之后，这些人逼迫

女公爵命令圣若热城堡和特茹河各要塞的西班牙守军立即缴械投降、不得抵抗。一切办妥之后，他们走出王宫，号召人民起来欢呼葡萄牙的光复。15 天之后，布拉甘萨公爵正式加冕成为葡萄牙国王，称若奥四世。布拉甘萨王朝就此建立。

若奥由公爵变成国王之后，立即于第二年召开宫廷会议，决定为了将独立战争进行到底，向全国增收赋税，得来的税款用于在边境修筑要塞、建设一批兵工厂和造船厂、组建一支常备边防军、重建海军等等。这次为了祖国的独立和尊严而增收赋税，老百姓们不仅都没有表示反对，还在战争中表现出了无比的爱国热忱。

随后，葡萄牙与西班牙进行了历时长达 28 年之久的光复战争。公元 1668 年，双方缔结了《里斯本条约》，其中西班牙把葡萄牙原来拥有的领土和海外属地，除了休达外，全部归还给葡萄牙。

# 近 代 史

世界近代史是资本主义萌芽、产生、确立与基本定型的历史，也是民族解放运动与社会主义的曲折发展的历史。世界近代史以1640年英国资产阶级革命为开端，到1917年俄国十月社会主义革命结束，是资本主义产生和发展，并逐步形成资本主义世界体系和向帝国主义过渡的历史，还是社会主义逐渐产生的历史过程。

从时间和内容上，可将整个世界近代史分为早期资产阶级革命、工业资本主义和垄断资本主义三个时期。这里面包含有三条线索：一是资本主义制度的确立、发展；二是无产阶级反对资产阶级的斗争；三是亚、非、拉美人民反对殖民压迫。

早期资产阶级革命指的是在手工工场时代发生的革命，主要有尼德兰革命、英国资产阶级革命、法国大革命、美国独立战争。早期资产阶级革命是一种完全意义上的反封建革命，客观使命是推翻封建制度，解决资产阶级掌握政权和确立治国基本原则的问题。在革命期间，资产阶级和资产阶级化的贵族是领导者，城市平民和广大农民是革命的主力军。经过革命诞生了荷、英、美、法四个资本主义国家，资本主义制度在西欧北美少数国家开始确立。但这一时期封建势力仍然非常强大，拿破仑帝国灭亡和维也纳体系的建立就说明了这一点。

由封建主义向资本主义转化的另一种方式就是改革。改革是由原统治者推行的，以富国强兵为目的，如法国路易十四改革、俄国彼得一世改革、普鲁士及奥地利的改革。这些改革的共同内容是加强中央集权，推动重商主义政策。在手工工场时代，虽然还没有哪一个国家通过改革的道路完成了向资本主义的转变，但上述改革无疑是以改革方式向资本主义演变的早期形态。

在工业革命推动和法国大革命精神鼓舞下，19世纪出现了资产阶级革命和改

革的潮流。主要有希腊摆脱奥斯曼帝国统治的独立战争，1830 年法国七月革命，1832 年英国国会选举制度改革和 1848 年欧洲革命等。

18 世纪末 19 世纪初，美洲出现民族独立运动高潮；美国与拉美结局不同。19 世纪中期，亚洲出现革命风暴，但仍属于旧式的农民战争。19 世纪末 20 世纪初，亚非拉民族民主运动高涨，亚洲、拉美出现资产阶级民主革命（其中中国与墨西哥成果突出），印度出现资产阶级领导的民族运动，而非洲仍多属于旧式的武装斗争。

## 英国资产阶级革命历时多少年？

英国资产阶级革命开始于 1640 年三级会议的召开，1688 年詹姆斯二世退位宣告结束，前后共历经 48 年。

1603 年，詹姆士• 斯图亚特继承了英国王位。他登上王位后鼓吹“君权神授”，这大大阻碍了英国资本主义的发展，引起了资产阶级和新贵族的强烈不满。查理一世继位后，仍然独断专行，他因议会不同意随意收税而多次解散议会，结果形成多年无议会统治的局面。英国王室生活极度腐化，挥霍无度，国家处在无序之中。国王征收各种苛捐杂税，压榨劳动人民，大量工人失业，反对封建压迫的农民要求取消地租，获得土地。失业的手工业者与城市平民为生活所迫时常暴动，英国的各种社会问题由于查理一世的专制统治而迅速激化，革命运动随之蓬勃兴起。

1640 年，查理一世为了讨伐苏格兰起义，被迫召开三级会议筹措军费。资产阶级和新贵族联合起来，利用议会同国王进行斗争，最终国王和议会决裂，这标志着英国资产阶级革命的开始。1642 年，查理一世组织王军，向议会军发起进攻，挑起了内战。1643 年，克伦威尔率领军队在马斯顿荒原战役（1644 年 7 月），纳西比战役（1645 年）等战役中屡次击溃王党军，结束了内战。1649 年，查理一世被送上断头台处死，英吉利共和国时代开始。

1653 年 4 月 30 日到 1658 年，英国处于克伦威尔的军事独裁之下。1660 年，斯图亚特封建王朝复辟，推行反动政策，实行血腥报复，严重损害了资产阶级和新贵族的利益。1688 年，支持议会的辉格党人与部分托利党人邀请詹姆士二世的女儿玛丽和时任荷兰奥兰治执政的女婿威廉回国执政，他们发动宫廷政变，推翻斯图亚特王朝封建统治，建立了资产阶级新贵族的统治，史称“光荣革命”。1689 年，《权利法案》颁布，君主立宪制的资产阶级统治在英国正式确立。

英国资产阶级革命极大鼓舞了欧洲各国反封建势力，起到资产阶级思想启蒙的作用。英国资产阶级通过革命推翻了封建君主专制，取得了独立领导权，为发展资本主义扫清了道路，推动了历史的进程。

## 法国历史上号称“太阳王”的国王是谁?

路易十四路易·迪厄多内·波旁（1638～1715年），是法国波旁王朝著名的国王，1643年5月14日～1715年9月1日在位，法国历史上最伟大、也是世界史上执政最长久的君主之一，是与康熙同时代的西方大帝，时人尊称“太阳王”。他以雄才大略，文治武功，使法兰西王国成为当时欧洲最强大的国家，使法语成为整整两个世纪里整个欧洲外交和上流社会的通用语言。

路易十四是法王路易十三的长子，出生于法国圣日耳曼昂莱。1643年，路易十四继任法兰西国王，但是直到1661年红衣主教马扎然死后他才真正开始亲政。他的执政期是欧洲君主专制的典型和榜样。

路易十四在红衣主教阿尔芒· 让· 德· 普莱西· 李希留和马萨林的外交成果的支持下，在法国建立了一个君主专制的、巴洛克式的王国。他发动战争、在凡尔赛宫举行豪华的夜宴、资助艺术和科学的发展来为他自己增光。在财政大臣让·巴普蒂斯特·柯尔贝的帮助下，他将整个法国的官僚机构集中于他的周围，以此强化法王的权力。

路易十四执政的54年中（1661～1715年），把国王的权力发展到了顶峰。政治上，他崇尚王权至上，“朕即国家”，并且用“君权神授”来为王权至上制造理论依据。路易十四对贵族实行高压政策，拒绝召开王国三级会议，无情镇压敢于反叛的外省贵族。他还建造了著名的凡尔赛宫；军事上，路易十四整顿军备扩充兵源，引进新式武器和先进技术，并把各省军队的调度权控制在中央手里；思想上，他要求全体臣民一律信奉天主教；经济上，推行重商主义。

法国虽然在路易十四的统治下空前强大，但他的频繁的战争使法国的国家经济破产，他只好不断加强对农民的税收。过重的税收再加上他对贵族的削权，引起了贵族和没有政治权力的市民阶层的强烈不满，最终导致1789年法国大革命的爆发。

## 英国历史上的“新模范军”是怎么回事?

“新模范军”是在英国资产阶级革命时期1645年由英国国会组织的军队。军队大多是由自耕农组成，由费尔法可斯爵士担任统帅，克伦威尔为副司令，负责指挥骑兵。

1642年8月，英国内战爆发，由于议会军掌握在长老派手中，指挥不一，作战不力，所以战争形势表明，议会只有建立一支新型正规军才能战胜王党军。1645年2月在克伦威尔倡议下，议会通过《新模范军法案》，决定组建一支由国家统一控制和指挥的新型军队。同年4月，《自抑法》通过，它规定议员不得兼任军事领导职务，从而把长老派军官清除出军队，为改组议会军奠定了政治基础。

“新模范军”采用募兵制，实行统一指挥、统一纪律、统一军服。总司令全权处

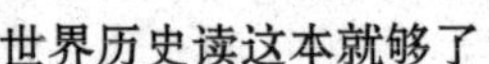


理军队事务，不受任何外来干预。士兵主要来自信仰清教的自耕农和城市平民；军官多数是独立派乡绅代表，部分是从士兵中提拔。

军队总兵力约2.2万人(战争结束时发展到7万人)，编有11个骑兵团，每团600人；1个龙骑兵团，约1000人，主要执行侦察搜索等任务；12个步兵团，每团1200人。“新模范军”以克伦威尔的东部联盟军为骨干，以他的“铁骑军”为样板，对原议会军的三支部队进行了改组。由费尔法克斯任总司令，负责组织训练；克伦威尔作为《自抑法》的例外，担任副总司令并统率骑兵，不久成为事实上的最高统帅。

“新模范军”在英国两次内战中发挥了巨大作用。在1645年6月内斯比之战和1648年8月普雷斯顿之战中，“新模范军”纪律严明，指挥统一，装备先进，英勇善战，战胜王党军，并逐步发展为议会的常备军。1649年5月，在克伦威尔镇压平等派士兵起义和远征爱尔兰后，军队内部特别是高级军官日益腐化，直至蜕变为维护大资产阶级和大土地占有者利益的工具。1660年英国斯图加特王朝复辟，“新模范军”被解散。

## 达荷美王国是在什么时候被灭的?

达荷美王国，全称为“达恩· 荷美· 胡埃贝格”，意思是“建在达恩肚子上的国家”，是西非埃维族的一支阿贾苏维人于17世纪建立的封建国家。1899年，达荷美王国被法国所灭。

阿贾苏维人于13世纪初从多哥迁入贝宁南部，建立阿拉达王国。16世纪末～17世纪初，阿拉达王国分裂为阿拉达、阿波美和波多诺伏3个王国。1625年，达荷美国王达科通过征服毗邻部落扩展了领土。其间，他们建立了一系列城邦国家，其中最为强大的是阿德拉国。17世纪初，大阿德拉国的一支武力北上建立了达荷美王国，国王达古成为阿波美的专制君主。到17世纪中叶，达荷美王国已成为西非一大强国。

17世纪欧洲殖民者在贝宁湾大肆进行贩奴活动，这在客观上促进了达荷美王国的独立发展。18世纪达荷美王国通过掳掠和贩卖奴隶强盛起来，并扩张领土。达荷美对大阿德拉的战争也引起过奥约的干涉。从1726年开始，达荷美和奥约进行战争，一直到18世纪40年代。最终，奥约承认达荷美对征服地区的控制，达荷美则继续向奥约纳贡。1818年达荷美国王盖佐拒绝奥约的进贡要求，战争再起。结果奥约战败，达荷美从此完全独立。

英国从19世纪70年代开始，大举侵入西非。为阻止英国人的扩张，达荷美国王格莱莱和法国人发展关系。1889年，法国向达荷美提出在科托努设卡驻兵，达荷美王储孔多予以拒绝。格莱莱去世后，孔多即位，称“格· 贝汉津· 阿伊· 基莱”。

贝汉津曾留学法国，深知法国的侵略意图，果然，不久之后法国开始使用武力，贝汉津奋起抵御。经过4年多的战争，达荷美最终败给了法国。1894年，贝汉津被俘，先后遭流放到西印度群岛和北非。同年，达荷美沦为法国保护国，法国扶植贝汉津的兄弟继任王位，不久被废。1899 年，达荷美被法国所灭，成为法国的殖民地。

## 英国资产阶级革命期间自任护国主的是谁？

1653 年，克伦威尔建立了英国的军事独裁统治，自任“护国主”。

1599 年 4 月 25 日，奥利弗• 克伦威尔降生在英国的亨延顿。在资产阶级革命的浪潮中，他逐步成长为英国资产阶级的领袖。

在英国的两次内战中，他先后统率“铁骑军”和新模范军，战胜了王党的军队。1649 年，他处死国王查理一世，宣布成立共和国。1626 年，克伦威尔如愿以偿地成了亨延顿两名代表之一，出席国王的第三届议会，开始了他的政治生涯，从此他的道路发生了根本上的变化。1638 年，苏格兰人民举行了起义。在反对查理一世的运动中，克伦威尔成为一系列摧毁英国“旧制度”根基的重要法案的倡议人。

1642 年 8 月，英国内战爆发。1643 年初，克伦威尔在埃吉山战役中从名不见经传的骑兵上尉越升为骑兵团首脑。1644 年 7 月，克伦威尔在马斯顿荒原一役中树立了军威。“铁骑军”的称号也广为传播。不久克伦威尔成立了“新模范军”，克伦威尔的“铁骑”成了核心。他自己后来也成了统帅。1645 年 6 月 14 日，克伦威尔率“新模范军”大败王军，1646 年 5 月，内战结束。

1648 年，英国爆发第二次内战。平等派和克伦威尔取得了协议，克伦威尔担任北方军首脑，并一举击溃了苏格兰军队。到 8 月底，内战便宣告结束。

1649 年 5 月 19 日，英国宣布为共和国。克伦威尔为了维护自己的利益，动用武力先后镇压了龙骑兵起义和掘地派运动。1649 年 8 月 1 日，克伦威尔以爱尔兰中将和爱尔兰军团总司令的身份率船队和 1 万名士兵离开首都，进攻爱尔兰。但 1650 年 5 月，克伦威尔被召回国内，并被任命为共和国整个武装部队的总司令，重新披挂上阵，出兵苏格兰，最终苏格兰成了英国的殖民地。此时，克伦威尔的声望达到了顶峰。

1654 年 2 月 16 日，克伦威尔开始担任英格兰、苏格兰、爱尔兰护国主一职，开始了他将近四年的护国主生活。1657 年 6 月 26 日，克伦威尔登上了国王的宝座，1658 年 9 月 3 日去世。他所领导的资产阶级革命，成为了其光耀史册的伟大功绩。

## 第一次英荷战争是从什么时候正式开始的？

1652 年 5 月，英国海军莱克率领 20 多艘舰船与荷兰海军上将特罗普率领的 42 艘为商船护航的军舰不期而遇，拉开了第一次英荷战争的序幕。7 月 28 日，双方正式宣战，第一次英荷战争爆发。

1649 年查理一世被处死，英国资产阶级革命取得了阶段性胜利。国内资产阶级迫切要求开辟新的海外殖民地、拓宽海外市场，而荷兰对于海上贸易的垄断成了这种

需求最大最直接的阻碍和威胁，两国的矛盾已变得不可调和，爆发战争已成了不可避免的事。

第一次英荷战争主要集中在多佛尔海峡战区和地中海两大战区。几乎每次海战双方都要投入 2 ～ 3 万名水兵和 6000 ～ 8000 门大炮。战争分为两个阶段：第一阶段从 1652 年 5 月到 1653 年 2 月，双方互有胜负，处于战略相持阶段；第二阶段从 1653 年 2 月到 1654 年 4 月，经过加巴德沙洲海战和斯赫维宁根战役后，英国取得战略优势，但在地中海地区荷兰集结了强大的舰队，始终保持着对英国的优势。

英国以控制多佛尔海峡和北海作为战略目标，企图切断荷兰与外界的一切联系，迫使荷兰人投降。为此，海军舰队司令布莱克采取了集中强大舰队、拦截通过海峡的一切荷兰船只的战术，以确保其绝对的制海权。英国在战争伊始，颁布了“第一个海军纪律条令”，整顿军纪。同时，英国还派出舰队到苏格兰北部，甚至进入波罗的海，破坏荷兰和北欧、东欧方面的海上贸易。这种经济上的封锁对于荷兰而言是致命的打击。

荷兰方面则是以强大的舰队为商船护航，强行通过多佛尔海峡，确保与外界的联系。这种消极的战略却使荷兰陷入了劣势。由于荷兰在次要战场，即地中海战区投入了过多的兵力，从而使其在海峡争夺方面的力量显得十分薄弱。尽管荷兰海军海战经验丰富、水兵战斗素质很高，但荷兰过度依赖对外贸易的弱点很快暴露出来，很快就处于一种民穷财尽的窘境，最终不得不与英国进行和谈。

1654 年 4 月 15 日，英荷两国签订了《威斯敏斯特和约》。条约中荷兰承认英国在东印度群岛拥有与自己同等的贸易权，并支付 27 万英镑的赔款，割让了大西洋上的圣赫勒那岛。第一次英荷战争以英国的胜利告终。

## 哪一次战争导致波兰从世界版图上消失了？

1792 年，俄波战争爆发。战争的一方是波兰立陶宛联邦和普鲁士王国，另一方是俄罗斯帝国及由反对五三宪法的保守派权贵构成的塔戈维查联盟。波军最终失败了。随后，波兰领土被瓜分，从世界版图上消失了。

1791 年 5 月 3 日，波兰正式颁布了宪法，被称为“五三宪法”。这部宪法是欧洲历史上第一部成文宪法，也是世上仅次于美国的第二部成文宪法。但是五三宪法却触及了大部分权贵的利益。

1792 年 4 月 27 日，以斯坦尼斯瓦夫· 什琴斯内· 波托茨基和弗兰西斯克· 克萨维利· 布拉尼茨基为首的保守派在俄国女皇叶卡捷琳娜二世支持下，在圣彼得堡成立塔戈维查联盟。联盟以废除刚刚通过的五三宪法为主要目标。战争伊始，约泽夫· 波尼亚托夫斯基亲王和塔德乌什· 柯斯丘什科率领波军取得了几场胜利，不久之后普鲁士倒戈，国王斯坦尼斯瓦夫· 奥古斯特· 波尼亚托夫斯基变节，波俄战争以波兰的失败告终。

在这场战争中，波兰被割去大约308000平方公里的土地，国土面积减少至223000平方公里，仅剩第一次瓜分波兰前的三分之一。之后俄罗斯又抢走了250000平方公里的土地。而普鲁士抢走了58000平方公里的土地。

在随后召开的格罗德诺瑟姆会议上，联盟开始第二次瓜分波兰。波兰仅存三分之一的土地，波兰最后的希望，落在了这次战争中的波军指挥官柯斯丘什科和他领导的柯斯丘什科起义。然而，这次起义未得到国王的支持，最终失败了。

波军指挥官柯斯丘什科在一年半后再次领导起义。尽管在刚开始的时候他们取得了一些胜利，但是起义军和普奥俄联军相比，在人数、武器装备上的差距巨大；最终还是失败了。随后，普奥俄三国开始第三次瓜分波兰作为报复，波兰领土被瓜分殆尽，自此从地图上完全消失。

## 日本德川幕府时期被称为“火之子”的重要辅臣是谁？

1657年，新井白石在江户出生，他天资聪颖，是日本德川幕府时期著名的政治家，学者，诗人。由于他性格暴躁如火，且眉间的皱纹似“火”字，被藩主土屋利直称为“火之子”。

1679年，久留里藩被废除，土屋氏被改为旗本。新井白石成为堀田正俊的家臣。堀田正俊在1684年被稻叶正休所暗杀，堀田氏被迫迁往古河藩、山形藩、福岛藩，财政日益窘迫。新井白石被迫同堀田氏脱离关系，成为一个浪人。1686年，新井白石投奔当时著名的儒学学者木下顺庵门下，学习朱子理学。新井白石的才能受到木下顺庵的赞赏，并成为加贺藩藩主前田纲纪的家臣。1693年，新井白石成为甲府藩藩主德川纲丰的心腹。

1709年，德川纲丰在幕府将军德川纲吉去世后改名家宣，成为新的幕府将军。新井白石受到了家宣的重用，成为文学侍臣。新井白石执政期间，对政治、经济、外交政策进行了一系列的改革，史称正德之治。政治上，他废除了以前的生类怜悯令；经济上，他重新发行货币，铸造正德小判、正德丁银，试图遏制通货膨胀，同时制定海舶互市新例，缩小长崎贸易的规模；外交上，他简化了接待朝鲜通信使的待遇，缩减幕府的财政开销；神道上，他主张君权神授。德川家宣死后，新井白石奉命辅佐德川家继。然而，他的改革引起了一些反对派的不满。

1716年，德川吉宗成为幕府将军，新井白石被免去文学顾问的职务，以室鸠巢代之。新井白石从此退隐，研究儒学。

新井白石在享保十年逝世，享年69岁。

## 莫卧儿王朝的哪位皇帝号称“世界的征服者”？

奥朗则布是印度莫卧儿王朝极盛时的皇帝（1658～1707年）。他于1658年即位，1659年称帝，号“阿拉姆吉尔”，意为“世界的征服者”。

奥朗则布是一位足智多谋、奸诈、残忍，并具有军事才能的君主。他在激烈的皇位继承战争中击败了3个兄弟，并囚禁了自己的父亲，终于成为帝国君主。奥朗则布在位时，帝国领土延伸到了次大陆的最南端。

1681年，他虽然已处晚年，但亲自率领军队来到德干地区，灭掉了最后两个独立王国。莫卧儿军队首先进攻比贾普尔王国，围困比贾普尔长达18个月，这座在德干最先进、最开放的城市最终被攻破。6个星期后，奥朗则布又把目标对准了德干最后一个独立王国高康达。奥朗则布采取反间计，从内部攻破了这座城市。这次战争之后，整个南印度归顺了帝国。1687年，莫卧儿王朝帝国的版图西起波斯，东至孟加拉，北达克什米尔，南至科佛里河。南亚次大陆及阿富汗几乎全部统一在莫卧儿帝国政权之下，帝国发展到了极盛时期。

奥朗则布在位长达48年，他的统治伴随着17世纪的结束，一直活到了88岁时的他依然大权在握。此后，奥朗则布被胜利冲昏了头脑，舍弃了阿克巴大帝以来的宗教宽容国策，向非穆斯林征收人头税，并把他们从官僚机构中驱逐出去，从而激化了国内矛盾。

阿克巴之所以奠定了莫卧儿王朝统治的基础，正是因为有宗教自由这根支柱，君王也因此得到了全国人民的拥护，而奥朗则布无疑破坏了帝国的根基。他所推行的政策是帝国最终衰落的原因之一。奥朗则布晚年在历时20多年的德干战争中，一直未能击败游击队，反而消耗了国力。在他死后，帝国很快就瓦解了。

## 斯图亚特王朝复辟是怎么回事？

在英国资产阶级革命期间，护国主克伦威尔去世，致使伦敦局势一片混乱，率军驻扎在苏格兰的乔治•蒙克将军以保卫议会为借口，带领他的军队向伦敦进发。

蒙克将军年轻时参加过英国同荷兰的战争，英国内战期间曾站在国王查理一世一边，内战后率军驻扎苏格兰。蒙克在议会被强制解散后，宣布坚决支持议会，反对解散议会的行为。1659年秋，英格兰各界人士纷纷来到他率军驻扎的特威德河畔，请他南下恢复秩序。1660年1月1日，蒙克率领部队越过苏格兰边界进入英格兰，向伦敦进发，并与驻扎在约克城的费尔法克斯的军队会合。驻扎在爱尔兰的军队和顿斯地方的海军也和蒙克采取同一行动，蒙克的军队几乎没有遇到任何抵抗。1660年2月3日，他率军进入伦敦，随即他将英格兰的军队分为几个互不统领的部分，并将之派遣到几个不同的地方，伦敦的卫戍部队也被撤换。

由于不能解决日益严重的经济困难而得不到群众的拥护，以弗利伍德为首的“安全委员会”不得不在 1659 年底辞职，将政权交回议会。蒙克将以前被“普莱德清洗”驱逐出议会的议员召回到议会中来。这些长老派在政治上逐渐倾向保王派。他们宣布自 1648 年 12 月“普莱德清洗”以来所制订的所有法律条文无效。然而这届议会根本无法维持国内的法纪和秩序，3 月 16 日，不得不再宣布自行解散。自 1640 年 11 月开始的“长期议会”，在断断续续存在了约 20 年之后终于寿终正寝。

在这种混乱的局面下，英国国内各种政治力量中已没有任何一种力量可以维持巩固的统治，人们就把目光投向斯图亚特王朝复辟上，甚至盼望查理•斯图亚特早日返国。1660 年 4 月 25 日，在革命前选举法的基础上选出新的一届特别议会。这一届议会决定恢复君主制和上院，并决定派人到荷兰去同查理一世的儿子，即后来的查理二世商谈在英国复辟的问题。查理在蒙克授意下，在荷兰的布列达发表宣言，宣布复辟。

1660 年 5 月 26 日，查理二世在多佛登陆，返回伦敦登上了王位。斯图亚特王朝在英国复辟了。

## 被尊称为“圣战英雄”的是谁?

欧根亲王（1663 ～ 1736 年）凭借着军事天才、殊死精神和战斗激情，一路扶摇直上，29 岁便成为帝国陆军元帅。大土耳其战争期间，他在中欧和巴尔干三度击溃土军，大同盟战争和西班牙王位继承战争时期，两度与法军交战。并将法国逐出意大利。1718 年，他拿下贝尔格莱德，大胜土耳其。他被认为是当代最伟大军人之一，被尊称为“圣战英雄”。

1683 年，其貌不扬的欧根要求从军指挥一个步兵团，但由于身材矮小而被路易十四拒绝。时值奥斯曼土耳其大举进攻中欧，19 岁的欧根作为志愿人员在维也纳城下遇到皇帝利奥波德一世，获准指挥一个新组建的 800 人的龙骑兵团。他深感知遇之恩，从此把奥地利作为自己的祖国。

在随后的十几年里，帝国军队收复了匈牙利等东欧大片领地。1687 年，24 岁的欧根由于战功卓著而被升为中将。1689 年，欧根率部进军意大利，多次打败入侵的法军。1693 年，30 岁的欧根晋升为帝国陆军元帅。1694 年任北意大利军团总司令，第一次独立指挥作战。1697 年，他再次转入东线，担任对奥斯曼土耳其作战中的帝国军总司令，同年以急袭战术取得 5 万对 10 万、毙敌 3 万的森塔战役大捷。这次战役取得了最彻底的胜利，这也是欧洲军队第一次击败御驾亲征的苏丹皇帝。欧根亲王，一夜之间在整个欧洲声名鹊起，成了打击异教徒的全欧洲英雄。

欧根亲王善于利用战局，治军严明，是一个擅长利用地形来精心布置防御的高手，也是一个善于奇袭敌军的大师。同时，他忠诚无私，关爱士兵，备受部属的爱戴，也极受盟友的钦佩。

他在去世之前，就已经成为欧洲第一名将，欧洲各国提起他的大名无不如雷贯耳，三代帝国皇帝都把他视为帝国支柱。为了纪念这位在反对土耳其侵略战争中建立卓越功勋的英雄，欧根的塑像在他 202 年诞辰那一天竖立在英雄广场，这是维也纳皇宫范围内第一个非皇室成员的纪念碑。法国皇帝拿破仑认为他是值得自己效仿的七大前辈名将之一。

## 第二次英荷战争爆发于什么时期？

第二次英荷战争爆发在英国斯图亚特王朝复辟时期。

1660 年，斯图亚特王朝复辟。不久，查理二世就授予英国海军“皇家海军”的称号，颁布了新的更为苛刻的《航海条例》，英国在海外向荷兰殖民地展开了新的攻势。然而此时的英国海军实力已今非昔比，由于克伦威尔时期对外不断征战，使得国家背负 200 万英镑的债务。至 1660 年，英国所欠外债仍高达 100 万英磅。全年海军拨款仅及海军预算的 2/3，水兵士气低落，海军战斗力被严重削弱。

第一次英荷战争战败后，荷兰对《航海条例》十分不满，一直寻求时机，想要重夺制海权。此时，新继任的荷兰海军统帅德·奈特海军上将，励精图治，改组海军。他调整了海军的战略思想：即认识到单凭护航商船是无法击败英国的，只有改变这种被动战略，抛开商船，以海军主力寻求与英国舰队决战的机会，夺取制海权，才能取得战争的胜利。荷兰在这种战略思想的指导下，加紧建造大型战舰。至 1664 年，荷兰海军已拥有 103 艘大型战舰，火炮 4869 门，官兵 21631 人。

1664 年 4 月，荷兰在北美的新阿姆斯特丹被一支英国海军远征队占领，并将其重新命名为纽约。1664 年 8 月，德·奈特率领 8 艘战舰收复了被英国占领的原荷属西非据点。1665 年 2 月 22 日，荷兰正式向英国宣战，第二次英荷战争爆发。

这次战争分为三个阶段：第一阶段从 1665 年 6 月到 12 月，这一时期英国海军占据优势；第二阶段从 1665 年 12 月到 1666 年 9 月，英荷战争规模不断扩大，并且进入了相持阶段，英国的战略优势逐渐丧失；第三阶段从 1666 年 9 月到 1667 年 7 月，荷兰海军在此期间取得了优势地位。

1666 年 9 月 10 日，伦敦在遭受一场大火后，英国无力再战，寻求议和。1667 年 6 月 19 日，德·奈特率领荷兰舰队沿泰晤士河口而上奇袭英国，并封锁泰晤士河数月之久。

1667 年 7 月 31 日，两国签订了《布雷达和约》，英国不得不放宽《航海条例》，并归还了在战争期间抢占的荷属南美洲的苏里南；荷兰正式割让哈得逊流域和新阿姆斯特丹。这个和约实际上意味着英荷两国在殖民角逐中划分了各自的势力范围，第二次英荷海战随之落下了帷幕。

## 你知道拉辛农民起义是怎么回事吗?

1667 ～ 1671 年，拉辛以农民为主力，发动了俄国城乡被压迫阶级和阶层反抗封建主阶级和封建农奴制国家的战争，这次战争即是拉辛农民起义。

这一时期的俄国，封建压迫不断加剧，直接国税和徭役漫无限制地增长，俄波战争和俄瑞战争，造成群众物质生活状况恶化，是这场战争的根源。农民暴动不断兴起，1662 ～ 1664 年的巴什基尔起义是其中最大的一次骚动。

1666 年，哥萨克和农民的多次起义揭开了这次农民战争的序幕。拉辛领导的农民战争分为四个阶段。第一阶段从 1667 年到 1669 年，拉辛进军伏尔加河和里海以及与此有关的事件，从根本上改变了进军的内容和规模，使哥萨克的军事行动大都具有反政府和反封建性质。第二阶段从 1670 年年初到 1670 年 9 月初，这个阶段斯洛博达乌克兰和扎波罗热极端贫穷的（“赤贫”）哥萨克、农民和俄国南部和中部各县的逃亡农民、市民、奴仆，纷纷投奔拉辛起义军。1670 年春，拉辛实际上夺取了顿河地区的政权，公开反对政府的行动。第三阶段从 1670 年 9 月初到 1671 年 2 月，起义已扩展到伏尔加河中游地区、扎沃尔日耶、坦波夫地区和斯洛博达乌克兰的广大地区。第四阶段即结束阶段，从 1671 年 3 月到 11 月，起义军控制了伏尔加河下游地区和顿河流域部分地区。1671 年 4 月，由于以军事统领雅科夫列夫为首的哥萨克诸缙绅的部队进行第二次征讨，拉辛被俘，1671 年 6 月 6 日被处死。然而，起义军的军事行动仍在继续着。1671 年 5 月，舍卢佳克和康斯坦丁诺夫率起义大军由阿斯特拉罕出发再次北征。8 月底，沙皇军队（近 3 万人）包围阿斯特拉罕。舍卢佳克谈判时受骗被扣，沙皇许诺宽恕起义军民，因而阿斯特拉罕在 11 月 27 日不战而降。政府在他们投降后并未兑现承诺，1672 年夏，开始刑讯和屠杀起义军民。拉辛农民起义失败了。

1667 年～ 1671 年的农民战争在俄国历史发展过程中，同 17 至 18 世纪历次农民战争一样，在反对俄国农奴制的过程中发挥了巨大作用。

## 17世纪到20世纪初期，俄土之间进行过多少次战争?

俄土战争是指 17 世纪到 20 世纪初期，俄罗斯帝国与奥斯曼土耳其之间为争夺高加索、巴尔干、克里米亚、黑海等地区进行的一系列战争。战争前前后后持续长达 241 年，平均不到 19 年就有一次较大规模的战争，其中重要的有 11 次。俄国七胜四败，沉重打击了奥斯曼土耳其的权威，动摇了其在欧亚大陆的统治。

俄土两国在 17 世纪至 18 世纪上半叶所进行的战争，是俄国意在结束奥斯曼帝国和克里木汗国对俄国的侵略，合并 13 世纪被蒙古人侵占的黑海北部沿岸地区，取得黑海出海口，这是俄国经济发展的需要。从 18 世纪下半叶开始，俄土战争的起因主要是围绕东方问题的国际矛盾并不断尖锐化。土耳其企图对乌克兰和黑海沿岸国进行

报复，俄国依靠反对奥斯曼帝国民族解放运动的支持，力图在巴尔干半岛和高加索巩固自己的势力。

第一次俄土战争发生在 1676 ～ 1681 年，是由乌克兰同俄国重新合并后，土耳其奥斯曼帝国入侵乌克兰而引起的。最终土耳其大获全胜。1681 年 1 月俄国与土耳其奥斯曼帝国签订了《巴赫奇萨赖和约》，确定第聂伯河为两国边界。

第二次俄土战争(1686 ～ 1700 年)是俄国反对奥斯曼帝国侵略的斗争的继续。随后，俄土之间又进行了第三次俄土战争(1710 ～ 1711 年)、第四次俄土战争(1735 ～ 1739 年)、第五次俄土战争（1768 ～ 1774 年）、第六次俄土战争（1787 ～ 1792 年）、第七次俄土战争(1806 ～ 1812 年)、第八次俄土战争(1828 ～ 1829 年)、第九次俄土战争(1853 ～ 1856 年）和第十次俄土战争（1877 ～ 1878 年），第一次世界大战传统上被认为是第 11 次俄土战争。

通过 11 次俄土战争，俄国疆域的南部边界伸展到黑海，西部边界推进到普鲁特河，东部边界越过高加索山脉，变得空前广阔。但由于常年战争，俄国经济发展滞后，远远落后于欧洲资本主义国家。

## 谁被认为是俄国最杰出的沙皇?

彼得一世（1672 ～ 1725 年），原名彼得· 阿列克谢耶维奇· 罗曼诺夫，于 1682 年即位，1689 年掌握实权，是俄国罗曼诺夫王朝第四代沙皇。作为罗曼诺夫朝仅有的两位“大帝”之一，彼得大帝被认为是俄国最杰出的沙皇。他制定的西方化政策是使俄国变成一个强国的主要因素。彼得大帝，是后世对沙皇彼得一世的尊称。

1672 年 6 月 9 日，彼得生于莫斯科。在彼得还不到 4 岁时父亲就去世了。他的姐姐索菲娅· 阿列克谢耶夫娜做了几年摄政王，直到 1689 年退位，彼得才掌握了实权。彼得大帝掌权时，沙俄还仍然是一个落后的国家。1697 至 1698 年间，彼得到西欧进行了一次长途旅行，也是为他随后的统治定下了基调的旅行。1698 年，彼得大帝从西欧归来，引进国外新式武器和战略技术，还建立了一支强大的海军。经济上，他大力鼓励工商业的发展，允许企业主买进整村的农奴到工厂做工，批准外国人在俄国开办工厂。同时他还派遣年轻人到西欧去学习。政治上，他进行了历史上著名的彼得大帝改革，以建立完整的中央集权统治为目的，加强工作效率。社会问题上，彼得也主张实行西方化。在他的统治下，城镇规模扩大了，资产阶级的队伍也不断壮大。

俄国在彼得大帝的领导下，在南部与土耳其交战，在北部与瑞典交战。与土耳其初战告捷，于 1696 年攻克了亚速港，从而给俄国开辟了通往黑海之路。但是在他的统治晚期，土耳其在战斗中占了上风，1711 年俄国被迫把亚速港交还给土耳其。1712 年，他将首都从莫斯科迁到圣彼得堡。从此，圣彼得堡就成了俄国与西欧交往的主要地点。

彼得大帝精力充沛，热心俄罗斯国家的福祉，也为俄罗斯的发展付出了自己的一生。他在位期间积极兴办工场，开展贸易，发展文化、教育和科研事业，同时改革军事，建立正规的陆海军，加强封建专制的中央集权制。可以说，近代俄国的政治、经济、文化、教育、科技等方面的发展史无不源于彼得大帝时代。因此，他被誉为是俄罗斯历史上最伟大的帝王。

## 近代西方政治与法律理论的奠基之作是由谁创作的?

孟德斯鸠是18世纪法国启蒙时代的著名思想家，也是近代欧洲国家比较早的系统研究古代东方社会与法律文化的学者之一。他的《论法的精神》这部集大成的著作，是近代西方政治与法律理论发展的奠基之作，也在很大程度上影响了欧洲人对东方政治与法律文化的看法。

1689年1月18日，孟德斯鸠出生在法国波尔多附近的拉布雷特庄园。1726年，他卖出了世袭的波尔多法院院长职务，迁居巴黎，专心于写作和研究。他认真学习了早期启蒙思想家的著作，还当选为英国皇家学会会员。

1734年，孟德斯鸠发表《罗马盛衰原因论》，利用古罗马的历史资料来阐明自己的政治主张。1748年，《论法的精神》发表，这是一部综合性的政治学著作，同时也是他最重要、影响最大的著作。

他的社会政治思想，尤其是他的法制思想、三权分立思想、君主立宪思想，对德国古典哲学家康德、谢林、黑格尔也产生过不同程度的影响。

孟德斯鸠擅长理性分析，以严谨著称，因而其学说成了后来西方统治者的镜子。他主张三权分立，强调法的精神和法治，在实行上孟德斯鸠的设想显然更具有制度保障。他反对神学，提倡科学，但又不是一个无神论者和唯物主义者，而是一名自然神论者。他在洛克分权思想的基础上明确提出了“三权分立”学说;他特别强调法的功能，他认为法律是理性的体现;他提倡资产阶级的自由和平等，但同时又强调自由的实现要受法律的制约。

孟德斯鸠宣传启蒙思想，为激发法国大革命做出了重要贡献，同时也对资产阶级的国家和法的学说做出了卓越贡献。

## 谁被誉为是18世纪法国资产阶级启蒙运动的旗手?

伏尔泰（1694～1778年），在文学、哲学和政治等众多方面都有着杰出的成就，是法国启蒙思想家、文学家、哲学家。他被公认为18世纪法国资产阶级启蒙运动的旗手，被誉为“法兰西思想之王”、“法兰西最优秀的诗人”、“欧洲的良心”。

伏尔泰经历了路易十四、路易十五、路易十六三个封建王朝，目睹了封建专制主义由盛转衰，亦亲身感受到了封建专制主义统治的腐朽和反动。他深刻地预见到革命必然到来。

1726 至 1729 年，伏尔泰避居英国。他潜心考察了英国的政治制度、哲学和文艺，1734 年回国后发表了《哲学书简》（又名《英国书简》）一书，公开宣扬英国资产阶级革命后的成就，抨击法国的专制政体。1746 年，他当选为法兰西学院院士。

伏尔泰信奉自然权利说，主张人人在法律面前平等，“人们本质上是平等的”，要求人人享有“自然权利”。同时，他还指出财产权利的不平等是不可避免的。哲学方面，他承认物质世界的客观存在，肯定认识来源于感觉经验，但他又认为神是宇宙的“第一推动者”。他鄙视人民大众的劳动，认为他们只能干粗活，不能思考。

伏尔泰信仰自由和司法公正。他主张开明的民主制度，强调自由和平等。尽管在他所处的时代审查制度十分严厉，伏尔泰仍然公开支持社会改革。他的论说以讽刺见长，常常抨击基督教会的教条和当时的法国教育制度。雨果曾评价说：“伏尔泰的名字所代表的不是一个人，而是整整一个时代。”伏尔泰支持卢梭所倡导的天赋人权，认为人生来就是自由和平等的，一切人都具有追求生存、追求幸福的权利，这种权利是天赋予的，不能被剥夺，这就是“天赋人权”思想。

伏尔泰在 18 世纪反封建的启蒙运动中做出了巨大的贡献，他的事迹值得后人为之称颂。

## 阿散蒂战争是在哪一年爆发的？

阿散蒂是指 17 世纪末～ 19 世纪末非洲加纳中南部的阿坎人王国。阿散蒂原为登基拉邦的藩属，17 世纪末与近邻各部落组成联邦，建都库马西。1805 年，两名叛变的阿辛邦酋长逃往芳蒂邦避难。芳蒂邦依仗英国的庇护，拒绝阿散蒂的引渡要求，导致第一次阿散蒂战争的爆发。

联邦最高的阿曼汗（酋长）是阿散蒂国王，他是整个联邦的政治和精神领袖，却只拥有库马西地区的土地和产权。各邦的阿曼汗参加阿散蒂联邦酋长议事会，是平等的一员，阿散蒂王无权处置他们的土地和财产。但他们要宣誓效忠，交纳贡赋，遵守贸易规章，战时要提供一支部队参战。阿散蒂联邦这种松散的联合方式被英国所利用，英国挑拨阿坎人各邦同阿散蒂国王之间的矛盾，推行分而治之的殖民扩张政策。

1805 年，第一次阿散蒂战争爆发。1806 年 5 月，阿散蒂军在阿波拉镇击败英军支持的芳蒂军主力，英国人被迫交出了逃亡的阿辛酋长，承认整个芳蒂地区属阿散蒂联邦。

1809 年，阿散蒂军队撤离，芳蒂邦宣布自立，同时派兵攻打阿克拉和埃尔米纳要塞。1811 年和 1814 年，阿散蒂王两次出兵平息沿海各邦的战乱。1816 年，芳蒂地

区正式并入阿散蒂联邦。

1824 年，英国总督麦卡锡借口一名英国警察被杀，向阿散蒂发动侵略战争。英军在邦萨索战役中大败，麦卡锡负伤自杀。1826 年，阿散蒂军在卡塔曼索战役中战败。1844 年，英国和黄金海岸沿海地区部落酋长签订保护条约，阿散蒂联邦失去它在沿海的大部分成员。1863 年因英国拒不交还阿散蒂逃犯，战事再起。

1872 年，英国同阿散蒂联邦又爆发战争。1874 年 3 月 14 日双方签订了福梅纳条约，阿散蒂被迫割地赔款。

1896 年，英军再度占领库马西，阿散蒂联邦的普列姆佩一世等被流放塞舌尔群岛。1900 年，英国总督无理要求阿散蒂人交出作为民族意志和国王权威象征的金凳子，阿散蒂人民发动武装起义，但以失败告终。1902 年 1 月 1 日，英国宣布阿散蒂为直辖殖民地。

## 18世纪中叶领导巴勒斯坦民族解放运动的先驱是谁?

1737 年，扎希尔·欧麦尔（1695～1775 年）袭父位成为萨法德区酋长。18 世纪中叶，扎希尔· 欧麦尔成为巴勒斯坦民族解放运动的先驱。

扎希尔· 欧麦尔自幼跟随其父左右，襄助政务，过着戎马生活。1705 年，他自任阿克酋长兼教长。38 岁时扎希尔· 欧麦尔继承父位。当时奥斯曼帝国的统治权力日趋瓦解，代表奥斯曼政权的帕夏（总督）和帝国驻军、地方派系之间矛盾重重，各自为政。独据一隅的扎希尔· 欧麦尔决心摆脱奥斯曼帝国的统治。

扎希尔·欧麦尔乘俄土战争之机，求助于俄国，希望能够摆脱奥斯曼帝国的统治。18 世纪中叶扎希尔· 欧麦尔领导巴勒斯坦、黎巴嫩人民为民族解放而斗争，他一面秣马厉兵、积聚力量；另一方面和什叶派人尽释前嫌、携手合作。然后，出兵征讨、扩张势力。1742 年，扎希尔· 欧麦尔占领了太巴列、拿撒勒等地，声威大振。1750 年，他毅然宣布不再受谢哈卜家族酋长的管辖。他在阿克定都，所辖地区实际上成为一个独立国家。

扎希尔· 欧麦尔宣告独立后，励精图治，在整军经武、加强团结、巩固防务等方面采取了一系列措施。

与此同时，大马士革总督之子达尔维希在黎巴嫩山区征募了 2 万 5 千名士兵，并围攻扎希尔·欧麦尔。1771 年 10 月 2 日，两军在赛伊达城郊激战，扎希尔·欧麦尔告捷。

1774 年，俄、土签订《楚库克· 凯那尔吉和约》后，奥斯曼帝国趁俄国海军撤离黎巴嫩海域之机出兵讨伐。

1774 年，扎希尔· 欧麦尔与俄国等国家订立的反奥斯曼共同协议成为一纸空文。奥斯曼军出重金收买扎希尔· 欧麦尔的部下，扎希尔· 欧麦尔的卫队长接受了敌人的贿赂开城投降，扎希尔· 欧麦尔被杀，他所建立的独立国家从此陨灭。

尽管扎希尔· 欧麦尔反对奥斯曼帝国统治的独立斗争失败了，但他在独立斗争中所表现出的坚贞不屈、奋不顾身的精神，使他成为了巴勒斯坦、黎巴嫩地区“独立运

动的先驱”。

## 带领瑞典称霸波罗的海的皇帝是谁？

查理十二世（1682～1718年）于1697年即位，时年15岁，成为发萨王朝的第10代国王。欧洲三十年战争后，查理十二世统治时期的瑞典称霸波罗的海及其沿岸地区。

查理十二世即位后成为了瑞典军队统帅，拥有在欧洲北部首屈一指的武装力量，计海军战列舰42艘，陆军15万人。而当时与瑞典对抗的北方同盟，总共只有军队8.5万人，计俄国4万、波兰萨克森2.5万、丹麦2万，除丹麦外，俄波都没有海军。查理十二世18岁时率军出征，屡获大胜。

1700年5月，查理十二世率军进攻丹麦，8月即打败对手，迫使丹麦退出战争。11月，查理十二世率军8000人回援纳尔瓦要塞，击败俄国3万余人的围攻部队，一举震惊欧洲。1701年开始查理十二世在波兰萨克森境内屡获胜利，1706年，歼灭了波萨军队，迫使萨克森选帝侯兼波兰国王奥古斯特二世放弃波兰王位，转而同瑞典结盟。

1707年秋，查理十二世在西线战事结束后，立即将5万余人（一说10万人）集结在波兰东部，准备东征俄国。沙皇彼得一世采取坚壁清野政策，避免不利决战。瑞军进攻受挫，被迫改变直奔莫斯科的计划。1709年春末，查理十二世率军3万余人围攻俄国要塞波尔塔瓦。波尔塔瓦的守军不过4200余人，但查理十二世打了3个多月仍未能攻陷这座城。6月27日，彼得一世率军4.2万人（有火炮72门）实施反攻。查理十二世在决战前夕亲自策马侦察，不幸受了重伤，致使瑞军几乎全军覆没。

1711年7月，俄国在进攻土耳其的战争中战败，与土签订停战协定，归还了亚速海并允许查理十二世过境回国。查理十二世因此得以返回瑞典。

查理十二世回国后大力实行改革，企图恢复国力，但彼得一世没有给他喘息时间。1713～1714年，俄军连续发动了对瑞典的陆海进攻，迫使瑞军撤出了芬兰。查理十二世于1718年率军进攻挪威，同年12月战死，最终使瑞典丧失了波罗的海的霸主地位。

## 西班牙王位继承战争是怎么回事？

西班牙王位继承战争从1701年开始一直持续到1714年，是一场欧洲大部分国家参与的王位争夺战。起因是西班牙哈布斯堡王朝绝嗣，法国的波旁王室与奥地利的哈布斯堡王室为争夺西班牙王位而发动战争。其实质则是诸列强借王位继承问题进行了一场空前规模的殖民地大掠夺，并且主要斗争矛头指向的是法国。

西班牙在 16 世纪时，曾是欧洲的殖民强国。到了 16 世纪末至 17 世纪，西班牙受到英国强有力的竞争，国内经济落后，国势日衰。

1700 年，西班牙哈布斯堡王朝的查理二世（1665 ～ 1700 年在位）死后无嗣。1700 年，围绕西班牙王位继承问题，英、法、荷、奥等国展开了激烈的斗争。查理二世在生前曾立遗嘱，将王位传给法国国王路易十四之孙安茹公爵腓力，但规定法、西不得合并。奥地利皇帝利奥波德一世企图让其次子查理大公继承西班牙的王位。法国国王于 1701 年宣布腓力为西班牙国王，称腓力五世（1700 ～ 1764 年在位），同时侵犯西班牙领地尼德兰。

英国不愿意看到法国借此独霸欧洲，因而与荷兰等国家结成反法联盟支持奥地利的查理大公继承西班牙王位。1701 年 3 月，战争爆发，主要战场在意大利、尼德兰、德意志和西班牙。1703 年，反法同盟在奥克斯塔特打败了西、法军队。经过 1706 年的都灵战役和拉米伊战役及 1708 年的奥德纳尔德战役后，法军被迫退出战场。

1706 年 7 月 2 日，查理大公进驻马德里。1707 年 4 月 25 日，法军在西班牙的阿尔曼萨打败高尔韦的部队，占领了巴伦西亚、穆尔西亚、阿拉贡地区，腓力五世实际上统治了西班牙的广大地区。1710 年，查理大公再次进入马德里。1711 年，战局又转为有利于法国。同年奥地利的查理大公因其兄亡故而继奥地利王位和神圣罗马帝国皇位，称查理六世（1711 ～ 1740 年在位），英荷随即改变了一贯的立场，1713 年 4 月，在荷兰的乌得勒支与法、西签订《乌得勒支条约》，次年又签订《拉施塔特和约》。腓力五世被承认为西班牙国王。

1714 年，西班牙王位继承战争结束。英国通过这场战争夺取了大量的法国海外殖民地，巩固了海上优势，削弱了法国的欧洲霸主地位，法国不再称霸欧洲。

## 《社会契约论》是谁的著作？

让· 雅克· 卢梭于 1712 年 6 月 28 日出生在瑞士日内瓦一个钟表匠的家庭。后来他成长为法国伟大的启蒙思想家、哲学家、教育家、文学家，著有《论人类不平等的起源和基础》、《社会契约论》、《爱弥儿》、《忏悔录》等重要作品。

1728 年，16 岁的卢梭只身离开日内瓦。1750 年，卢梭时年 30 岁。第戎科学院开展了一次有奖征文活动，题目是《论科学与艺术是否败坏或增进道德》，卢梭的论文论证了科学和艺术进展的最后结果无不益于人类，获得头等奖，一举成名。随后他又写出了许多其他著作，大大提高了他的声望。

从 1762 年起，卢梭由于写政论文章，与当局发生了严重的纠纷。卢梭在创作上属于情感主义，与伏尔泰及百科全书派成员的理性主义，形成了鲜明的对照。

哲学方面，卢梭坚持“自然神论”的观点，主张感觉是认识的来源；强调人性本

善，信仰高于理性。社会观方面，卢梭坚持社会契约论，主张建立资产阶级的“理性王国”；主张自由平等，反对大私有制及其压迫；提出“天赋人权说”，反对专制、暴政。教育方面，他主张教育目的在培养自然人；反对封建教育戕害、轻视儿童，要求提高儿童在教育中的地位；主张改革教育内容和方法，反映了资产阶级和广大劳动人民从封建专制主义下解放出来的要求。

1762 年，卢梭最重要的著作《社会契约论》出版，这本书的内容后来成为了反映西方传统政治思想的最有影响力的著作之一。与他早期作品相反，卢梭认为自然状态是没有法律和道德的兽性状态，好人是因为社会的出现才有的。人们联合在一起，以一个集体的形式而存在，这就形成了社会。社会的契约是人们对成员的社会地位的协议。这种思想后来成为法国大革命和美国革命的根本指导思想。

卢梭依着对启蒙运动的重要贡献，成为了 18 世纪法国大革命的思想先驱。

## 汉诺威王朝存在于什么时期？

汉诺威王朝，是指于 1692 ～ 1866 年间统治德国汉诺威地区和 1714 年～ 1901 年间统治英国的王朝。

汉诺威王朝是德国布朗史维希王朝的分支之一，因此又称为布朗史维希王朝汉诺威分支。汉诺威王朝和布朗史维希王朝的前身，都是韦尔夫王朝。布朗史维希王朝吕能堡分支，经过多年发展后，在 1692 年成为汉诺威选侯国。自此以后，王室人员以国为姓氏，改称为汉诺威分支，亦即是汉诺威。

1688 年，英国发生“光荣革命”，詹姆斯信奉新教的女儿玛丽和安妮陆续继位，但不幸的是二人驾崩后都无存活子嗣可继承王位。英国国会为避免英国王位再次落入天主教徒手上，通过《1701 嗣位法》，规定：若 1689 年《权利法案》中所规定的继承人全部无子而亡后，王位由英王詹姆士一世的外孙女，汉诺威选帝侯夫人苏菲亚和她的新教后代继承。这部法律使当时英国王位继承序列头 50 名的王室成员都失去王位继承权，因此导致了数次因王位争端而起的冲突。

1707 年，由于在英国本土的最后三位斯图亚特君主均无子嗣成活至成年，英格兰和苏格兰议会合并，两国正式合并为大不列颠王国。1714 年，安妮女王驾崩。位于王位继承序列第 52 名的汉诺威选帝侯，乔治一世，根据《1701 嗣位法》，最终于 1714 年继位为大不列颠国王及爱尔兰国王，直至 1727 年驾崩。自此，斯图亚特王室对英国的统治正式终结，改由汉诺威王朝统治。

汉诺威和大不列颠王国以及爱尔兰自 1714 年起结成共主邦联，汉诺威选帝侯开始兼任英王。1803 年，法军占领了汉诺威选帝侯国。1814 年拿破仑倒台后，汉诺威在列强同意下，被升级为王国。

汉诺威王朝的最后一位君主是维多利亚，此后，帝位随英国王位传予萨克森 - 科

堡－哥达王朝。

## 日本享保改革是由谁实行的？

日本的享保改革是指从 1716 年到 1745 年间，由江户幕府第八代将军德川吉宗（1648 ～ 1754 年）在任期内实行的幕政改革，与宽政改革、天保改革并称为江户时代的三大改革。

德川吉宗所实行的享保改革，是因为发生在享保年间（1716 ～ 1735 年）而得名的。17 世纪末的日本，商品经济快速发展，城市生活费用增大，靠禄米为生的武士日益贫困。幕府、大名诸侯也因支出增加而出现财政危机。

元禄年间，幕府滥铸货币，更使通货混乱、物价上涨。1716 年，德川吉宗就任将军时，幕府竟无力发放旗本、御家人的俸禄米。德川吉宗为加强幕府统治、解决财政危机，决意实行幕府改革。

享保改革的主要内容是：（1）整顿幕府机构，健全法制。德川吉宗特别重视整肃纲纪和机构改革，提倡勤俭尚武、恢复武士练武，下令翻译《六谕衍义》，进行封建道德教育。（2）整顿财政。1718 年实行紧缩通货政策，回收滥发的货币，统一币制。（3）对商业资本实行统制。在改革初期，德川吉宗对商业资本实行抑制政策，但后来转而实行利用、统制政策。（4）1720 年，德川吉宗放宽输入洋书的禁令，准许输入与天主教无关的西方自然科学书籍，旨在引进西方的先进科学技术，为兰学的发展奠定基础。（5）改革物价政策和城市政策。奖励造酒，设立米市场，提高米价。与此同时，还禁止私娼、赌博等。

享保改革缓和了财政危机，加强了幕府统治。同时也通过放松对西方书籍的进口限制，稍微松动了闭锁的国门。鼓励科学研究、提倡节俭、完善法律制度以及开垦荒地等措施，使这一时期的社会状况得到了好转。但这次改革并没有使农民的境况有所改善，农民们的不断反抗使幕府统治始终处于不稳定的危机之中。

## 欧洲历史上第二次思想解放运动是什么？

法国启蒙运动是 18 世纪法国资产阶级领导和发动的一次波澜壮阔的思想解放运动，启蒙运动以封建专制制度和它的精神支柱——天主教派反动邪恶势力为斗争对象，是继文艺复兴运动后，欧洲历史上出现的第二次伟大的思想解放运动。

法国启蒙运动是由法国特殊的历史条件所决定的，是法国社会矛盾和阶级矛盾特别尖锐的产物。主要包括三个方面的原因：第一，法国是欧洲各国中封建统治最顽固、最反动的堡垒，是封建制度的最高典型，法国社会中第三等级与特权等级之间的矛盾

特别尖锐，而封建制度的危机又空前严重，这就为启蒙运动的出现提供了社会基础。第二，法国资本主义经济的发展，新兴资产阶级力量的日益加强，形成了一批既有经济实力，又有文化教养的新兴阶级的代表，为启蒙运动的掀起提供了阶级基础。第三，教权势力的顽固和疯狂，迫使新兴阶级的思想家抛开宗教外衣，投向公开的理性宣传，而近代科学的兴起和英国革命的成功，则为启蒙运动的兴起提供了科学依据和理论实践经验，从而使法国的启蒙运动成为欧洲的中心。

法国启蒙运动提倡用理性而非外界权威来判断一切事物，把批判锋芒直指封建专制制度及其宗教思想体系。启蒙，就是启迪和开导人们的反封建意识，给尚处在黑暗中的人们带来光明与希望，反对蒙昧主义、专制主义和宗教迷信，打破旧的传统观念，传播新思想、新观念。

这一时期的法国涌现出来一大批“启蒙思想家”，他们大力揭批唯心主义宗教社会的欺骗，讥讽那些不劳而获“过着大脚生活”的丑恶世袭文化的人。他们对法国当时存在的旧生产关系，以及宗教派别观、自然观、价值观、道德观、社会现状、社会制度等，都做了无情的批判。他们受英国思想家、哲学家、学者弗兰西斯·培根影响，多数持唯物主义世界观。

声势浩大的启蒙运动为法国资产阶级革命准备了思想条件，是一次意义深远的思想解放运动。

## 谁被誉为“现代经济学之父”？

英国学者亚当·斯密（1723～1790年）是经济学的主要创立者，世人尊称亚当·斯密为“现代经济学之父”和“自由企业的守护神”。

1723年，亚当·斯密出生在苏格兰法夫郡的寇克卡迪。1723～1740年间，亚当斯密在格拉斯哥大学完成了拉丁语、希腊语、数学和伦理学等课程。1750年后，亚当·斯密在格拉斯哥大学担任过逻辑学和道德哲学教授，兼负责学校行政事务。1759年，亚当·斯密出版的《道德情操论》获得学术界极高评价。1768年，亚当·斯密开始着手著述《国民财富的性质和原因的研究》，简称《国富论》。1776年3月，《国富论》一书出版后引起大众广泛的讨论，连欧洲大陆和美洲也为之疯狂，世人将亚当·斯密誉为“现代经济学之父”和“自由企业的守护神”。

《国富论》一书是亚当·斯密最具影响力的著作，这本书对于经济学领域的创立有极大贡献，使经济学成为一门独立的学科，成为针对重商主义最经典的反驳。

亚当·斯密虽然不是经济学说的最早开拓者，但是他首次提出了全面系统的经济学说，为经济学的发展打下了良好的基础。因此《国富论》可以说是现代政治经济学研究的起点。

由于亚当·斯密的经济思想体系结构严密，论证有力，所以经济思想学派在几十年内就被抛弃了。亚当· 斯密不仅系统地披露了他们的缺点，而且还把他们所有的优点都吸入进了自己的体系。

著名的经济学家托马斯· 马尔萨斯和大卫· 李嘉图，作为亚当· 斯密的接班人，对他的体系进行了精心的充实和修正，今天被称为“经典经济学体系”。尽管现代经济学说又增加了新的概念和方法，但这些新内容可以说是经典经济学的自然产物。甚至卡尔· 马克思的经济学说在一定程度上都可以看作是经典经济学说的继续。

## 波兰王位继承战争是怎么回事?

波兰王位继承战争是指在 1733 年到 1738 年间，欧洲诸强国以帮助波兰确立国王为名号，而满足自身利益的战争。

这场战争的起因是在波兰国王奥古斯特二世驾崩后，波兰由于王位空悬所致的王位争夺战。最终却演变成为统治法国、西班牙及两西西里王国的波旁王朝与统治神圣罗马帝国的哈布斯堡王朝之间的战争。

斯坦尼斯瓦夫一世在大北方战争的初期，被瑞典国王查理十二世立为波兰国王。之后，由于俄军在波尔塔瓦会战击败瑞典，斯坦尼斯瓦夫一世遂被废黜，原波兰国王奥古斯特二世复辟。斯坦尼斯瓦夫一世在奥古斯特二世逝世后，希望再次登基。与此同时，法国国王路易十五希望恢复法国和波兰这个传统盟友的关系，以求平衡北欧和东欧的奥地利与俄国势力，所以他支持他的岳父斯坦尼斯瓦夫· 莱什琴斯基夺得波兰王位。

俄罗斯帝国女皇、神圣罗马帝国皇帝和普鲁士国王对奥古斯特二世变更继承法的做法不满，遂联合干涉波兰，企图使葡萄牙的曼努埃尔成为波兰国王。

由于战争的形势对奥地利极为不利，根本没有可能继续作战，加上法军得知俄军有可能增援奥军，所以两方很快进行和平谈判。1735 年 10 月，双方初步达成和平协议，奥古斯特三世确认成为波兰国王。唐· 卡洛斯被迫放弃争夺托斯卡纳大公国的权利和当时的领地帕尔马公国，帕尔马公国由奥地利直接统治，但卡洛斯却可得到那不勒斯和西西里两个王国，成为两国的国王。唐· 腓力则被离弃，没有得到任何领地。

战争虽然在 1735 年和平协议签订后结束，但最后的停战协议却于最后一任美第奇家族的托斯卡纳大公吉安· 加斯东· 德· 美第奇在 1737 年逝世并且协议内的领土交换成功后，才真正得到落实。

## “红溪惨案”是怎么回事?

“红溪惨案”是指在 1740 年 10 月，荷兰殖民当局在爪哇巴达维亚城（今雅加达）大肆屠杀华侨的事件。红溪是城西一条河的名字，因其是肇事地点之一，所以历史上

称此事件为“红溪惨案”。

1619年，荷兰殖民者占领了爪哇巴达维亚城，荷兰殖民者不择手段从各地诱骗华侨，甚至到中国东南沿海掳掠人口来补充当地劳动力的不足。后来，殖民者因为惧怕他们同当地人民联合起来反抗殖民统治，开始推行反华政策。

1727年6月10日，荷兰殖民当局规定：凡是最近十年至十二年内居留在巴城的中国人，未申请领取政府所颁发的居留准许证者，一概驱遣出境。1740年，盗贼四起，警察抓获的罪犯大多是穿黑衣黑裤的唐人。当局开始大批抓捕华人，致使许多住在城里的较为富裕的华侨也遭了殃，造成华侨与荷兰殖民者之间的矛盾进一步加剧。

后来，大批华侨在起义首领黄班指挥下，与荷军激战，伤亡千余人，后转战中爪哇，斗争持续到1743年。由于黄班的部队武器太差，攻城久攻不下。1740年10月9日，殖民当局借口搜查军火，派军队挨户搜捕华侨，命令城内华侨交出一切利器，不论男女老幼，疯狂屠杀，对华侨进行血腥洗劫。屠杀持续7天，城内华侨被杀近万人，侥幸逃出者仅100多人，被焚毁和劫掠的华侨房屋达六七百家，财产损失，无法估计。这就是当时震惊爪哇、中国和欧洲的巴城大屠杀。因巴达维亚城西有一条河，名红溪，是肇事地点之一，故称为“红溪惨案”。

荷兰总督华尔庚尼尔在惨案发生后，被逮捕并死在监狱里。荷兰国会因担心处于盛世中的乾隆政府的军事报复以及中断经济往来而曾对此事进行辩论。福建总督策楞、提督王郡将此事上奏朝廷。清朝政府却认为这些华侨是自己放弃了“王化”，与番民无异，被屠杀属于罪有应得，只是禁止了彼此之间的通商贸易。

## 因政党恶斗而丧命的美国开国元勋是谁?

亚历山大·汉密尔顿（1757～1804年），不仅是财经专家，也是美国的第一任财政部长，而且他还是美国的开国元勋之一，是宪法的起草人之一。而他最后却因为政党恶斗而丧命。

汉密尔顿出生在英属西印度群岛，从一个孤儿一跃成为乔治·华盛顿最信任的左膀右臂，在美国历史上极具传奇色彩。在美国的开国元勋中，没有哪位的生与死比亚历山大·汉密尔顿更富戏剧色彩了。他因为一桩性丑闻而与副总统阿伦·伯尔决斗，并由此命丧黄泉。在为美国后来的财富和势力所奠定的基础方面，也没有哪位开国老臣的功劳比得上汉密尔顿。

汉密尔顿作为华盛顿的侍从武官，对独立战争的贡献巨大，其中最著名的是1781年的约克镇战役。在华盛顿任总统时，他作为财政部长（1789～1795年）政绩非凡，并创建了合众国第一银行即美联储的前身。同时作为联邦党人的首领，他为美国两党制的出现奠定了基础。

汉密尔顿虽然身为美国建国之父之一，但在与其主要政治对手托马斯· 杰斐逊的竞争中却输得惨不忍睹，始终没能做上美国总统。然而在其过世之后，他所留下的“工业建国之路”和建立一个强有力的中央政府等政治遗产，却在此后的美国历史中起着越来越显著的作用，甚至一些影响了美国历史进程的总统，如林肯和西奥多· 罗斯福，他们所施行的政策就是建立在汉密尔顿的遗产基础上的。

切尔诺夫曾对汉密尔顿有这样的评价：“如果说杰斐逊提供了美国政治论文的必要华丽诗篇，那么汉密尔顿就撰写了美国的治国散文。没有哪位开国元勋像汉密尔顿那样对美国未来的政治、军事和经济实力有如此的先见之明，也没有哪个人像他那样制订了如此恰如其分的体制使全国上下团结一心。”

## 欧洲七年战争的交战国有哪些?

七年战争亦称第三次西里西亚战争，是指在1756年到1763年间，欧洲诸列强为争夺殖民地和欧洲霸权而进行的战争。交战双方是英国、普鲁士同盟与法国、奥地利、俄国同盟，汉诺威等少数德意志邦国参加英普同盟，瑞典、西班牙和萨克森等大多数德意志邦国加入法奥俄同盟。

此次战争是法国大革命前欧洲各大国卷入的最后一次欧洲大战，战场遍及欧洲、北美、印度和海上。欧洲是陆战的主战场，主要是反普同盟各国同普鲁士交战；在北美、印度和海上，主要是英、法之间作战。参与战争的各国各怀鬼胎，都想从战争中为自己谋取更多领土和权力。

1756年8月28日，9.5万普军主力突然侵入萨克森，迫使萨克森投降。1756年6月，法军10万人在哈斯滕贝克附近击败汉诺威军队，法奥联军一部6.4万余人从西面逼近普鲁士。俄军7万人于同年5月开始进攻东普鲁士，7月先后占领梅梅尔和蒂尔西特，8月底在大耶格斯多夫地区击败普军。9月，瑞典军队1.6万人在波美拉尼亚登陆。

1758年1月，俄军重新发起进攻。8月25日，俄普两军在奥得河畔的措恩多夫激战。1759年7月，俄奥两军会师奥得河地区，之后向普鲁士进攻。8月12日，普军5万人在法兰克福附近库讷斯多夫与俄奥联军9万人会战。英军在汉诺威的明登击败法军。1760年11月3日，普军在托尔高之战中击败奥军主力，战局出现转机。

英、法两国在海上和海外战场争夺激烈。1756年5月，法国舰队在地中海梅诺卡岛海战中击败英国舰队。1757年，英军攻占孟加拉。1761年，英国占领法国在印度的主要据点本地治里等地。

1762年初，交战的同盟各国已精疲力竭。同年5月，俄国宣布退出反普同盟，归还俄军占领的普鲁士领土。此后，各国相继停战议和。1763年2月10日，英、法两国签订《巴黎条约》，法国割让大片海外属地。15日，普鲁士与奥地利、萨克森签订《胡贝图斯堡和约》，战争至此结束。

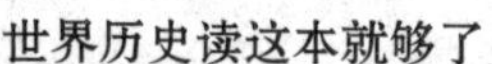


通过此次战争，法国进一步受到削弱，俄国加强了欧洲强国的地位，普鲁士在德意志的特殊地位得到巩固，而英国成为海上霸主。

## 英国是在哪一年征服印度的?

从 1757 年到 1849 年，英国政府通过东印度公司发动了对印度的大肆侵略，并于 1849 年彻底征服了印度，使其沦为英国殖民地。

英国东印度公司征服印度的第一次重要战役是 1757 年的普拉西之战。英国利用孟加拉封建主集团的内讧，事先收买孟加拉的军事长官米尔•加法尔。1757 年 6 月 23 日，孟加拉军队同东印度公司军队在普拉西决战。英国获得了胜利，侵占了孟加拉，并以它为侵略其他地区的基地。1763 年，孟加拉王公不甘心做英国傀儡，奋起反抗侵略者，后与莫卧儿皇帝沙• 阿拉姆二世的抗英联军，于 1764 年在布克萨尔同英军决战，抗英联军战败。英国殖民者侵占恒河下游辽阔富庶的土地。

英国在 18 世纪下半期，对南印度的迈索尔发动了 4 次侵略战争。英军一度占领迈索尔的 1/3 的领土。1799 年，英军第四次大举入侵迈索尔。英殖民者在战争结束后把迈索尔中部地区交给迈索尔前印度王公，其余地区被英国、马拉特、海得拉巴瓜分殆尽。

18 世纪 70 年代至 19 世纪 20 年代，英国向西印度的马拉特联邦发动了 3 次侵略战争。从 1780 年起马拉特联邦与迈索尔联合抗英。1781 年，波多诺伏战役中，英国侵略者击溃了海德尔• 阿里的大军。1782 年，联军被英军打败，签订《萨尔拜条约》。

1803 年，第二次英马战争爆发，英军 2.4 万人从南北两路侵入马拉特联邦，先打败马拉特联邦酋长辛地亚和彭斯拉等联军，后又打败了霍尔卡尔军队。1817 年，英军 12 万人入侵马拉特联邦。1818 年 6 月，英军获胜，马拉特联邦大部分土地被并入英属孟买管区。

19 世纪 40 年代，英国将侵略矛头指向印度的西北部，并最终完成了对印度的占领。1843 年，英国吞并信德。1846 年 2 月 20 日，英军攻入首都拉合尔。1848 年 4 月，印度各地纷纷掀起反英起义。1849 年 2 月，起义军在古吉拉特同英军决战，英军打败了起义军。

1849 年 3 月 29 日，英国宣布把旁遮普省并入英属印度领地，由印度总督直接统治，标志着英国完成了对印度的征服过程。

## 英国工业革命是从什么时候开始的?

工业革命是指用机器生产代替手工劳动，从工厂手工业向机器大工业转变的过程。英国工革命从 18 世纪 60 年代开始，到 19 世纪中期基本结束。

在 18 世纪中叶，随着英国国内市场、殖民地市场和国外市场的扩大，棉纺织业获得巨大发展。交通条件的便利，促进了商业繁荣，为工业积累了资金。

18 世纪 60 年代，英国工业革命在棉纺织领域率先开始。1733 年，J• 凯发明飞梭，将织布效率提高了一倍。1767 年，J• 哈格里夫斯发明珍妮纺纱机，1770 年取得专利。1769 年，R• 阿克赖特发明水力纺纱机，1771 年在克隆福特创办第一个棉纺厂。1779 年，S. 克朗普顿发明骡机。1769 年，J• 瓦特发明蒸汽机，标志着机器生产代替手工劳动的开始，引起一场工业革命。1776 年，单动式蒸汽机出现。1782 年又制成复动式蒸汽机。1785 年棉纺厂开始使用蒸汽机作动力。1789 年蒸汽机开始应用于棉织业。工业革命后，蒸汽机逐步扩展到化工、冶金、采矿、机器制造、运输等部门。

采煤业在工业革命的推动下迅速发展。蒸汽抽水机在矿井中普遍使用。1820 年，卷扬机代替人工背运，煤产量更加迅速增长，英国成为欧洲最大产煤国。

1786 年以后，蒸汽机促进了冶铁业的繁荣，工业革命开始进入以冶铁和机器制造为主的阶段。1824 年，议会取消了部分机器禁止出口的法令后，更刺激了机器生产。机器大生产开始逐步代替家庭手工业和工场手工业。1835 年英国棉纺织业已有 23.7 万工人；毛纺织厂已达 1300 个，工人 7.1 万人。

新的交通工具的发明使得交通条件大大改善。1807 年，美国人富尔敦发明了汽船，1814 年，史蒂芬逊发明了蒸汽机车。到 50 年代，英国的主要铁路干线铺设均已完成。

英国工业革命为英国提供了历史机遇，利用工业化先发优势，确立了“世界工厂”的地位，为新生的资本主义制度奠定了坚实的物质基础。这次革命波及欧美主要国家，促使欧美诸国先后实现工业化，资本主义在它不到 100 年的时间里创造的生产力远远超过了以前几个世纪的总和，对人类社会的演进产生了空前深刻、巨大的影响。

## 与彼得大帝齐名的俄国女皇是谁？

1762 年 6 月 28 日，叶卡捷琳娜二世在宫廷政变中废黜彼得三世，然后登上皇位。她对外两次同土耳其作战，三次参加瓜分波兰，把克里木汗国并入俄国，打通黑海出海口，她建立了人类历史上空前绝后的俄罗斯帝国。她成为俄国人心目中仅次于彼得大帝的一代英主，与彼得大帝齐名，被尊称为“叶卡捷琳娜女皇”。

1729 年 5 月 2 日，叶卡捷琳娜二世生于奥得河畔的什切青市。1762 年 6 月 28 日，叶卡捷琳娜发动不流血政变，推翻丈夫彼得三世，登基称帝，成为俄罗斯帝国的第八位皇帝，也是帝国有史以来的第四位女皇。

叶卡捷琳娜二世即位后推行了一系列改革措施：在对内政策方面，力图加强贵族官僚的国家机器，扩大贵族特权，维护和发展农奴制；在对外政策方面，为实现其夺取世界霸权的计划，不断地对外发动战争，在俄国历史上开创了干涉欧洲革命的先例，使俄国成为欧洲宪兵。

叶卡捷琳娜二世在位期间，强化了国家政权，将农奴制推上了发展顶峰。俄罗斯领土得到了极大的扩张，克里木半岛和黑海沿岸的土地并入了俄国的版图，俄罗斯还参与瓜分了波兰，两次发动对土耳其的战争，均以辉煌的胜利告终。沙俄势力跨过了高加索山。

俄罗斯在这一时期国库收入由最初的1600万卢布上升至6900万卢布，对外贸易额和俄罗斯货币周转总量也得到了成倍增长。人口由1763年的2320万人上升至3740万人，无论领土面积还是人口数量，都是欧洲第一大国。

叶卡捷琳娜二世还赞助和支持俄国艺术的发展，反对愚昧和落后，比西欧任何一位君主都更慷慨地资助哲学家和艺术家。

叶卡捷琳娜二世在位34年，是俄国农奴制度的黄金时代，此间俄罗斯国家的土地面积扩大了67万平方公里，打开了通向黑海和波罗的海的出海口，击败了俄国的老牌敌人土耳其和瑞典，还和普鲁士和奥地利一起瓜分了波兰，从而得到波兰46%以上的土地。

叶卡捷琳娜二世是俄国历史上伟大的政治家和外交家，被伏尔泰形容是欧洲上空最耀眼的明星。

## 约瑟夫二世是哪一时期的皇帝?

约瑟夫二世（1765～1790年在位）以开明专制著称，是奥地利哈布斯堡—洛林皇朝的神圣罗马帝国皇帝。他在位时期推行了一系列激进的改革措施，包括废除农奴制，建立统一的国家机构，剥夺帝国境内各天主教主教世俗权力等，阻止教皇干预帝国事务。这些措施因为忽略了帝国内部矛盾的复杂性，最终饮恨而终。

1741年3月13日，约瑟夫二世生于维也纳，是神圣罗马帝国皇皇帝弗兰茨一世的长子。他自幼受到保守的帝王教育，当他被任命为政务委员会委员时，表现出非凡的才智和浓厚的政治兴趣。

1764年，约瑟夫成为德意志国王（1764～1790年在位），1765年其父死后加冕为神圣罗马帝国皇帝（1765～1790年在位）。但当时他不得不与他的母亲共理朝政，所以一切重大决策均受到特蕾西亚女王的干预。1780年，他在母亲死后单独执政，同时兼任匈牙利国王和波希米亚国王。他致力于建立依靠军队和官吏支持的集中统一的德语国家，全面推行和发展玛丽娅•特蕾西娅的改革事业，他的主张和政策被称为“约瑟夫主义”。

政治上，约瑟夫建立了德意志移民区，奖励依附地区德意志贵族地产和德意志资本的发展，优先录用德意志人为文武官员；经济上，推行保护关税政策，奖励发展工商业，增加财政收入；宗教上，他在1781年颁布关于宗教政策的《宽容令》，1781～1782年颁布谕令，废除世袭领地内的农民人身依附关系，实际上废除了农奴制。

他为了使帝国的财政达到收支平衡，把自己从父皇那里继承的巨额遗产捐献给了国家。教育上，他为了提高全体公民的文化修养，规定初级教育对于所有男孩和女孩都是义务的。约瑟夫二世还给那些有天才的穷学生提供奖学金，并且允许为犹太人和其他宗教信仰的人创立少数学校。在教育体制确立后，他竭力为维也纳大学聘请最好的学者和科学家。

1786 年，约瑟夫二世颁布《民法大典》，确立在法律面前宗教平等，并允许新闻自由，但实行严格的书报检查制度，建立起永久性的警察组织。他在 1787 年废除了死刑，这项改革直到 1795 年依然执行。1789 年，约瑟夫二世下旨农民必须被支付工钱而不是义务劳动，这些政策遭到贵族的强烈反对。

约瑟夫二世禁止人们在他面前行屈膝礼和吻手礼。他取消贵族的特权，撤销等级学校，废除死刑和刑讯，是个颇具民主思想的君主，他创立了奥地利现代化的军队和忠诚的官僚体系，被人们视为“开明的暴君”。

## “波士顿惨案”发生在哪一年？

1770 年 3 月，英国殖民当局屠杀北美殖民地波士顿人民，在这一流血事件中，五名美国人被英国军队杀死，史称“波士顿惨案”。这次事件激起了殖民者的奋起反抗，逐步恶化，导致了 5 年后的美国独立战争。

1765 年，英国政府驻营条例颁布后，派遣军队驻扎北美。驻扎在波士顿的第 14 团和第 29 团胡作非为，有的刁难行人，有的调戏妇女，士兵与居民的关系急剧恶化。5 年间军队和当地人民的冲突不断发生，当地人民与英国军队之间的积怨已深，一股反抗的暗流逐渐壮大。

1770 年 3 月，这种反抗达到高潮。3 月 5 日由于英军侮辱学徒，导致冲突再起。当天晚上 8 时，波士顿钟声大作，人们手持棍棒走上街头，高呼赶走可恶的“红虾兵”。英军前来镇压，第一个被打死的是种植园奴隶出身的黑人群众领袖 C• 阿塔克斯。这次镇压英军当场打死 3 人，伤 6 人，其中 2 人因伤势过重，次日死去。这一事件即是“波士顿惨案”。这一消息很快传到其他城市，民众纷纷起来抗议英军驻扎，英国军队被迫撤出波士顿。

1770 年 3 月 6 日，制造此次惨案的托马斯• 普雷斯顿上尉及其八名下属被英军拘留起来。一个大陪审团在一个星期后宣誓组成。普雷斯顿上尉及其八名下属在检查总长的要求下被提起公诉，为英国军人担任辩护并使之被宣布无罪的当地律师约翰•亚当斯，就是被美国人尊为“Founding Father”之一的独立运动领导人，后成为美国第一任总统华盛顿的继任者。

五年后，美国独立战争爆发，波士顿惨案被视为是引发美国独立战争的原因之一。

## 越南历史上规模最大的农民起义是哪次?

18 世纪时，越南后黎朝已处于统治末期，国家分裂割据，封建制度腐朽衰败，民生凋敝。越南从南到北爆发了无数次农民起义，而发生在 18 世纪末的越南南方的西山农民起义是越南历史上最大的一次农民起义。

18 世纪，越南封建王朝已经岌岌可危。在阮氏统治的南方，农民开垦的土地被官僚和地主夺占，农民无以为生，成为流民。1771 年，农民出身的阮文岳、阮文侣、阮文惠 3 兄弟，在西山邑建立屯寨，举起义旗。农民、少数民族、城镇居民和华侨纷纷参加起义军。西山起义进行到 1774 年夏，已据有北起广义、南到平顺的广大地区，把阮王统治区拦腰截断。与此同时，处于北方的郑氏封建集团乘机南下，企图趁机消灭阮王和西山军。1775 年初攻陷富春（顺化），西山军腹背受敌，不得不与郑氏集团妥协。

1776 年二月，阮文岳称西山王，并派阮文侣第一次南征，攻克柴棍（西贡），夺得大量粮食。1777 年阮文惠率水陆大军第二次讨伐阮军，擒斩阮王福淳和新政王，但阮福映逃脱。

1780 年，阮福映继承阮氏王位，组织地主武装抗拒西山军。西山军在 1782 和 1783 年大败阮军。1784 年，阮福映出卖国家利益，勾引两万余暹罗军队入侵，助其复国。但暹罗侵略军为阮文惠击溃，阮福映被迫流亡暹罗。1786 年夏阮文惠率军北上，攻陷富春，进克升尤（河内），消灭了郑氏政权。经过十几年的战斗，西山军基本统一了整个越南，结束了几百年以来的割据局面。

1787 年，阮文岳自称中央皇帝，封阮文惠为北平王，驻富春。阮文侣为东定王，驻嘉定，形成各自为政局面。起义军内部为争夺地盘和战利品，开始自相残杀。阮福映乘机夺去嘉定，降将阮有整叛变了西山政权，乘机控制北方实权。1788 年，阮文惠领兵北上，杀死阮有整。是年 12 月 22 日，阮文惠自立为帝，改元光中，建立西山王朝，不久就蜕变为新的封建王朝。

1799 年，阮福映率军卷土重来。1803 年，阮福映攻克升龙，俘获阮光缵，西山政权覆灭。

西山农民起义虽然失败了，但却沉重打击了封建势力，抗击了外国军队的武装干涉，显示了农民的伟大力量，奠定了国家统一的基础。

## 19世纪印尼抗荷斗争的领导人是谁?

伊玛目•朋佐尔（1772 ～ 1864 年）本名佩多•沙里夫•伊卜奴•潘狄托•巴雅努丁，又名穆罕默德• 沙哈布、和马利姆• 巴萨，是近代印度尼西亚伊斯兰教改革家，19 世纪印尼抗荷斗争领导人。

1803 年，伊斯兰传教师哈吉· 米斯金等人在米南加保传播瓦哈比派教义，伊斯兰教改革运动（即比达里教派运动）遂以此为开端在米南加保发展起来。穆罕默德•沙哈布不仅接受了瓦哈比教义，而且还在朋佐尔地方建立了比达里教派的新传教中心，并自称伊玛目· 朋佐尔。他以“凭《古兰经》立教”、“纯正伊斯兰教”为旗帜，大力传播瓦哈比教义。

伊玛目· 朋佐尔反对持异端思想、统治腐败世俗化的贵族与部落酋长的老教派，抨击传统的旧习俗如斗鸡、赌博、抽鸦片等，坚持严格遵守伊斯兰教原旨教义，主张用封建父系家长制代替母系家长制。凡是加入比达里教派的穆斯林，都要求他们必须遵奉《古兰经》和教法，履行宗教功课，坚持一天 5 次礼拜，禁止男人穿丝绸衣服和戴金银首饰。因为比达里教派成员效法阿拉伯人穿白色服饰，故称白衣教派。

比达里教派从 1805 ～ 1821 年，同老教派在米南加保地区进行了持久的宗教战争，势力范围迅速扩展到米南加保广大地区，朋佐尔成为该派的宗教文化、手工业和商业中心。

荷兰殖民者在 1819 年重新侵占西苏门答腊巴东等地，腐朽的老教派首领投靠荷兰殖民者，1821 年，米南加保王室同荷兰签订出卖主权的协定，派兵镇压比达里教派运动。1821 ～ 1836 年，伊玛目· 朋佐尔领导比达里教派的军民，将宗教战争转变为抗击殖民主义的人民起义，奋勇抗击荷兰侵略军，沉重地打击了在米南加保地区的侵略者。1824 年侵略者不得不与他签署了一项和平协议。荷兰军队在 1837 年 8 月 16 日使用谈判的诡计，占领了邦佐尔村社，伊玛目· 朋佐尔被捕并被流放到齐亚留尔。1864 年 11 月 6 日，伊玛目· 朋佐尔在苏拉威西岛的米那哈萨去世，终年 92 岁。

伊玛目· 朋佐尔在印尼建国后被确定为民族英雄，在朋佐尔，还屹立着印度尼西亚人民为这位英雄建立的纪念碑。

## 哪一事件最终导致了美国独立战争的爆发?

1773 年的 12 月 16 日，北美殖民地波士顿人民为了反对英国东印度公司垄断茶叶贸易，由 60 名自由之子化妆成印第安著人潜入运茶的商船，把船上价值约 1.5 万英镑的 342 箱茶叶全部倒入大海，这就是著名的“波士顿倾茶事件”。

1773 年，英国政府通过《救济东印度公司条例》，向北美殖民地倾销东印度公司的积存茶叶。该条例使东印度公司获得了在北美殖民地销售积压茶叶的专利权，免缴高额的进口关税，只征收轻微的茶税，并且明令禁止殖民地贩卖“私茶”。由于人们饮用的走私茶占消费量的十分之九，所以该条例引起北美殖民地人民的极大愤怒。纽约、费城、查尔斯顿人民拒绝卸运茶叶。

1773 年 11 月，英国的 7 艘大型商船开往殖民地，其中 3 艘开往波士顿，其他 4 艘分别开往纽约、查里斯顿和费城，船还没靠岸报纸评论便充满了火药味，纽约、查里斯顿和费城三地的进口商不得不将茶叶再运回伦敦。1773 年的 12 月 16 日，塞谬尔、

亚当斯率领60名自由之子化妆成印第安人潜入商船，把波士顿的四艘商船上价值约1.5万英镑的342箱茶叶全部倒入大海。

“波士顿倾茶事件”是一场由麻萨诸塞波士顿居民对抗英国国会的政治示威，被认为是对殖民政府的挑衅，英国政府派兵镇压，最终导致了1775年4月美国独立战争的爆发。

## 普加乔夫起义是在哪一年失败的?

普加乔夫起义是俄国农民群众反抗封建压迫的起义，这次起义开始于1773年，战争席卷了乌拉尔和西伯利亚的广大地区，踊跃参战的起义者达10万人。经过一系列的战斗，1774年8月25日，普加乔夫因为叛徒出卖而被捕。1775年1月普加乔夫被处决，普加乔夫起义宣告失败。

18世纪末期，俄国封建农奴制行将崩溃，资本主义关系日趋形成。农民受到贵族和专制国家压迫却越来越强，人民群众强烈反抗阶级矛盾的激化是引起这次农民战争重要原因。

1773年9月17日，顿河哥萨克·普加乔夫自称皇帝彼得三世，聚集一支由80名亚伊克哥萨克组成的队伍，并发布檄文，宣布将古时哥萨克享有的优惠与特权赐给曾在亚伊克军中服役的哥萨克、鞑靼和卡尔梅克人。

由于农民、矿工和劳动阶级等纷纷自愿参加起义军，普加乔夫的队伍很快壮大起来。同年11月间，由西伯利亚和辛比尔斯克派往起义地区的政府军被击败。

1773年12月，普加乔夫在奥伦堡附近已拥有约2.5万人和火炮86门。普加乔夫统率的主力部队是起义军的主力。

1773年11月，普加乔夫为领导起义，建立军事委员会，一直存在到1774年8月底。军事委员会负责指挥各路起义军作战，组织乌拉尔各工厂的武器制造以及起义军兵员补充、粮秣和武器供应等等。此外，军事委员会还执行行政司法职能。

1774年3月22日，普加乔夫主力军在塔季谢瓦要塞附近被政府军击败，普加乔夫撤离别尔茨卡亚斯洛博达并放弃对奥伦堡围攻。

1774年5月5日，普加乔夫率领5000人攻占马格尼特纳亚要塞。但在5月21日起义军被击败，普加乔夫向乌拉尔草原撤退。

1774年8月，为镇压农民战争，叶卡捷琳娜二世派出了大批军队讨伐起义军。讨伐军逼迫普加乔夫撤向黑亚尔。8月25日，索列尼科瓦塔加附近，进行了这次农民战争的最后一役。普加乔夫因叛徒出卖而被捕。

1775年1月10日，普加乔夫等领导人在莫斯科博洛托广场被处决，宣告了这次起义的失败。

普加乔夫起义动摇了封建统治的基础，加速了农奴制的崩溃。18至19世纪俄国农民的阶级斗争也在这次农民战争的影响下又有了新的进展。

## 北美大陆会议共召开过几届?

北美大陆会议是英属北美十三个殖民地以及后来美利坚合众国的一个立法机构，于 1774 年 9 月 5 日和 1775 年 5 月 10 日共举办了两届。第一届大陆会议于 1774 年 9 月 5 日在北美殖民地费城召开，除佐治亚州因为总督阻挠缺席外，其他 12 个殖民地的 55 名代表都参加了会议，会议代表多为富商、银行家、种植园奴隶主。

这届大陆会议通过了《权利宣言》，同时还要求英国政府取消对殖民地的各种经济限制和高压法令；重申不经殖民地人民同意不得向殖民地征税，要求殖民地实行自治，撤走英国驻军。如果英国不接受这些要求，北美殖民地将于 12 月 1 日起抵制英货，同时禁止将任何商品输往英国。尽管这次大陆会议没有提出独立问题，但它是殖民地形成自己的政权的重要步骤。大陆会议同时还向英王呈递了《和平请愿书》，表示殖民地仍对英王“效忠”。英王在这一届大陆会议之后，变本加厉地对殖民地采取镇压措施，最终引发了 1775 年 4 月 19 日列克星敦康科德的武装冲突。

1775 年 5 月 10 日，在人民反英武装斗争和高涨的革命情绪推动下，第二届大陆会议在费城召开。与会代表有 66 人，新代表中有本杰明•富兰克林和托马斯•杰斐逊。会议选举波士顿富商约翰• 汉考克为会议主席。由于大陆会议是在反英革命战争业已开始的情况下召开的，所以已发展为国家性质的政权组织，开始起着常设的中央政府的作用。

1775 年 6 月 15 日，会议通过组织大陆军和任命华盛顿为总司令的决议。10 月，大陆会议开始组织一支海军。11 月建立海军陆战队。12 月，一面用 13 条横道——标志 13 个殖民地联合的旗帜在大陆海军“阿尔弗雷德”号舰艇上第一次升起，这是美国国旗的雏形。

1776 年 7 月 4 日，杰斐逊起草的《独立宣言》经讨论后通过，正式宣告了北美殖民地脱离英国而独立。

## 莱克星敦的枪声拉开了哪次战争的序幕?

1775 年 4 月 18 日，波士顿人民在莱克星顿上空打响了独立战争的第一枪，拉开了美国独立战争的序幕。

美国独立战争，从 1775 年波士顿人民在美国莱克星顿的枪声开始，直到 1783 年英军在法国签订《巴黎条约》投降才告结束，既是一次民族独立战争，又是一次资产阶级革命。

英国在当时是世界上最强大的殖民国家，拥有世界第一流的海军，装备精良，训练有素，驻北美英军约 3 万人；而北美殖民地人口仅 300 万，兵力不足，装备落后，缺乏训练。双方力量相差悬殊，但是，战争的正义性和进步性左右了战争的进程和结局。

独立战争分为三个阶段：第一阶段从 1775 年到 1778 年，为战略防御阶段，主战

场在北部，英军占据优势。战争开始后，英军主动进攻，企图迅速扑灭殖民地的革命烈火。萨拉托加战役成了这场战争的转折点，并促使法国、西班牙、荷兰先后对英宣战。

战争的第二阶段从1779年到1781年，以萨拉托加大捷为标志，进入战略相持阶段，主战场转到南部，美军以弱胜强。北美大陆军与法国陆海军配合，控制了沿海基地，同时积极开展游击战，打破英军的作战计划。1781年1月和3月，大陆军在考彭斯和吉尔福德等地大胜英军，迫使英军从内地向沿海撤退。

第三阶段从1781年4月到1783年9月，为战略反攻阶段。1781年8月，华盛顿亲率法美联军秘密南下弗吉尼亚。法国舰队也抵达约克敦城外海面，击败了来援英舰，完全控制了战区制海权。1781年10月19日，英军投降。

1782年11月30日，英美签署《巴黎和约》草案，1783年9月3日，英国正式承认美国独立。

北美独立战争的胜利，使美国摆脱了英国的殖民统治，并成立了独立的国家，为美国的资本主义的发展扫除了障碍，鼓舞了拉美各国的民族独立运动，推动了18世纪的欧洲革命。

## 哪一份文件宣告了美利坚合众国的独立？

1776年7月4日，在波士顿召开的第二届大陆会议通过了《美国独立宣言》（又称《独立宣言》），宣告了北美洲十三个英属殖民地自大不列颠王国独立，成立了美利坚合众国，7月4日成为美国独立纪念日。

1776年6月7日，弗吉尼亚州的理查德•亨利•李在一次集会中提出起草宣言，成立独立的合众国的议案。6月10日，大陆会议指定一个委员会草拟独立宣言。

1776年6月，马萨诸塞州的约翰•亚当斯、宾夕法尼亚州的本杰明•富兰克林、维吉尼亚州的托马斯•杰斐逊、纽约州的罗伯特•李文斯顿、康乃迪克州的罗杰•谢尔曼组成五人小组，聚集起草合宜之文告以宣示独立之决心。他们决定宣言由托马斯•杰斐逊独立起草后对富兰克林与亚当斯展示，经过反复修改，1776年6月28日宣言递交到大陆议会上。

7月4日，《独立宣言》获得通过，并分送十三州的议会签署及批准。

《独立宣言》由四部分组成：第一部分为前言，阐述了宣言的目的。第二部分高度概括了当时资产阶级最激进的政治思想，即自然权利学说和主权在民思想。第三部分历数英国压迫北美殖民地人民的条条罪状，说明殖民地人民是在忍无可忍的情况下被迫拿起武器的。宣言的最后一部分庄严宣告独立。

《独立宣言》代表了广大殖民地人民的心声，在人类历史上第一次以政治纲领的形式提出了“人人生而平等，人具有不可剥夺的生命、自由和追求幸福的权利”的原则，后来这些原则成为美国的意识形态，为美国此后200多年的发展奠定了思想基础。《独立宣言》还对法国大革命和拉美人民的独立斗争起到了很大的促进作用，是一份伟大

的政治文件。

## 图帕克·阿马鲁起义是什么时候发生的?

在新航路开辟以后，欧洲殖民主义者将印第安人作为最早的掠夺和奴役对象，同时他们也是最早与殖民者进行反抗斗争的。印第安人的起义在整个殖民统治时期，遍及拉丁美洲各个地区，其中规模较大的是发生于1780～1781年的图帕克·阿马鲁起义。

J·G· 孔多尔坎基是图帕克· 阿马鲁起义的领导者，他是末代印加王图帕克阿马鲁一世后裔，曾任廷塔省潘帕尔卡、通加苏卡与苏里马纳三村酋长。他看到在西班牙殖民者的统治之下，印第安同胞遭受了巨大的苦难，遂于 1777 年向利马殖民当局请愿要求废止苛政。但未能奏效，于是他决定起义。

1780 年 11 月 10 日，阿马鲁在通加苏卡村召集群众大会，当场处死廷塔省督阿里亚加，正式宣布起义。J·G· 孔多尔坎基自称为图帕克· 阿马鲁二世，以恢复印加帝国为口号，试图重建独立的秘鲁国家。

他提出“打倒坏政府”的口号，颁发解放黑奴的法令，号召印第安人、黑人、混血种人和土生白人团结起来，为消灭“西班牙佬”而并肩战斗。库斯科城殖民当局闻讯后，慌忙调集殖民军前往镇压，被起义军在加拉拉镇一举击溃。阿马鲁率起义军南下，以图给库斯科城土生白人准备起义的机会。起义军所到之处，成千上万的印第安人挣脱殖民统治的枷锁，积极参加起义军，投入战斗。起义军在很短的时间内，便控制了秘鲁境内 50 个省中的 24 个省，人数发展到 9 万。阿马鲁建立了 5 人内阁，委任了法官和省督吏，加强了对起义的领导，并实行新的税收制度，开始履行政府机构的职能。

殖民当局利用印第安部族间的矛盾，煽动当地部分印第安酋长率其部众协同城内防军对抗起义者。图帕克· 阿马鲁二世为避免印第安人间的自相残杀，于次年 1 月撤围退兵。2 月，图帕克· 阿马鲁二世因叛徒出卖，于 4 月被俘，5 月遇害。其弟迭戈继续以图帕克· 阿马鲁的名义率领起义者坚持战斗，但未能打败侵略者。1782 年初，双方签订停战协定，起义最终失败了。

图帕克· 阿马鲁起义为秘鲁人民争取民族独立的革命斗争开辟了道路，标志着拉美民族独立战争时代的开始。

## 世界上第一部成文宪法是哪国颁布的?

1787 年 5 月，美国各州代表在费城召开制宪会议，同年 9 月 15 日，制宪会议通过《美利坚合众国宪法》，通称美国联邦宪法或美国宪法。1789 年 3 月 4 日，该宪法正式生效。后又附加了 27 条宪法修正案。它成为美国的根本大法，奠定了美国政治制度的法律基础，同时也是世界上第一部成文宪法。

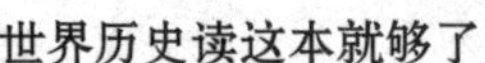


美国独立以后，13 个殖民地成立了以大陆会议为形式的松散的中央政府。但由于这种邦联体制缺乏全国性的行政和司法机构，大陆会议没有征税权，国会只能依靠各个州的地方政府来实施其指定的法律。

1786 年 9 月，5 个州的行政长官在安那波利斯举行会议，他们邀请各州的代表来到费城讨论发展联邦政府的事宜，会议讨论如何修改邦联条例以促进各州之间的通商往来。1787 年 2 月 21 日，邦联国会批准了修订邦联条约的方案。1787 年 5 月，各个州都派了代表参加在费城举行的会议。会议决定重新起草一部宪法。

1787 年 9 月 17 日，在费城召开的美国制宪会议上，该宪法草案获得代表的批准，此后不久美国 13 个州的特别会议都批准了这项法案。根据这部宪法，美国成为一个联邦国家，有一个联邦政府来为联邦的运作而服务，同时各个州都拥有自己的主权。美国宪法于 1789 年 3 月 4 日正式生效。

美国宪法确定了美国实行资产阶级民主共和政体，规定实行联邦制，确立了立法、行政、司法三权分立，相互制衡的原则。这部宪法规定立法权属于美国国会，并规定了国会的组成；行政权属于美国总统，以及规定总统产生的办法；司法权属于美国联邦最高法院，并规定最高法院的组成；各州的相互关系和义务；宪法修正案提出和通过的程序；联邦宪法和按照宪法制定的法律为全国最高法律；本宪法经 9 个州制宪会议批准后生效。

1787 年宪法的颁布，使美国成为一个具有全国统一的中央政权的联邦制国家。美国创造出既不同于英国君主立宪制的民主共和制，也不同于议会内阁制的总统制，为日后许多国家的成文宪法的制定提供了成功的典范。

## 世界近代史上规模最大的资产阶级革命是哪一次?

1789 年 7 月 14 日，巴黎人民攻占了法国象征封建统治的巴士底狱，拉开了法国大革命的序幕，从而引发了世界近代史上规模最大的资产阶级革命。18 世纪，法国部分地区资本主义已相当发达，但是资产阶级始终处于被特权阶级的统治之下。18 世纪末，第三等级同特权阶级的矛盾日益加剧。1789 年 5 月，法国出现财政危机，国王被迫召开三级会议，企图向第三等级征收新税，但第三等级纷纷要求限制王权、实行改革。他们于 6 月依然决定将三级会议改为国民议会。这引起了路易十六的恐慌，他准备用武力解散议会。7 月 14 日，巴黎人民起义，攻占了法国象征封建统治的巴士底狱，法国大革命爆发。

8 月 26 日，制宪会议通过了《人权宣言》，确立资本主义在人权、法制、公民自由和私有财产权等方面的基本原则。宣扬人人生而平等，在权利方面是平等的，财产权是神圣不可侵犯的。

君主立宪派在革命初期取得了政权，但由于他们代表大资产阶级和自由派贵族的利益，所以君主立宪派主张维持现状、保留王政，反对革命继续发展，维护君主立宪制。

1792 年 8 月 10 日，巴黎人民再次起义，逮捕路易十六国王，推翻君主立宪派统治，吉伦特派取得政权。9 月 21 日召开国民公会,9 月 22 日成立了法兰西第一共和国。1793 年 1 月 21 日，路易十六被处死。

吉伦特派并没有使法国内外交困的局面好转，1793 年 5 月 31 日～6 月 2 日，巴黎人民在革命处于危急的时刻，发动了第三次起义，建立起雅各宾派专政。

但由于实行革命恐怖政策和激进措施，1794 年 7 月 27 日，雅各宾派中被镇压的右派势力发动热月政变，成立了督政府，建立热月党人统治。

之后，法国又经历了拿破仑执政和波旁王朝复辟。1830 年 7 月，巴黎人民发动七月革命，国王查理十世逃往英国，至此法国大革命彻底结束。

法国大革命是世界近代史上规模最大的资产阶级革命，它摧毁了法国的封建专制制度，建立起资产阶级的政治统治，促进了资本主义经济的发展。同时法国大革命还震撼了整个欧洲大陆的封建秩序，传播了资本主义自由民主的进步思想。

## 法国大革命过程中的瓦尔密战役是怎么回事?

瓦尔密战役是指在 1792 年 9 月 20 日，法兰西革命军与奥普联军及入侵法国企图扑灭革命力量恢复君主制度的保皇党分子支队在瓦尔密地域进行的一次交战。

18 世纪末，法国成立了一个由革命理想主义催生的政权即法兰西共和国。法国大革命的进程让欧洲实行君主制的国家感到不安。1792 年 8 月，由普鲁士、奥地利等君主制国家组成的反法同盟入侵法国，企图对那些叫嚣着推翻君主制、砍掉国王脑袋的巴黎市民实施镇压。

1792 年 9 月 2 日，普奥联军长驱直入，攻占了凡尔登。法国的迪穆里耶将军把他的军队从与比利时接壤的北部边境调到了南部的色当，以避免法国防御力量进一步消耗，开始设法控制混乱局面。迪穆里耶吸收了由凯勒曼将军指挥的 25000 名援兵，使整体兵力增至 3.6 万人。

普奥联军原计划在北部会师后再发起进攻，但由于听信了迪穆里耶正在撤退的错误情报，便试图前往沙隆切断法军撤退路线，迫使法军在瓦尔密村附近开战。

迪穆里耶将军指挥的摩泽尔集团军和凯勒曼将军指挥的莱茵集团军共约 6 万人，撤离色当和梅斯后汇合在一起。9 月 19 日，法军在瓦尔密附近设防。

凯勒曼所在的法军中部，是普军火力与进攻的集中点。大敌当前，凯勒曼拿起刀剑，振臂高呼:“国家万岁！”士兵们一时间群情激奋。志愿军旅官兵在战斗中勇敢抵抗敌人，斗志昂扬。法军挫败了奥普联军的攻击，迫使它停止进攻。

9 月 20 日夜间，法军统帅迪穆里耶率军转到更有利的阵地上，做好了继续与敌军交战的准备。之后的半个月，普奥联军由于法国爱国者的武装队伍在后方进行的活动造成了给养不足，没有采取更多的作战行动。

9 月 30 日，普奥联军被迫撤退。法军趁胜追击，至 10 月 5 日，普奥联军损失近半，终于被驱逐出法国。

瓦尔密战役的胜利，大大地鼓舞了法国民众的士气，加速了法国大革命胜利的进程。

## 法国历史上唯一一个被处死的国王是谁？

路易十六，是法兰西波旁王朝复辟前最后一任国王。路易十六的昏庸和残暴引发了法国大革命，并把自己送上了革命的断头台，他成为法国历史中唯一一个被处死的国王。

路易十六于 1774 年即位。但大权受王后玛丽· 安托瓦内特左右。1787 年，他接受财政总监卡洛纳建议，召开“显贵会议”，试图向特权等级征税，遭贵族抵制而失败。1789 年 5 月，路易十六被迫召开中止 175 年之久的三级会议，但由于顽固维护教士、贵族的封建特权，而形成了与第三等级的严重对立。7 月 11 日，路易十六暗中调集军队，企图驱散制宪议会，但最总导致了 7 月 14 日巴黎人民起义的爆发。

1789 年 7 月 14 日，法国大革命爆发。玛丽· 安托瓦内特王后和王室亲信多次劝说路易十六逃往外省避难。他起先不愿意离开，但局势的发展使他改变了主意。1790 年 7 月 14 日，路易十六在攻陷巴士底狱周年纪念活动中，公开宣誓将维护宪法。1790 年 11 月 27 日，制宪会议通过法令，要求教士宣誓效忠国家、法律和国王，引起法国天主教会危机，很多忠于罗马教皇的教士拒绝宣誓。

1791 年 9 月，路易十六批准了《1791 年宪法》，接受了君主立宪制，重新掌握了法国的大权。

1792 年，法国被迫对奥地利宣战。路易十六企图利用这次战争，与欧洲其他君主国联合共同镇压国内革命党人。但在 1792 年，法国民众组成的义勇军打退了他国的侵略者，成立法兰西第一共和国，波旁王朝被推翻。在法国民众的强烈要求下，吉伦特派于 1793 年在巴黎革命广场将路易十六送上了断头台。

处死路易十六，显示了法国革命者的坚决的革命意识，也标志着法国大革命取得了标志性的胜利。

## 法国大革命中率先上台执政的是哪一个党派？

在法国大革命爆发后，率先掌握政权的是代表大资产阶级利益的君主立宪派。君主立宪派在执政期间为法国大革命做出了很多贡献，但由于法国资产阶级的局限性，最终被吉伦特派夺走了执政权。

在法国大革命过程中，君主立宪派创立了资本主义社会的基本原则，从政治、经

济和法律上改造了封建的旧制度。其具体表现是：政治上，宣布废除封建制度，包括取消教会和贵族的封建特权；经济上，没收教会和逃亡贵族财产，取消关卡，规定一切公民和财产都应纳税，这使得大批属于封建贵族和教会的土地，都转移到资产阶级手中；法律上，1791 年，君主立宪派颁布了《1791 年宪法》，这部宪法除肯定了制宪议会以往颁布的各项反封建法令外，还规定了法国是资产阶级的君主立宪制国家。这就确保了资产阶级掌握政权的合法性，适应了资产阶级统治的需要。君主立宪派是通过制宪议会来行使权力的。1789 年 8 月，制宪议会颁布了《人权宣言》，它以阐明资产阶级的人权要求和以法治国的主张为核心内容，是法国大革命的纲领性文件。它把启蒙思想家主张的“主权在民”、自由、平等、安全和反抗压迫、法律面前人人平等、私有财产神圣不可侵犯和“天赋人权”等观念，以法律形式确定下来，并作为资本主义社会的基本原则。这些原则要求彻底否定并摧毁封建君主专制制度和封建等级制度，体现出了君主立宪派的革命性和进步性。

1791 年秋季，法国革命的进程陷入了困境。由于连年战争，法国国内生产停滞导致人民生活恶化，造成群众的不满。在国外，以俄、奥、普为代表的欧洲封建君主势力组成“反法同盟”，公开干涉法国内政。这让君主立宪派的统治地位出现了危机。

1792 年 4 月，制宪议会为保卫革命成果，向奥地利宣战。1792 年 8 月，法国巴黎人民发动第二次起义，把代表工商业资产阶级利益的吉伦特派推上了历史舞台，君主立宪派的统治结束，法国大革命由此进入第二个阶段。

## 拉美的哪一位独立运动领袖被誉为“五国之父”？

西蒙• 玻利瓦尔（1783 ～ 1830 年）是拉丁美洲著名的革命家和军事家。他领导拉美人民进行独立斗争，委内瑞拉、厄瓜多尔、哥伦比亚、秘鲁以及玻利维亚等五个国家都是在他的领导下开国立国的，因此玻利瓦尔素有“五国之父”之称。

1783 年，玻利瓦尔出生在委内瑞拉加斯市的一个西班牙血统的贵族家庭，法国启蒙运动的思想和理想对他的成长产生了很大的影响。

1808 年，拿破仑• 波拿巴入侵西班牙，拿破仑解除了西班牙皇室的政治实权，这给南美殖民地为获得自己的政治独立奋起斗争提供了良好的时机。

1810 年，委内瑞拉的西班牙总督被解职，他愤而开始了反对西班牙统治委内瑞拉的革命。1811 年，玻利瓦尔成为革命军的一员将领。第二年，西班牙军队又控制了委内瑞拉，玻利瓦尔逃往国外。

1819 年，玻利瓦尔率领由平民组成的小部军队，对哥伦比亚的西班牙军队发起了进攻。他们翻越安第斯山上陡峭的狭路，于 1819 年 8 月 7 日赢得了波亚卡战役，这场战争扭转了战争局面，1821 年，委内瑞拉获得解放，厄瓜多尔于 1822 年获得解放。

1822 年夏，玻利瓦尔与阿根廷爱国主义者何塞• 圣马丁在厄瓜多尔的瓜亚基尔

举行会谈。商议解放拉美的事宜。1824 年，玻利瓦尔的部队解放了今日的秘鲁，1825 年彻底歼灭了驻守在上秘鲁的西班牙军队。

玻利瓦尔是帮助南美洲从殖民主义的统治下得到解放的英雄人物，在整个这一大洲的历史上没有几个政治人物像他那样起着主导作用。

## 拉丁美洲第一个独立的黑人国家是哪国？

1790 ～ 1804 年，在美国独立战争、特别是法国大革命影响下，海地黑人奴隶和黑白混血种人奋起起义，反对法国、西班牙殖民统治和奴隶制度，并最终在 1804 年 1 月 1 日宣告海地独立。海地由此成为拉丁美洲第一个独立的黑人国家。

1697 年，法国在海地岛西部建立殖民统治后，发展种植园经济，从非洲输入大量黑奴，殖民者残酷压榨黑奴，歧视混血种人和自由黑人。

1790 年 10 月，海地人民为了争取公民权，在混血种人领袖奥热的领导下，700 名混血种人和自由黑人在海地角附近举行武装起义，这次起义揭开了海地革命的序幕。

1791 年 8 月 22 日，海地奴隶举行武装起义。杜桑・卢维图尔于同年 10 月率领 1000 余名奴隶加入起义军。混血种人起义军领袖 A• 里高德积极响应，领导混血种人和黑人奴隶在海地岛西部的米勒巴莱起义，反对法国殖民统治。4000 余名起义军在 9 月 13 日包围了太子港。

1793 年春，在海地起义军与法国殖民者激战的时候，西班牙殖民当局勾结英国殖民军乘机入侵海地岛西部。在法国雅各宾派执政后，宣布废除海地奴隶制。1794 年 5 月 6 日杜桑・卢维图尔转而同法军联合，将西班牙军逐出海地北部，并宣布废除占领区奴隶制度。1796 年杜桑・卢维图尔被任命为法军的副总督。

1798 年，起义军直逼太子港，向盘踞在海地西部的英军发动进攻，赶走英国干涉军。同时，杜桑・卢维图尔率领起义军赶走了法国殖民首府海地角的法国总督和特派员，使海地基本上摆脱了法国的殖民统治。

1801 年 1 月，起义军一路由穆瓦兹率领从北路进攻，一路由杜桑・卢维图尔率领从南路进攻，占领了圣多明各城，驱逐西班牙殖民总督，统一整个海地岛。

1801 年 12 月，法国远征军远征海地。1802 年，起义军连连失利，杜桑・卢维图尔被迫与法军议和。

1802 年 6 月，法国用计逮捕了杜桑。愤怒的起义军发动强大攻势，在德萨林等的领导下，痛歼法国远征军。

1803 年 11 月 18 日，法国被迫投降。11 月 29 日，海地正式公布《独立宣言》。1804 年 1 月 1 日，海地宣布独立。

海地革命的胜利，在拉丁美洲第一个砸碎了奴隶制枷锁，鼓舞了拉美人民为独立而斗争。

## 荷兰东印度公司是何时建立的?

荷兰东印度公司是1602年荷兰建立的具有国家职能、向东方进行殖民掠夺和垄断东方贸易的商业公司，1799年解散。荷兰东印度公司简称VOC，中文全文译为联合东印度公司，其公司的标帜以V串连O和C，上方的A是阿姆斯特丹的缩写。

荷兰东印度公司建立于17世纪欧洲的大航海时期，当时的欧洲各国海上冒险非常兴起，他们探索世界地理，更开拓外海的商机。荷兰东印度公司由位于阿姆斯特丹、泽兰省的密德堡市、恩克华生市、德夫特市、荷恩市、鹿特丹市六处的办公室所构成，其董事会由七十多人组成，但实际上握有实权的只有十七人，被称为“十七绅士”。1619年科恩被任命为东印度公司总督，他是一个极富见识的人，他预见了把公司变成亚洲一支力量的可能性。为此他不惜残忍地使用武力，开始推行他的对外侵略扩张政策。

1619年，为了达到对丁香贸易垄断的目的，科恩将班达群岛上的原来居民杀死或赶走，最终达到目的。科恩第二次成功的冒险是：成功地建立起了亚洲国家贸易体系，将其贸易足迹延伸到日本、朝鲜、中国等地。1658年，公司围攻斯里兰卡首都科伦坡。至1659年，葡萄牙人在印度的沿岸据点都被荷兰人夺去。到了1669年，此公司已经成为世界上有史以来最富有的公司，拥有商船150条，战舰540条，员工10000名，并拥有私人武装10000人。公司投资的收益率为40%。

1799年荷兰东印度公司解散。其主要原因是：在18世纪时，荷兰和英国之间的战争不断。两国在1780年～1784年期间爆发战争，由于荷兰国内对于亚洲货品的需求量大减，导致荷兰东印度公司的经济出现严重危机，被迫在1799年12月31日宣布解散。

## 美国历史上的第一任总统是谁?

1775年至1783年美国独立战争期间，乔治·华盛顿任大陆军的总司令，因为其卓越的军事领导才能和对国家独立做出的杰出贡献，1789年，华盛顿当选为美国第一任总统，在任职两届总统后于1897年隐退。

1774年和1775年，华盛顿作为弗吉尼亚议会的代表出席了第一届、第二届大陆会议。1754年，刚升迁中校的华盛顿在丁威迪的派遣下率领维吉尼亚第一军团，前往俄亥俄谷地攻击法国人。华盛顿率领军队伏击了一队由法裔加拿大人组成的侦查队。

1775年4月，列克星顿的枪声拉开了美国独立战争的序幕。在第二届大陆会议上，华盛顿是唯一一个穿着军服出席会议的代表，表示了他希望带领维吉尼亚民兵参战的意愿。

1775年6月15日，华盛顿经由大会选举，毫无异议地成为大陆军的总指挥官。1775年7月3日，华盛顿当选为大陆军总司令。接受北美大陆军总司令之职是华盛顿

人生旅途的重大转折点，是他作为伟大与英雄生活的开端。

1778年6月28日，在蒙茅斯战役中，华盛顿率领军队攻击从费城前往纽约的英军，使英军分裂殖民地政府的企图失败了。而一年前得萨拉托加大捷，扭转了美国独立战争中殖民地阵营的不利局面。法国出于自身利益的考虑，决定正式与美国结盟，这就扩大了反英的阵营，加速了美国独立战争的进程。

1781年，美法联军在约克敦包围了康沃利斯的军队。华盛顿接掌指挥美军和法军，继续围城战斗直到10月19日，他接过康沃利斯的投降宝剑。这场战役成了独立战争最后一场主要的战斗。

1787年在费城召开的制宪会议上，华盛顿作为制宪会议必不可少的人物参加会议，并成为会议的主席。

1789年，华盛顿经过选举团投票无异议地当选总统，他是历史上唯一一个无异议投票当选的总统。他建立了美国历史上总统不超过两任的传统，维护了共和国的发展。华盛顿在美国独立战争和建国中扮演了最重要的角色，被尊称为“美国国父”。

## “热月政变”是怎么回事?

热月政变是法国大革命中推翻雅各宾派罗伯斯比尔政权的政变，因为这次政变发生在共和二年热月九日（1794年7月27日），所以被称为“热月政变”。

1794年7月26日，罗伯斯庇尔在国民公会发表演说，宣称“国民公会中还有没有肃清的议员”，议员们一致要求罗伯斯庇尔将议员的名字说出，但罗伯斯庇没有说出，这引起了议员们的恐慌，个个自危。因为过去已经有丹顿等人被整肃的前例，所以引发议员们有意发动政变。当晚罗伯斯庇尔在雅各宾俱乐部发言指出，“各位今天听到我的演说，恐怕是我的遗言了”，没想到不幸言中。7月27日，罗伯斯庇尔前往国民公会时被议长打断发言，场内开始出现“打倒暴君”的呼声以及逮捕罗伯斯庇尔等人的要求，同时国民公会宣布罗伯斯庇尔“不受法律保护”，加以逮捕。

1794年7月28日罗伯斯庇尔等二十二人被送上断头台，在罗伯斯庇尔被处死的那一刻，观看的群众表示喜悦竟然出现长达15分钟的鼓掌。热月政变被看做是“反动派的反扑”。罗伯斯庇尔死后，浪漫的法国人在他的墓碑上刻了这样一话“过往的行人啊！我罗伯斯庇尔长眠于此，请不要为我悲伤，如果我活着的话，那你就活不成。”

政变后热月党人开始掌权，他们代表大资产阶级利益，表明法国大革命以胜利告终。他们采取了一系列措施，如释放大批嫌疑犯，废除全面限价法令，恢复资本主义经济自由等等。而对于国内反革命势力而言，虽然热月政变后，王党分子制造混乱，叛乱频繁，但是由于政变前遭到重创，其规模和力量远不如以前，对资产阶级政权不能构成太大威胁，所以均以失败告终。

热月政变后，法国政局相对稳定，进入维护大革命成果时期。

## 宪章运动发生在哪个国家?

宪章运动是19世纪30～40年代发生在英国的争取实现人民宪章的工人运动，是世界三大工人运动之一。此次运动的目的是：工人们要求取得普选权，以便有机会参与国家的管理。它在英国的历史上产生了重大作用。

1832年英国进行议会改革，为工业资产阶级打开进入议会的大门。人民群众在这一改革斗争中起了巨大作用，但实际上他们仍处于无权地位，于是他们决心进行独立的政治斗争，争取新的选举改革。1836年伦敦工人协会成立。1837年6月，工人协会提出一个争取普选权的纲领性文件，指出年满21岁的男子普选权、秘密投票、废除议员候选人的财产资格、议员支薪、设立平等的选区和议会每年改选一次等6条要求。在1838年5月8日以《人民宪章》名称发表，宪章运动也由此得名。

宪章拥护者在全国各地集会、游行，要求实现宪章。运动在1839年进入第一次高潮。1842年的经济危机促进第二次宪章运动高潮的到来。1848年进入第三次高潮。这三次运动最终都被政府镇压。1848年后，运动开始衰落。

其实宪章派内部从运动一开始就存在着很大分歧。以洛维特为首的“道义派”主张用和平宣传的手段获得政治权利；以奥康纳为首的“暴力派”主张用革命手段获得普选权。随着运动的高潮和低谷，他们先后脱离运动成为改良主义者。1848年以后，以哈尼和琼斯为首的宪章派左翼在马克思、恩格斯的支持下想要复兴宪章运动。在1851年宪章派新纲领中提出运动的社会主义目的，但终因条件不够成熟未获预期效果。50年代末期宪章运动结束。

宪章运动对英国社会的发展产生了重大影响，迫使统治阶级接受宪章派的一些民主要求。除议会每年改选一次那一条外，其他6条要求后来都得到实现。宪章运动也成为了无产阶级作为一支独立的政治力量登上历史舞台的重要标志之一。

## “雾月政变”发生在何时?

1799年11月9日，拿破仑发动政变，开始了为期15年的独裁统治。因为这一天是法国共和历雾月18日，所以，历史上称拿破仑在这天发动的政变为“雾月政变”，史上称其为“雾月18日政变”。

法国在18世纪末爆发了资产阶级大革命，1792年君主统治被推翻，建立了资产阶级的政权。但是资产阶级并没有从此稳坐江山，反而是革命阵营内部矛盾加剧，法国大资产阶级、大银行家既反对君主专制，也反对资产阶级革命派，尤其害怕革命群众谋划的夺权计划。在这种形势下，西哀士和拿破仑结盟，一起策划政变，并在共和8年雾月18～19日（1799年11月9～10日）发动政变，逼迫督政辞职，解散立法议会成员，组成执政府。

1799 年 11 月 9 日，拿破仑派军队控制了督政府，接管了革命政府的一切事务。第二天，拿破仑把法国议会——元老院和 500 人院全部解散，获得了议会大权，并宣布成立执政府。不久，宣布了法兰西共和国 8 年宪法。重申废除封建等级制，法国是共和国。规定第一执政（拿破仑）的权限：公布法律；可随意任免参政院成员、各部部长、大使和其他高级外交官员、陆海军军官。在执政府中，拿破仑独揽大权，开始了为期 15 年的独裁统治。

雾月政变后拿破仑掌握了法国军政大权。此后，他连续采取军事行动，沉重地打击了欧洲封建势力对法国的几次反扑。1800 年，拿破仑打败奥地利军队，并进入奥地利南部地区，迫使奥皇签订和约。在国内，拿破仑也采取了一系列维护其资产阶级统治的措施。他用武力讨伐和分化瓦解的手段，镇压了保王党的复辟活动，使他的统治基础得以巩固。他又取消了革命时期的地方自治机构，使法国成为一个高度中央集权制的国家。

雾月政变开启了拿破仑时代！

## 拿破仑战争发生于何时？

拿破仑战争是发生于 1799 年到 1815 年之间的一场战争。这是在拿破仑执政（1799 ～ 1804 年）和拿破仑一世帝国（1804 ～ 1815 年）时期，法国资产阶级为了建立法国在欧洲的政治和经济霸权，同英国争夺贸易和殖民地的领先地位，以及兼并新的领土而进行的战争。

18 世纪后期，在欧洲大陆，除荷兰外，资本主义都获得一定发展。但各国都处于封建统治下，尤其是法国，它的封建专制统治达到了顶峰。法国在 1789 年爆发大革命后，欧洲各君主国都非常担忧，奥、普首先出兵干涉。1797 年，第一次反法联盟解体。1798 年 12 月，英、俄、奥、葡、土耳其、那不勒斯等国组成第二次反法联盟。俄军进入意大利，法军失败。在这种形势下，极富野心的拿破仑• 波拿巴在 1799 年 11 月上台执政。从此，法国进入一个新时期，即拿破仑时期。在这个时期法国与反法联盟进行的战争被称为拿破仑战争。

拿破仑上台执政后建立军事独裁。1800 年 6 月 14 日，在马伦哥战役中，奥军被拿破仑击败。同年 12 月，莫罗将军统率的法军在德意志的霍恩林登打败奥军。1801 年 2 月，法奥签订《吕内维尔和约》。同年 10 月，法国又分别同土耳其和俄国签订了和约。英国因丧失同盟国，无奈同法国签订《亚眠和约》。但是，英法之间的矛盾并没有因这一和约而消除。拿破仑想要击败英国，就在布伦地区开始集结法国海军和远征军的兵力。

1805 年 4 月 11 日，俄英缔结了《彼得堡盟约》，为第三次反法同盟奠定了基础。1815 年 6 月 18 日，在滑铁卢战役中拿破仑的军队全军覆没，7 月 15 日他正式投降。

法兰西第一帝国覆灭，路易十八再度复辟。拿破仑被流放到圣赫勒拿岛，战争结束。

战争的结束标志着一个时代的落幕，拿破仑战争延续15年之久，其直接后果是反法联盟取得了胜利，封建王朝复辟。但欧洲封建制度的基础被它动摇了，欧洲民族开始觉醒，有利于欧洲资本主义发展，加速了欧洲的历史进程。

## 谁是美国《独立宣言》的执笔者?

托马斯•杰斐逊，美国政治家、思想家、教育家、科学家、音乐家、哲学家、建筑师，是《独立宣言》的执笔者，也是第3任美国总统（1801～1809年）。他毕生追求智慧和真理，才华出众，乐观积极，受到人们的广泛赞誉。

他于1743年4月13日生于弗吉尼亚的沙德威尔。1762年在威廉－玛丽学院毕业，1767年担任律师，1769年成为弗吉尼亚议会议员。1773年和亨利等人仿照马萨诸塞的先例成立了弗吉尼亚通讯委员会，和其他殖民地一起进行反英斗争。1774年他撰写《英属美洲权利综论》，阐述人民享有天赋的自由和平等的权利，并广泛宣传殖民地独立的思想。1775年5月，他作为弗吉尼亚代表参加在费城举行的第二届大陆会议。这次会议上指定杰斐逊和富兰克林等5人组成委员会起草《独立宣言》。宣言是由杰斐逊执笔，富兰克林和亚当斯略加修订而成的。

1800年杰斐逊当选为美国第3届总统。1804年连任。在他任职期间，废除了前届亚当斯政府所颁布的《归化法》、《客籍法》、《敌对外侨法》和《镇压叛乱法》，保障了人民的基本权利。他还积极推行向西扩张的政策。在1803年向法国购买了路易斯安那，使当时的美国国土约增加1倍，为美国资本主义的迅速发展提供了物质基础。他还废除国产税，重视农业发展，维护民族经济，1804年颁布新的《土地法》。1808年宣布禁止奴隶贸易，但对黑人和印第安人仍实施迫害政策。1809年他退居蒙蒂塞洛私邸。杰斐逊晚年专心于研究建筑工程、哲学、古生物学和自然科学，1812到1825年间，他还亲自筹划并建立弗吉尼亚大学。1826年7月4日，杰斐逊逝世。

## 《亚眠条约》是何时签订的?

1802年3月27日，法国和盟国西班牙、巴达维亚共和国（荷兰）同英国在法国北部的亚眠签订条约。这个条约被称为《亚眠条约》，它的签订标志着第二次反法联盟的最后破产。

此条约签订的目的是使法国在十多年连绵的战争后有个休养生息的机会。但是《亚眠条约》在订立以后，并没有得到双方全面的遵守。1803年这个条约就被撕毁，法国与英国及其同盟国之间发生了一系列长久的战争。虽然拿破仑的军队在陆地上连连获胜，但是要想征服英国，就必须打败英国的海军。1805年，在特法拉加海角上一场决

定性的战役中，英国海军势不可挡，取得了彻底胜利，此后英国基本上获得了海上控制。

1808 年拿破仑让法国卷入了在伊比利亚半岛上的一场长期而无用的战争，致使法军多年陷入困境。而征俄之战又成为拿破仑的致命大错。拿破仑在 1807 年会见俄国沙皇时签订了《提尔西特协议》，发誓要建立永久性的友谊。但是，这种联盟却逐渐出现了恶性分裂，1812 年拿破仑率大军入侵俄国。俄国部队在这种情况下避免与拿破仑进行对阵战，于是拿破仑得以迅速出击，到 9 月份占领了莫斯科。

但是，在莫斯科，俄国人点燃起漫天大火，差不多使全城化为灰烬。拿破仑在莫斯科苦等五个星期，求和的希望也化为泡影，最后终于决定撤军，但是为时已晚。俄国的军队士气高昂，俄国的冬天残酷无情，法军又供给不足，这一切使法国士兵惊恐万分，乱作一团，互相践踏，最后活着离开的人还不到百分之十。其他欧洲国家如奥地利和普鲁士都意识到现在是他们摆脱法国统治的最好时机，于是他们联合军队攻打拿破仑。1813 年拿破仑在来比锡战役中又遭到了一次毁灭性的失败。1814 年，他宣告辞职，被放逐到意大利沿海的一个小岛——厄尔巴岛上。

自 1802 年《亚眠条约》以来，英国和法国在西印度群岛，地中海和巴尔干冲突不断；俄罗斯和法国的关系也在恶化，《亚眠条约》最终成为一纸空文。

## 第三次反法联盟是何时开始的?

1805 年 8 月 9 日，奥地利帝国、英国、沙俄结成第三次反法同盟，向拿破仑宣战，最后反法联盟以惨烈失败收场。12 月 27 日，拿破仑与奥地利皇帝签署《普莱斯堡和约》，神圣罗马帝国正式走向衰亡。

原本，英国和沙俄已经联合在一起，站在了统一的战线上，准备进行第三次反法战争。而奥地利帝国因为在第二次反法同盟中遭受巨大损失，犹豫不定，对是否加入持观望态度。1805 年 3 月，已经加冕为法兰西皇帝的拿破仑• 波拿巴又进一步加冕自己为意大利国王。这一举动彻底激怒了奥地利皇帝弗朗茨二世，1805 年 7 月，奥地利也加入了反法阵营。至此，第三次反法同盟正式形成。首先，奥地利帝国在俄军支援下入侵法兰西帝国的盟国巴伐利亚。拿破仑率军从东面迎战，取得了乌尔姆、奥斯特里茨等大战的胜利。10 月 20 日迫使马克将军投降，拿破仑率领军队渡过了莱茵河。

同年 12 月 2 日，法、俄、神圣罗马帝国三国，在奥斯特利茨打了一场“三皇会战”。拿破仑攻入哈布斯堡领地摩拉维亚，又将帝国军赶出意大利，并在普鲁士境内打败俄军，俄国皇帝、奥地利皇帝狼狈而逃。

12 月 4 日，弗朗茨二世和拿破仑会谈，双方达成停战协议。12 月 27 日，奥地利和法国签订《普雷斯堡和约》，奥地利退出反法同盟。拿破仑为了吸引更多的国家加入邦联，对奥地利皇帝弗朗茨二世发出最后通牒，要求其解散神圣罗马帝国。1806 年 8 月 6 日，弗朗茨二世被迫取消自己的“神圣罗马帝国皇帝”封号，仅保留奥地利帝号。

至此，第三次反法同盟彻底瓦解。拿破仑乘胜在南德、中德、西德各国组成“莱茵同盟”，把它置于自己的保护之下，神圣罗马帝国的历史也宣告终结。

## 第四次反法联盟是什么时候成立的?

1806 年 9 月，因为对拿破仑在第三次反法战争之后所作出的一系列举动不满，英国、俄国、普鲁士、瑞典四国联合起来，组成了第四次反法联盟，向拿破仑进攻。但结果还是被拿破仑逐渐瓦解，第四次反法联盟以失败告终。

1806 年 7 月 12 日，拿破仑把他控制下的德意志西部和南部的 16 个小邦组成“莱茵同盟”，要求参加同盟的各邦均宣布脱离神圣罗马帝国，并支持拿破仑战争。1806 年 8 月 1 日，神圣罗马帝国议会在拿破仑的压力之下，宣布自行解散。8 月 6 日奥地利皇帝弗朗茨二世根据拿破仑的要求，宣布放弃神圣罗马帝国皇帝的称号，使建于公元 962 年的神圣罗马帝国寿终正寝。

在此期间，拿破仑将约瑟夫扶上那不勒斯王位，派路易到荷兰做国王。这些举动使欧洲各国难以忍受，纷纷表示不满，引起了各国对法国采取新一轮的行动。首先是俄国沙皇拒绝与法国交好，英国、沙俄又同普鲁士恢复了谈判，瑞典后来也加入了谈判，组成了第四次反法同盟。这样，同年 10 月，欧洲战争重新开始。

1806 年 10 月，拿破仑率法军在耶拿战役中击败普鲁士王国的军队主力，经莱比锡攻取柏林。10 月 25 日，攻占了普鲁士首都柏林，普鲁士名存实亡，第四次反法联盟开始瓦解。在占领柏林后继续向东推进，与援助普鲁士的俄国军队相遇交战。1807 年 6 月 14 日，法军在弗利德兰击溃俄军。

1807 年 7 月 7 日和 9 日，法国分别与俄、普签订《提尔西特和约》，确立三国结成联盟，共同对付英国。至此，第四次反法联盟宣告以失败结束。

## 俄土战争一共爆发了几次?

俄土战争是指 17 ～ 19 世纪，俄罗斯帝国与奥斯曼土耳其之间了为了争夺高加索、巴尔干、克里米亚、黑海等地区而进行的一系列战争，断断续续前后共长达 241 年，平均不到 19 年就有一次较大规模的战争，其中重要的有 11 次。

在这 11 次战争中，俄国四败七胜，虽然夺取到的领土不大，只有摩尔多瓦和高加索两个山地基督教小国。但是，俄国打击了奥斯曼土耳其的权威和势力，动摇了其统治。

俄土战争可以分为两个时期，17 世纪至 18 世纪上半叶所进行的战争，是为了结束奥斯曼帝国和克里木汗国对俄国的侵略，并且合并 13 世纪被蒙古人侵占的黑海北部的沿岸地区，取得黑海的出海口，这是为了满足俄国发展经济的需要；从 18 世纪下半叶起，俄土战争的起因就有所变化了，这主要是因为双方在围绕东方问题的国际

立场上存在矛盾，且非常尖锐，土耳其又企图对乌克兰和黑海等沿岸国进行报复。俄国依靠受奴役、信奉基督教的各族人民所开展的日益蓬勃反对奥斯曼帝国民族解放运动的支持，力图在巴尔干半岛和高加索地区巩固自己的势力。

在俄土之间进行的 11 次战争中，出现了大兵团，部队装备了有膛线的枪炮，并利用了铁路和战地电报进行通讯。因此，武装斗争的规模扩大了，其特点也在不断变化。参加这些战争的人数以百万计。两个战区的战斗行动均在宽大的正面和大纵深展开，彼此紧密联系着，其特点是紧张激烈，持续时间长。19 世纪初，历次战争中产生的战役诸要素都在这次战争中得到了进一步的发展。在指挥作战上，司令部的作用也大大增强了。

第一次世界大战传统上被认为是第 11 次俄土战争，俄国和英、法两国结盟，谋取君士坦丁堡。但是，先是英法联军在加里波利惨败，损失 50 万兵马。1917 年俄国又因为战争而崩溃，土耳其军趁机打下整个高加索地区，甚至进军南俄草原。这次算土耳其获胜，但它自身离灭亡也没有多少日子了。

俄国扩大了疆域，南部边界伸展到黑海地区，西部边界推进到普鲁特河地区，东部边界越过高加索山脉。但战争不可避免地严重破坏了经济的正常发展，使得俄国经济发展滞后，远远落后于其他欧洲资本主义国家。

## 《提尔西特和约》是什么时候签订的?

《提尔西特和约》是在第四次反法联盟战败后，俄国、普鲁士和拿破仑在提尔西特签订的一个和约，规定了战后的一些事宜和安排。

和约条件对普鲁士极为苛刻。和约使普鲁士丧失很大一部分领土（其中包括易北河以西的全部属地），俄国没有丧失什么土地，反而获得了普鲁士割让给它的别洛斯托克地区。但是，俄国皇帝亚历山大一世必须承认法国在德国占领的地方，以及拿破仑在那里所修改的边界线，还有拿破仑对伊奥尼亚群岛的统治权，并且同意成立华沙大公国，并参加对不列颠岛英国的封锁（即所谓大陆封锁政策）。

在提尔西特，亚历山大一世答应在法国的调停下，开始同自 1806 年起和俄国处于战争状态的土耳其举行和平谈判。1807 年 8 月俄国和土耳其签订了停战协定，但和约没有谈成。1809 年，军事行动恢复，1812 年，土耳其战败。

法国在和第四次反法同盟的战争中，于 1806 年和 1807 年先后击败普鲁士和俄国，1807 年 6 月 25 日，俄皇亚历山大一世和法皇拿破仑一世在提尔西特附近涅曼河的一只船上会晤。7 月 7 日，双方代表签订了《法俄和约》。7 月 9 日，普法两国代表也签订了《法普和约》。

正是在这种情况下，德意志自由主义贵族和民族主义者得以推行改革，拯救德意志，出现了从 1807 年开始的施泰因和哈登堡改革，促成了一个德意志现代工商业资产阶级的出现，为普鲁士改革者提供了可借鉴和模仿的榜样。

1815年后，莱茵兰的最发达地区归属普鲁士，成为此后德意志现代化的火车头。在19世纪三四十年代出现了“莱茵文明”，它不仅发展成为全德的重工业基地，而且成为德意志自由和统一运动的中心。战争虽然结束了，和约也签订了，但由此造成的影响却是深远而持久的。

## 华沙大公国是谁一手扶植建立起来的?

华沙大公国是拿破仑一手扶植起来的一个波兰国家，1807～1815年存在，首都为华沙，通用波兰语，普遍信仰罗马天主教。

1807年，在耶拿之战中，普鲁士惨败，国土被法军占领。法国出于削弱普鲁士和牵制俄国的考虑,7月7日和7月9日分别同俄国和普鲁士签订了《提尔西特和约》。和约中强迫普鲁士让出以前瓜分的波兰领土（波兹南和华沙），建立起华沙大公国，又把奥地利原来的波兰占领地加里西亚交给了华沙大公国。华沙大公国面积10.4万平方公里，居民260万。

1807年7月22日，拿破仑在德雷斯顿签署了《华沙公国宪法》。宪法规定萨克森的韦廷王朝为华沙大公国的世袭王朝。华沙大公国的大公由拿破仑的附庸萨克森国王弗里德里希• 奥古斯特一世兼任，政府由波尼亚托夫斯基元帅领导，军队由拿破仑的爱将达武领导。拿破仑还将法兰西帝国的有利于巩固资产阶级统治地位的《拿破仑法典》、《政教协议》等帝国制度照搬到华沙大公国，波兰人翻身获得解放。

1809年，奥地利和普鲁士结成第五次反法同盟。随着瓦格拉姆战役奥军的失败，奥法签订《申布伦和约》，奥地利将新加利西亚、扎莫希奇和克拉科夫等地区割让给华沙大公国。华沙大公国面积扩大到15.1万平方公里，人口增到了433万。

1812年,10万波兰大军追随拿破仑入侵俄国,它是除了法国以外出兵最多的国家。在拿破仑看来,除了法军,只有波兰军队最可靠,他认为波兰是为自己民族的生存而战。拿破仑甚至把入侵俄国的战争，称为“第二次波兰战争”。

1815年5月22日，弗里德里希• 奥古斯特一世正式放弃华沙大公的称号，华沙大公国被瓜分。公国西部的波茨南省和比得哥煦省合并为波森大公国，加上格丹斯克和托伦并入普鲁士；奥地利得到塔尔诺波尔和维利乞卡盐矿区；克拉科夫及附近地区成为克拉科夫自由市，由俄普奥三国共同保护；华沙大公国剩下的大部分土地建立波兰王国，国王由俄罗斯沙皇兼任。至此，华沙大公国就渐渐消亡于历史之中了。

## 施泰因和哈登堡改革是什么时候开始的?

施泰因和哈登堡改革是普鲁士进行的一场资产阶级性质的改革，改革开始于1807年，先后由开明贵族、爱国改革家施泰因男爵及哈登堡侯爵主持。

1806年，普鲁士在拿破仑战争中遭到毁灭性失败。1807年的《提尔西特和约》又使普鲁士丧失近一半领土，并承担大量赔款，残存的领土上也被法军驻扎。亡国的危机、财政的匮乏，迫使普鲁士封建王朝不得不实行改革。

1807年7月，施泰因到职后，即着手进行改革。主要改革内容集中为解放农民、城市改革、行政改革和军事改革。1807年10月9日颁布的《十月敕令》，宣布取消全普鲁士农民的人身依附关系，废除封建等级限制，农民可以自由获得地产、离开土地自由选择职业和结婚等。1808年11月19日颁布的《城市法规》规定城市自治，建立市参议会和市政府，从而使城市获得完全的管理权。1808年11月24日颁布的敕令宣布建立政府——国务院，下设内政、外交、财政、军事和司法5个部，统一领导国家事务。军事改革方面准备实行义务兵役制，组建地方武装，革新军官团和废除贵族特权。

改革的主要目的，是使普鲁士有力量从拿破仑一世的统治下解放出来。但是，改革也遭到了一些人的不理解，遭受到了诬陷和猛烈的抨击。1808年11月24日，在拿破仑一世的压力下，施泰因被解职。

1810年出任普鲁士首相的哈登堡继续施泰因的改革事业。哈登堡于1811年9月14日发布《调整敕令》，规定农民在把世袭耕地变成自由地产时，必须割让土地的三分之一给领主，农民只有缴纳赎金才能免除徭役和租税，此举缓和了地主贵族的强烈不满，保障了他们的既得利益，因此改革得以继续进行下去。

哈登堡改革的内容有：宣布工商业自由，取消行会特权，承认犹太人的平等权利等。另外哈登堡根据施泰因的设想进行了军事改革，主持军事改革的是沙恩霍斯特和克劳塞维茨等人。

施泰因、哈登堡改革使普鲁士从封建等级制的专制国家开始转向资产阶级君主立宪制国家，是普鲁士发展史上的转折点。

## 富拉尼帝国是谁建立起来的?

19世纪，西非豪萨城邦的富拉尼人建立了一个伊斯兰教国家——富拉尼帝国（1808～1903年），也称为索科托素丹国。

13世纪伊斯兰教传入豪萨城邦，到了18世纪，绝大部分豪萨城邦已伊斯兰化，少数城邦还保留有多神信仰的残余。18世纪末，戈比尔城邦国的富拉尼族伊斯兰教领袖奥斯曼·丹·福迪奥（1754～1817年）去麦加朝觐，受到瓦哈比派教义影响，他回国后发动伊斯兰复兴运动，号召穆斯林“坚持安拉的正道”，反对崇拜圣徒、圣墓和多神信仰，放弃不符合教律的陈规陋习，把分散的富拉尼人组织起来，形成坚强的穆斯林群体。

1804 年，他自称“信士的长官”，以赞比尔和昆比为基地，领导富拉尼人各部落和豪萨族的穆斯林发动圣战，推翻了戈比尔等豪萨城邦贵族的统治，相继攻克戈比尔、卡齐纳、卡诺、扎里亚、阿尔卡拉瓦、达乌拉等诸小公国，统一了豪萨诸城邦。1808 年，他自称哈里发，以索科托为首都，建立政教合一的富拉尼帝国。

1809 年，奥斯曼宣布退位，担任宗教领袖，以索科托为传教中心，专门从事传教和著述立说。他将帝国分为索科托和格万杜两个王国，其子穆罕默德· 巴拉鲁统治索科托王国，统辖东部诸酋长国；其弟阿卜杜拉统治格万杜王国，统辖西部和南部诸酋长国。1817 年奥斯曼逝世后，其子穆罕默德· 巴拉鲁被拥立为索科托第一任素丹，采用“信士的长官”称号，成为帝国的政治和宗教领袖。他建立国家各项制度，发展农业和商业，积极倡导扩大对外贸易，发展伊斯兰的学术文化，将帝国带向了强盛时期。

1831 年，索科托王国与格万杜王国合并，使政令得到统一。1837 年，穆罕默德·巴拉鲁去世后，其后裔一直继承素丹位，多次发动“圣战”，镇压各地的叛乱和宗教异端活动。

1853 年，索科托素丹同英国签订条约，经济上依附英国。1903 年，英国殖民军击败索科托军队，帝国大部分领土并入英属北尼日利亚保护国，其余小部分被法、德两国瓜分。富拉尼帝国由此灭亡。

## 拉丁美洲独立战争爆发的原因是什么？

拉丁美洲独立战争爆发的主要原因来自拉美社会内部的演变，如经济的发展，民族意识的增长以及革命思想的传播等。拉丁美洲独立战争的性质是一场资产阶级革命，是 17 世纪中叶英国资产阶级革命后资本主义在世界范围内变革的一个组成部分。

1765 年，西班牙国王查理三世（1759 ～ 1788 年在位）采取在帝国范围内放宽贸易垄断政策以后，西属美洲资本主义日益发展。另外，欧洲启蒙运动思想的传播，对殖民地的革命思想的形成产生了重要的影响。1789 年法国大革命爆发后，西班牙政府停止正在进行的改革，激起殖民地人民的强烈不满。海地革命揭开了美洲殖民地独立革命的序幕。

1808 年，拿破仑一世出兵进攻西班牙，1810 年，西班牙本土大部分地区被拿破仑军队占领。殖民地人民获悉这一消息后，拉丁美洲独立战争普遍展开。

新西班牙（即墨西哥和中美洲地区）是独立战争在北部的中心区域。1810 年 9 月 16 日，瓜纳华托州的多洛雷斯村乡区神甫 M· 伊达尔戈· 伊· 科斯蒂利亚发动起义。印第安农民、牧民、城市贫民、银矿工人、下层神甫以及一部分土生白人知识分子等纷纷响应。起义者提出推翻西班牙殖民统治，把土地归还给印第安人、废除奴隶制度、

取消商品专卖税等纲领。

中美地区也于 1821 年脱离西班牙宣布独立，并加入墨西哥共和国。1823 年建立独立的联邦共和国中美联合省。1838 年中美联合省又分为危地马拉、萨尔瓦多、尼加拉瓜、洪都拉斯、哥斯达黎加 5 个国家。

但是，拉丁美洲独立战争后，各国大体上都没有采取措施触动大地主土地所有制，多数国家的黑人奴隶仍受种植园主和矿主的残酷剥削，政治上又导致了考迪略主义的盛行。

## 海地是什么时候获得独立的？

海地人民在首领杜桑· 卢维杜尔的英明领导下，与法国殖民者英勇抗争，为争取独立而不断抗争。杜桑·卢维杜尔死后，海地人民越战越勇。1803 年 10 月，法军投降，11 月，海地人民宣布《独立宣言》。1804 年 1 月 1 日，海地正式宣告独立。

海地原本是西班牙的殖民地，17 世纪，法国侵入海地西部，并建立了庞大的殖民机构。因为海地物产富饶，所以成为法国资本原始积累的重要来源。海地有三个社会阶层的人：法国殖民者；黑白混血人和自由黑人，虽然在法律上他们享有和白人一样的权利，但实际却遭受严重的种族歧视和隔离。黑奴是处于社会最底层的，他们的命运非常悲惨。在法国资产阶级革命的影响下，1790 年奥热在罗伯斯庇尔支持下发动起义，遭到法军的镇压后失败。1791 年，在希克曼领导下，海地黑奴发起起义。

1791 年，杜桑·卢维杜尔加入起义队伍。同时，皇戈率领众人在圣多明各进行起义。对海地垂涎三尺的英国和西班牙在 1793 年组成反法联盟，欺骗杜桑· 卢维杜尔的起义军，使其加入了西班牙军。1794 年，杜桑军和西班牙军占领了除海地城外的整个地区。1794 年 5 月 6 日，杜桑与西班牙决裂，开始进攻西班牙驻军，之后与法军会合，联合进攻西班牙军。几个月后，收复了被西班牙侵占的所有领土。1795 年西班牙与法国签订《巴塞尔条约》，西班牙从圣多明各撤军。

与此同时，英国殖民地牙买加爆发了逃奴起义，打乱了英军在海地的作战计划。再加上西班牙军撤退，英军陷入孤军奋战的境地。而且因为疾病，英军数量大减，英国政府不得不宣布从圣多明各撤军。10 月 1 日，英军投降。至此，杜桑赶走了全部的殖民军。1801 年 6 月，杜桑卢维杜尔宣布海地独立，之后颁布了宪法，他自己也当上了终身执政。

后来拿破仑想要再次控制海地。杜桑领导国民反抗，法军连连败北。法军指挥官勒· 克莱尔诱骗杜桑，在谈判中将其逮捕，最后杜桑惨死于法国。但海地人民继续英勇抗争，最后取得了独立。

## 哪个条约的签订标志着第二次巴尔干战争的结束?

1913 年 8 月 10 日罗马尼亚、希腊、塞尔维亚、门的内哥罗和保加利亚签订的《布加勒斯特和约》,标志着第二次巴尔干战争的结束。

在第一次巴尔干战争之后,战胜国在分配从奥斯曼帝国得到的土地问题上出现争执,其中保加利亚不满的情绪最严重,巴尔干同盟内部因为瓜分奥斯曼帝国占领地不均所而产生的矛盾被德国和奥匈帝国利用,他们极力煽动保加利亚反对其他盟国。第二次巴尔干战争因而爆发,但是保加利亚军队屡战不胜,被迫求和。而《布加勒斯特和约》便是在战后商讨问题时所签下的。

和约规定,马其顿地区被塞尔维亚、希腊和保加利亚瓜分。希腊得到了爱琴海马其顿,其范围包括今天的塞萨洛尼基及马其顿南部(包括萨洛尼卡)、色雷斯西部和克里特岛,人口则由二百多万增至四百多万;华达马其顿被划给塞尔维亚,其土地包括了现在的比托拉和科索沃等地,增加了一百多万人口;战败国保加利亚则得到皮林马其顿,该领土包括了今日保加利亚的皮林,人口则多了十余万。

然而,在战争中保加利亚失去了 1912 年第一次巴尔干战争所得的大部分土地,以及自己原有的土地,一部分土地被迫割让给希腊和罗马尼亚。门的内哥罗也分得少量领土。罗马尼亚由于得到了北多布罗加,因而得以接近黑海地区。

和约签订后,巴尔干半岛的形势出现了变化。由于此条约签订后保加利亚的实力被极大地削弱,因此保加利亚十分痛恨该条约,在后来的第一次世界大战中保加利亚为何会加入同盟国一方也能够得到解释了。至于塞尔维亚,由于得到大量土地,实力则大大增强。

但是,奥匈帝国一向不愿意见到塞尔维亚变强大,因为这样奥匈在巴尔干半岛的扩张战略就会受到影响,这就大大加深了奥匈帝国和塞尔维亚的矛盾,但是俄国则借机插手巴尔干半岛事务,与奥匈帝国的冲突加深,因而加速了第一次世界大战的爆发。

## 美国的独立地位在哪场战争中得到巩固?

美国为了反对英国干涉并企图夺取英国殖民地加拿大,捍卫国家主权而在 1812 ~ 1814 年进行了对英战争(又称 1812 年战争),这场战争巩固了美国的独立地位,扫清了美国资本主义发展的外部障碍。

美国独立后,经济和政治上仍然受到英国的控制和干涉。拿破仑战争期间,英国进行海上封锁以对付法国,但是,却经常劫掠美国等中立国船只,并且强行征用美国水手。这样的行为严重损害了美国的利益,侵犯了美国的国家主权。美国政府决心用武力反抗英国的干涉。在 1812 年 6 月 18 日对英宣战。

英国是当时世界上老牌的殖民帝国,拥有强大的军队,但是由于在拿破仑战争中

受到牵制，被迫采取守势。美国是新生的资产阶级共和国，正规军仅有6700人，舰艇16艘，但是大量的民兵和志愿兵自愿进入军队，为国家战斗，士气非常高昂。

战争大致分两个阶段：

第一阶段（1812～1813年），美军主动进攻，主战场在美、加边界的大湖区。1812年7～11月，美军兵分三路进攻加拿大。一路从底特律出发，直逼英军据点莫尔登。另一路美军北渡尼亚加拉河，在昆斯敦之战中全军覆没。第三路美军从尚普兰湖出发，进军蒙特利尔，中途不战而退。后来美国沿海港湾被英国海军封锁，接着，美军兵分两路再次进攻蒙特利尔失利，被迫撤出乔治堡。

第二阶段（1814年），英军全面反攻，主战场在美国本土。拿破仑战争结束后，英国调集大量军队从切萨皮克湾、加拿大和新奥尔良三个方向对美国发起进攻。1814年8月19日，R•罗斯率英军5400人在切萨皮克湾贝尼迪克特登陆，25日攻占美国首都华盛顿，烧毁国会大厦和白宫等建筑物。但是，后来在巴尔的摩受阻。9月，G•普雷沃斯特将军率英军1.1万人从尚普兰湖南下纽约，因为配合他的海军分舰队被歼灭，中途被迫撤回加拿大。英军全面进攻受挫。因此，8月双方开始进行和谈。

12月24日，美英签订《根特和约》，英国再次承认美国独立，巩固了美国的独立地位。因通信不便，和约文传到华盛顿已经到了第二年的2月。

## 波兰在俄国控制下是何时复国的?

在波兰历史上，经历了三次瓜分，国家命运极其坎坷。在俄国的控制下，波兰发生了一系列起义，终于在1918年复国。

拿破仑战败后，华沙公国被肢解，其西部土地成为波兹南公国，由普鲁士管辖；在克拉科夫成立了中立的克拉科夫共和国（也叫克拉科夫自由市）；在它的主要地区成立了波兰王国，由俄国沙皇兼其国王。

1830年11月29日，波兰一批贵族青年在华沙发动起义，结果失败。1846年克拉科夫起义也以失败告终，克拉科夫被并入奥地利。1848年波兰人民又一次掀起革命浪潮，迫使普奥当局废除农奴制度。1863年1月的起义波及波兰王国、立陶宛和白俄罗斯西部。1864年3月2日，沙皇政府被迫颁布解放农奴的法令。

1864年后，波兰王国的资本主义取得了较快发展，在19世纪七八十年代，完成产业革命。从80年代起，相继成立了波兰国家民主党、波兰无产阶级党、波兰社会党和波兰王国社会民主党（后改为波兰王国和立陶宛社会民主党）。第一次世界大战期间，国家民主党靠向俄国，社会党右派投靠奥、德，只有社会民主党和社会党左派坚决反对战争。

1916年11月，德国政府答应建立“独立的波兰国家”，德、奥于12月底成立了“波兰临时国务会议”，并从波兰青年中征兵，社会党人毕苏斯基（1867～1935年）被任

命为临时国务会议的军政部长。第一次世界大战发展到1917年，俄国爆发了十月革命，1918年8月29日，苏俄政府颁布法令，宣布废除沙俄和奥、普签订的关于瓜分波兰的所有条约，承认波兰人民享有“独立和统一的不可否认的权利”。

1918年10、11月，奥匈帝国和德国趋于崩溃，从而为波兰的复国创造了有利的国际条件。10月23日，在华沙组建了波兰政府，11月18日，毕苏茨基在华沙组成联合政府，他成为波兰复国后的首届国家元首。

就这样，波兰自1795年被瓜分灭亡以来，历经123年，1918年11月终于恢复独立，这是波兰人民坚持不懈抗争的结果。

## 谁是“葡萄牙与巴西联合王国”的国王？

女王玛丽亚一世去世后，1816年若昂正式继位，称若昂六世，并把国王的称号改为“葡萄牙与巴西联合王国之国王”。

由于宗主国葡萄牙前期深陷对拿破仑的战争中，工业和农业遭到了极大的破坏；而得益于开放市场的政策，巴西又快速地富有了起来，并且逐渐摆脱了对宗主国的依赖，独立的思潮迅速在巴西人中间蔓延。同时，若昂六世对乌拉圭用兵，加征了许多新的赋税，更加刺激了当地民众对这个流亡政府的不满情绪。在乌拉圭被吞并的同一年中，北方的伯南布哥爆发了反对若昂六世、争取巴西独立的起义，并在雷西弗市建立了第一个真正意义上的巴西政府。两个月以后，在政府军的重重围困下，断粮断水的起义军不得不缴械投降。但是，巴西独立已是大势所趋。

葡萄牙方面，拿破仑战败后，英国人依然不想离开葡萄牙，不但保持10万人的常备军不复员，而且处处干涉葡萄牙内政。面对政治和经济危机，葡萄牙民众在无法忍受的情况下于1820年8月24日爆发了波尔图起义，将英国人的傀儡即葡萄牙督政府推翻，并随后在里斯本进行了选举，召开了制宪会议。这是自佩德罗二世以来第一次召开议会，并且是以制定宪法为目的的国民议会。

制宪会议成立之后，立即向巴西的里约热内卢请愿，要求国王若昂六世立刻回国。1821年6月，若昂六世启程回国，把庞大的巴西交给了他的长子佩德罗管理。1822年9月23日，制宪会议颁布了宪法，宣布葡萄牙成为君主立宪制国家。而国王若昂六世非常大度地批准了这个限制王权的宪法，并宣誓尊重宪法的地位。因此他获得了“宽容者”的绰号。将国王稳住之后，制宪会议便发出信件要求佩德罗王子也回国，妄图将与葡萄牙同等地位的巴西（都是王国，因为之前若昂六世用的是“联合王国之国王”的称号）再次降级为海外省，作为葡萄牙的一个海外殖民地。

这个消息传到巴西，迅速激起了巴西人民争取独立的呼声。而若昂六世于1826年去世了。

## 哪个政党带动了一代人来争取意大利的独立和统一？

"烧炭党"是指19世纪后期活跃在意大利各国的秘密民族主义政党，希望成立一个统一、自由的意大利，他们争取独立自由的起义影响了一代人，在意大利独立和统一的过程中发挥了极其重要的作用。

"烧炭党"产生于拿破仑在意大利当政的时候。拿破仑把意大利作为自己最大的战争补给源地，大肆搜刮民脂民膏。除了缴纳巨额税款，意大利民众还要向拿破仑缴纳沉重的"血税"。以驱赶法国占领者、实现意大利的独立与统一为宗旨的"烧炭党"一经出现，成员数量激增，并且包含了社会各个阶层。他们袭击法军的营房和仓库，暗杀法国官员，散发革命通告，组织武装起义，甚至在某些城市成立了临时政府。正所谓天时地利人和，经过烧炭党人英勇的斗争，再加上拿破仑在与欧洲反法联盟作战中的失败，意大利人民终于赶走了拿破仑。

但是，意大利并没有取得独立和统一，又被肢解为八个邦国，有的邦国直接被置于奥地利和西班牙统治之下。各邦国的统治都极其黑暗。

"烧炭党"再一次承担了争取民族独立、实现祖国统一的重任，采取各种方式鼓励民众开展反奥活动。在他们的影响下，著名的经济学家、哲学家、文学家们都加入了反对奥地利企图将意大利辖区日尔曼化的爱国主义运动。

当西班牙资产阶级革命和法国七月革命的消息传来后，烧炭党人先后两次在各个邦国发动起义。他们曾迫使各公国的大公，使他们不是退位就是避难，还迫使那不勒斯王国的监国及其一家都身穿饰有"烧炭党"三色图案的衣服来参加革命胜利庆典。但由于"烧炭党"自身存在着一些缺陷，起义最终还是被奥军镇压了。

"烧炭党"在存在的三十几年里不断进行着斗争。烧炭党人尝尽了成功与失败的甘苦，虽然没能完成自己的理想，但他们多次的起义带动了整整一代人。30多年之后，封建邦主下台，入侵者败退，意大利终于统一了。

## 谁是无产阶级的精神领袖？

马克思是全世界无产阶级的伟大导师、科学共产主义的创始人，伟大的哲学家、政治家、经济学家、革命理论家。他是无产阶级的精神领袖，是近代共产主义运动的弄潮儿，支持他理论的人被称作马克思主义者。

马克思出生于德国普鲁士邦莱茵省（现属于联邦州莱茵兰－普法尔茨）特里尔城一个律师家庭。1830年10月，马克思考入特里尔中学。中学毕业后，他被波恩大学录取，18岁后转到柏林大学学习法律，但他的学习焦点却在哲学上。

1841年马克思以论文《德谟克利特的自然哲学和伊壁鸠鲁的自然哲学之区别》申请学位，并因得到委员会一致赞同，未进一步答辩而成功获得耶拿大学哲学博士。马克思毕业后担任《莱茵报》主编，1843年普鲁士国王撤消了《莱茵报》的发行许可，马克思因此失业。1843 年 6 月 19 日，马克思与苦苦等了他 7 年的燕妮· 冯· 威斯特法伦结为夫妻。1843 年秋，年轻的马克思夫妇来到巴黎。在此期间他着手研究政治经济学、法国社会运动和法国历史，并最终成为一名真正的共产主义者。

1845 年 12 月，马克思宣布脱离普鲁士国籍，之后和恩格斯一起完成了《德意志意识形态》。书中对黑格尔的辩证法进行了批判，并对费尔巴哈唯物主义的不彻底性进行了深入分析，从而第一次系统地阐述了他们所创立的历史唯物主义，明确提出了无产阶级夺取政权的历史任务，为社会主义从空想到科学奠定了初步理论基础。1846 年初，马克思和恩格斯建立了布鲁塞尔共产主义通讯委员会。1847 年，马克思和恩格斯被邀请参加正义者同盟。1847 年 6 月，改组同盟将其名改为共产主义者同盟，马克思和恩格斯为此起草了同盟的纲领《共产党宣言》。此后 1848 年革命席卷整个欧洲，也波及到比利时。

1848 年 4 月，在德国无产者的资助下，马克思和恩格斯一同回到普鲁士科隆，创办了《新莱茵报》。在 1849 年之后的五年里，马克思写出了他最重要著作——《资本论》（第一卷）。1864 年 9 月 28 日，马克思受邀参加了第一国际成立大会，当选为领导委员会委员。他为第一国际起草《成立宣言》、《临时章程》和其他重要文件。1867 年 9 月 14 日，《资本论》第一卷出版。

马克思所创立的理论是永垂不朽的，自《共产党宣言》发表以来的一百五十多年当中，马克思主义一直是塑造世界的主要精神力量。马克思主义的批判精神，鼓舞着工人阶级和广大人民群众为解放自己而坚持不懈地斗争。

## 哪个协议暂时平衡了美国南北方利益?

美国独立之后，北方的资本主义经济和南方的种植园经济经常发生矛盾，双方因此经常在国会争论不休。《密苏里妥协案》的签订暂时平衡了南北方发生的利益纠纷，但这并未从根本上解决问题。

1820 年美国北部资产阶级和南部奴隶主在国会中就在密苏里地狱成立的新州是否采取奴隶制的问题展开了激烈讨论，并最终通过了《密苏里妥协议案》。

在加入联邦之前，密苏里地域是路易斯安那购买地的一部分。大多数居民都是自由白人。1818 年，密苏里居民人数达 6.6 万人，完全符合建立新州的条件。于是当地政府申请将密苏里作为自由州加入联邦。1790 年曾将梅松－狄克逊线作为蓄奴州和自由州的分界线，南部奴隶主以密苏里的大部分地区位于梅松－狄克逊线以南为理由，坚持要求将该地域作为蓄奴州。当时自由州和蓄奴州的数目相等，双方在参议院的席位也持平，密苏里作为自由州或者蓄奴州加入联邦，都将直接影响双方力量的对比。为此，南部奴隶主同北部资产阶级展开了激烈的争论。

1820 年 3 月 6 日双方暂时达成妥协，国会最后通过《密苏里妥协案》。该法案允

许从马萨诸塞州划出的缅因地区作为自由州加入联邦，规定密苏里制定有不禁止奴隶制的宪法，规定将北纬 36° 30′ 线作为自由州和蓄奴州的分界线。1821 年 3 月 2 日，国会终于做出接纳密苏里加入联邦的决议。8 月 10 日，密苏里作为蓄奴州正式加入联邦。南部奴隶主的土地要求得到一定程度的满足。

此项协议表明，北部的资产阶级向南部的种植奴隶主做了让步，因此这个协议被称作《密苏里妥协案》。但是，由于南北双方这一制度的根本矛盾未能得到解决，所以妥协只能取得暂时的平衡。

该妥协案虽使南北之间的尖锐矛盾得到了暂时的缓和，但是北方工业制度和南方种植园制度之间的冲突是无法避免的，最终导致美国内战的发生。

## 希腊独立战争是在什么时候发生的?

希腊独立战争是指发生在1821～1829年间希腊人民反对奥斯曼土耳其帝国统治，争取民族独立的战争。这场战争结束了奥斯曼土耳其帝国对希腊将近 400 年的军事封建统治，是希腊社会发展史上的一个重要里程碑。

1821 年 3 月希腊本土爆发起义，并迅速扩展到伯罗奔尼撒半岛、克里特岛、爱琴海诸岛屿、卢麦里以及马其顿等地。1822 年 1 月 1 日第一届国民大会宣布希腊独立，并成立了希腊执行委员会。

土耳其政府调兵镇压起义，屠杀大量希腊居民。1822 年 6 月，3 万土耳其军队直奔科林斯，希腊军民奋起抵抗，结果土军几乎全部被歼灭。然而希腊人内部派系矛盾开始激化。1823 年和 1824 年，游击队和官方政府间两次发生内战。土耳其苏丹一面再调大军进行反扑，一面策划埃及入侵希腊。1825 年 2 月 11 日埃军在伯罗奔尼撒登陆，1826 年 4 月 11 日埃土联军占领西部重镇梅索朗吉。1827 年 6 月 24 日雅典卫城也落入土军之手。至此，起义军控制区已经所剩无几，但他们仍然坚持游击战。

1827 年 7 月 6 日俄、英、法签订《伦敦三国条约》，主张在土耳其享有宗主权的前提下，允许希腊实行内部自治，并决定派出联合舰队迫使双方停战。同年 10 月纳瓦里诺海战爆发，英法俄联合舰队击败土埃舰队。1828 年俄土战争爆发。1829 年 9 月俄土签订《亚得里亚堡条约》，土耳其被迫接受英法俄签订的《伦敦三国条约》。

希腊独立战争是一次民族大起义，也是一场反殖反封建的资产阶级革命，最终以希腊人民的胜利、奥斯曼帝国的失败而告终。这场战争的胜利，开辟了希腊资本主义发展的道路，同时也鼓舞了巴尔干半岛其他国家的人民，促进了民族解放运动的高涨，对欧洲乃至世界都产生了深远的影响。

## 米特雷是阿根廷的第几任总统?

米特雷（1821 ～ 1906 年）是阿根廷的第六任总统，也是军人和史学家。1821 年 6 月 26 日他出生于布宜诺斯艾利斯一个土生白人家庭，9 岁时跟随父母移居到乌拉圭，学习文学和军事。

米特雷在 1851 年加入乌尔基萨的军队。1852 年至 1862 年间，他站在布宜诺斯艾利斯省一边，反对乌尔基萨领导的内地各省邦联，并且建立省武装部队指挥与邦联军的战斗。1862 年到 1868 年他担任总统职务。他执政期间，镇压地方首领，恢复内地各省秩序；整顿国家财政，发展对外贸易；创办学校，培养国家人才。

1865 年到 1868 年间，他任三国同盟军队总司令，指挥阿根廷、乌拉圭和巴西的军队，进行巴拉圭战争。1868 年总统任期结束，他又当选为参议员。1874 年他再次竞选总统失败，发动兵变，结果失败被俘，判处死刑，之后得到阿韦利亚内达总统的赦免。米特雷在 1906 年 1 月 18 日去世。他的史学著作有《贝尔格拉诺与阿根廷独立史》和《圣马丁与南美洲解放史》等。

对于阿根廷而言，米特雷是一个比较有为的总统。在经济发展方面，他把布宜诺斯艾利斯到罗萨里奥的铁路开发权交给了一家英国公司，使阿根廷内地更加开放，得到了更多的移民。同时，他参与了商法的制订和税则的修改，也加剧了内地开放的程度。

然而，米特雷最大的功绩并不在他的经济开放上，而在于他为避免内战所做的妥协。1868 年，阿根廷迎来了又一次大选年，以科尔多瓦省为中心的寡头们决定支持乌尔基萨，但乌尔基萨在其本省没有站稳脚跟；同时，布宜诺斯艾利斯省的省长阿尔西纳只能得到集中于首都的部分支持。

在这两个人都无法得到大多数人的支持而当选的情况下，米特雷做出了被称为“米特雷遗言”的决定：他只求利用自己的职位来保证一次公正的选举。米特雷的中立使科尔多瓦省人民转而支持本省的多明戈·福斯蒂诺·萨米恩托。

这种中立保证了阿尔西纳的副总统位置，换取了布省的让步，最终双方达成了谅解。这是联邦总统第一次在他所在的省份利益之上做出让步，换来了长期的稳定。

## 巴西帝国是在哪一年灭亡的?

巴西帝国是指 1822 年至 1889 年间，在巴西建立的一个君主立宪制国家，由葡萄牙巴西亲王佩德罗一世及其子佩德罗二世统治。1889 年，佩德罗二世被废黜，由德奥多罗· 达· 丰塞卡建立的第一共和国取代了这个帝国，巴西帝国正式宣告灭亡。

1808 年，法国占领葡萄牙，布拉干萨王朝逃到南美洲的殖民地巴西，1809 年迁都里约热内卢。1815 年，巴西正式成为王国，改称“葡萄牙、巴西和阿尔加维联合王国”。不久，拿破仑战争结束，葡萄牙王室重返里斯本，并派遣摄政王佩德罗王子继续统治

巴西。佩德罗在巴西践行大规模的改革，重整政府机关，废除王室颁布的盐税，又放宽了人民的自由。此外，他还派出代表到葡萄牙议会参与政事。这些政策和行动极大的改善了巴西的经济和文化。

1822 年 10 月 12 日，佩德罗宣告自己成为巴西皇帝佩德罗一世，并在 12 月 1 日加冕，建立巴西帝国。

巴西帝国的灭亡与奴隶制的废除密切相关。19 世纪 70 年代以后，废奴呼声越来越大。1879 年，巴西开始了废奴运动，各省议员随即召开省议会，投票表决是否进行废奴运动。1883 年，“废奴联盟”成立，废奴运动蔓延到全国。

第二年，六十五岁以上的奴隶得到解放，各省纷纷废除奴隶制度。1888 年 5 月，身处欧洲的佩德罗二世支援女儿伊莎贝拉公主签署废奴法令。5 月 13 日，议会表决通过了“黄金法”，宣告废除奴隶制度，巴西奴隶制正式灭亡。

废奴运动之后，共和主义的呼声日益高涨。1887 年，军官德奥多罗• 达• 丰塞卡组织了军事俱乐部，开始谋划政变。1889 年 11 月 15 日，他与另一位军官弗洛里亚诺• 阿劳霍• 佩绍托联合共和派人士共同发动了军事政变，成功包围了内阁会议厅，并抢夺了政府控制权。丰塞卡宣告废除帝政，改行共和制，建立临时政府。

此时，支持帝政的农场主和地主因为佩德罗二世支持废奴制度而最终倒戈，使佩德罗失去了最后的支持和依靠。无奈之下，佩德罗二世于两日后逃亡到法国，巴西帝国正式灭亡。

## 中美洲联邦共和国至今还存在吗?

中美洲联邦共和国，又称为中美联合省、中美洲联合省，位于中美洲，只存在于 1823 年至 1840 年间，领土包括今日的危地马拉、萨尔瓦多、洪都拉斯、尼加拉瓜、哥斯达黎加，以及墨西哥东部恰帕斯州的一部分，它是一个已经不存在的国家。

组成中美洲联合省的地区从 16 世纪后便成为了西班牙的殖民地，被称为危地马拉总督辖区。1820 年西班牙爆发恢复立宪制的革命，引发了美洲殖民地的独立浪潮。1821 年墨西哥宣布独立之后，危地马拉总督辖区的自由主义者在 9 月 15 日起草了第一独立宣言，主张同墨西哥联合。

当自称“墨西哥皇帝”的伊图维德退位之后，危地马拉总督地区召开了中美洲地区的“全国制宪会议”，并在 1823 年 7 月 17 日发表了第二独立宣言，以“中美洲联合省”为国名，包括五个原属于该地区的“管理区”，即危地马拉、萨尔瓦多、洪都拉斯、尼加拉瓜、哥斯达黎加。首都设在危地马拉城，1824 年该国通过了以美国宪法为蓝本的宪法，设立联邦国会，各省按比例推举国会议员；总统、参议院和最高法院通过三级选举选出；总统任期为 4 年；废除了奴隶制和教会特权。

中美洲共和国联邦成立之后，代表资产阶级和贵族的自由派与代表封建庄园主和天主教会利益的保守派进行了激烈的争斗，中央政府与地方政府间冲突频起。

1838 年 4 月 30 日，尼加拉瓜宣布永久脱离联合省。5 月 30 日，中美洲联合省联邦国会通过一项决议，宣布各国可以自行决定同联邦间的依附关系。8 月 30 日哥斯达黎加独立，11 月 5 日洪都拉斯独立。1839 年 4 月 13 日危地马拉独立，中美洲联合省最终只下萨尔瓦多一个成员国。1841 年 2 月 18 日萨尔瓦多宣布独立，中美洲联合省正式消亡。

1851 年，卡雷拉指挥由危地马拉军队和萨尔瓦多、尼加拉瓜、洪都拉斯保守派组成的强大军队打败了萨尔瓦多和洪都拉斯的联军，摧毁了恢复联邦的最后希望。此后中美洲五国曾经多次组织联邦或邦联，但都没有延续长久。

## 乌拉圭战争一共发生了几次?

乌拉圭战争一共发生了两次。1825 年，第一次乌拉圭战争爆发；1835 年，第二次乌拉圭战争爆发，并于 1852 年结束。乌拉圭战争是巴西、阿根廷争夺乌拉圭与乌拉圭维护国家独立的战争。

乌拉圭战略地位十分重要。1814 年乌拉圭摆脱了西班牙的殖民统治之后，1821 年被葡属巴西兼并。1825 年 4 月，乌拉圭爱国者起义，并于同年 10 月宣布乌拉圭脱离巴西与阿根廷合并。

1825 年 12 月，巴西向阿根廷宣战，第一次乌拉圭战争爆发。巴西军队入侵乌拉圭，但海战陆战都遭到猛烈反击而失败。同时，阿根廷政府由于受到国内地方分立主义势力的反对，处境也很困难。1827 年 5 月，巴、阿双方举行谈判并签订合约，规定乌拉圭仍属巴西。

英国企图利用乌拉圭首都在拉普拉塔地区来扩张势力，便唆使阿根廷继续与巴西进行战斗。1828 年 8 月 27 日，在英国的干预下，巴西与阿根廷在蒙得维的亚签订和约，承认乌拉圭独立。

1835 年乌拉圭出现了红党和白党两个相互对立的政党。1839 年，阿根廷独裁者罗萨斯在白党的支持下出兵攻打乌拉圭，第二次乌拉圭战争爆发。

1842 年，罗萨斯的军队占领乌拉圭的大部分领土，1843 年 2 月，又包围了蒙得维的亚。乌拉圭人民为保卫自己的首都，进行了 9 年艰苦卓绝的战斗。1851 年 10 月，阿根廷恩特雷里奥斯省的军政长官和巴西以及乌拉圭里韦拉红党政府结成反罗萨斯同盟，率联军进入乌拉圭，打败了罗萨斯侵略军，解放了蒙得维的亚。1852 年 2 月，罗萨斯逃往英国，第二次乌拉圭战争宣告结束。这次战争消除了乌拉圭独立的威胁，同时也使乌拉圭摆脱了阿根廷的统治。但战争加剧了乌拉圭红党与白党之间的争权斗争，造成乌拉圭国内长期动荡的政局。

## 俄伊战争主要指的是哪两次战争?

俄伊战争主要指 19 世纪初叶俄国南下入侵伊朗引起的两次战争，分别发生在 1804 ～ 1813 年和 1826 ～ 1813 年。

1804 到 1813 年的俄伊战争是为了争夺格鲁吉亚。格鲁吉亚原来臣服于伊朗，18 世纪末因为不满伊朗的统治而转向俄国，结果被阿迦• 穆罕默德汗（1779 ～ 1797 年在位）出兵制止。1801 年俄国兼并了格鲁吉亚。1804 年俄军又进占冈扎，第一次俄伊战争爆发。战争初期，俄军补给十分困难，进展非常缓慢。援军抵达之后，俄国占领了南高加索的大片地区。1812 年又在阿拉斯河畔的阿斯兰杜兹大败伊朗军。

1813 年 10 月 12 日，双方在古利斯坦镇签订和约。和约规定:伊朗割让杰尔宾特、巴库、冈扎、库宾、希尔凡、沙基、卡拉巴格和塔利什北部给俄国，放弃对格鲁吉亚和达吉斯坦的一切要求；伊朗不能够在里海设置海军；两国商人可以自由经商；俄国保证支持伊朗太子阿拔斯• 米尔扎继承王位。

此条约不仅使俄国获得了包括埃里温在内的很多亚美尼亚领土，而且获取了在伊朗的领事裁判权、治外法权以及独霸里海的航行权。在此后的一个世纪里，俄国伙同英国操控着伊朗的政局和经济命脉。

第二次俄伊战争在 1825 年爆发。当时俄军占领古利斯坦与和约中未定归属的哥卡地区。1826 年 6 月伊朗宣布对俄发动“圣战”。战争初期伊朗大获全胜，收复了大片失地；俄国增援部队到达之后，在冈扎附近的沙姆卡尔用炮队击败了伊朗的骑兵。1827 年 10 月，俄军攻占了埃里温，进入阿塞拜疆，随后占领大不里士等地，伊朗开始求和。

1828 年 2 月 10 日两国在土库曼查伊村签订了停战条约。条约规定：伊朗割让埃里温和纳赫奇凡给俄国，两国基本上以阿拉斯河为界；伊朗赔款 500 万土曼，同意不在里海设置海军；俄国可在伊朗各大城市设立领事馆。同时还签订了一项通商条约，规定关税率为 5%，俄国领事有会审权及领事裁判权。

两次战争均以俄军的胜利结束。

## 阿尔及利亚战争是在哪一年爆发的?

1954 年 11 月 1 日，阿尔及利亚民族解放阵线在奥雷斯山区发动武装起义，战争爆发，并迅速发展到全国各地。该战争是阿尔及利亚民族解放阵线于 1954 ～ 1962 年间领导人民进行的反法武装斗争。

为了争取阿尔及利亚独立的民族解放阵线开始武装反抗法国政府的统治，游击队于 1954 年 11 月 1 日凌晨在境内多个地点袭击军事设施、货仓、警岗、通讯设施以及公共设施。

1956年阿尔及利亚民族解放军发展到10多万人，建立了政治、军事统一的民主政权，形成了稳固的农村根据地。

从1957年10月起，民族解放军开始在全国范围内发动更大的攻势，不断取得胜利。1958年9月19日，阿尔及利亚共和国临时政府正式成立，费尔哈特·阿巴斯任总理。此后，各解放区纷纷设立政权机构，把法国殖民者霸占的土地分给农民，并发放农业贷款。

戴高乐执政后，为摆脱法国政府所面临的困境，建议法、阿进行谈判。谈判从1960年6月25日开始。开始时，法国政府拒绝平等地位上谈判；之后又提出只谈停火问题，不谈军事问题；在讨论政治问题时，又不承认阿尔及利亚对撒哈拉地区的主权，导致谈判一度破裂。同时，法国在战场上仍然坚持武力镇压政策。阿尔及利亚民族解放军一再突破封锁线，大量歼灭法军。

1962年3月7日，阿、法两国代表团在法国的埃维昂恢复谈判。3月18日，双方签署了埃维昂协议，同意阿尔及利亚通过公民投票来决定是否独立。1962年7月1日，阿尔及利亚选民在投票中几乎全部赞成独立。最终，法国在7月3日承认阿尔及利亚为一个独立国家，从此结束了法国殖民主义者大约130年的统治。

## “七月王朝”建立于哪一年？

七月王朝，又称奥尔良王朝。1830年法国七月革命推翻了波旁复辟王朝，宣布奥尔良公爵路易·菲利浦为国王，自此，金融资产者掌握政权。1848年法国革命后被第二共和国所取代。

七月王朝于该年8月颁布经过修改的宪法。路易·菲利浦在位期间一方面对外避免和俄国、奥地利、普鲁士、英国等大国发生直接冲突，也不敢违背《维也纳和约》；另一方面又继续实行波旁复辟王朝的殖民侵略政策，入侵阿尔及利亚，并于1847年巩固其在阿尔及利亚的统治。

路易·菲利浦是依靠资产阶级的支持登上王位的，登基之后，从来没有忘记自己权力的来源，他在位期间始终维护资产阶级的利益，曾多次立法、改革以增强资产阶级在法国政府里的影响力。

奥尔良王朝的最初几年，路易·菲利浦曾推行广泛的改革。当时政府是基于1830年法国宪法而存在的，起草这部宪法的下议院改革派主张宗教平等、组建国民卫队来增强国民权力、进行贵族等级制度改革，并且削弱王权。路易·菲利浦和他的部长们都支持这部宪法的核心观点，是因为这些观点中的大部分会巩固政府和资产阶级的统治，而非普及法国平民的平等和权力。

七月王朝时期，法国的工商业得到较大发展。1830年工商业投资总额为300亿法郎，到1848年达到450亿法郎。这一时期开始大规模使用机器，工业革命的速度

明显加快。1830 年拥有蒸气机 625 台，1848 年增至 5210 台。1842 年，政府颁布铁路建筑法，铁路建设获得迅速发展。

七月王朝的政策遭到多方反对，最终引发革命，1848 年，法兰西第二共和国成立，七月王朝告终。

## 哪一次起义是法国历史上第一次工人武装起义？

法国里昂工人起义，是法国历史上第一次工人武装起义，是欧洲三大工人运动之一。

从 16 世纪起，里昂出产的丝绸畅销欧洲，特别受到各国王公贵族的喜爱。但在工业区，干活的都是面色苍白、骨瘦如柴的纺织工人，其中许多是妇女和儿童。他们一天要干 15 到 16 个小时的活，却挣到的钱只能买 1 磅面包，勉强维持生活。在资产阶级生活日益富裕的情况下，工人待遇水平却并没有得到提高，甚至不能解决温饱问题，他们最迫切的要求是增加工资。

1831 年 10 月，工人代表提出了工资标准草案，要和资本家一起开会讨论。在工人示威游行的压力下，这一天深夜，工资标准协议终于被通过了。但 3 个星期过去了，工资还是照旧。11 月 21 日早晨，工人们举行罢工。一支游行队伍从工人区出发，直奔市中心。下午，起义者在一处坚固的街垒上升起了一面大旗，上面写着："工人不能生活，毋宁战斗而死"。晚上，纺织工人们连夜同其他行业的工人联系，起义队伍不断扩大。里昂城内整夜枪声不断，火光冲天。各路反动军队无力招架，纷纷向军营和市政厅退却。23 日清晨，起义队伍占领了整个里昂城。武装起义司令部立即派出哨兵和巡逻队，快速恢复了社会秩序。后又成立了工人委员会，宣布废除捐税，实行工资标准协议。委员会还发表告市民书，宣扬自己的政治主张，要求实行民主选举，让自己的代表进入政府。工人领袖甚至还邀请警察局长参加他们的辩论会，对政府的官员完全不存戒心。

资产阶级政府利用里昂工人的麻痹大意，在国王的支持下调来大量军队。12 月 1 日，6 万政府武装包围了里昂城。第三天，处于被动地位的起义队伍被血腥镇压下去了（1834 年，里昂工人再次起义，也失败了）。

法国里昂工人起义是 19 世纪三四十年代欧洲著名三大工人运动之一，他们独立地提出本阶级的发展要求，并为之进行殊死战斗，标志着无产阶级开始作为独立的政治力量登上历史舞台。

## 你知道1832年的英国议会改革的主要内容吗？

1832 年英国的议会改革主要包括两项重要内容：一是重新分配议席，另一个是更改选举资格，扩大选民范围。

重新分配议席，即取消已经衰败的选区，减少一些选区的议席；人口增加的郡所拥有议席增多，新兴工业城市取得较多议席。具体规定为：人口不足 2000 人的 56 个城市取消在下院的议席，人口在 2000 ～ 4000 人之间的 31 个城市仅保留 1 个议席。空余出来的席位给予人口增多的郡和新兴工业城市，新兴工业城市得到 65 个席位。

更改选举资格，扩大选民范围。这一改变降低了对选民的财产和身份要求，工业资产阶级和农村中的富农得到选举权，选民人数大大增加。到 1832 年，英国约有 16％的成年男子得到选举权。这次议会改革以和平的方式削弱了保守贵族的势力，使工业资产阶级得以更多地分享政权。但是广大工人、雇农和妇女仍被排斥于政治之外。

1884 年 12 月，议会又通过新的改革法案《人民代表制法》，法案将城市中的“房主选举权”原则扩大到各郡区，部分农业工人也因此获得了选举权。将城市和农村地区的选举资格基本统一起来，英国的选民总数也因此增加了 1 倍，达到了 450 万人。但依靠父母生活没有单独成家立业的男子，以及家庭佣人和全部妇女仍没有获得选举权

1885 年 1 月，议会通过了《重新分配议席法》。它取消了人口未达到 1.5 万人的 72 个城市单独选举议员的权利，把它们并入所属各郡；取消人口在 1.5 万到 5 万人之间的 36 个城市各自拥有的 1 个议席。并按照大概每 5.4 万人分配 1 个席位的标准，将全国统一划分为 617 个选区，除了 22 个城市和牛津、剑桥两所大学选区仍保持两个议席外，其余选区全部实行单一选区制，即 1 个选区只选 1 名代表。

这样几近平均代表制的原则，对居住在人口稠密的大城市的工人有一定的好处。

## 德意志关税同盟成立于哪一年？

德意志关税同盟成立于 1834 年，是为扫除相互之间的贸易障碍而建立的同盟，是德国统一之前以普鲁士为首由 38 个德意志邦联的邦国所组成。

19 世纪初，德国仍处于分裂割据状态，德国境内关卡林立，并存着许多商业法规、度量衡制度以及几百种地方性货币。这种情况严重地影响了国内市场的形成，阻碍着德国工商业的发展。

关税同盟建立之后，各同盟国之间的贸易免税，同时对国外贸易统一关税制度和税率。关税同盟以普鲁士 1818 年的税法为蓝本来制订相关的关税政策。在对外贸易方面，尽管倾向自由贸易，但仍对从英国进口的棉织品和呢绒等课征保护性关税。

关税同盟还努力统一货币、度量衡制度和商业法规。各邦国在 1838 年和 1857 年分别签订一些专门协定，开始统一货币和度量衡，1868 年又规定自 1872 年 1 月 1 日

起在德国采用米突制，在 1847 年协商的基础上统一了票据章程，1857 ～ 1861 年间同盟又制定了在 1869 年付诸实践的共同商业章程。1837 ～ 1844 年间，关税同盟又先后同荷兰、希腊、土耳其、英国和比利时等国签订了商业协定，同盟的国际地位得到巩固。

在当时工业革命的浪潮下，同盟的成立有助德国内部的贸易往来、减少内部竞争。基于同盟的贸易保护主义色彩，它不容许奥地利的加入，致使奥地利与普鲁士的竞争更为激烈。1866 年，因为南德诸邦国在普奥战争中支持了奥地利，同盟不得不解散。但在 1867 年，这些邦国自愿重返同盟后，它又重新成立。新同盟比前者更具凝聚力，因为任何成员国都没有否决权。

德意志关税同盟把德国境内大部分邦国结成了一个紧密的贸易和经济区域。关税同盟的建立是德国走向经济和政治统一的重要步骤，它也促进了 19 世纪德国产业革命的发展。

## 英国宪章运动发生在什么时候？

19 世纪 30 ～ 40 年代在英国爆发的宪章运动，它的起因在于工人们要求取得普选权，以便有机会参与国家的管理，即工人阶级希望通过政治变革来提高自己的政治地位和经济地位。

1842 年 5 月 2 日，浩浩荡荡的工人队伍前往国会下院，由宪章派全国协会的负责人向下院递交了全国宪章派的第二次请愿书。这份有 300 万人（约占英国成年男子的一半）签名的请愿书再次要求把《人民宪章》定为法律。

他们认为，在人民没有取得政权之前，消灭某种垄断并不能使劳动者从贫困的状态中解脱出来，而在人民取得政权以后，所有的垄断和所有的压迫形式都会停止。请愿人员所说的“垄断”，指的是当时大资产阶级对选举权和纸币的垄断，对机器和土地的垄断，以及对报刊和宗教特权的垄断等等。

各地宪章派代表在曼彻斯特召开大会，宣告成立全国宪章派协会。它的宗旨在于“实现下议院的彻底改革，使下院能够全面地忠实代表联合王国全体人员的利益”，而为了“达到这一目的，只能够采取和平且合法的手段”。协会在全国各地设有几百个分会，入会者须缴纳一定的会费，它是近代第一个工人政党的萌芽。

1848 年，在欧洲大陆革命风暴的推动下，宪章运动再度高涨。向国会递交的第三次全国请愿书中进一步提出，劳动是一切财富的唯一来源，劳动者对于自己的劳动成果享有优先权，人民是权力的唯一来源。在请愿书上签名的有 197 万人。伦敦、曼彻斯特、伯明翰、利物浦、格拉斯哥等城市的工人举行了声势浩大的示威游行。国会拒绝接受请愿书。接着，政府下令强制解散了全国宪章派协会。

列宁称英国的宪章运动是“世界上第一次广泛的、真正群众性的、政治性的无产阶级革命运动”。

宪章运动是世界三大工人运动之一。宪章运动标志着英国无产阶级开始作为一支独立的政治力量登上历史舞台，揭开了无产阶级同资产阶级争夺政治权力斗争的序幕。

## “正义者同盟”是以哪国人为主的团体?

正义者同盟是一个由流亡法国的德意志工人组成的革命团体，成立于 19 世纪 30 年代。后来又有荷兰、匈牙利、捷克、俄国、瑞典、挪威等工人加入，成为了国际性的工人秘密革命组织。

正义者同盟是 1836 年由德国流亡者同盟中分裂出来的左翼激进分子秘密在巴黎成立的革命组织。他们的目的是要所有人享有自由与平等的权利，他们的口号是“四海之内皆兄弟”。1839 年他们在巴黎参加了布朗基领导的四季社起义，失败后，许多领导人被捕和被驱逐。1840 年在伦敦恢复组织，并逐渐发展为国际性工人组织。后又在马克思、恩格斯帮助下，接受科学社会主义。1847 年改组为共产主义者同盟。

由于马克思和恩格斯不断地进行思想工作，正义者同盟中越来越多的领导者和成员接受了马克思和恩格斯的革命理论。1847 年 1 月，正义者同盟派代表约瑟夫、莫尔先后到布鲁塞尔和巴黎，邀请马克思、恩格斯加入同盟，答应用科学共产主义作为同盟的纲领，并根据他们的意见重新改组正义者同盟。马克思和恩格斯因而同意加入，并着手同盟的改组工作。

1847 年 6 月初，正义者同盟在伦敦召开了代表大会，大会通过了由恩格斯和沃尔夫拟定的章程，规定同盟的目的在于:“通过传播财产公有的理论并尽快地让其实现，使人类得到解放”。用“全世界无产者联合起来”的口号来代替“人人皆兄弟”的口号。

新章程还用民主集中制原则规定代表大会是最高管理机构。这个章程被分送到各支部讨论，然后在下一次的代表大会上表决。同时这次大会还根据恩格斯的建议，决定将正义者同盟改组为“共产主义者同盟”。这次大会也就是共产主义者同盟的第一次代表大会。

## 19世纪中叶英国为何侵略伊朗?

19 世纪中叶英国曾发动过侵略伊朗的战争，原因是英国想要干涉伊朗收复赫拉特。

赫拉特在萨非王朝以及纳迪尔沙统治时期均隶属于伊朗，后赫拉特统治者乘伊朗内争混乱的机会谋求独立，得到英国支持。卡扎尔王朝时期伊朗国王企图恢复其统治，于 1837 年出兵包围赫拉特。

这一举动威胁了英国的既得利益，英国当时就派军舰前往往波斯湾占领哈尔克岛，以战争相威胁，迫使伊朗撤去对赫拉特的包围。1856 年 5 月伊朗乘英国卷入与俄国对抗的克里木战争之机出兵围攻赫拉特，于 10 月占领该城。

同年 11 月英国向伊朗宣战，进军波斯湾，侵占了哈尔克岛和布什尔港等地。英国军舰沿着卡隆河而上。1857 年 4 月初英军占领阿瓦士城。伊朗在布什尔失陷后立即派代表前往欧洲试图与英国缔结协定。1857 年 1 ～ 2 月间，印度民族大起义已迫在眉睫，英国也急于言和，以便把军队撤回印度。

同年 3 月 4 日双方在巴黎签订停战协定。协定规定：伊朗从赫拉特及阿富汗其他地区撤军，永远放弃对这些地区的领土要求；伊朗承认阿富汗独立；将来若伊朗与阿富汗发生纷争，应由英国调停；英国从伊朗撤军；释放双方的战俘。双方政府根据最惠国待遇原则，承认对方在本国有开领事馆的权利。英国在伊朗的势力得到了极大的加强。伊朗在英伊战争中的失败，也成为了它沦为半殖民地的开端。

19 世纪后期英俄等国进一步加紧对伊朗的掠夺和争夺。及至 20 世纪初时，英俄两国实际上已经瓜分了伊朗，英国控制了伊朗南部和中部的大部分领土，俄国则将伊朗北部纳入自己的势力范围。

1905 年至 1911 年的伊朗革命一定程度上动摇了本国的封建制度同时也打击了英俄势力。在第一次世界大战中，伊朗宣布中立。但英俄两国同奥斯曼帝国在伊朗领土上作战，使伊朗蒙受很大损失。至 1921 年 6 月初，驻在伊朗的英苏等外国军队全部撤出伊朗。

## 阿富汗抗英战争发生在什么时候？

19 ～ 20 世纪初阿富汗人民共进行了三次抗击英国入侵、维护民族独立的战争，亦称英阿战争。

阿富汗是 18 世纪中叶形成的多民族的大地主与封建贵族专政的伊斯兰国家，战略地位十分重要，是 19 世纪英、俄争夺的主要对象之一。沙俄视伊朗为其南下印度洋的战略跳板，英国则视阿富汗为维护英属印度北方统治的屏障。阿富汗依靠各部族武装和广大人民的支持，胜利地抗击了英军的入侵。

第一次阿富汗抗英战争发生于 1838 年，当年秋，英国纠集数万侵略军，挟持傀儡沙· 舒加，从博兰山口侵入阿富汗西南部，并在东南部开伯尔山口实施辅助突击。第二年 4 ～ 8 月，英军相继攻占坎大哈、加兹尼和首都喀布尔，阿富汗国王多斯特· 穆罕默德汗北逃，英国殖民者将沙· 舒加扶上王位。阿富汗爱国人民展开了广泛的抗英游击战。1841 年 11 月，喀布尔人民举行大规模起义，给予英军以沉重打击，夺回了喀布尔。第二年，英被迫撤军。当年秋，英军对阿富汗进行报复，从东部和南部对喀布尔发动钳形攻势，重新占领喀布尔。阿人民进行了英勇不屈的艰苦斗争。同年冬，英侵略军被迫撤离阿富汗领土，沿途遭到阿富汗游击队的截击，其后卫部队被歼灭。英国第一次侵阿战争以英国的彻底失败而告终。



第一次阿富汗抗英战争以后，多斯特· 穆罕默德汗的儿子希尔· 阿里汗继承王位。

采取近俄远英的政策，在1878年7月与俄国结盟，拒绝英国使者进入阿富汗。同年11月，英军3.6万人马分三路入侵阿富汗，1879年5月26日阿富汗战败，与英签订《甘达马克条约》，阿富汗沦为英国的附属国。阿富汗人民不甘屈服，同年9月举行喀布尔起义，杀死英驻喀布尔总督。第二年9月缔结妥协协定，准许阿富汗内政自由，外交由英控制。1881年英军撤出阿富汗。

1919年2月阿曼·诺拉汗继承王位。他不满英对阿富汗的统治，宣布阿富汗独立。5月3日英军再次入侵阿富汗。最终以英战败而终，1921年两国正式签订条约，英国承认阿富汗独立。

## 《怀唐伊条约》是英国与当时哪个殖民地签订的?

《怀唐伊条约》，又译《威坦哲条约》，签订于1840年，是英国王室与毛利人之间签订的一项关于土地和文化方面的协议。条约目前仍为现行文件，并被公认为新西兰的建国文献。它促使新西兰建立并不断完善了英国法律体系，同时也确认了毛利人对其土地和文化的所有权和使用权。

条约主要涉及三方面内容。第一，毛利人各部落酋长必须让出其领土主权归大英帝国所有，凡岛上出生者，均受英国法律管辖。第二，英国王室必须保证新西兰各部落酋长的土地、森林、渔场及其他私人财产不受侵犯；部落酋长如果出售土地，应优先考虑英国女王。第三，保证毛利人可得到英国女王的保护，并享有英国国民所享有的一切权利和特权。

该条约的制定有其深刻的历史背景。1800年后，许多人来到新西兰利用这里的土地资源，而这时候犯罪的比率也日益上升。另外，法美两国因为经济贸易上的原因，也开始将目光对准新西兰。为了保护英国在新西兰的经济利益，英国政府派巴斯比进行管理，因为毛利人担心法国侵略，巴斯比就替他们写了一个请愿书，要求受英国女王的王室保护。

1839年，英国委任威廉·霍布森为新西兰领事并负责使新西兰原住民让出他们在全部或部分岛群的权利。霍布森到达新西兰后，就请巴斯比拟出协定草稿，而且也请他作为他们的谈判代表。经过一些小的修改后，到了1840年2月6日，有45位毛利领袖族长跟英国政府在怀唐伊这个地方签订了条约，后来这个条约扩展到新西兰的北岛跟南岛各个地区。

条约签署时对双方都具有约束力，但是大量移民对土地需求的强大压力以及英国当局对其权威的坚持，减弱了条约的影响力。一些毛利人部落拒绝出售土地，或者在他们的部落土地上拒绝接受英国法律，因此触发了1860年间的新西兰战争，造成了大量的土地充公及其他不公正事件。

## 哪个国际公约第一次把黑海置于国际监督之下?

《伦敦海峡公约》是关于管理黑海海峡（即博斯普鲁斯海峡和达达尼尔海峡）的国际公约，这条公约第一次把黑海海峡置于国际监督之下，削弱了俄国在该地区的特权统治。

1841 年 7 月 13 日，英国、俄国、奥地利、普鲁士、法国、土耳其 6 国在伦敦签订了该公约，公约确认了奥斯曼帝国的“古代规则”。根据规则规定，博斯普鲁斯和达达尼尔这两个海峡应在和平时期禁止任何外国军舰通行此处，土耳其有权准许友好国家使馆所辖的轻型军舰通过，然而公约却只字未提海峡在战时的地位问题。

1833 年《温卡尔－伊斯凯莱西条约》的制定使俄国长久保持了在黑海海峡的优势地位，而这个新条约使其丧失了优越性，第一次将黑海海峡置于国际监督之下。公约损害了俄国的利益，激起了俄国和其他欧洲大国争夺海峡的斗争。

1853 年俄土战争发生，英法联合舰队径直通过海峡进入黑海，克里木战争爆发。1856 年 3 月底战争结束，交战双方缔结《巴黎和约》，条约规定，黑海为中立区，禁止一切外国军舰出入两海峡，俄国和土耳其不得在黑海保有 6 艘以上 800 吨的轮船及 4 艘以上 200 吨的船只，双方均不能在海岸设置要塞。

1870 年 10 月 30 日，俄国政府充分利用普法战争以及法国战败的有利时机，向上述《巴黎和约》签字国发出通告：宣布条约中对俄国在黑海驻扎舰队的限制以及关于把黑海设为中立区的条款失效。英国等西方列强被迫让步，俄国又重新赢得在黑海地区的优越地位。

1871 年 3 月 13 日，俄、土、德、奥匈、英、意、法 7 国又在伦敦签订一个公约。公约取消了《巴黎和约》所规定的黑海中立条款，再次确定了封闭海峡、禁止外国军舰通行的原则，并同意土耳其有权在和平时期对友好和同盟国家的军舰开放海峡。

这个条约是第一个对海峡制度作出国际规定的多边条约，它实际上废除了沙俄在黑海地区的特权。1878 年柏林会议再次确认《巴黎和约》和 1871 年《伦敦海峡公约》关于海峡制度的决定仍然有效。

## 哥伦比亚保守党代表哪个阶级的利益?

哥伦比亚保守党是哥伦比亚两大政党之一，成立于 1842 年，历史上曾代表农牧业主、教会和大资产阶级利益；哥伦比亚保守党在革命战争期间为摆脱西班牙的殖民统治和成立哥伦比亚做出了突出贡献。

哥伦比亚保守党与自由党轮流控制哥伦比亚的政治局面。保守党在 19 世纪时期多次掌握执政权。1930 年因党组织内部发生分裂而在总统大选中失败，于 1946 年重新掌权。在 20 世纪中期保守党和自由党废除军事独裁制度，并且分享总统任期。

保守党与自由党之间既有冲突又有合作。1948 年 4 月 9 日自由党左翼领袖 J•E•盖坦遭到谋杀，保守党和自由党发生内战，并导致人民武装起义。1949 年 11 月保守党在大选中获胜，次年 L•E• 戈麦斯• 卡斯特罗出任总统。他在位期间实行亲美独裁政策，镇压农民运动，并派军参加美国发动的侵略朝鲜的战争。1953 年，武装部队司令 G• 罗哈斯• 皮尼利亚发动军事政变，推翻卡斯特罗的独裁统治。

1957 年保守党与自由党达成协议，双方决定建立全国统一阵线，从 1958 年起的 16 年内两党轮流担任总统。1962 年～ 1966 年和 1970 年～ 1974 年，保守党人 G• 莱昂•巴伦西亚和 M• 帕斯特拉纳• 博雷罗先后担任总统。

保守党的宗旨主要包括，继续在哥伦比亚搜寻并坚决维护和平；维护全国团结；继续信仰上帝；根据多数人的需要改革 1991 宪法；改正缺点促进国家现代化；积极解决失业、贫穷和缺乏安全等人民群众切实关心的问题；扩大和保卫财产权为私人所有。

保守党在前期主张成立中央集权政府，维护教会的特权地位，执行亲美独裁政策。近年来提出维护民族独立、国家主权和发展民族经济以及保护多种意识形态并存等主张。

1981 年 11 月 27 日，该党全国大会选举产生了由 18 人组成的全国领导委员会。受保守党的影响，民间成立了一个群众组织——哥伦比亚劳工联盟。

## 法国工人党的创始人是谁?

拉法格，法国工人党和第二国际创始人之一，卓越的国际共产主义运动活动家，杰出的马克思主义理论家和宣传家。他在伦敦一边学医，一边积极参加革命活动，也就是在此时，拉法格走上了马克思主义的道路。

1864 年底，巴黎建立了国际工人协会支部，拉法格参加了这个支部，并成为它最活跃的一员。后来，由于拉法格公开号召法国青年推翻独裁统治，被学校开除了学籍，不得不 1866 年前往伦敦，以便完成他的学业。在伦敦生活的这几年，是拉法格思想转变的关键时期。他一面继续学医，一面从事无产阶级革命活动，并开始与马克思交往，听取马克思的教诲，学习科学社会主义理论。在马克思的直接帮助下，从一个革命民主主义者成长为共产主义者。

拉法格于 1868 年 4 月回国，在国内积极宣传科学社会主义，翻译并出版了马克思的许多著作和第一国际章程，促进马克思主义与法国工人运动相结合。1870 年 4 月，巴黎各支部召开联合大会，成立了巴黎联合会，拉法格当选为委员。此后，拉法格又抵达波尔多，在工人中积极开展活动，改组国际波尔多支部，使这个支部发展成为设有许多机构的巨大组织，拥有几百个会员。

1882 年拉法格回国，同盖得一起领导工人党，同时继续从事马克思主义理论的研究和宣传工作，并同党内各种机会主义进行坚决斗争。1883 至 1891 年拉法格曾两

次被捕入狱，后因当选为国民议会议员而被释放。1889年拉法格为第二国际的创建作出了积极贡献，主持了成立大会开幕式，当选为大会委员会书记。1905年法国统一社会党成立，拉法格任常设行政委员会委员。

列宁称拉法格是“马克思主义最有天才、最渊博的传播者之一。”同时在科学社会主义、哲学、经济学、历史、宗教、语言学、文学诸方面捍卫了马克思主义，且有创造性研究。

拉法格在法国孜孜不倦地传播马克思主义，其一生翻译、传播了大量马克思主义经典著作，他不辞辛劳，不怕坐牢，奔走全国各地，参加大型辩论会，发表演说，抨击阶级敌人对马克思主义的歪曲。他将传播马克思主义作为神圣的使命，成为巴黎这个光明之城的一盏明灯。

## 新西兰毛利人为什么要起义?

为了反抗英国殖民者的沉重压迫，新西兰土著居民毛利人于1843年～1872年发起了一系列的反殖民战争，又称“毛利战争”。

1840年英国殖民侵略军占领新西兰，掠夺土地，攫取财富，给当地人民带来沉重灾难。当地毛利人在T•劳帕腊哈领导下奋起反击，成功击退入侵者，起义在南岛大部分地区迅速扩展。1845年北岛科罗拉雷卡地区在H•黑克的领导下，筑起戒备森严的堡垒，多次击退武器精良的英国殖民军。但由于交战双方力量悬殊，部落内部发生分裂，1846年起义被镇压，反抗斗争陷入低谷。

1857年一些部落结成联盟，成立毛利王国。1860年英国王室宣布占有怀塔拉河口的塔腊纳基地区，当地毛利人在W•金吉领导下坚决反对并进行反抗，但由于毛利王国国王波塔陶一世的妥协以及对其他地区的禁止支援，1861年，塔腊纳基起义被镇压。

不久，波塔陶二世继位并宣布独立，表示不再受英国法律和不列颠王室的管辖，并禁止买卖和租赁土地。1863年5月塔腊纳基地区的英国殖民军蓄意挑衅，战争再次爆发，迅速蔓延至怀卡托河两岸。英国殖民当局调来装备精良的正规军，并征募当地移民入伍，不断加强兵力。在各方面均占优势的情况下，英国殖民军于同年12月攻陷王国首都恩加鲁瓦亚，并深入内地与毛利人进行肉搏战。然而，这次英国人并没有得逞，毛利人英勇地阻止了英军的前进。

在此期间，英国殖民当局到处强占土地，与毛利人各部落之间的矛盾更加激化。这时塔腊纳基人特•乌阿创立了一个糅合了毛利人古老信仰和犹太教、基督教的教义的教派——马里雷教，流传颇广。信徒们在反英国斗争中英勇拼杀，但伤亡惨重。1865年5月，殖民当局被迫承认了毛利王国，并签订和约。但当时王国管辖范围仅限于怀卡托地区，其他地区仍在继续战斗，由于英国殖民军队力量强大，起义遭到镇压。

起义虽然被镇压，但也迫使殖民当局最后作出某些让步，自1872年起，新西兰议院中各有两个席位被指定作为毛利人怀卡托和马尼亚波托两个部落的代表；英国官员无权自由进入该两部落的领土。

## 19世纪欧洲三大工人运动中发生在德国的是哪一个?

1831 和 1834 年法国里昂工人起义、1837 年英国宪章运动和 1844 年德国西里西亚纺织工人起义是欧洲历史上著名的三大工人运动。

工业革命在 19 世纪三四十年代传到德国，在工业发展初期，德国工人就被资产阶级的剥削与贫困所逼迫。1844 年 6 月 4 日，纺织工人终于无法忍受，发动起义。起义队伍在短时间内迅速扩大到 3000 人，集中打击工人们最痛恨的工厂主。起义者以简陋武器对抗前来镇压的骑兵和炮兵。由于武器装备的落后，起义坚持到 6 月 6 日就被镇压。

一波未平，一波又起，布勒斯劳的手工业者和学徒，柏林、亚琛的纺织工人，马格伏堡的糖厂工人等先后举行罢工以及局部起义，响应西里西亚纺织工人的斗争。这次织工起义事件表明无产阶级已作为独立的政治力量登上历史舞台，无产阶级开始提出反对资产阶级剥削压迫、争取自身和全人类得到彻底解放的新的社会革命要求。

马克思对西里西亚织工起义做出了深刻的分析和高度评价。他指出：西利西亚织工起义的事实，表明德国工人阶级政治上的成熟。他们在起义开始时就毫不含糊地、尖锐地、直截了当地、威风凛凛地厉声宣布，反对私有制社会。他认为这次起义是由资本主义制度所造成的工人阶级贫困引起的。工人阶级的贫困是普遍状况，并不是德国一个国家的特点，而是一切资本主义国家的特点，这种状况是资本主义剥削的结果。

西里西亚织工起义，决不是什么偶然的、纯粹的地方性事件，而是德国社会两大阶级之间矛盾尖锐化的表现，虽然起义发生在局部地区，但它却包含着非常普遍的意义。西里西亚织工起义一开始就达到了英法两国工人在起义结束时才做到的事，那就是意识到无产阶级的本质。

## 锡克战争共有几次?

1845 ~ 1849 年，英国殖民者对锡克人统治的印度旁遮普国发动了两次侵略战争。1843 年英国征服信德后，将侵略矛头指向印度次大陆最后一个独立的国家——旁遮普国，并于 1845 年发动了第一次锡克战争。

战前，英国在印度的总督于旁遮普边境集结兵力 4 万人，而锡克军约 6 万人，在数量上占优势。但是锡克军军队内部分裂，下层官兵与将领之间矛盾尖锐，封建政府甚至企图通过战争削弱乃至消灭难以驾驭的军队。

1845 年 12 月 13 日，英军攻击萨特莱杰河南岸锡克军，战争正式爆发。18 日，

双方在穆德吉展开大规模交战，英军损失惨重。但锡克军统帅L•辛格被英军收买，下令撤退，没有乘胜追击，结果遭英军反击，惨败而归。21～22日，英军向菲罗兹沙阿发起进攻，遭锡克军炮火的阻挡，又一次受挫。交战中，锡克军司令T•辛格擅离战场，使军队陷入混乱，锡克军队被迫退至萨特莱杰河北岸，伤亡约8000人，英军伤亡2400余人。

最高指挥官的变节和临阵脱逃是锡克军此次战争失败的最主要原因。1846年1月，锡克军渡河再战。2月10日，双方在索布拉翁进行决战，T•辛格和L•辛格临阵脱逃，并下令拆毁浮桥。锡克军孤立无援，只好背水作战，伤亡惨重。英军强渡萨特莱杰河，于20日攻占旁遮普首都拉合尔。3月，旁遮普国被迫签订《拉合尔条约》，割地赔款，裁减军队。

锡克人不满英国殖民压迫，在S•辛格率领下于1848年发动起义，这次战争还得到外援阿富汗的支持。英军出兵镇压，围攻并占领木尔坦。1849年1月，锡克军在丛林中伏击正在进攻吉利扬瓦拉的英军，结果英军伤亡2300余人。同月，英军不断向北增调援军，于2月21日以猛烈炮火给驻守古杰拉特的锡克军以毁灭性打击。

3月，英军将阿富汗军队逐出白沙瓦，锡克军投降，旁遮普被并入英印领地。这两次战争之后，英国完成了对整个印度大陆的征服，将印度完全纳入自己的殖民统治中。

## 美墨战争发生在什么时候？

发生于1846年5月～1848年2月的美墨战争是美国大陆扩张史和西进运动史上一次具有关键意义的战争，它不仅推动了美国经济大国的形成和发展，还加剧了北部工业资本和南部奴隶制的矛盾，并为美国内战蓄势。

开战初期，墨西哥军队在士兵数量上占有优势，拥有一支3.2万人的军队，虽然数量上占有优势，但在质量上，士兵们缺乏训练，纪律松懈，装备不足，军官能力低下。在政治上，墨西哥国力衰败，领导无能。

由于在敌方领土作战，不熟悉地形，运输和通讯也不完善，卫生设备不足，不利条件较多。美国正规军只有8600人，以短期召募的志愿兵为主要兵源。在战争期间美国陆军总兵力达3.1万人，海陆军战斗队总员额达10.4万人，美国则正处大陆扩张和西进运动的鼎盛时期，工业发展取得重大进展。

在战争开始阶段，陆军部尚未制定出军事计划，美国处于劣势，而在战争进程中美方不断完善战略部署。对墨宣战后，美军分三路进攻墨西哥，斯蒂芬•卡尼上校受命指挥西线军队，远征新墨西哥和加利福尼亚；约翰•斯洛特舰队司令受命海路袭击太平洋海岸；总司令率部直取墨西哥首府。

美国发动的对墨战争，在美国国内就有人认为它是非正义的侵略战争。1848年1

月 12 日，林肯在议会指出：“这次战争所流的血，是要控诉波尔克的。”“总统发动的对墨西哥的战争是没有必要的和违反宪法的。”格兰特晚年在他的《回忆录》中说：“这是一场最不公正的强国欺压弱国的战争。”

美墨战争对美国经济的发展有着重大的影响。美墨战争使美国获得了西南部广阔肥沃的土地和丰富的资源，加快了西进运动的进程，有利于经济大国的良好全面发展并加快了工业化的进程。

这次战争也给墨西哥带来了巨大灾难。墨西哥在战争中失去了一半领土，在墨西哥人民心中埋下了仇恨的种子，但这场战争也使得墨西哥国内形成了它建国以来一直缺乏的民族主义观，导致了新一代的墨西哥政治家的出现，有利于墨西哥自由共和国的成立。

## 《共产党宣言》发表于何时?

《共产党宣言》于 1848 年 2 月在伦敦第一次以单行本发表。《共产党宣言》又译《共产主义宣言》，是共产主义者同盟的纲领，国际共产主义运动的第一个纲领性文献，它的发表标志着马克思主义的诞生。

《共产党宣言》的基本思想是这样的：每一个时代的社会结构都是在当时特定经济条件下形成的，经济也是该时代政治的和精神的基础；阶级斗争贯穿着全部历史，即被剥削阶级和剥削阶级之间、被统治阶级和统治阶级之间的斗争存在于社会发展各个阶段，这个斗争当时的表现形式是被剥削被压迫的阶级（无产阶级），只有使整个社会永远摆脱剥削、压迫和阶级斗争，才能使自己从剥削它压迫它的资产阶级下解放出来。《宣言》最后发出了“全世界无产者，联合起来！”的战斗口号。

在宣言中，对共产党人取得政权后的政策也有所说明：共产党人取得政权后将会实行社会主义。共产党人也是信仰“共产主义”的，包括了苏联时期的共产党人，虽然在很多观点上，他们与马克思恩格斯的看法不同，特别是在苏联和后苏联时期很多人都批评这种从社会主义向共产主义转变的思想。

无政府主义者、自由主义者和保守主义者都提出了这样的一个问题，即马克思在宣言中提出的革命政府灭亡的条件。无论是传统的对于政治权力吸引力的看法，还是现代关于组织形态的理论都指出，当政治权力落到一个新兴的团体手中，它更倾向于对权力的巩固，而不是在一定的时候将权力交出，即使这种权力建立于革命或平等社会之下。

马克思主义诞生于《共产党宣言》的发表，全世界无产阶级革命受到了巨大的鼓舞，并在百年之后对中国几代领导人的政治方针产生了直接影响，推动了中国的发展。

## 1848年法国二月革命建立的国家是第几共和国?

1848 年法国发生二月革命,建立了一个资产阶级共和国。法国曾在 1792 年～1804 年建立共和国,史称第一共和国,故称二月革命后建立的共和国为第二共和国。

1848 年法国爆发二月革命。二月革命成功地推翻了统治法国的七月王朝,资产阶级取得政权后建立了法兰西第二共和国。之后,波拿巴于 1851 年 12 月 2 日发动政变,解散议会,建立专政体制,第二共和国宣告灭亡,法兰西第二帝国取而代之。第二共和国是法国最后一个以暴力形式取得胜利的政权,期间首次确认男性公民的普选权,奴隶制度被正式废除。

1845 年,欧洲爆发经济危机,农业最先受到破坏,土豆由于霜霉病的流行而歉收,导致了 1845 年至 1849 年爱尔兰的大饥荒,工业不久后也受到影响。农作物的低收成(小麦、大麦、黑麦供不应求)给农民(占当时法国人口的 75%)造成巨大损失,消费锐减。法国各地均受到不同程度的迫害。

1847 年形势有所好转,但必须承认的是,最为贫困的农民成为这次危机的主要受害者。数十万的农村人口过着艰苦的生活;羊毛与棉麻纺织业濒临崩溃。工业生产过剩,各类工厂,特别是中小型工厂纷纷倒闭。

法国银行结构的脆弱性也在这次危机中暴露无遗。由于大部分银行无法保证充分的资金周转和必要的投资盈利,企业家很快处于资金不足的窘迫之境。资金运转减少使大金融中心如巴黎和里昂的银行业感到恐慌。

在这次危机中,市场行情的极大不确定性以及现状的不稳定性使得城乡人口发生了巨大变化。失业人口骤增加剧了农村人口贫困化,大量失业工人迁入大城市寻找工作。就这样,经济危机推进了法国的城市化进程(农村难民现象),后果是小市民政治力量的壮大(尤其是巴黎)。因此,二月革命有了阶级保证,为推翻七月王朝奠定了基础。

## 日本民主最后的守护者是谁?

西园寺公望(1849～1940 年)是伊藤博文的得意门生,他与山县有朋的弟子桂太郎在 20 世纪初期交替出任首相,史称桂园时代。西园寺公望是日本帝国最后的元老,他一手推荐了达正时期的首相,是日本民主最后的守护者。

1882 年(明治十五年),西园寺随伊藤博文出访欧洲,此行目的是考察欧洲的宪法,在欧洲得到伊藤博文的赏识,并在 1900 年(明治三十三年)参与创建立宪政友会,1903 年就任总裁,大正天皇即位时被列为元老。

自称是自由主义者的西园寺,认为由议院多数党组阁是宪政之常道。作为唯一一个元老的他秉持着此原则向少帝推荐首相。由于他曾到法国留学,受影响成为亲欧美派，被军部等国家主义者责骂为“世界主义者”。

西园寺作为松方正义死去后的唯一一位元老，政治影响力不断飙升。他调整宫中、国务、军部，持续主导日本的政治，在任文部大臣时，尝试更改“教育敕语”，在昭和前期反对军部的扩大，但并没有阻止日本发动战争。

明治、大正、昭和期间，在日本的政治舞台前沿一直能看到西园寺公望的身影，他的人生经历与近代日本政治历史相关联。日本政治的重要内容也包括西园寺公望个人的政治行为。十年的法国留学经历，使其思想体系的基调上刻印了自由主义理念的痕迹，他的思想是皇家中心主义与自由主义两种思想的矛盾结合体，这促使了西园寺公望力图实现其立宪君主构想。

西园寺公望在政治实践中，一生追求两大梦想，即立宪政治与“世界的日本”。作为资深的元老，推荐后续首相的权力一直掌握在他手中，监护着政党政治；外交上西园寺始终坚持国际协调主义，强调“世界的日本”。虽然近代日本历史的悲剧决定了其人生的悲剧，然而在推动日本政治由绝对主义天皇制向立宪君主制发展过程中西园寺公望起了很大的作用。

## 首届世博会在哪举行?

1851 年 5 月 1 日，第一届世博会在英国召开，举行地点是英国首都伦敦的海德公园，以世界文化与工业科技为展出的主要内容。

世博会的源头是这样的，人们古代农耕社会往往于庆丰收、宗教仪式、欢度喜庆的节日里展开交易活动，后来逐渐发展成为定期的、有固定场所的、以物品交换为目的大型贸易及展览的集会。这就是世界博览会的雏形。

英国由于完成了工业革命而成为世界一流强国，英国的强大被所有人认可，正是因为强大而带来的巨大召唤力使英国能成功地举办第一届世界博览会。维多利亚女王给 10 个国家发出了邀请函。在首次世界博览会上，英国人一改往日风格，在著名的海德公园内建造以钢和玻璃为主要建筑材料的水晶宫。水晶宫长 1700 英尺，高 100 英尺，耗用了 4500 吨钢材，10 公顷的玻璃。

第一届世界博览会开幕的气氛尤其热闹，展区共占地 9.6 万平方米，展览用的桌子总长约有 13 公里，展览时间长达 23 个星期，期间有 630 万人进行了参观。共有 14000 件展出品，其中包括了一块 24 吨重的煤块，一颗来自印度的大金刚钻，还有一头标本大象，而引擎、水力印刷机、纺织机械的展出向参观者展现了现代工业的飞跃和人类无限的想像力。

首次世界博览会不仅是一次“眼花缭乱，丰富多彩”的陈列，而且是今后数十年自由贸易的开创，它向人类预示了工业化生产时代的到来。故此伦敦世博会便被确定为现代意义上的首次世博会。

水晶宫博览会为 20 世纪科学与进步提供了巨大推动力，正是因为首届世博会的

成功，以后的世界博览会便与奥林匹克运动会一样成为全球规模的盛会，世界博览会因此被誉为“经济、科技与文化界的奥林匹克盛会”。

## 克里木战争是在什么时间爆发的？

克里米亚战争（又名“克里木战争”）是俄国为争夺巴尔干半岛的控制权而在1853年10月20日爆发的一场战争，俄国先后遭到土耳其、英国、法国、撒丁王国的宣战，战争一直持续到1856年，最终以俄国的失败而告终。此次战争引发了俄国国内的革命斗争。

1853年7月俄国出兵土耳其。11月，俄军把土耳其分舰队消灭在西诺普海域中。之后，英、法、撒先后介入，对俄宣战。战争在三个地区进行，俄军虽最后攻占卡尔斯城，但输局已定。

1856年2月，交战双方签订停战协定。包括交战双方和有关国家在巴黎举行了会谈，并于3月30日签订《巴黎和约》。合约规定双方互相归还所占领土，共同保证奥斯曼帝国的独立和领土完整；关闭达达尼尔海峡和博斯普鲁斯海峡，黑海中立化，俄、土不得在黑海拥有舰队和基地；比萨拉比亚南部划归摩尔多瓦。俄国在战争中受到沉重打击，50万人在战争中牺牲，加深了农奴制，所以战后俄国进行资本主义改革。联军损失：土耳其40万人，法国9.9万人，英国2.2万人。联军有行动迟缓、协同不力、后勤保障薄弱等问题。

克里木战争是俄、奥关系的分水岭，战前两国相互勾结而战后转为对立。俄、奥交恶一直是第一次世界大战前欧洲政局、特别是巴尔干政局动乱的一个重要因素。沙皇俄国在欧洲拥有的反动势力首脑地位从此消失，向中欧和南欧发号施令的局面也结束了。

克里米亚战争后，英国增强了在近东的势力，法国由此感到不安，俄国和法国为了遏制英国的势力开始勾结，法国企图重振往昔拿破仑时代的声威。俄国对于奥地利的“背叛”怀恨在心，奥英关系也好转起来。自此欧洲国际关系出现了新的格局。

## 美国哪部法案不限制奴隶制扩展到西部新开发地区？

1854年，美国国会通过了堪萨斯—内布拉斯加法案，在这部法案中，美国政府取消了限制奴隶制扩展到西部新开发地区的规定。

19世纪以后，美国领土迅速扩张，前往密苏里河以西的堪萨斯－内布拉斯加地区垦殖的人日益增多，他们强烈要求建立新州。按《密苏里妥协案》（1820年）规定，该地区可以建立新州，也可以加入联邦，但奴隶主想要在这一地区扩大种植园、畜牧业，因此他们强烈反对建立新州，相反想要在这里继续实行奴隶制。

1854年1月23日，由参议院领地委员会主席、民主党党魁道格拉斯向参议院提交了“堪萨斯—内布拉斯加法案”，并以自己出众的才能和手腕使参议院通过了这一法案。法案宣布废除密“苏里妥协案”和“1850年妥协案”，奴隶制的实施不应受任何地域限制。从此奴隶制不断推向北部，加速了资产阶级内部的分化。法案还规定由当地居民或其代表决定新开发地区实行何种制度，这就是所谓“平民主权原则”。

法案通过后，道格拉斯的法案引起了一场疾风暴雨般的大混乱。1月24日，《国民时代》全文刊登了由萨蒙•蔡斯和乔舒亚•吉丁斯执笔的《独立民主党人的呼吁书》。呼吁书指责“堪萨斯—内布拉斯加法案”践踏了“密苏里妥协案”的原则，它“把一片自由的沃土变成由奴隶主和奴隶居住的专制主义的凄惨地区”。随后，北方各地召开了成百上千个抗议集会。

这次法案的通过，南方的胜利是显而易见的，奴隶制继续在南方大部分地区存在，南方广大奴隶主的利益被最大限度地满足。这是一次“奴隶制和贵族政治对自由和共和主义的胜利”。

但是，它也是一个代价昂贵的胜利，正如霍勒斯• 格里利所说，“法案在两个月之内所造就的废奴主义者比威廉• 劳埃德和温德尔• 菲利普斯在20年中所造就的还要多。”法案通过以后，各地废奴运动高涨。资本主义和奴隶制的矛盾进一步激化，不久堪萨斯内战爆发，并最终导致了南北战争的爆发。

## 美国共和党成立于哪一年?

共和党是美国轮流执政的两大政党之一。1792年，民主共和党成立，1825年，民主共和党党内发生分裂，其中一派组成国民共和党，1834年改称辉格党。1854年7月，辉格党与北部民主党和其他反对奴隶制的派别联合组建，成立了共和党。

1860年11月，共和党领导人林肯当选为总统，该党成立以来第一次执掌政权。在南北战争中，共和党领导北部军民在反对南方奴隶主的叛乱的斗争中取得了胜利，并废除了奴隶制，维护了联邦的统一。南北战争后，该党连续执政20年，约翰逊、格兰特、海斯、加菲尔德、阿瑟曾先后出任过联邦总统。

1884年，共和党在总统选举中失利。1889年，共和党的哈里森再度出任联邦总统。接下来该党连续执政28年，麦金莱、罗斯福、塔夫脱、哈定、柯立芝和胡佛曾先后出任联邦总统。1953年至1961年，共和党的艾森豪威尔连续担任两届总统。之后，共和党人曾间断地出任联邦总统，如尼克松、里根、布什等都是共和党人。

共和党采取多元化的党内结构，党内众多派系互相竞争政党政见和提名候选人。在南方，“保守派”占主要地位，他们的支持者主要来自宗教保守主义。在东北新英格兰地区，则“温和派”占据优势，而且这一派别势力遍及全国。与其他共和党人相较，温和派较容易接受新政的政策，他们不反对政府对经济的适度管制和高额的社会福利，在经济政策上他们也支持通过征收高额税赋来维持预算平衡。

共和党只有适应每次大选需要的竞选纲领，而没有固定的政纲。共和党的常设最高机构是全国委员会，由主席领导，每年召开两次会议。共和党党员多数是不固定的，凡在选举中投票选举该党总统候选人的选民都被认为是该党党员。共和党全国代表大会每四年举行一次，主要工作是推选该党总统、副总统候选人。

## 谁成立了第二半国际？

考茨基，德国和国际工人运动理论家，第二国际机会主义派别领袖之一。1921年2月考茨基在维也纳建立了第二半国际，公开与第二国际对立。

1854年10月16日，考茨基在布拉格一个知识分子家庭出生。母亲是德国人，演员和小说家，父亲是捷克人，舞台美术画家。1863年考茨基随全家迁往维也纳，1866年进入维也纳人文中学就读，1874年秋考茨基入维也纳大学哲学系学习。1870～1882年考茨基成为民族主义者、激进民主主义者，他渴望受压迫的匈牙利人、意大利人获得独立平等，憎恨奥地利的民族压迫和专制统治。

考茨基最崇拜的人是意大利民族解放运动领袖加里波第和匈牙利民族解放运动领袖科苏特·拉约什。他深受英国资产阶级经济学家马尔萨斯、哲学家斯宾塞、米尔等人的影响，注意研究社会主义和社会问题。1875年1月，考茨基加入奥地利社会民主党。

在1881年之前，他是一个典型的反马克思主义者。1881年3月当考茨基在伦敦会见了马克思和恩格斯后，从此逐步成为马克思主义的支持者。

1895年，恩格斯逝世，考茨基成为第二国际的主要理论代表，他曾出版过《土地问题》、《社会革命》、《俄国革命的动力和前途》、《基督教的起源》、《取得政权的道路》等马克思主义著作。他多次参加第二国际和德国社会民主党的代表大会，并成为第二国际的领导人之一。1914～1938年，考茨基愈来愈倾向于机会主义，并最终成为机会主义者。他在1914年9月发表的《帝国主义》一文中提出了“超帝国主义”理论，还要求党同帝国主义政府合作，服从机会主义者的领导，鼓吹社会和平主义。1921年2月，考茨基在维也纳建立了第二半国际，公开与第二国际作对。

后来，他一直在一条违反马克思主义的道路上行走。德国法西斯执政后，他被迫迁居维也纳，1934年取得捷克斯洛伐克国籍。1938年10月17日考茨基病死于阿姆斯特丹。

## 哪个条约标志着泰国沦为半殖民地？

1855年英国驻香港总督J·鲍林代表英国政府与暹罗（今泰国）签订了《鲍林条约》（称《英暹条约》）。对泰国来说，这是一个严重的不平等条约，它严重破坏了泰国的领土和主权完整。以《鲍林条约》为标志，泰国开始沦为半殖民地。

19 世纪上半叶，英国巩固了在印度的殖民统治后，加紧扩张他在东南亚的势力。曾先后侵入马来亚、新加坡和缅甸等国。1855 年，英国派其驻香港总督鲍林，率领使团乘军舰前往泰国。在强大的英国的威逼利诱下，4 月 18 日，泰国国王拉玛四世与英国签订了丧权辱国的《鲍林条约》。

条约的主要内容是：(1) 英国设领事馆于曼谷。(2) 英国公民可以在泰国任何港口从事自由贸易，可以在泰国各地自由旅行、自由勘探与开采矿藏，可以在泰国永久居留及购置、租赁房地产，并与泰国人直接贸易，泰国政府不得加以干涉。(3) 英国输入泰国的商品只缴纳商品价格 3%的进口税；同时，泰国向英国出口货物则分别固定税额，一次完税。此外，允许英国商人免税输入鸦片与金银块。(4) 英国军舰可以自由进入湄南河口，停泊于北榄要塞。鲍林条约为西方资本主义的入侵打开了大门。

《鲍林条约》中有关领事裁判权等条款，破坏了泰国的司法独立。同时，协定中关于关税、自由贸易和自由开矿等一系列规定，实质上剥夺了泰国的关税自主权，打破了泰国封建王朝一贯奉行的外贸垄断政策，英国工商业资本由此可以肆意掠夺、剥削泰国的资源。从此，帝国主义的铁蹄踏入泰国领土，广大人民生活于水深火热之中，泰国沦为半殖民地。

《鲍林条约》也打开了西方资本主义的入侵泰国的大门。此后，美国、法国、葡萄牙、荷兰、德国、意大利等西方列强以这个条约为基础，相继强迫泰国签订了一系列不平等条约，破坏了泰国的领土完整与主权。

## 谁发明了臭名昭著的毒气室?

萧伯纳是英国现代杰出的现实主义戏剧作家，由于其作品具有理想主义和人道主义的色彩，1925 年获得了诺贝尔文学奖。但令人不可思议的是，二战时期臭名昭著的毒气室就是他发明的。

1856 年 7 月 26 日，萧伯纳在爱尔兰的首都都柏林一个小公务员家里出生。他的母亲出身于高贵的乡绅世家，从小受过严格的上等教育。但他的父亲是个没落贵族，容貌丑陋，而且是个酒鬼，所以萧伯纳的童年几乎没有享受过父亲的关爱。

萧伯纳是英国现代杰出的现实主义戏剧作家，他的主要作品有《鳏夫的房产》、《圣女贞德》、历史剧《卖花女》、《魔鬼的门徒》《人与超人》、《伤心之家》、《华伦夫人的职业》和《巴巴拉少校》等。在艺术上，萧伯纳将自己划归于易卜生流派，反对“为艺术而艺术”的唯美主义主张，认为戏剧应该反应社会现实问题，服务于现实，以引起人们对现实生活的思考。

萧伯纳的世界观比较复杂，他不仅攻读过马克思的《资本论》，而且也接受过柏格森、叔本华和尼采的哲学思想。公开宣称他是“一个普通的无产者”，“一个社会主义者”。然而，由于世界观上的局限性，他没能成为无产阶级战士，而终生是一个资

产阶级改良主义者。

萧伯纳人生最大的一个污点就是他曾在媒体上公开支持希特勒。他赞成按类别，而不是按种族地大规模屠杀人。他认为有些人活在这个世界上是没有意义的。如果一个人对社会的发展不起任何作用，也就是一个人的生产不能超过他的价值，或者不能再生产了，那这个人就不能成为社会的一个成员。这样，他的生命就变得没有价值了，他的存在造成了社会的负担，我们就可以剥夺这些人的生存权利。

不仅如此，他还发明了臭名昭著的毒气室，使纳粹分子杀人时更加残忍，成为二战时期的最大罪恶之一。

## 哪次起义摧毁了东印度公司对印度的殖民统治?

1857 年到 1859 年印度国内掀起了轰轰烈烈的反对英国统治的民族起义，这就是历史上的印度民族大起义。这次起义由印度封建主领导，以印度雇佣兵为骨干，目的是反抗英国殖民统治以争取民族独立。印度民族大起义摧毁了东印度公司对印度的殖民统治，以此为标志英国开始直接统治印度。

19 世纪上半期，印度完全沦为英国的殖民地。英国极力把印度变成其商品销售市场和原料产地，这激起农民和手工业者的极大不满。同时英国在印度实行兼并封建主领地的政策，引起许多王公的不满。

1856 年 5 月 11 日，起义者拥立莫卧儿皇帝巴哈杜尔• 沙二世为印度皇帝，成立了领导机构——由 10 人组成的行政院。此后各地起义迅速发展，并很快波及北印度和中印度广大地区。1859 年，经过近两年的浴血奋战，起义最终失败。

总结这次起义失败的原因，一方面是因为封建王公和地主为维护自己的利益，他们中的绝大多数是站在英国殖民者一边，竭力阻止自己所在的地区爆发起义，并且他们还从兵力、财力上支持英国统治者来限制起义的扩展。这样，英国殖民者便有了喘息之地，同时以未起义地区为基地继续镇压起义军。另一方面，领导起义的封建主本身有很大阶级局限性，无力担当领导起义的重任。

这次起义虽然失败了，但它所产生的影响是巨大的。首先，从国内来说，这次起义提高了广大印度人民的爱国主义情操。大量反英斗争的英雄事迹流传下来，在群众中埋下了革命种子，摆脱英国的殖民统治，恢复印度的独立的思想第一次被提出并迅速传播到民间。这次起义也成为日后推动印度民族运动发展和走向胜利的强大的精神支柱。

其次，从国际影响来看，一方面在起义中，英国被迫将原派往中国的侵略军半路改派向印度，这样就延缓了西方资本主义国家侵略亚洲的速度；另一方面，它和中国的太平天国革命、伊朗巴布教徒起义、日本明治维新一起构成了亚洲革命风暴，显示了亚洲人民坚决反抗外来侵略的决心和勇气。

## 日本“尊王攘夷运动”的结果如何？

尊王攘夷运动是日本江户时代末期以“尊王攘夷”为口号的政治运动，最终这次运动弱化的“攘夷”，向武装倒幕转化，成为日后明治维新的动力。

当时，日本幕藩体制危机严重，又面临外来侵略，在内忧外患的情况下，国内要求改革幕政的“尊王论”和主张排斥外夷的“攘夷论”相结合，形成尊王攘夷运动。

19 世纪 50 年代，日本还在实行闭关锁国的外交政策，是一个落后的封建国家。1853 年 6 月 3 日，美国军舰叩关，要求日本打开国门。1854 年 1 月 16 日，美国又强迫日本幕府签订了《日美亲善条约》，以此为契机，俄、英、荷等国相继与日本签署同样的条约，之后，日本闭关锁国体制崩溃。

1858 年 7 月，幕府大老井伊直弼（1815 ～ 1860 年）在帝国主义的逼迫下，与美国签订了《日本国美利坚合众国修好通商条约》。此举引起了主张攘夷的某些藩主和志士的强烈不满，他们通过与幕府有矛盾的公卿策动天皇下诏，拒不批准签约，鼓吹尊王攘夷。8 月 4 日，天皇下诏，不批准签约。

9 月 5 日，英、美、法、荷四国联合舰队再次进攻下关，长州藩在内外夹攻下失败，向幕府屈服，保守势力重新掌握藩政，高杉晋作等被迫逃亡。斗争的失利使尊王攘夷派重新考虑战略。1865 年春，高杉晋作再度举兵，不再提攘夷，只是要求倒幕。

1858 年 10 月至 1859 年，大批尊王攘夷派志士被幕府逮捕或是追杀，并造成了安政大狱和樱田门外事变。

这次起义虽然最终没有完成“攘夷”的任务，但它所取得的成就不容忽视。首先，这次运动在一定程度上打击了幕府的统治，成为明治维新的动力；其次，起义虽然没有将侵略者赶出国门，但是也因此日本开始走上了发展资本主义的道路。此后，日本与世界逐渐连成一体，政治、经济迅速发展。

## 是谁说“不能把人类钉在黄金的十字架上”？

布赖恩 1896 年参加美国总统竞选，并在芝加哥民主党全国代表大会上，发表了鄙薄黄金就是货币唯一坚实后盾的观点的演说。演说的结尾布赖恩激情地说：“你们不能把人类钉在黄金的十字架上。”这句话很快成为著名的警句。

W•J• 布赖恩是美国政治家、民主党和平民党领袖，他于 1860 年 3 月 19 日出生在伊利诺伊州塞勒姆。21 岁毕业于伊利诺伊学院。1883 ～ 1887 年当律师。1890 ～ 1895 年当选为民主党参议员。1894 ～ 1896 年任奥马哈《世界先驱报》主编。

1896 年 7 月 8 日，布赖恩被民主党及共和党银币自由铸造派提名为总统候选人。他发表了著名的“黄金十字架演说”。被他的观点打动的选民提名布赖恩为民主党总统候选人，提出了以金银复本位制为美国的财政政策的政纲。后来布赖恩在多次演讲中强调了他关于美国黄金地位的思想，但是在竞选中被 W• 麦金利击败。同年，在美西

战争中布赖恩担任内布拉斯加志愿军团长。1900 年布赖恩第二次参加总统竞选，并以反帝国主义、反托拉斯为政纲，结果再度为麦金利所败。1908 年布赖恩在竞选中又落选。

1912 年 T•W• 威尔逊在他的积极帮助竞选成功，于是威尔逊于 1913 年任命布赖恩为国务卿。他在职的最初两年，在内外政策上与威尔逊意见基本一致，与拉丁美洲国家之间的关系有所改善。1915 年 6 月 8 日，威尔逊向德国发出抗议击沉“卢西坦尼亚”号客轮的照会，由于布赖恩在对德和战问题上与威尔逊政见不合，辞去国务卿职务。在第一次世界大战期间，布赖恩公开宣称自己是一个和平主义者。但在美国参战后，他仍然支持政府的对外政策。

1925 年 7 月 26 日，他在田纳西州戴顿突然去世。

## 俄国历史上的一个重大转折点是什么？

为了挽救统治危机，维护沙皇专制统治，维护贵族地主阶级的利益，防止资产阶级革命爆发，缓和矛盾，1861 年沙皇实行了一次自上而下的具有资本主义性质的改革，这次改革是俄国历史上的一个重大转折点，俄国从此走上了资本主义发展的道路。

俄国在 19 世纪上半叶的时代特征是资本主义经济上升和农奴制经济衰落。资本主义在俄国虽然有了一定发展，然而俄国却依然是一个落后的封建农奴制国家，社会经济远远落后于西欧国家。19 世纪 50 年代，俄国在克里米亚战争中惨败，彻底暴露了农奴制度的腐朽性，更加剧了国内的社会经济危机。

1861 年开始的农奴制改革，实质上是政府对农民土地财物和金钱的一次大掠夺，导致农民在改革后无力独立经营，成为“对分制农民”：有的外出做工人；有的向地主、商人告贷，做零工。农民从人身依附于地主转变成为在经济上依附于地主，说明农奴制残余被保存下来。所以，改革远远不能满足农民的要求，农民暴动和骚乱事件有增无已。

1861 年的改革，使上层建筑也发生了相应的变化，但沙皇绝对专制的封建君主制的基本实质并没有改变。“这是俄国在向资产阶级君主制转变的道路上前进的一步”，一方面要求资产阶级的发展不危害到沙皇统治，另一方面又要求沙皇政府实行有利于资产阶级的政策，这就是沙皇统治与资产阶级利益的结合点。

这次改革由于农民获得了人身自由，所以资本主义经济的大发展拥有了充足而廉价的劳动资源，扩大了国内商品销售市场。地主经济经过改革后逐渐转化为资本主义经营。俄国资本原始积累的一项重要来源则成为巨额赎金。因此，1861 年废除农奴制，是俄国历史上的一个重要里程碑，标志着俄国由封建生产方式过渡到资本主义生产方式。

1861 年改革是俄国历史上的一个重大转折点，俄国从此走上了资本主义发展的道路。同时，1861 年改革是一次很不彻底的资产阶级改革，也保留大量封建残余，对俄国社会后来的发展产生了消极影响。

## 美国史上哪次战争使黑奴看到了解放的曙光？

南北战争，又称美国内战，是美国历史上一场大规模的内战，参战双方为美利坚合众国和美利坚联盟国。南北战争后，黑人奴隶制度被取消，黑奴终于看到了解放的曙光。

远在殖民时期，奴隶制就引起了激烈争论，它使北美这块土地上的政治不得安宁。美国是自由社会，必须有一套为奴隶制开脱的理论；作为一种制度，奴隶制使人们在道义上感到难堪。争论的焦点是，这些被奴役的人与其他人有着巨大差别，以致美国的立国原则和理想不适合他们。虽然这是一种为奴隶制开脱的种族主义理论，但它使人们感到，解放奴隶、废除奴隶制是问题的开始。

南北方不断激化的利益冲突是美国内战的主要原因。美国独立以后，美国领土不断扩张，北方工商业资本主义和南部种植园经济走向了不同的经济道路。然而，南北矛盾越来越尖锐。对西部新拓展土地的争夺和奴隶制的存废问题成为了双方的矛盾。双方对西部土地的争夺除了经济原因还在于希望增加自己在国会的议席，进而影响联邦政府的政策。南方奴隶主采用奴隶制方式，占用了大批劳动力，而北方资本主义经济的发展却需要大量廉价的“自由的”雇佣劳动力。到 19 世纪中期，南北矛盾集中表现在黑人奴隶制的存废问题上，矛盾的不断激化，导致了美国内战。

内战原因不仅是因为奴隶制度，还由于不同意识形态文化背景导致价值观点不同，战争爆发深层次原因是围绕国家的统一和分裂。

林肯认为在国家分裂面前，奴隶制的存废是不重要的，而导致国家分裂的原因除了意识形态和文化背景以外就是南北方是两个不同的市场环境和不同的经济制度。

美国南北战争被称为美国历史上的第二次资产阶级革命。黑人奴隶制度被取消，为资本主义的进一步发展扫除了障碍，使美国的经济在 19 世纪后半期迅速赶上和超过英、法等资本主义国家。

## 美国的哪两项法案使美国内战有了转机？

1863 年 1 月 1 日，两份法案相继在美国北方颁布，它们就是《宅地法》和《解放黑奴宣言》。林肯政府颁布这两份法案，扭转了战局，加速了北方军事胜利的进程。

《解放黑奴宣言》在当时击溃南部叛军中，起到了巨大的作用。从它颁布的那一天起，大量奴隶如同看见了一道曙光，相继逃出南方种植园，加入北军，北军赢得了更多的群众基础，也在一定程度上破坏了南军的统治。它为战后 100 多年内黑人争取平等的斗争作了精神支柱。

《宅地法》使美国的东西差异有所改变，在当时为北军赢得了更多的群众基础。但在战后，美国的西部因它渐渐开始发生变化。这片沉寂的土地上很快就拥有了城市、

公路、桥梁……洛杉矶、旧金山、拉斯韦加斯……一个又一个熟悉的名字，就在美国西部相继出现。看见它们繁荣的今天，或许没有多少人想过，它们曾经只是一片荒地。

这两项法案也象征着北方人民战争目的的改变，代表一个迈向废除全联邦奴隶制度的重要阶段。有些黑奴因宣言而立即重获自由，在联邦边际线脱逃且为联邦军队称作“战争违禁品”的黑奴被带到走私管制营区；当宣言生效后，他们在半夜被告知可以自由离开。

而对邦联而言，这些黑奴负责生产和存备食粮、修复铁路、在农田与工场中做工、运输船只、挖矿、建筑防御工事以及从事看护工作和一般劳工。为了激发邦联内部黑奴们的不满，数以百万份的《解放黑奴宣言》在联邦占领的邦联属地流传。而且如同期望般，此消息透过口传方式迅速散播，并燃起人们对自由的希冀和造成大众的混乱，以及鼓励许多黑奴起身脱逃。

在国际上此宣言使他国民意转而支持联邦终结奴隶制度的承诺。这种转变粉碎了邦联政府获取他国官方承认的希望，特别是英国方面。亨利·亚当斯说：“《解放黑奴宣言》比我们之前的胜仗与外交策略做得更多。”

土地改革运动，在本质上是小资产阶级的土地平分运动。“宅地法”是一个具有进步意义的要求，在美国当时的历史条件下，它是解决西部土地问题最民主的方式，它的实现，有力地促进美国资本主义的发展。

## 印度的哪位作家被称为“诗圣”？

泰戈尔是印度著名诗人、作家、艺术家和社会活动家，具有巨大的世界影响。泰戈尔以诗人著称，创作了《吉檀迦利》等50多部诗集，被称为“诗圣”。

泰戈尔生于加尔各答市的一个富有哲学和文学艺术修养的家庭，13岁即能创作长诗和颂歌体诗集。曾赴英国学习文学和音乐，十余次周游列国，与罗曼·罗兰、爱因斯坦等大批世界名人多有交往，毕生致力于东西文明的交流和协调。

他是著名的小说家、剧作家、作曲家和画家，同时还是一位哲学家、教育家和社会活动家。1913年，泰戈尔以诗歌集《吉檀迦利》荣获诺贝尔文学奖，成为第一位获得诺贝尔文学奖的亚洲人。在他的诗中含有深刻的宗教和哲学的见解。对泰戈尔来说，他的诗是他奉献给神的礼物，而他本人是神的求婚者。他的诗在印度享有史诗的地位。他的代表作有《吉檀迦利》、《飞鸟集》。

泰戈尔是中国读者心目中最具地位的外国作家之一，只有莎士比亚一人能与其匹敌。1924年，泰戈尔应孙中山先生之邀访华，“泰戈尔热”进入高潮。他在徐志摩家乡时，“观者如堵，各校学生数百名齐奏歌乐，群向行礼，颇极一时之盛。”他会见了梁启超、沈钧儒、梅兰芳、梁漱溟、齐白石、溥仪等各界名流。1956年，周恩来总理回忆时说：“泰戈尔是对世界文学作出卓越贡献的天才诗人……”他熏陶了一批中国最有才华的诗人和作家，其中郭沫若、冰心受到的影响最深。

他的作品富有民族风格和民族特色，具有很高的艺术价值，深受人民群众喜爱。大多描写了印度人民在帝国主义和封建种姓制度压迫下不屈不挠的反抗斗争，要求改变自己命运的强烈愿望，充满了鲜明的爱国主义和民主主义精神。

泰戈尔还是一位颇有成就的作曲家和画家。他一生共创作了二千余首激动人心、优美动听的歌曲。他在印度民族解放运动高涨时期创作的不少热情洋溢的爱国歌曲，成了鼓舞印度人民同殖民主义统治进行斗争的有力武器。他创作的《人民的意志》在1950年被定为印度国歌。

## 德意志统一运动中哪次战争被称为“七周战争”？

普奥战争发生于1866年，是普鲁士为争夺统一德意志领导权对奥地利进行的战争，是近代战争史上发生在中欧地区的一场著名战争。由于战争只延续了7个星期，故又称“七周战争”。

1862年，奥托• 冯• 俾斯麦被任命为普鲁士的首相。他凭着普丹战争的胜利，俾斯麦唤起德国人的民族意识。

普鲁士利用同意大利及北德的一些中小邦国的结盟，将部分奥军吸引到南部战场，北部的普鲁士军队在短时间内控制了整个北德意志。普军接连在萨多瓦和柯尼希格雷茨大败奥军。战败的奥地利退出德意志联邦。次年成立以普鲁士为首的北德意志联邦，并通过联邦宪法，为实现德意志统一准备了条件。

1864年，普奥联军打败丹麦，迫其放弃对石勒苏益格－荷尔斯泰因的主权要求并承认由普、奥共管。普鲁士为发动对奥战争，积极开展外交活动，争取法、俄中立并与意大利结盟。1866年6月，普鲁士为挑起战争，以有权共同占有石勒苏益格—荷尔斯泰因为由，从而出兵奥地利控制的荷尔斯泰因。

战争在西北德意志、意大利和波希米亚三个战场展开，主战场在波希米亚。6月中旬，普军美因河军团约5万人侵入汉诺威，27至29日在朗根萨尔察击败汉诺威军，迫其投降。20日，意大利对奥宣战并发起进攻，牵制奥军部分兵力。下旬，普军兵分三路进攻波希米亚，第3军团攻占德累斯顿后与第1军团会合，缓慢通过波希米亚山隘；第2军团则从布里格向明兴格雷茨东北方向进攻。27至30日，普军在明兴格雷茨和纳霍德附近击退奥军和萨克森军队。7月3日，奥军在萨多瓦之战中遭惨败。

7月26日，交战双方签订停战协定，8月23日签订《布拉格和约》。条约规定，奥地利退出德意志邦联；1867年，以普鲁士为首的北德意志联邦成立，为实现德意志统一准备了条件。

普奥战争的经验对后来普鲁士和德意志帝国总参谋部制定作战计划和指挥作战具有深远影响。

## 奥匈帝国是什么时候解体的?

1859年的意大利独立战争使奥地利帝国在意大利的势力被削弱。1866年爆发了普奥战争，它因此被迫退出德意志邦联，而匈牙利对维也纳的统治也十分不满。为保障奥地利皇帝在匈牙利的地位，弗朗茨· 约瑟夫皇帝与匈牙利的贵族举行谈判，寻求解决方案。一些政府官员建议建立一个联邦国家。匈牙利贵族最终接受一个他们与奥地利传统贵族之间的二元体，于是，在两国的折衷下，奥匈二元帝国正式建立。

后来爆发了第一次世界大战，战事对同盟国十分不利。这个时候，奥匈帝国内的少数民族领导人已经开始谋求自己的利益。随着协约国的节节胜利，他们越发地想要脱离帝国。后来，随着经济停止发展，许多战前在奥地利部分引入的开放政策被取消，群众对这个国家愈加失去了信心。奥匈帝国已经丧失了联合众民族的能力，为此，社会主义者气愤之下接受了协约国所宣扬的民族主义。

对战胜国来说，根据伍德鲁· 威尔逊提出的十四点原则，奥匈帝国必然会被分裂成众多的民族国家。但很多人都认为奥匈帝国的分裂会让这个地区变得更加混乱，而无法解决当地的民族问题。

1918年10月28日，捷克第一个宣布独立，其次是匈牙利。而南部的斯拉夫地区联合组成了以后的南斯拉夫。特兰西瓦尼亚的多数地区加入了罗马尼亚，其中包括很多匈牙利少数民族。战胜国承认了这些新的边界，大大地改变了当地的政治地图。再后来，随着一系列条约的签订，保障了这些边界的合法性。奥地利和匈牙利成为共和国，哈布斯堡王朝被永久驱逐。

1918年9月和10月，许多地区陆续宣布独立。1918年11月3日，奥匈帝国与协约国达成了停战协议，奥匈帝国就此终止。

## 谁被称为美国“黑人的一个最伟大的代言人”?

美国历史上诞生过一位伟大的黑人运动领袖，他就是威廉·爱得华·伯格哈特·杜波依斯。美共领袖威廉· 福斯特曾称他是“黑人的一个最伟大的代言人”，是“黑人的新的杰出领袖”。

杜波依斯于1868年出生在马萨诸塞州的大巴灵顿，毕业于菲斯克大学，还获得过哈佛大学哲学博士学位。他在1903年写了著名的《黑人的灵魂》一书。杜波伊斯在书中预言:“20世纪的问题是种族歧视下的肤色界线问题。”杜波依斯还就布克·T·华盛顿对黑人进行工艺教育的主张进行批判，其分歧在于什么样的教育才能最有效地使黑人从贫困中摆脱出来，获得平等。杜波依斯曾于1909年参与创建了全国有色人种协会。但是他发现当时的社会科学还不足以对抗歧视黑人的法律，所以后来转向政治活动，目的是引导公众舆论。

1910年至1934年期间，杜波伊斯一直担任全国有色人种协会会刊《危机》的主编。他带领黑人开展运动，维护黑人的利益，他主张：黑人中“有才能的十分之一”应该接受大学教育，让他们成为黑人种族的领袖。杜波依斯还用“双重意识”来解释白人带给美国黑人内心的冲突，用“面纱”来比喻黑白人种间的隔阂。19世纪90年代起，杜波依斯就投身于美国和非洲黑人的解放运动，是泛非运动的创始人。他在黑人解放运动中，一直坚持进行积极斗争，反对妥协投降。

杜波依斯对中国人民的解放事业和社会主义建设也十分支持。他曾在中国抗日战争期间为中国福利会筹募基金。新中国成立后，他写信给宋庆龄，为中国在世界上“升到应有的地位”而“满心欢喜”，称中国为“真正的兄弟”。他还分别在1959年和1962年间两次访问中国。1961年，杜波依斯加入了美国共产党；后应加纳总统的邀请，迁居加纳，从此入加纳国籍，并主持编纂《非洲大百科全书》。

杜波依斯于1963年8月27日病逝，他不愧为20世纪上半叶最有影响的黑人知识分子。

## 被称为印度“圣雄”的是谁?

莫罕达斯·卡拉姆昌德·甘地是印度民族解放运动的领导人和印度国家大会党领袖，被人们尊称为“圣雄”甘地。

甘地是现代印度的“国父”，他不仅是印度最伟大的政治领袖，还是现代民族资产阶级政治学说“甘地主义”的创始人。他所提出的“非暴力”的哲学思想，鼓舞着全世界的民族主义者争取以和平变革的国际运动。

甘地1869年出生于西印度波尔班达尔贵族家庭。年轻时曾经在英国攻读法律，1891年回国，后在南非一家公司做法律顾问。1894年他首次在南非纳塔尔省组织印度侨民投入反对南非当局种族歧视的斗争中提出非暴力的口号。他发起并领导了闻名世界的非暴力不合作运动，即以非暴力方式抵制英国统治和英国商品，其中包括手纺车运动，目的是杜绝对英国纺织物的需求。通过“非暴力”不合作运动，甘地让印度摆脱了英国的统治。这也鼓舞了世界其他地区的人们起来为国家独立而奋斗。

一战爆发后，甘地在印度各地周游，领导了“坚持真理运动”。后来在二战期间，发动了要求英国“撤离印度”的运动，结果被镇压。印度独立后，甘地还号召人民团结一致结束教派的流血冲突。

他一生参与创办和主编了四种刊物，还主要著有《印度自治》、《甘地自传——我体验真理的故事》等作品。

“圣雄”甘地被誉为印度“国父”，是他带领印度人民脱离英国的殖民统治，向着国家独立前进，他是印度人民反英统治的精神领袖。

1948年1月30日“圣雄”甘地在德里作晚祷时，不幸被印度教极右分子开枪暗杀，

享年 79 岁。后来，人们将其生日 10 月 2 日定为甘地纪念日，这既是国际非暴力不合作运动的纪念日，也是印度的国家法定假日。

## 普法战争是哪个国家首先发动的?

普法战争是发生在 1870 年 7 月 19 日的一场普鲁士王国与法国之间的战争，是由法国首先发动的，也称为“德法战争”。

普法战争一方面是为了统一德意志，另一方面是普鲁士王国为了同法国争夺欧洲大陆霸权而引发的战争。1870 年 7 月初，普鲁士国王威廉一世的亲属利奥波德亲王，应西班牙政府的邀请到西班牙去继承王位。法国担心普西联合对法国不利，所以极力反对，并于 7 月 19 日向普鲁士宣战。之后，法国立刻编成莱茵军团，集结在法德边境地带。莱茵军团由拿破仑三世任总司令，勒布夫为总参谋长，共八个军，大约有 22 万人。法国先发制人，夺取了法兰克福，以此威逼普鲁士屈服；而普军亦集结了三个军团，由威廉一世为总司令，毛奇为总参谋长，一共 47 万人，计划以优势兵力，集中向阿尔萨斯和洛林地区进攻，将法军击溃在边境地带后，继续进攻巴黎，逼使法国投降。

普法战争以法军于 1870 年 8 月 2 日在萨尔布吕肯地区向普军进攻为开端。但是，8 月 4 日时，普军已经顺利击溃法军，转而进入反攻阶段，法军被逼退回国境，转入防御。9 月 1 日至 9 月 2 日，普法两军在色当进行决定性的大战，也就是色当会战。9 月 1 日下午，拿破仑三世被迫于下午 4 时半派人呈信威廉一世，表明愿意“将他的佩剑交到陛下的手中”，9 月 2 日，拿破仑三世正式率 8.3 万官兵向普军投降。

在这场战争中，法军共损失了 12.4 万人，而普军仅损失了 9000 多人。普法战争直接促使了巴黎公社的建立，极大地延缓了法国经济的发展。普法战争后，普鲁士打败法国，从而排除了法国对普鲁士统一的干扰。

普法战争使德国最终完成政治上的统一，并加快了工业革命的进程，改变了国际格局。此后，德国地位上升，法国地位下降，其间各国形成的种种矛盾最终导致第一次世界大战爆发。

## 世界无产阶级和劳动人民的伟大领袖是谁?

列宁是世界无产阶级和劳动人民的伟大领袖。他的名字叫弗拉基米尔·伊里奇·乌里扬诺夫，列宁只是他的别名。

列宁是著名的无产阶级革命家、马克思主义者、政治家、理论家、布尔什维克党创立者、苏联建立者和第一位领导人。列宁生于俄国伏尔加河畔的辛比尔斯克（今乌里扬诺夫斯克），他的父亲是一位具有民主主义思想的教育活动家，哥哥亚历山大因参加谋刺沙皇而被处死。在家庭的影响下，1887 年秋列宁进入喀山大学法律系学习，

不久被开除，遭到逮捕和流放。

他发展了马克思主义，形成了列宁主义理论。后来，他开始研究马克思的《资本论》和普列汉诺夫的著作。并于1892年筹建马克思主义小组，还把《共产党宣言》译成俄文，写下《农民生活中新的经济变动》的著作。

1895年，列宁在彼得堡创立了“彼得堡工人解放协会”。不久后他再次被捕入狱，后被流放到西伯利亚。在西伯利亚，他开始使用“列宁”作为笔名，写了《俄国资本主义的发展》一书。

1900年2月，列宁在德国创办了第一张俄国社会民主工党的机关报《火星报》。1903年7月30日，俄国社会民主工党在布鲁塞尔召开代表大会，形成了以列宁为核心的布尔什维克，列宁主义诞生。

1905年11月，列宁直接领导了俄国资产阶级民主革命，提出无产阶级政党在民主革命中的策略。莫斯科武装起义失败后，列宁开始了第二次流亡生活，并写了《唯物主义和经验批判主义》、《马克思主义和修正主义》等著作，发展了马克思主义。

1917年3月，沙皇政府被推翻，列宁返回俄国，领导俄国人民取得了十月革命的胜利。其后又领导人们恢复了俄国经济。

列宁晚年在病中口授了《论合作制》等文章及信件。后于1924年1月21日不幸去世，终年54岁。世人将永远记住这位伟大的无产阶级革命家。

## 亚齐战争发生在什么时候？

亚齐战争是发生于1873～1903年的一场印度尼西亚的亚齐人民同荷兰殖民侵略者进行的战争。

19世纪以来，英、荷殖民势力为控制马六甲海峡在亚齐角逐，因其位于苏门答腊岛西端，有非常重要的战略位置。1871年英、荷双方签订协约，规定：英国发表声明认可荷兰有权在苏门达腊“自由行动”，而荷兰承认英国在荷属东印度群岛有平等贸易的权利。

1873年3月，荷兰派战舰侵入亚齐，从而挑起了亚齐战争。荷军占领其首都大亚齐和王宫，亚齐素丹马赫迈德•沙不得不撤往山区，后来病故。之后亚齐地方封建主拥立了新的素丹，领导亚齐人民继续开展抵抗侵略斗争。

19世纪80年代后，亚齐著名伊斯兰教领袖杜固•乌玛和杜固•蒂罗等人，以保卫伊斯兰教、赶出入侵的异教徒为口号，先后进行了大规模的抗荷“圣战”，沉重打击了荷兰殖民军。1881年，荷兰殖民政府宣布亚齐战争已经结束，但实际上荷兰军队仅控制了交通干线，亚齐战争处于相持阶段。荷兰殖民者已耗费上亿盾的军费，这时，亚齐人民掀起了抗荷斗争的新高潮。

1894年后，荷兰殖民者采用新策略。军事上，采取固守防线的战术，调集重兵，

全面讨伐;政治上,拉拢世俗的王公贵族,宣布政府将保留王公贵族的继承权和原有称号,孤立打击伊斯兰教首领。以此来削弱起义军的势力。

在杜固•乌玛牺牲后,反荷斗争进入低潮。1903年,亚齐素丹被捕,被迫接受荷兰的统治,宣布承认亚齐主权属于荷兰,而一些抗荷首领也陆续投降,亚齐人民大规模的抗荷斗争就此停止。之后,荷兰殖民政府再次宣布亚齐主权归属荷兰。

到了1904年,亚齐人民抗荷游击战争再一次兴起,游击战争一直持续到了1912年,但是却十分分散。总的来说,亚齐战争是因为荷兰入侵亚齐而引发的,所以,从战争性质上来说,亚齐人民进行的是正义的反侵略战争。

## "俄土战争"发生在什么时候?

"俄土战争"是指17～19世纪为争夺高加索、巴尔干、克里米亚、黑海等,俄罗斯帝国与奥斯曼土耳其之间进行的一系列战争。这次战争前后共长达241年,平均不到19年就发生一次较大规模的战争,其中重要的有11次。

第一次"俄土战争"发生于1676～1681年。引起战争的原因是:在乌克兰同俄国重新合并后,土耳其奥斯曼帝国却入侵乌克兰。第二次"俄土战争"发生于1686～1700年,这次战争是俄国反对奥斯曼帝国侵略斗争的延续。1710年第三次"俄土战争"爆发,1711年,彼得一世亲征普鲁特河,陷入土耳其和鞑靼军队的重重重围中,最终以土耳其的胜利告终。1735年俄国向土耳其宣战,第四次俄土战争爆发,这次战争的目的是夺取黑海北岸和克里木半岛。

1768～1774年第五次"俄土战争"是由于奥斯曼帝国侵略俄国并反对俄国在波兰扩大势力而引起的。1787～1792年的第六次"俄土战争"是由于土耳其推行复仇计划而引起的。土耳其希望俄国归还克里木,并承认格鲁吉亚是土耳其属地,授权土耳其检查通过海峡的俄国商船,俄国拒绝却了这一要求,导致战争形成。1806～1812年的第七次"俄土战争"是土耳其在拿破仑一世的支持下发动的。1828～1829年的第八次"俄士战争"是因为欧洲列强瓜分奥斯曼帝国的领地的斗争所引起的,就是克里木战争。1853年俄国借口"圣地"问题,发动了第九次"俄土战争"。发生在1887～1888年期间的是第十次俄土战争,这是俄土争夺势力范围的战争。

第一次世界大战则被认为是第11次"俄土战争"。俄国同英、法结盟,谋取君士坦丁堡,但先是英法联军在加里波利溃败,损失50万;1917年俄国又因为战争而崩溃,土耳其军趁机攻下整个高加索,还进军南俄草原。这次土耳其大获全胜,但他自身离灭亡也不远了!

在俄土战争中,俄国四败七胜。疆域得以扩大,南部边界伸展到黑海,西部边界推进到普特河,东部边界越过高加索山脉。但战争使其经济发展十分落后,已经远远落后于欧洲资本主义国家。

## “德奥同盟”是什么时候成立的?

“德奥同盟”意指“两国同盟”，也称为“奥德同盟”，是1879年10月7日德国与奥匈签订的条约。双方承诺在任何一方被俄罗斯袭击时另一方会相助；如果攻击者是另一个欧洲国家，另一方则必须保证中立。

1879年10月建立的“德奥同盟”是在德俄关系恶化的形势下，德国为了维护普法战争结束后对自己有利的欧洲格局而同奥地利签订的双边条约。德意志帝国成立后，德国首相俾斯麦希望表现出国家爱好和平、让欧洲维持现状的形象，以保证德国能和平扩张。但是，1878年“俄土战争”结束时，俄罗斯打败了奥斯曼帝国，并借着《圣斯特凡诺条约》企图在巴尔干建立大保加利亚，以便于进一步扩张。虽然奥匈与俄罗斯是三帝同盟的成员，但因为此事件而产生怨恨。德国也是成员国，并为此想修补奥俄关系。

于是，俾斯麦召开“柏林会议”，邀请欧洲列强共同解决巴尔干问题。会后达成的《柏林条约》，使俄罗斯失去大部分在《圣斯特凡诺条约》的所得，并让奥匈帝国管理波斯尼亚和黑塞哥维纳。虽然俾斯麦在这次会议中扮演诚实的掮客之角色，但德俄关系仍然每况愈下。俄国认为自己在“俄土战争中”损失非常严重，就是被德国出卖导致的，最后还要眼巴巴看着竞争者奥匈坐收渔人之利。

因为这些原因，第一次三帝同盟瓦解。于是，德国跟奥匈帝国秘密结盟，视俄国为假想敌，但另一方面，俾斯麦仍然希望与俄国交好。1883年，德奥俄三国再次结盟(第二次三帝同盟)，但同盟在1887年因保加利亚危机而破裂。俾斯麦最后在1887年企图以《再保险条约》拉拢俄国。1890年，已经登基两年的德国皇帝威廉二世开始主政，并逼迫俾斯麦辞职，威廉二世开始推行“世界政策”。他废除了《再保险条约》，专注于维持与奥地利和意大利的“三国同盟”。

“德奥同盟”从1879年开始，直到1918年第一次世界大战结束，双方都以战败投降结束。

## 法国工人运动中第一个无产阶级政党何时成立?

法国工人党是法国工人运动中第一个无产阶级政党。经盖德和拉法格倡议，在1879年马赛举行的法国全国工人代表大会上，通过了成立法国工人党的决议。1880年《勒阿弗尔纲领》的出台，标志着法国工人党正式成立。

法国工人党的领导人有盖德、拉法格、德维尔等，被称为“盖德派”或“马克思派”。1880年盖德、拉法格一起制订并在勒阿弗尔党代表大会上通过了党的纲领，称为《勒阿弗尔纲领》。纲领的理论部分是由马克思口授。在1882年9月召开的圣艾蒂安党代表大会上，以盖德为首的“盖德派”与以布鲁斯为首的“可能派”公开分裂，可能派改名为“法国社会主义工人联合会”。“盖德派”保留工人党的名称。

1889 年，法国工人党参加了筹建第二国际的工作。在 7 月召开的第二国际成立大会上，盖德和拉法格入选大会主席团。法国工人党支持和领导了法国工人的几次大罢工，其中包括 1886 年维卡尔维斯煤矿工人罢工、1891 年弗来米工人罢工、1892 年卡尔莫矿区政治罢工。在 1893 年的议会选举中工人党取得了很多的票数。此后，工人党更加注重议会斗争，丧失原则。在布朗热事件和德雷福斯案件中，采取不干涉的中立态度。1899 年以后，围绕社会党人米勒兰加入内阁问题法国的社会主义政党展开激烈争论。盖德等人批判米勒兰的行为是和资产阶级同流合污；但是，饶勒斯则赞同米勒兰入阁，并认为这是社会主义运动的可喜成就。这场争论最终导致工人党组织上的分裂。1901 年盖德派和布朗基派联合建立了“法国社会党”。1902 年，饶勒斯和可能派组成“法兰西社会党”。1905 年又与法国社会党合并为统一社会党，即工人国际法国支部。

法国工人党成立后，积极支持工会运动，领导罢工斗争；传播马克思主义，主张革命夺取政权；建立无产阶级专政，实行生产资料社会公有制，反对民族沙文主义和殖民扩张，在法国历史上发挥了重要作用。

## 你知道苏联党和国家早期领导人捷尔任斯基吗？

1877 年 9 月 11 日，捷尔任斯基出生于俄属波兰维尔诺省（今明斯克州斯托耳勃齐区）奥希米扬内县捷尔任诺沃小庄园里的一个贵族的家庭，是犹太人。

1894 年秋，他加入维尔诺社会民主主义小组。1895 年秋，他加入立陶宛社会民主党，参加该党的国际主义左翼，并带领维尔诺手工业和工厂徒工小组。1896 年 4 月，他开始走上职业革命家的道路。

1897 年 3 月，他从维尔诺转移到科夫诺从事革命工作，出版第一期波兰文地下报纸《科夫诺工人报》，而且领导了阿列克索特（科夫诺市郊区）的罢工斗争。1897 年 7 月，他因叛徒告密被捕，判处 3 年流放。1899 年 8 月，他从流放地维特亚卡省秘密逃到维尔诺，后又到华沙，继续在这里从事工人运动。1900 年 1 月，捷尔任斯基第二次被捕，被判处流放五年。1902 年 6 月，他在流放途中逃跑，回到华沙，后转移到国外。

1903 年 7 月，他参加了波兰王国和立陶宛社会民主党第四次代表大会。捷尔任斯基被推选为波兰王国和立陶宛社会民主党总执行委员会委员。1906 年 4 月，他参加了俄国社会民主工党第四次代表大会，第一次见到列宁。1907 年 5 月中，在俄国社会民主工党第五次代表大会上他被选为党中央委员。1908 年 4 月，他又遭逮捕，被判终身流放西伯利亚。1909 年年底，他第三次从流放地逃出，秘密逃回华沙，然后到柏林。1912 年 9 月，他又一次被捕，被判处 3 年苦役，后被莫斯科高等法院判处 6 年苦役，直到 1917 年二月革命后才获释。

1919 年 3 月，捷尔任斯基担任俄罗斯联邦内务人民委员。1920 年 1 月，他被全俄中央执行委员会主席团授予红旗勋章。1921 年 1 月，他担任全俄中央执行委员会改善儿童生活委员会主席。1922 年 2 月，他担任俄罗斯联邦内务人民委员部国家政治保卫局主席。1923 年 7 月，他任职苏联劳动国防委员会委员。1924 年 2 月，他担任苏联最高国民经济委员会主席兼苏联国家政治保卫总局主席。

1926 年 7 月 20 日，在联共中央全会上，捷尔任斯基发表反对党内反对派的讲话时，心脏病突发而突然逝世，葬于莫斯科红场。

## 阿富汗是何时独立的?

1922 年 10 月 22 日，阿富汗人民经过旷日持久的战争最终使英阿双方缔结了最后和约，阿富汗取得了民族的独立。

阿富汗是 18 世纪中叶形成的多民族的大地主和封建贵族专政的伊斯兰国家，地处中亚地区的交通要塞，战略位置非常重要。英国殖民者侵占印度后，开始不断向中亚发展，企图控制阿富汗，以此作为制止俄国向印度洋扩张和确保印度领地安全的保障。为此，英国在 1838 年和 1878 年发动过两次侵略阿富汗的战争，虽然都遭到顽强抵抗，并因多种原因被迫撤军，但也取得了利用条约牵制阿富汗对外关系的好处，使阿富汗成为它的势力范围。

1919 年 2 月 30 日，阿富汗哈比布拉国王在守猎行宫中遇刺身亡。28 日，哈比布拉的儿子阿曼努拉在青年阿富汗党人的支持下担任阿富汗国王。他即位时发表声明，宣布阿富汗在对内对外方面完全独立，并写信给英国印度总督，希望英国承认阿富汗独立。英国不仅拒绝了阿曼努拉的要求，还以此为借口，公然发动起了第三次侵阿战争。

1919 年 3 月 3 日，英军向开伯尔山口的阿富汗边防军发起进攻。5 月 7 日，阿富汗向英国宣战。战争在瓦西里斯坦和开伯尔山口等地激烈展开。阿军约三万人进行顽强抗争，但英军凭借兵力众多的绝对优势改变了局势，还空袭贾拉拉巴德和喀布尔，阿军无奈撤退。后来，由于苏俄对阿富汗独立的承认和道义声援，加上印度革命运动正在高涨，特别是阿富汗军民的顽强抗击，战争进行一个月后，英军无力打败阿方，被迫同意举行停战谈判。

1910 年 6 月 3 日，双方签署停战协定。8 月 8 日，进一步签署暂订和约，即英国承认阿富汗在内政和外交上是“自由的主权国家”。以后，双方又进行了两年多的谈判，直到 1922 年 10 月 22 日才缔结了最后和约。至此，英国正式承认阿富汗独立。

阿富汗人民经过长期顽强斗争，最终摆脱英国控制而获得了完全独立。

## 谁被BBC评为英国历史上最伟大的人？

2002年，BBC举行了一个名为“最伟大的100名英国人”的调查，最终丘吉尔获选为英国历史上最伟大的人。温斯顿·丘吉尔，英国政治家、画家、演说家、作家和记者。美国杂志《展示》将其列为近百年来世界上最有说服力的八大演说家之一。

丘吉尔生于赫赫有名的贵族家庭。英国历史上著名的军事统帅，安妮女王统治时期英国政界权倾一时的风云人物马尔巴罗公爵是他的祖先；19世纪末英国有名的政治家，曾是索尔兹伯里内阁财政大臣的伦道夫勋爵是他的父亲。祖先的辉煌成绩、父辈的政治成就以及家族的荣誉和政治传统，对丘吉尔的一生产生了非常巨大的影响，在他成长为英国一代名相的过程中发挥了决定性作用。他们为丘吉尔提供了学习的榜样，树立了奋斗目标，也培养了他对祖国的历史责任感。这些成为丘吉尔一生孜孜不倦地追求和建立功业的强大动力。

丘吉尔没有上过大学，他渊博的知识和各方面才能都是经过自学得来的。他年轻时驻军于印度南部的班加罗尔，在那里他一有时间就勤奋阅读各种哲学和历史书籍。在阅读中，丘吉尔从柏拉图、吉本、麦考利、叔本华、莱基、马尔萨斯、达尔文、王尔德等著名思想家、哲学家、历史学家和生物学家的著作中汲取了丰富的思想营养。这使他的思想更加深刻睿智，人生信念更加坚定，也使他成长为“我们生活的时代里最杰出和多才多艺的人”。这些大大有利于他以后从政。

丘吉尔曾于1940～1945年和1951～1955年期间两次任英国首相，在第二次世界大战中，带领英国人民取得了反法西斯战争的伟大胜利。他是与斯大林、罗斯福并立的“三巨头”之一，是矗立于世界史册上的一代伟人，被认为是20世纪最重要的政治领袖之一。他还是1953年诺贝尔文学奖的得主（获奖作品《第二次世界大战回忆录》）。

总之，丘吉尔是一位人生内涵极为丰富的传奇人物，深受英国人民的尊敬和爱戴。1965年1月24日，丘吉尔因病逝世，终年91岁。

## 世界上最后一场使用弓弩作战的战争是什么？

1879年11月，7000名智利士兵在6艘军舰的护送下，在伊基克要塞附近登陆，秘鲁、玻利维亚联军进行殊死抵抗。但当时玻利维亚的陆军装备极其低劣，部队里充斥着脚蹬凉鞋、穿着五花八门服装的印第安人，他们没有作战用到的步枪等火器，只有原始的弓箭和十字弩，这也使“南美太平洋”成为世界上最后一场使用弓弩作战的战争。

1879年2月14日，智利在英国的支持下，出兵占领玻利维亚最大的港口安托法加斯塔港。秘鲁与玻利维亚关系比较亲密，双方曾在1873年秘密缔结军事同盟条约，危机爆发后，秘鲁和玻利维亚政府向国内下达军事动员的命令，并积极从欧洲购买军火。智利是在 1879 年 4 月 5 日正式向秘鲁和玻利维亚两国宣战的。这次战争在历史上被称为“南美太平洋战争”，由于战争起因来自于三国对鸟粪和硝石资源的争夺，因此也被称为“鸟粪战争”或者“硝石战争”。

1880 年初，智利军队在秘鲁伊洛和帕科查港登陆，占领莫克瓜地区，通过了条件恶劣的沙漠地带，在塔克纳和阿里卡两次战役中打败了玻利维亚、秘鲁联军。至此，玻利维亚失去了所有太平洋沿海的领土，秘鲁海军则全军被消灭殆尽。1880 年 6 月，三国代表举行谈判，但秘鲁拒绝智利提出的谈和条件，只同意暂时休战。

1881 年 1 月，2.6 万智利军队向利马城发起总攻，秘鲁守军只进行了两天抵抗，便因实力悬殊太大，而以惨败告终了。

1883 年 10 月 20 日，秘鲁与智利在利马北部的安孔城签订了条约，结束了南美太平洋战争。根据《安孔条约》，秘鲁将塔拉帕卡省割让给智利，并将塔克纳和阿里卡两地区交给智利管辖 10 年。

玻利维亚政府则先后于 1884 年和 1904 年与智利签订了《瓦尔帕莱索协定》和《和平友好条约》。玻利维亚由此丧失了安第斯山脉与太平洋沿岸之间的全部领土，变成了一个没有出海口的内陆国，对其国家日后的发展埋下了严重的阻碍因素。

## 被苏丹人民尊为“独立之父”的是谁?

马赫迪起义是苏丹民族英雄马赫迪领导的一场反抗英国和埃及统治的斗争，1881 年 1 月爆发，1898 年 4 月因英国殖民军的镇压而失败。这次起义沉重地打击了英国殖民主义者的势力，是非洲近代反帝斗争史上的重要篇章，领导起义的马赫迪也被苏丹人民尊为“独立之父”。

19 世纪 20 年代初，苏丹沦为埃及的属地。为了统治苏丹和蚕食中非地区，戈登网罗一批欧洲探险者、退役军人充当助手。他们横征暴敛，同时以武力镇压人民的不满及反抗，以致苏丹经济凋敝，人民相继逃离。70 年代，英国殖民势力侵入埃及，并由此开始向苏丹渗透。

马赫迪是 19 世纪苏丹的民族英雄，全名为穆罕默德·阿赫迈德·伊本·赛义德·阿布达拉（约 1840 ～ 1885 年），童年时起接受伊斯兰教教育，青年时以博学多闻、庄重虔诚而著称，曾去过很多地方游历、传教。在游历过程中，他亲眼目睹了英国殖民统治的残暴、腐朽以及人民的苦难、怨愤。

1873 年，马赫迪起义军开始抓住一切机会反击英军。经过 4 年的武装斗争，起义军已占领了苏丹的绝大部分土地，攻下喀土穆之后，以马赫迪为国家元首，建立起新的马赫迪派国家——马赫迪王国，设首都于恩图曼。

在马赫迪之下，任命有三大继承人。三大继承人各拥有带有不同标志的军队，而以哈里发阿卜杜拉权力最大。此外，还设有金库总管及大法官各一名，总体负责财政

及司法事务。为促进经济的繁荣，在苏丹历史上首次发行货币。

1898年4月，喀土穆被攻陷。阿卜杜拉率领残部退守科尔多凡省，继续进行游击战，直至战死。1899年英国和埃及签订《英埃共管苏丹的协定》，苏丹再次丧失独立地位，马赫迪派教徒转入地下活动，成为秘密的教派。

马赫迪起义历时18年，沉重打击了英国殖民者，是近代非洲规模最大、持续时间最长的一次反对殖民统治的武装起义，在非洲近代反帝斗争史上谱写了重要的一章。领导起义的伟大英雄马赫迪也永远被苏丹人民记在了心里。

## “白澳政策”是什么时候取消的?

“白澳政策”是澳大利亚联邦反亚洲移民的种族主义政策的通称，1901年，“白澳政策”被正式确立为基本国策，只许白人移居。在此政策下，大部分华人忍受不了欺压，被迫离开澳大利亚。随着人们认识的不断提高，1972年澳大利亚工党政府取消了带有歧视色彩的“白澳政策”。

该政策的源头可以追溯到18世纪50年代，当时有一大批中国人受“淘金热”的吸引，不远万里，纷纷移民到澳大利亚。许多英裔澳大利亚人带有歧视色彩，埋怨中国人的到来降低了当地的劳动力价值，同时迁怒于他们带来的中国文化传统。于是，连续发生了许多起反华暴乱。刚建立起的以白人为主的自治政府也持排华态度，陆续制定出一系列限制中国人移民的法案。

到1888年，澳洲殖民地上的所有中国人都遭到驱逐，被迫出境。总理埃德蒙多·巴顿还得意洋洋地宣称“人类平等的原则只适用于英国人之间，英国人跟中国人之间则不遵循这条原则。”该政策的另一源头是阻止美拉尼西亚人进入昆士兰的甘蔗园工作，只允许白人劳动力从事农场的工作。这项政策的基本意图是保持种族的“纯净”。

贸易联盟和它操持的政党——澳大利亚工党，是白澳政策的主要促动者。克里斯·沃森（时任工党领袖）宣称，“我反对将有色种人与白人混杂，当然我承认它跟工业化有关，这主要是为了避免种族污染的可能性。”

白澳洲人普遍相信种族纯净有助于保持经济和社会的稳定。他们对中国移民的敌视可从《黄祸》一画中得到反映，而这种态度在澳洲最为明显。

1901年的澳大利亚人口为370万，跟亚洲相差很远，所以别有用心的人“担心”中国移民的涌入会“吞没”欧裔澳人。联邦政府担心难以控制的移民潮流会大幅度降低工资水平，这不是无稽之谈，许多雇主公开声称他们会那样做。

“白澳政策”一直持续到第二次世界大战，直到日本军国主义的利剑和炸弹轰开了澳大科亚朝野人士的心胸和眼界，他们才开始慢慢对黑头发黄皮肤的种族有了新的认识。

## 哪场兵变促使朝鲜开始进行近代化改革？

发生在1882年的壬午兵变，是朝鲜王朝的一次具有反侵略反封建性质的政变。壬午兵变后，朝鲜开始了近代化改革，推行了一系列的政策。

1875年朝鲜高宗亲政后，兴宣大院君归政隐居，但仍试图插手干涉政务。1882年7月23日（阴历壬午年五月），朝鲜京城的五营士兵由于连续十三个月没有领到饷米，就聚众喧哗骚动。朝鲜宣惠厅于是赶紧将刚运到的漕米发放下去，但是米中掺入砂糠等杂质，不能食用，又引起士兵们的强烈不满。于是，士兵与库吏理论，发生冲突。士兵们积怨已久，就爆发起来，同市民一起发动暴动，打砸了宣惠厅堂的上官闵谦镐以及闵台镐、韩圭稷等外戚权贵的宅第，夺取武库，后又攻打捕盗厅。然后，又一起包围了兴宣大院君的府第云岘宫，向大院君求助。此外还有几路士兵和市民分别攻打日本公使馆，处死日本籍的新军教官，开仓放粮。

7月24日，暴动的士兵和市民攻入昌德宫，杀死躲藏在宫中的闵谦镐、李最应（大院君胞兄），并寻找闵妃。闵妃化妆成宫女逃往外地，日本公使花房义质和随从人员也逃往济物浦（今仁川），由英国军舰搭救回国。7月25日，高宗召大院君入宫，委托其主政，并向暴动士兵宣布闵妃已经死于动乱中，士兵才放下武器，撤出王宫。

逃到忠州的闵妃和逃回长崎的花房义质分别请求中国清朝和日本出兵朝鲜。时任直隶总督的张树声和李鸿章派吴长庆率军在南阳登陆，不久就赶到了汉城。吴长庆扣留了前往中国军营拜访的大院君，并把他用军舰运到中国。清军同时逮捕了李载冕等人，并在汉城郊区逮捕参加过壬午兵变的士兵，闵妃集团重新掌握朝鲜政权。日本公使花房则于8月12日回到汉城，带来了1500军队和四艘军舰，逼迫朝鲜政府赔偿损失、同意日本军队驻扎朝鲜。8月30日，日本和朝鲜就上述内容签订了《济物浦条约》，壬午兵变宣告结束。

壬午兵变后，朝鲜开始了近代化改革，采取了一系列措施，设立内外衙门，并训练新军。清朝为加强对朝鲜的控制，也与朝鲜签订一系列条约，在朝鲜获得了领事裁判权和海关监管权，并在仁川、元山、釜山等港口城市设立了清国租界。

## 哪场政变以中国大胜，日本惨败而告终？

甲申政变是朝鲜王朝历史上的第一次资产阶级改革运动，是将朝鲜由封建社会变为资本主义社会的初次尝试。最终，甲申政变以中国大胜，日本惨败而告终。袁世凯也因为这次政变而一战成名，他应朝鲜国王之邀，住在皇帝的偏殿楼下，朝夕接触会晤，成为清政府在朝鲜的实权人物。

进入19世纪60年代，资本主义列强纷纷开始入侵朝鲜，使闭关自守而落后的封建朝鲜受到巨大冲击。朝鲜统治阶级内部逐渐形成新旧两派势力，一派是以朝鲜高宗

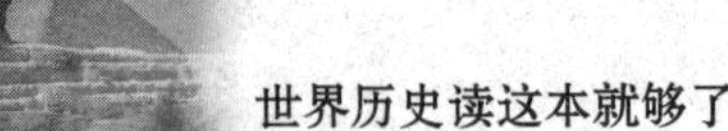



王后闵妃为首的维护封建制度的守旧派，另一派是以青年官员金玉均为代表的主张改革封建制度的开化派。开化派积极倡导文明开化的思想，决心奋发图强，改革朝政，后来，又在高宗的赞许下，进行了一些改革，但立即遭到守旧派的强烈压制，金玉均等也被排挤出朝廷。

于是，开化派决定采取政变形式以实现自己的改革主张。但是，他们力量尚不够强大，并且对日本帝国主义的侵略本性缺乏认识，在得到日本答应给政变以各种支援的所谓“保证”之后，便于 1884 年 12 月 4 日利用新建邮局（开化派洪英植任该局总办）落成典礼之机，发动了政变，杀死了守旧派的几名主要大臣。之后，朝鲜组成以开化派为执政核心的新政府，以国王谕旨的形式颁布了具有资产阶级民主内容的新政纲。

这时，守旧派依靠驻朝的清朝军队，赶走日本军队，推翻新政府。守旧派重新掌握了政权，金玉均等只好狼狈逃亡日本和美国，甲申政变便以“三日天下”而告结束。甲申政变虽然是一次失败的资产阶级改革运动，但是，它是促进朝鲜进行近代化的首次尝试，在朝鲜近代史上具有重要意义。

经过此次政变，朝鲜加快了改革的步伐。人民要求独立自主的呼声日渐高涨，对清廷的依附心逐渐减弱，对朝鲜官民而言，历史已经揭开了新的一页。而日本方面，一次小的失败并未阻挡其扩张称霸的勃勃野心。日本人痛定思痛，十年之后，借朝鲜的另一次内乱——东学党起义，挑起了甲午中日战争。这一次，清廷一败涂地，再也找不到往日的威风了。

## 哪次会议掀起了瓜分非洲的高潮?

俄国和土耳其签订的《圣斯特凡诺条约》，引起欧洲大国的不满，尤其是英国、奥地利。1878 年，欧洲大国为了修改这个条约，在柏林召开国际会议商讨。此次会议，西方列强重新划分了在非洲中部的势力范围，确定了在非洲拓展殖民地的共同原则，从此掀起了瓜分非洲的高潮。

《圣斯特凡诺条约》签订后，英、奥反对俄国在巴尔干扩大势力，反对在巴尔干半岛建立大斯拉夫国家保加利亚。奥匈帝国的外交大臣安德拉希提议召开国际会议，重新审议和修改该条约。英国欣然同意，并以武力胁迫俄国共同参加。俄国因刚结束战争，内外交困，无力再战，被迫同意参加柏林会议。

经过列强的商议，会议上划分了“刚果自由邦”与法属、葡属殖民地的边界；宣布在该地区实行贸易自由化；刚果河与尼日尔河可以自由通航；禁止买卖奴隶；规定任何国家以后凡在非洲取得新领土，都必须是“实际有效”的占领，并且通告议定书给各签字国；英国和法国应分别“保证”尼日尔河下游和上游的航行自由等。

会议之后，欧洲国家就掀起了瓜分非洲的狂潮。短短几年之间，各大强国就划分了自己的势力范围。

作为非洲最发达的国家，南非认为如果利用好这次会议，不但可以获得实实在在的利益，而且可以一举得到欧洲诸国的承认，成为可以和他们进行平等谈判的国家，正式登上国际舞台！不然的话，几年后将会发现自己被欧洲国家的殖民地围困在非洲一角，到时候只能靠战争来扩大自己的领土了。

柏林会议的召开，使得巴尔干问题更为复杂化，为欧洲各大国日后的新冲突、新矛盾埋下了祸根，而瓜分非洲的列强们，也将会自食其果。

## “英布战争”发生于哪一时期?

“英布战争”是一场爆发于 19 世纪末，20 世纪初的英帝国与“世界末端”国家之间的战争。

“英布战争”是一场英国与南非两个国家间的战争，是一场不折不扣的侵略战争。被侵略的两个南非国家分别是南非共和国（德兰士瓦）和奥兰治自由邦（共和国），这两个国家都是由荷兰移民建立的，而荷兰人又被称为布尔人，因此，这场战争也就被称为“英布战争”。

这场战争爆发的根本原因是英国的帝国霸权主义。因为在南非共和国发现了大量的金矿和钻石矿，掀起了一场淘金热的同时，也引来了大批的英国淘金者，由于荷兰人的后裔没有让英国人得到预想的利益，最终引发了“英布战争”。

“英布战争”共持续两年半，从 1899 年 10 月 11 日起到 1902 年 5 月 31 日止，战争进程可以分三个阶段。战争初始阶段，拥有 4 万军队的布尔人取得了一系列的胜利。到了 1899 年的最后一周，英军的士气跌入最低点，欧洲的各大报纸的头版头条均被“英军被驱”的标题所占。

英国女王维多利亚被迫作出反应，委命了两名殖民长官，并迅速向南非增兵，6 万英国军队开赴了开普敦，伊利沙白港和东伦敦。英军取得了一些胜利，最终灭掉了南非共和国。

但是英国人的征服没能马上带来和平，战争还持续了长达两年的时间。在这两年中布尔人与英军进行了无数次的小规模战争，战斗相当激烈。

这一时期英国在南非共驻扎了 25 万军队。以如此大规模的军队对付南非 3 万的反叛者，终于在 1902 年 5 月 31 日彻底迫使布尔人投降了。在这个命运转变的一天，布尔人签署了“统一条约”：战败方的公民必须承认英国国籍，所换取的权利是“可以保留荷兰语和自己的传统”。

战争结束时，大概有三万平民死于战乱，无数的士兵阵亡。英国人惨绝人寰的行径被世界所指责，直到维多利亚的长子爱德华七世登基，南非的血腥统治才有所改善。

## “美菲战争”的目的是什么?

1898年巴黎“美西和会”上西班牙把菲律宾“转让”给美国。“美西战争”结束后，美国为了扑灭菲律宾的革命力量，将菲律宾彻底变成自己的殖民地，立即迅速增兵菲律宾，“美菲战争”由此爆发。

1899年2月4日晚，美国士兵击毙一名菲律宾军人，“美菲战争”爆发。2月5日黎明，美国舰队炮轰马尼拉附近菲律宾军队的军事设施。同一天，菲律宾共和国正式向美国侵略军宣战。

菲律宾共和国以正规部队抵御美国侵略军，马尼拉等重要城镇成为了主要战场。战争爆发后不久，美国凭借优势兵力，先后占领了菲律宾南部岛屿。3月31日攻占菲律宾共和国首都马尼拉，后又占领了共和国政府迁驻地圣费尔南多。但美军每占一地，都会遭到菲军的顽强抵抗。

美国为巩固夺取的占领区并加速军事进攻，不断向菲律宾增加兵力，至1899年11月，美国侵略军已增至7万人，在菲律宾岛展开全面的军事行动。同时，美国驻菲当局许以高官厚禄拉拢菲律宾地主资产阶级，使得共和国政府中的亲美投降派乘机上台，推行妥协投降政策，排斥主张抗战的共和国内阁主席A• 马比尼，并派人暗杀坚定的抗战派J• 卢纳，抗战派在共和国政府中的力量大为削弱。后来，共和国首都移至巴云邦。11月12日，共和国政府宣布转入游击战争。

菲律宾游击队以灵活机动的战术沉重打击着美国侵略军。3年中，歼灭美军万余名。对此，美国侵略军实行血腥的屠杀和镇压政策，在占领区内设立“集中营”，用“火刑”等非人刑法对付菲律宾军民。同时，发动“和平运动”攻势，进一步收买菲律宾地主资产阶级，还同殖民政府合作；后又以大赦为名，释放了大批被俘的菲律宾共和国政府官员，利用他们来劝诱游击队领导人放下武器。这些举措对处在严重困难时期的菲律宾独立战争起了很大的破坏作用。

1901年3月23日，菲律宾共和国总统E• 阿奎纳多在帕拉南镇（怡萨贝拉省）被美军俘获后，公开表示效忠美国。4月19日，阿奎纳多又发表宣言，劝导菲律宾人民停止对美军的抵抗。阿奎纳多的投降，标志着菲律宾第一共和国的瓦解，菲律宾逐渐沦为美国的殖民地。

## 英国工党正式命名是在哪一年?

英国工党是由工会、合作社组织和社会主义团体联合组成的，成立于1900年2月15日，1906年正式改名为工党。

1924年以前的英国一直是由自由党和保守党轮流执政。1923年大选中保守党失败，工党获得比自由党更多的席位，1924年1月22日工党开始组建英国历史上首届工党执政机构。工党执政期间，对内通过了“惠特利住宅计划”，增加用于建设的国

家补助金，还进一步改善了保障制度，增加了失业补助，废除了保护的原则。然而，工党政府执行的一些较激进的政策受到保守党和自由党的双重攻击。他们抓住“坎贝尔案”反对麦克唐纳，麦克唐纳被迫在 1924 年 10 月辞职，第一届工党政府自此结束。

工党最初被称为劳工代表委员会，但并非由职工大会发起创立，它是由工会、合作社组织及社会主义团体联合组成的，1906 年改称工党。第一次世界大战爆发后支持政府的战争政策，并借机加入了自由党的联合内阁。20 世纪初，力量日渐增强。1924 年 1 月，在自由党的支持下首次组阁，并由此开始与保守党轮流执政。

工党纲领的理论基础是费边社会主义。二战以后推行温和的改革政策。推行国有化，主张建设福利型国家。加入西方联盟之后，主张打破旧的英国殖民帝国统治体系，废除贵族院。现今主要致力于公共住所、职工福利、失业救济、弱势群体、社会保障、公民教育等方面的工作。

工党的最高权力机构是全国代表大会组织，又简称年会。工党的全国委员会是最高常设机构。工党的组织结构主要分为中央执委会、地区委员会、选区委员会以及基层俱乐部。政治活动机构包括议会党团、年会、全国执行委员会和工党总部。工党主要由领袖、议会党团、议会外组织和总部构成。

议会党团由工党在下议院的全体议员组成，在野时接受由议员选举产生的“影子内阁”领导，党的领袖历来都是议会党团的领导人，执政时即为首相。

## 美国社会党成立于哪一年？

美国社会党是由 1898 年创立的社会民主党，于 1901 年 7 月 29 日和社会主义工党温和派合并而成立的。

社会党的总部设在圣路易斯。党的基本纲领是把工人阶级和同情它的阶级联合组成一个政党，以参加竞选作为政治斗争手段，以期夺得政府的各项权力，并利用这些权力把现存的生产和分配手段的私有制转变为全体人民的集体所有制，反对通过社会革命途径建立社会主义。

1901 年社会党共有党员 1 万名，1912 年增至 12 万，成员遍布各州。组织成员较为复杂，有城乡小资产阶级包括许多的律师、牧师、小雇主以及来自俄、波、匈等国的移民。此外，还有工人，其中国外工人占多数。

党内中产阶级知识分子把持着党的领导权。党的主要领导者左派代表为德布斯，右派代表是希尔奎特，右派曾公开拥护伯恩施坦的修正主义。1905 ～ 1914 年间是社会党活动的全盛时期，共创办了 13 种日报、12 种月刊以及近 300 种周刊。

1912 年社会党发生了第一次分裂。著名工人运动活动家 W.D. 海伍德被免去全国委员会委员的职务。他和 124 名工人党员相继退党。1917 年，社会党在左派的鼓动下，通过了反对美国参加第一次世界大战的决议；后来德布斯与 C.E. 鲁滕堡因反战活动

而被捕入狱。1920 年总统竞选中，德布斯虽然在狱中，仍获得了 92 万张选票。

社会党在许多地方工会以及美国劳工联合会中产生过一定的影响，在州和地方议员选举中，也发挥了一定作用。但是，由于社会党缺乏坚强而统一领导，德布斯本人有工团主义者色彩，希尔奎特是机会主义者。他们忽视了群众的要求，不能充分组织并领导群众展开经济斗争，致使党内不断发生分裂。

到了 60 年代末，社会党分裂为左、中、右 3 派。左派和中派支持民主党。1936 年分裂出去的社会民主联盟于 1972 年同社会党重新联合，更名为美国社会民主党。

## 英日同盟成立的目的何在?

英日同盟是英国和日本为了维护他们各自在中国与朝鲜的利益而结成的互助同盟，旨在反对俄国在远东地区扩张。

20 世纪初，英国为了巩固在远东的地位，力图假借日本之手遏制俄国在远东地区的势力扩张；而日本为了侵占朝鲜和中国东北地区急于寻求反俄的同盟者。1902 年 1 月 30 日，英国外交大臣兰斯多恩侯爵 H.C.K. 佩蒂－菲茨莫里斯与日本驻英大使林董签订了《英日同盟条约》。

条约的主要内容是：缔约国双方相互承认对方具有权保护自己在中国和朝鲜的利益，如英国在中国的、日本在中国及朝鲜的“特殊利益”遭到他国威胁，或因中国内部发生“骚乱”而受到侵害，两国有权进行干预；缔约国中的某一方为保护上述利益而与第三国交战时，另一方应严守中立；如缔约国中的一方遭到两个或两个以上国家围攻时，另一方应予以军事援助，与之共同作战。条约的有效期是 5 年。在条约的秘密条款中还规定：两国海军应相互配合行动，以保持远东海域的优势。

英、日同盟是针对俄国而形成军事攻守同盟，同时也是侵略中国和朝鲜的战争工具。同盟订立后，日本加紧扩军备战，发动了 1904 ～ 1905 年的日俄战争。1905 年又两国签订了第 2 个同盟条约，承认日本对朝鲜的“保护权”，重申如果遭到任何第三国进攻，对方应提供军事援助。1911 年签订第 3 个同盟条约。

自 1902 年以来，英日同盟一直是日本在亚洲大陆进行扩张的国际工具。英日同盟在一次大战后仍继续存在，它的存在成为了美国在远东和太平洋地区进行扩张的潜在威胁。华盛顿会议上，英日两国在美国一再施加的强大压力下，被迫中止同盟关系。

1921 年 12 月 13 日，美、英，法、日四国共同签订了《关于太平洋区域岛屿属地和领地的条约》，规定缔约国相互尊重、共同维护各自在太平洋区域的利益，条约生效之日，英日同盟即被废止。

## 委内瑞拉债务危机出现的原因是什么？

委内瑞拉之所以会出现债务危机，是因为 1902 ～ 1903 年德、英、意三国使用武力向委内瑞拉索债而造成的。

1899 年，C·卡斯特罗夺得了委内瑞拉政权，就任总统。当时的委内瑞拉，因为连年内战，导致生产衰退，债台高筑，无力归还。首要债权国德、英等借总统就任之机要求还债，并以本国的侨民在委内瑞拉内战中遭到损失为由，向委内瑞拉勒索巨额赔款。

1901 年 1 月，卡斯特罗政府向外宣布不供认 1899 年 5 月以前地外债。同年 3 月又宣布暂停偿还债务。为了向委内瑞拉索债，1902 年 12 月 7 日德、英公使联合向委内瑞拉政府发出最后通牒。两天后，德、英、意三国舰队封锁了委内瑞拉的海岸，并扣留了拉瓜伊拉港的委内瑞拉海军舰艇，击沉一些船只，还炮轰卡贝略港。

最终，德英意三国的地军事行动招致美国出面干预。委内瑞拉政府委托美国公使鲍恩作为仲裁人，与相关国家进行谈判。1903 年 2 月，德、英两国接受美国提出地《华盛顿议定书》，取消了对委内瑞拉的武装封锁，归还了被扣地委内瑞拉船只。

《议定书》规定，经过审议认为委内瑞拉理应归还地债务，用委内瑞拉的拉牙国际法庭审判，1904 年海牙国际法庭作出有益于债权国地判决，并由美国来监督此项判决地执行。《华盛顿议定书》和海牙国际法庭地判决，为列强以武力向弱小国家逼债地强权行径提供了法律依据，并加强了美国在拉丁美洲地影响。

美国通过对委内瑞拉债务危机的调解，在维护门罗主义的同时，又用“罗斯福推论”扩展了它的内涵，将欧洲国家排挤出了拉丁美洲，强化了美国在拉丁美洲的势力。美国干涉委内瑞拉债务危机是美国与欧洲以及美国与拉丁美洲关系史上的重要转折点。

## 日俄战争以哪个国家为主战场？

日俄战争爆发于 1904 年，以中国领土为主战场。腐败无能的满清统治者，完全不顾国家主权和人民生命财产，任凭日俄两国铁蹄在东北地区肆意践踏。

1904 年 2 月 12 日，清政府无耻地宣布“局外中立”，将辽河以东地区划为日俄两军的交战区，甚至命令地方军政长官对人民群众加强监督，防止人民群众进行破坏。但是，饱受帝国主义压迫和蹂躏的东北人民，自发地开展反侵略、反官府的斗争，沉痛打击了帝国主义强盗，一定程度上减轻了战争对东北地区的破坏。东北人民的自卫战争充分显示了中华民族不畏强暴，顽强拼搏的精神。

8 月 23 日，俄军根据部署进入阵地，将南部集团（扎鲁巴耶夫指挥的 3 个军）置于右翼；将东部集团（比尔德林格指挥的 2 个军）置于左翼，并且在辽阳以东安排几个军，另外保存 2 个军作为预备队。占领阵地的各个军团，又分别以

40% ～ 50% 的兵力作为预备队，在攻守两面均做好准备。

日军部署与俄国有所不同。日军计划对俄军实行围歼，以少数包围多数，它倾其所有军队于战场之上，不留任何预备队，虽然在总兵力对比上处于劣势，但是却在俄军左右两翼形成了兵力优势。

日俄战争期间，日本特工天才明石元二郎在暗中支持正面战场，他在欧洲资助列宁发动俄国 1905 年革命，制造俄内乱，使得俄国无法将全部精力集中到战场，将俄国腹地闹的天翻地覆。

对马海战失败之后，尼古拉二世的赢取战争并利用战争的胜利来扼杀俄国革命的企图被彻底粉碎。由于人力物力的巨大消耗，日本方面也认为继续打下去对自己不利。于是在美国总统西奥多• 罗斯福的调解下，日俄双方经过激烈的讨价还价，俄国被迫以战败国的身份于 1905 年 9 月 5 日在朴茨茅斯同日本签订和约。

这场在中朝两国领土上进行的帝国主义之间的掠夺战争，给中朝两国人民带来了深重的灾难，人民生命财产的损失无法估算。东北人民蒙受极大的灾难，生命财产遭到空前的浩劫。许多人冤死在两国侵略者的炮火之下，更有成批的中国平民被日俄双方当作“间谍”，惨遭杀害。

## 日俄战争结束后签订了什么条约？

1905 年 9 月 5 日，日俄双方宣布结束战争，双方代表在美国新罕布什尔州的朴次茅斯海军基地签订《朴次茅斯和约》，这个条约的签订宣告了日俄战争的结束。

这个条约主要是惩罚俄国，削弱俄国在华尤其是东北地区的特权，企图将东北地区置于列强共同统治之下。条约的主要内容包括以下几个方面。

第一，俄国承认日本在朝政治、军事、经济上均享有卓绝特权，如指导、保护、监理的权利。俄国不得阻碍干涉日本采取的认为必要的措施。

第二，俄国政府将那些从中国攫取的旅顺，大连租借地及其附属的一切权益、公产均转让给日本。

第三，俄国政府将从长春至旅顺段的中东铁路支线及其所属的一切权益均移让给日本。

第四，日俄两国可在各自占领的铁路沿线每公里驻护路兵十五名。俄国宣布取消在东北的一切有违机会均等主义的权益。

第五，俄国将库页岛以南及其附近岛屿和该处一切公共财产永远转让给日本，此后不得反悔。

日俄订约后，日本又强迫清政府承认条约中涉及中国主权的规定，取得了经营安奉路、修筑长春到吉林的铁路以及在鸭绿江右岸伐木等权利，并开放东三省十六处为商埠。自此，东北三省从俄国独占变为两国分据，成为日俄两国共同的势力范围。



日俄战争是一场帝国主义之间不义之战，是交战双方站在对立的立场同时，侵略

中国、重新划分势力范围、争夺利权的战争。日俄战争中俄国惨败宣告了沙俄远东政策的失败，俄国的实力遭到重大削弱，这个条约更是进一步瓦解俄国的沙皇专制统治，加速了俄国无产阶级革命的到来。

这个条约更反映出了帝国主义国家之间为了各自的利益相互勾结，帝国主义国家之间只有永久的利益，没有永久的朋友。日美国家为了限制俄在华权益，无耻地上演了一场利益争夺战，无视我国主权，实在令人气愤。

## 俄国1905年革命的导火索是什么？

沙皇指挥不利，导致军队在日俄战争中的惨败是俄国 1905 年革命（亦被称为 1905 年失败起义）最直接的导火索。这场革命既没有统一的组织领导，也没有明确的革命目标。引发革命的原因也是多方面的，主要是国家动乱和罗曼诺夫王朝的昏暗统治；国内改革不利以及一些少数民族的要求独立也是部分原因。

这次革命发生于当时的俄罗斯帝国境内，革命范围广泛，以反政府为主要目的，是一场社会动乱事件，斗争方式主要是恐布攻击、罢工、农民抗争、暴动等。这次事件最终迫使尼古拉二世政府于 1906 年制定基本法、成立国家杜马立法议会并施行多党制。

1905 年 1 月 16 日，圣彼得堡普梯洛夫工厂 1.2 万名工人为反对工厂主开除 4 名工人举行罢工。其他工厂工人纷纷响应，几天内罢工人数达到 15 万人。1 月 22 日，14 万工人和家属前往冬宫广场，准备向沙皇呈递请愿书，结果工人们却遭遇埋伏，死伤 1000 多人，史称“流血的星期日”。

沙皇这次的野蛮屠杀政策更加激起了工人们的愤怒，各地罢工运动蓬勃高涨。1-8 月，全国参加罢工人数达 80 万。在罢工斗争中，工人代表苏维埃这一组织形式产生，为以后俄国十月革命的发生奠定了组织基础。

10 月 26 日起斗争进一步升级，逐渐发展成为俄国全行业的政治罢工。沙皇被迫于 10 月 30 日颁布诏书，答应召集具有立法权的国家杜马，承认人民拥有言论、集会、出版、结社等自由。俄国国内改革的步伐也因此加快，但仍没能阻挡住 1917 年爆发的推翻罗曼诺夫王朝的革命。以列宁为首的布尔什维克党揭露了沙皇政府的宪政阴谋，号召人民把革命推向前进，举行武装起义，推翻沙皇专制制度。

对于这一次革命事件，后世学者有众多评论，列宁称这一次革命为总演习，他说如果没有 1905 年的“总演习”，就不可能有 1917 年 10 月革命的胜利。

## 印度民族独立运动的结果是什么？

由于甘地的非暴力主义的破坏，蓬勃发展起来的印度民族独立运动最后被镇压，

这次运动最终以失败告结。

20世纪初，印度国内民族资本主义经济有所发展，资产阶级和工人阶级的力量增强，各阶级争取权利的呼声和活动日益高涨。1905年8月7日，加尔各答召开万人大会，决定以抵制英货和开展自产运动迫使英殖民者撤销分割计划。然而《分割法》于10月16日生效，当天加尔各答举行国丧日，城内各行业举行总罢工。

1906年罢工运动扩展到全印度。在孟加拉，出现了许多工会农会组织。国大党年会首次通过争取印度自治决议，坚决抵制英殖民统治。在印度共产党的号召下，孟买举行工人大罢工。工人、学生罢工罢课、游行示威，与英国街警进行对峙，积极配合海军起义，形成了全民族的革命运动，给英国殖民当局以沉重打击。

对于工人们的罢工，殖民当局采取分化瓦解政策。1906年英国自由党政府宣布实行立法会议改革，扩大印度人代表名额。起义中的温和派于是与当局妥协，起义阵营开始瓦解，温和派在1907年国大党年会上制造分裂，将极端派排挤出去。1908年殖民当局以"煽动叛乱罪"，逮捕提拉克，判处6年监禁。持续3年之久的民族独立运动失败。

运动失败主要是因为印度资产阶级当时还不愿领导革命，小资产阶级民主派又具有软弱性，没有制定明确的反封建纲领，与农民群众相脱离。资产阶级自身的妥协性与软弱性使这次运动失败成为必然。

这次起义斗争，开辟了印度资产阶级民族民主革命的历史新时期。这次运动在一定程度上抵制了英国的殖民渗透，沉重打击了英国殖民当局，而且造成了英国在东南亚统治的不稳局面。推动了印度民族资本主义的发展，运动中建立了一批印资工厂和银行。这场斗争构成了亚洲的觉醒的一部分。

## 朝鲜反日义兵斗争是什么性质的斗争?

李朝末年朝鲜人民武装反抗日本帝国主义侵略的斗争是一次爱国主义性质的斗争。它同当时中国的辛亥革命、印度民族独立运动、伊朗革命等共同构成了"亚洲觉醒"运动。

朝鲜义兵开始于16世纪的倭乱，甲午农民战争失败后，部分农民军开始进行游击战争，拉开近代义兵运动的序幕。1895年10月，日本策划乙未事变，接着又操纵亲日派内阁在朝鲜强制实施剪发令，激起了朝鲜人民的义愤，爱国封建知识分子们发起倡议，传檄四方，声讨日本的罪行，各地义兵蓬勃兴起。

义兵的主力是农民，其中以江原道李昭应和忠清道柳麟锡等领导的队伍影响较大。朝鲜国王利用义兵运动，于1896年2月出奔俄国公使馆，发动政变，亲日派内阁垮台，日本暂时收敛了对朝侵略的进程。

1905年，日本通过日俄战争确立了对朝鲜的独占地位，并通过《乙巳保护条约》

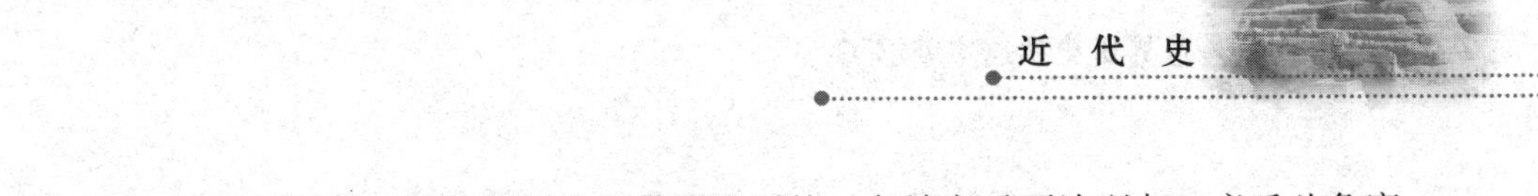


将朝鲜变为“保护国”，激起朝鲜人民的强烈反抗，各地义兵再次兴起。义兵斗争席卷整个三南地区，沉痛打击日本在朝的殖民统治。

1907 年 6 月，朝鲜国王李熙派密使出席海牙和平会议控诉日本的罪行，日本借此事迫使高宗退位。7 月，又强迫朝鲜缔结《丁未七款条约》，日本从此全部掌握朝鲜的行政权和司法权，使朝鲜的一切内政绝对遵从统监的训令，并强行解散朝鲜军队，不断加快吞并朝鲜的进程。

京城侍卫队和地方镇卫队的爱国军人与地方义兵汇合，举行暴动，增强了义兵的战斗力，北起鸭绿江，南至济州岛，义兵斗争遍布全国。1908 年，义兵斗争达到高潮。

1910 年日本吞并朝鲜后，全力镇压义兵，由于武器装备的落后，义兵队伍的分散，敌我双方力量过于悬殊，义兵遭到巨大损失，义兵运动最后失败。义兵斗争在朝鲜民族解放斗争史上写下了光辉的一页，显示了朝鲜人民不屈不挠的反抗力量和战斗精神。

## 英法俄三国协约形成的目的是什么?

“三国协约”是 1907 年英、法、俄三国为了重新瓜分世界，对抗“三国同盟”而缔结的另一个帝国主义军事集团。

19 世纪 70 年代初，自由资本主义开始向帝国主义过渡，各国列强在欧洲大陆和全世界掀起了全球争霸和领土瓜分的斗争，战争危机不断出现。

为了对付俄国在巴尔干的扩张，同时孤立法国，1879 年 10 月，德国同奥地利在维也纳缔结了秘密军事条约——《德奥同盟条约》。意大利企图依靠德国，对抗法国，便于 1882 年 5 月在维也纳与德、奥两国签订了《同盟条约》。条约规定，如果一个缔约国受到两国或两国以上国家围攻，其他缔约国应及时予以支援。“三国同盟”的建立，标志着一个帝国主义军事集团的形成。

“三国同盟”的建立密切了俄法两国之间的关系。1893 年，俄法两国签订《俄法协约》。协约规定：如果法国遭到意大利的进攻，或俄国遇到德国或者奥匈帝国的攻击，对方应全力支援。到 19 世纪 90 年代，欧洲大陆已初步形成了两大军事集团对峙的局面。

为了对付主要敌人德国，英国也放弃了传统的“光荣孤立”政策，迫切地寻找同盟者，后与法国摒弃前嫌，于 1904 年订立协约。

德奥两国在巴尔干的扩张严重威胁着俄国的利益，日俄战争以及 1905 年革命后，俄国经济发展缓慢，在财政上更加依赖英法。英俄两国之间的矛盾也随着俄国力量的减弱和英德矛盾的激化而逐渐缓和。在这种情况下，英俄开始联合起来共同对付德国，双方于 1907 年 8 月 31 日签订协约，调整两国在殖民地方面的矛盾。

在《俄法协约》和《英法协约》的基础上，1907 年《英俄协约》签订，标志着与“三国同盟”对抗的另一个帝国主义军事集团——英、法、俄三国协约的最后形成。

“三国同盟”和“三国协约”两大帝国主义军事集团成立之后，国际关系日益紧张，局部战争不断，最终导致了 1914 年第一次世界大战的爆发。

## “鲁尔危机”发生在哪个国家?

1923 年 1 月 11 日，法国联合比利时，以德国不履行战争赔款义务为借口，出动 10 万军队占领德国的鲁尔工业区，酿成“鲁尔危机”。

按照《凡尔赛和约》，德国必须承担战争责任，赔偿协约国在战争中的损失。但协约国在签订和约时没有就德国赔偿总数取得一致意见，和约决定设立协约国赔偿委员会，由该委员会在 1921 年 5 月 1 日以前核算德国政府应赔偿总数。

1921 年 1 月 28 日，赔偿委员会要求德国赔偿总数 2260 亿金马克，为德国政府所拒绝。协约国对德国进行国际制裁，占领莱茵河右岸杜塞尔多夫等城镇。4 月 27 日，赔偿委员会把赔偿总数减为 1320 亿金马克，德国政府勉强接受，但要求延期两年支付。

英国从自身利益出发，不愿过分削弱德国，力图减轻它的赔偿义务。法国、比利时和意大利反对缩减德国赔偿总数，只同意延缓偿付期两年，并要求在此期间，德国负担占领军费用，向协约国提交“生产抵押品”，否则，协约国有权占领鲁尔区。

1922 年年底，赔偿委员会宣布，德国没有履行该年度的木材交付义务。接着，法国也指出，赔偿委员会要求德国在 1922 年里向法国和卢森堡交付 1386 万多吨煤，德国实际上只交付了 1170 万吨。9 日，赔偿委员会不顾英国反对，宣布德国没有完全履行煤的交付义务。

1923 年 1 月 11 日，法国和比利时照会通知德国政府:“鉴于德国没有及时交付木材和煤，因此决定派一个技术专家委员会进入鲁尔区，监督煤业辛迪加生产，保证德国能履行支付赔偿义务。”同日，法、比军队首先占领鲁尔煤区中心埃森，接着占领波鸿和多特蒙德，最后占领了几乎整个鲁尔煤区，由此酿成“鲁尔危机”。

“鲁尔危机”爆发后，德国总理下令消极抵抗。宣布不同法、比占领当局合作。占领区矿工和铁路工人展开罢工或怠工斗争，所有经德国到法、比的铁路和水路交通陷于瘫痪。

“鲁尔危机”看似是危机，实则恰恰是机遇。由于协约国占领鲁尔区受挫，从而使双方走向了谈判桌，签订了《洛迦诺公约》，公约的缔结使德国取得了与其他国平等的地位，为重新成为政治大国铺平了道路。

## “三国协约”是何时成立的?

“三国协约”是英、法和俄三国在 1907 年签订，旨在互相谅解和互相支持的协议。

第一次世界大战前，英国本来实行的是“光荣独立”政策，不和任何国家建立军事联盟。但随着英国霸主地位的动摇和以德国为首的同盟国的建立，英国开始积极寻求盟国。英国首先和日本建立同盟，想利用日本牵制俄国，但英国与日本同盟不能帮助英国对付德国。德国是英、法的共同对手，出于同一原因，英、法于 1904 年 4 月 8 日签订《英法条约》。条约规定，英国承认法国在摩洛哥的特权，法国承认英国在埃及的特权，从而划分了两国的势力范围，调整了在其他殖民地的矛盾。

日俄战争后，在英国看来，惨败后的俄国不那么可怕，而削弱了的俄国也希望有个强有力的同盟者。于是，1907 年英俄又签订了协约。协约规定：俄国承认阿富汗在自己的势力范围之外，并允许英国代管阿富汗的外交，英国则声称不会变更这个国家的政治地位；尊重西藏的领土完整，不干涉它的内政，只可经过中国政府中介与它交涉；划定伊朗东南部为英国的势力范围，北部为俄国的势力范围，两者之间的距离是中间地带，对英俄两国平等开放。英法、英俄协约的签订，标志着协约国集团最后形成了。

协约国是以英国、法国以及沙皇俄国为主的国家联盟。还包括南斯拉夫在内的弱小的欧洲国家。它与以德国、奥匈帝国为中心的同盟集团形成了第一次世界大战的对立双方。不过值得注意的是，意大利虽然是同盟国家，却和协约国一起攻打同盟国。一战后期，美国、日本以及中国也相继加入了协约集团。俄国由于爆发十月革命，退出了战争。

1907 年“三国协约”的签订，标志着欧洲正式分裂为两个敌对的阵营：三国同盟和三国协约，为第一次世界大战埋下了祸根。

## 俄国的“失败起义”发生在哪一年？

俄国 1905 年革命，也被称为“1905 年的失败起义”，是指于 1905 至 1907 年间，发生于当时的俄罗斯帝国境内，以反政府为目的的社会动乱事件。

俄国“1905 年的失败起义”发生原因是复杂的，包括社会制度的落后，对外战争失败以及民族矛盾等多个方面的原因。20 世纪初的俄国虽然历经了“农奴制改革”，但仍旧是封建国家，保留了较多的封建残余，发展资本主义困难重重，资产阶级没有发展到具有足够影响力的规模，而是向资产阶级与劳动阶级两个极端发展，最终形成日益严重的阶级对立形势。

此外，俄国经过一个多世纪以来的领土扩张，形成了地跨欧、亚、非三洲的大帝国。国境内包括了众多民族，各民族除了与俄罗斯文化有差异外，各民族之间也存在著历史、地沿或文化的各种冲突。

1904 年爆发日俄战争，俄国原本在武器等多方面远优于日本，却以失败的结局告终，这引起了俄国人民对于沙皇的怀疑和不满，更成为 1905 年的失败起义的导火索。1905 年 5 月 24、25 日，各地地方自治会与市议会代表，齐聚在莫斯科召开了 3 场会议，会后通过了一个决议案，要求成立一个国家层级的议会。

1905 年 12 月，沙俄政府颁布了选举办法，限 25 岁以上男性国民为合格选民，

并对不同的社会阶层选票，给以不同的权重，并决定第一届国家杜马于1906年3月进行选举。

1906年4月，沙俄政府颁布了帝国基本法，定义了政府架构，沙皇为绝对的领袖，限定了国家杜马的政治位阶。同时，政府主导新的土地改革政策，让农民更容易取得土地，目的是要建立一个新农阶级，发挥保守安定的力量。

对于“1905年俄国的失败起义”的评价，多持肯定态度。学者们一致认为，正是有了这一次革命事件，而让主张推翻沙皇帝国统治的社会主义人士，发现工人革命的可行性，奠定了无产阶级革命的方向，更创立了苏维埃组织，培养了许多的革命家，总体来说这是1917年俄国革命能够成功的关键事件。

## 伊朗革命持续了多长时间?

19世纪末至20世纪初，由开明士绅、资产阶级知识分子和上层僧侣发动了一场君主立宪活动，斗争持续了8个月，史称伊朗反帝反封建的资产阶级革命，即伊朗革命。

在俄国革命的影响下，德黑兰等城市爆发了由僧侣领导的大规模示威游行和罢工活动。群众要求召开会议，制定宪法。1906年8月，国王穆扎法尔丁·沙被迫同意召开第一届议会，并把王权移交给王子穆罕默德·阿里。同年，议会通过了伊朗历史上第一部宪法。

在此期间，许多城市建立了与地方政权相抗衡的民选委员会——恩楚明。在北方城市，小资产阶级革命分子建立了称为穆扎希德（为正义和革命斗争的战士）的社会民主组织，要求给予人民自由和平等权利，并建立了一支革命武装力量——费达依（献身革命者）部队。

1907年12月，国王凭借沙俄支持，调集军队捣毁议会，旋被全国强大的护宪运动和各省开赴首都的费达依部队击败，被迫再次宣誓信守宪法。但到了1908年6月，国王又出尔反尔，以哥萨克旅为核心攻占议会大厦，逮捕议员，解散议会，杀害革命领袖和群众，立宪运动遭到挫折。但是革命政权不久又在大不里士重建，并向各地发展。

1909年2月，国王派军队围困大不里士。俄军乘机以护侨为名侵入该城。腊什特的费达依部队于1909年夏向德黑兰进军，伊朗南部的巴赫蒂亚尔部落酋长在英国支持下也向德黑兰进发，同年7月两军会合后攻入城内。国王穆罕默德·阿里逃入俄国使馆，于9月逃亡俄国。7月16日非常议会开会，宣布废黜国王，立14岁王子艾哈迈德为王，建立新政府。由于国库如洗，伊朗政府向英国和俄国举债。

1911年7月，伊朗人民军依靠沙皇俄国的帮助在里海东南沿岸登陆，向德黑兰进军，但被革命的费达依部队和政府军击溃。

此时，英国和俄国又分别派军队侵入伊朗南部和北部，镇压革命力量。伊朗反动派借此机会在德黑兰发动政变，于1911年12月派兵占领议会大厦，解散议会，恢复了卡扎尔王朝的专制统治。

伊朗革命失败的原因是复杂的，但主要原因是伊朗自身资本主义发展不充分，并企图依靠外国力量来完成革命，这必然是不可能的。

## 土耳其革命是半途而废的革命吗?

1908～1909年，青年土耳其党人发动并领导以反对封建主义，实行君主立宪制为主要目标的资产阶级革命，史称土耳其革命。但由于资本主义发展不充分，外国侵略势力过于强大，土耳其革命被迫半途而废。

在20世纪初俄国1905年革命、伊朗革命的影响下，安纳托利亚的人民运动、马其顿的民族解放运动、资产阶级的自由立宪运动汇合成一股革命洪流。

1907年萨洛尼卡成为青年土耳其党人活动的中心，并组建了统一进步协会，协会决定采取包括武装斗争在内的各种手段，以根本改变现存制度，建立议会制。

1908年7月3日，统一进步协会以“自由、平等、博爱、正义”为号召，宣布反对苏丹政府及外国瓜分阴谋，起义迅速席卷驻马其顿。不久，统一进步协会就成马其顿地区的真正主人。7月23日义军开进萨洛尼卡，通电苏丹，限期恢复宪法，否则将进军伊斯坦布尔。阿卜杜勒哈米德二世感到大势已去，被迫于24日宣布恢复宪法，重开国会。革命取得的初步胜利给人民带来了很大希望。

但是，青年土耳其党人认为革命目的已经达到，满足于政府“监督者”的地位。苏丹及其政府安然无恙，形成两个政权并存的局面。

青年土耳其党人在革命后制定的纲领，只提出捍卫立宪政体、扩大议会权利、限制苏丹特权、全体奥斯曼人在法律面前一律平等等政治要求，以及发展商业、工业、农业的经济要求，对于革命面临的反封建反帝国主义斗争任务提不出切实可行的纲领。

1909年4月13日凌晨，效忠于苏丹的首都第一军团的部分士兵发动叛乱，取缔统一进步协会。阿卜杜勒哈米德二世满足了叛乱者的要求，撤换首相，并责令各省总督保护教法。萨洛尼卡的统一进步协会立即组成了“行动军”，于4月23日抵达伊斯坦布尔，26日控制了全城，叛乱失败。

4月27日，青年土耳其党人废黜阿卜杜勒哈米德二世，另立其弟穆罕默德·赖希德为苏丹，成为穆罕默德五世。从此，青年土耳其党人开始执政，并实行专制和中央集权政策，这标志着1908年～1909年土耳其的革命以失败结束。

## 墨西哥资产阶级革命中涌现出了哪两位农民领袖?

墨西哥资产阶级革命是指在1910年到1917年间，墨西哥人民反对帝国主义干涉和推翻封建压迫的革命。在革命过程中，涌现出了E·萨帕塔和F·比利亚这两位杰出

的农民领袖。

革命前夕，P• 迪亚斯依靠军队、乡警队，进行恐怖独裁统治，残酷镇压资产阶级民主派及广大群众，工人罢工日益扩大，农民为夺取土地纷纷起义。

1910 年，迪亚斯在墨西哥总统大选中操纵选举。9 月，迪亚斯再度当选总统。同年 10 月，资产阶级和自由派地主代表马德罗发表圣路易斯波托西计划，宣布此次总统选举无效，提出“土地归还以前主人”的主张，并号召举行全国起义。

1910 年 11 月，资产阶级革命爆发，很快席卷全国，E• 萨帕塔在莫雷洛斯州起义，F• 比利亚在奇瓦瓦州起义。

1911 年 5 月 25 日迪亚斯在广大群众举行游行示威的压力之下，被迫宣布辞职。10 月，马德罗当选总统，但并未兑现对人民的承诺。萨帕塔于同年 11 月在莫雷洛斯州建立革命委员会，主张以革命手段夺取土地。1913 年 2 月，V• 韦尔塔发动政变。3 月，韦尔塔就任临时总统，实行独裁统治（1913 ～ 1914 年），代表资产阶级、自由派地主利益的宪政主义者也组织军队，反对韦尔塔。1914 年 7 月，韦尔塔被推翻。政权落入宪政主义者卡兰萨手中。

卡兰萨上台后，拒绝了萨帕塔和比利亚提出的社会改革要求，国内阶级矛盾激化，进一步发展成了大规模内战。萨帕塔和比利亚农民军在 1914 年 12 月开进首都。1916 年 3 月，美国派军干涉革命，墨西哥人民坚决抵抗，1917 年 2 月，美国不得不撤离。

1915 年 1 月，卡兰萨颁布了土地改革法。1916 年年底，召开制宪会议，次年 2 月 5 日通过了一部激进的资产阶级新宪法。

墨西哥资产阶级民主革命，推翻了国内的独裁统治，打击了帝国主义的侵略行径，为墨西哥进一步发展民族经济创造了有利的条件。

## 哪一次战役开创了飞机参战的首例？

1911 年 9 月，意大利和土耳其奥斯曼帝国为了争夺的黎波里和昔兰尼加（今利比亚）而发动了一场战争，最终意大利获得了胜利。这场战役在军事航空史上具有重大意义，它开创了使用飞机作战的首例。

意大利为了争夺地中海霸权，向北非扩张，对奥斯曼的属地的黎波里一直野心勃勃。1911 年 7 月，摩洛哥危机爆发，这为意大利的进攻提供了有利时机。

1911 年 9 月 28 日，意大利政府借口其在的黎波里和昔兰尼加的利益受到侵犯，要求土耳其同意其进驻的黎波里，并向土耳其发出最后通牒，但遭到了拒绝。9 月 29 日，意大利向土宣战，意土战争爆发。在飞机配合下，意大利军 2 万余人在的黎波里登陆并控制了沿岸地区，先后占领了的黎波里、代尔纳、班加西等地。11 月，意宣布吞并的黎波里。

1912 年 5 月，意海军攻占了地中海沿岸的一些岛屿。1912 年 7 ～ 10 月，意大利

进攻北非，与此同时，巴尔干战争即将爆发，土耳其被迫让步。1912 年 10 月 15 日，两国在洛桑谈和，18 日正式签订《意土和约》，意大利得到了的黎波里和昔兰尼加的主权，并继续占有佐泽卡尼索斯群岛。

在战争过程中，意军不仅使用飞机掩护军队登陆，还使用飞机向当地投撒了数千张传单，进行空中宣传的任务。皮亚扎上尉又首次尝试了利用固定在飞机上的照相机进行空中照相侦察。意军第二航空队队长马连戈上尉首次进行了 30 分钟的夜间侦察，又凭借固定在飞行帽上的手电筒，对土耳其营地进行了首次夜间轰炸。

意土战争在军事学术史上具有重要意义，它开创了飞机参战的首例。

## 两次巴尔干战争是怎么回事?

两次巴尔干战争是指在 1912 ～ 1913 年间，围绕着争夺土耳其在巴尔干半岛的属地问题而发生的两次战争。

20 世纪初，帝国主义之间的矛盾和帝国主义与被压迫民族之间的矛盾已上升为这一时期的主要矛盾。巴尔干地区是这些矛盾的汇合点。1912 年 3 月，保加利亚与塞尔维亚签订反土同盟条约。5 月，希腊和保加利亚订立盟约。8 月，门的内哥罗也加入进来，四个巴尔干国家的反土同盟正式形成。

1912 年，为了反对土耳其控制，“巴尔干同盟”利用意土战争的时机向土耳其开战，第一次巴尔干战争爆发。由于欧洲列强不愿意看到因巴尔干问题而使自身的利益受损，同时还想试图趁机侵略扩张，于是纷纷干涉进来。

门的内哥罗军队与为数 2 万人的塞尔维亚伊巴尔部队于 10 月 22 日向色雷斯北部和阿尔巴尼亚北部的土军进攻，保军越过保土边界向南推进。10 月 29 日至 11 月 3 日，双方在卢累布尔加兹发生激烈交战，土军第四军被击溃。希海军实施了夺取爱琴海诸岛屿的战役，封锁土海军达达尼尔海峡出口。

1912 年 11 月 28 日，阿尔巴尼亚宣布独立。12 月，土耳其与保加利亚、塞尔维亚签订了停战协定。1913 年 1 月 23 日，土耳其发生政变，2 月 3 日，巴尔干同盟重新对土开战。4 月，双方签订第二次停战协定。1913 年 5 月，签订了《伦敦和约》，第一次巴尔干战争至此结束。巴尔干人民实现了摆脱土耳其控制的愿望。

第一次巴尔干战争并没有使原有盟国之间的矛盾缓和，相反却进一步激化。1913 年 6 月 29 日，第二次巴尔干战争爆发。土耳其撕毁 1913 年《伦敦和约》，参与作战。8 月 10 日，双方签订了《布加勒斯特和约》，战争结束。

巴尔干战争进一步激化了国际矛盾，各帝国主义国家加紧军备竞赛，加速了第一次世界大战的爆发。

## 《巴塞尔宣言》是在什么时候发表的？

1912年10月28日，社会党国际局在一战前夕举行紧急会议，决定召开第二国际代表大会。1912年11月24～25日，第二国际第九次代表大会在瑞士巴塞尔举行，来自22个国家的55名代表出席了大会，会议通过了《国际局势和反对战争的统一行动宣言》，即著名的《巴塞尔宣言》。

20世纪初，国际局势异常紧张。以英、德为首的两大帝国主义军事集团为争夺世界霸权展开了激烈的斗争。1912年10月，巴尔干战争爆发了，第一次世界大战有一触即发之势。国际紧张局势在这一年达到了顶峰。社会党国际局在这种形势下，召开了紧急会议，并决定提前召开国际局的第9次代表大会，向全世界宣布它通过的反战决议。

1912年11月，大会在巴塞尔召开，讨论“国际局势和反对战争的统一行动”这一问题。与会的左派代表强烈呼吁人民制止战争，并指出利用战争的危险推翻资本主义的前景。经过讨论，大会一致通过了《巴塞尔宣言》。这份宣言以反战为主要内容，分析了上届代表大会以来的国际局势，揭露了两大帝国主义集团正在疯狂地备战，提醒各国社会党警惕它们发动世界战争的阴谋，号召各国社会党采取一切必要手段反对战争，如果战争一旦爆发，那么便利用战争去促进社会革命。

《巴塞尔宣言》还为不同国家的社会党规定了具体的任务和策略，支持俄国工人的抗议罢工，并认为德、法、英三国工人在国际活动中肩负重任，这些国家的工人应迫使本国政府不对巴尔干的混乱局面进行干涉，并严格遵守中立；宣言指出，欧洲和平的最大威胁是英德的敌对态度，号召两国社会党人缔结限制海军军备和废除海上捕获权的协定，以缓和德国与英法之间的敌对状态，消除对世界和平的最严重的威胁；宣言最后警告各国政府：如果它们胆敢发动战争，等待它们的将是普法战争引起的巴黎公社革命和日俄战争唤起的俄国革命的命运。

第二国际各国党的多数领导人虽然口头上赞成宣言，但在战争爆发的攸关之时，他们却公开背叛宣言，公然背叛工人阶级，追随本国的资产阶级，堕落为帝国主义战争的支持者。

## “麦克马洪线”是在哪一次会议上提出的？

1913年10月～1914年7月，英国殖民者炮制了干涉中国内政、策划西藏独立的阴谋会议，会议在印度的西姆拉召开，史称“西姆拉会议”。会上，英方代表麦克马洪提出了划分中国内地和西藏地区的“麦克马洪线”，这成为今后百余年间遗留在中印之间的领土争端的由头。

19世纪中叶，英国在控制了整个印度之后，力图攫取青藏高原，达到其称霸世

界的目的。1888年和1903年，英殖民者两次发动了侵略西藏的战争。1904年攻陷拉萨，迫使清政府和拉萨地方政府签订了丧权辱国的《拉萨条约》，实际上宣告西藏为英国的殖民地。

1913年10月～1914年7月，中国中央政府的代表、西藏宣抚使陈贻范，中国西藏地方政府的代表、十三世达赖特使伦钦夏托拉，英国政府代表、英印殖民政府外交政务秘书H•麦克马洪在在印度的西姆拉召开会议。麦克马洪出于策划西藏独立的目的，在会议期间提出“中藏边境事宜”，即划分“内藏”、“外藏”和中国内地与西藏之间的界线问题。

会议休息期间，麦克马洪和伦钦夏托拉私自商讨中印东段边界走向问题。麦克马洪提出一条边界线，画在比例为1英寸等于8英里的地图上。伦钦夏托拉在1914年3月24日，背着中国中央政府的代表在德里同麦克马洪秘密换文，接受了麦克马洪提出的上述边界线。

麦克马洪在会议上准备了一份备有附图的条约草案，将中印边界东段边界线悄悄向北推移约96公里，该线西起不丹边境，向东延伸，在中印东段边境地区，把历来属于中国、面积达9万平方公里的地区划归英属印度，实际上是用秘密换文中的“麦克马洪线”取代了中印东段边界的传统习惯线。

7月3日，英国在中国政府的反对声中，悍令麦克马洪代表英国与夏札•班觉多吉在《西姆拉条约》上签字，中方拒不承认条约内容。西姆拉会议未能产生任何正式条约，是一次失败的会议，麦克马洪线也不具有任何法律效力，但却成了困扰在中印两国之间的历史问题。

## 被称为“政界校长”的美国总统是谁?

伍德罗• 威尔逊是美国第28任总统，他在执政期间取代罗斯福成为进步主义改革旗手，大力推行改革。他以其颠覆性的政治观点在世界范围内产生了很大的影响，下野后，威尔逊获诺贝尔和平奖，被称为是“政界校长”。

威尔逊出生于弗吉尼亚州，1910年当选为新泽西州州长，1912年击败西奥多•罗斯福当选为美国总统。1916年，威尔逊获得连任，当时正值第一次世界大战，威尔逊政府执行避战政策，战争后期，为了使美国攫取更多利益，便参与到战争中去。

威尔逊是西方行政学的创始人。他的行政组织思想包括三个方面：第一，明确行政组织的职能、任务和范围；第二，改进政府机关的组织结构与工作方法；第三，行政组织应成为公众信赖的机关。

威尔逊的政治理念具有理想主义的特点。首先，他相信人性可以改造。威尔逊认为组成社会体系的人的根源是可以被转变的，这一学术思想来源于启蒙运动时期以人为本的理念，认为人可以通过教育和学习克服固有的缺点而日臻高尚，人类社会也将藉此走向文明。

其次，威尔逊认为作为国家组成部分的人民可以达成谅解，用和谐的眼光去看待各自的矛盾，并在友好的气氛中解决各自的矛盾，而作为国家政权操纵者的政府官员则可以良好地协调这种意愿，从而化解矛盾，避免战争。

再次，威尔逊认为“国家之间的利益矛盾是非零和的”，国家之间可以通过合作与协调等手段来解决矛盾、规避冲突和战争从而实现双赢。最后，他指出应该建立国际组织，保卫世界和平。联合国实质上就是以威尔逊倡导的国际联盟为蓝本建立起来的。

威尔逊在人类历史上首次否认了大国之间扩张军力的理性，并对大国之间的军事扩张造成的不信任提出了强烈的抨击，他的观点毫无疑问是具有颠覆性的，对人类历史的进步指出了方向。

## 第一次世界大战的导火线是哪一事件?

1914 年 6 月 28 日，在巴尔干半岛的波斯尼亚，奥匈帝国皇位继承人斐迪南大公在塞尔维亚国庆日被枪杀，这就是历史上的“萨拉热窝事件”。这次事件成为了第一次世界大战的导火线。

1914 年 6 月 28 日，奥匈帝国皇储弗兰茨• 斐迪南大公携妻索菲亚来波斯尼亚作特别访问。奥地利于 6 年前吞并了这块土地，当地人民对他充满了仇恨，刺杀他的阴谋正在酝酿着。“青年波斯尼亚”组织于 6 月 28 日清晨，便在斐迪南大公所要经过的大街上布置了 7 名刺客。检阅军事演习之后，斐迪南夫妇在上午 10 时左右，进入萨拉热窝城。第一个暗杀者在车队经过市中心米利亚茨卡河上的楚穆尔亚桥时没能动手，因为一个警察走过来站在他面前。相距不远的另一个暗杀者察布里诺维奇突然从人群中冲出来，向斐迪南夫妇乘坐的车掷出一枚炸弹，但被车篷弹到地上，在第三辆车前爆炸，碎片击伤了波蒂奥克雷将军的副手和索菲亚的女侍。第一次刺杀失败了。

斐迪南夫妇的车队迅速驶进市政厅，参加了市政厅举行的欢迎仪式。在稍事休息之后，斐迪南大公驱车前往医院看望受伤的随从。然而，司机在去医院的途中转错了方向，正好撞上了在街口拐角处守候的普林西普。普林西普拔出手枪，刚要举枪射击，被离他不远处的一个警察发现了，箭步冲上来欲抓住他的手臂。就在这一瞬间，一位名叫米哈伊洛• 普萨拉的“青年波斯尼亚”成员刚好赶到这里的，挥手猛的一拳将警察打倒在地。普林西普的枪声响了，奥皇储夫妇一命呜呼。普林西普当场被捕后死在狱中，米哈伊洛趁机逃离了现场。

第一次世界大战在此事件之前已经箭在弦上，两个互相敌对的军事侵略集团，即德、奥、意三国同盟和法俄同盟在 19 世纪末已经形成，“萨拉热窝事件”只是拉响了一战的导火线。

## 第一次世界大战历经多长时间？

“萨拉热窝事件”点燃了第一次世界大战的导火线，从1914年7月开始，一战历时4年3个月，战火席卷欧、亚、非三大洲，参战国家地区达34个的战争开始了。第一次世界大战是欧洲历史上破坏性最强的战争之一。

一战前夕，摩洛哥危机、第一次的巴尔干战争、波斯尼亚事件等都加速了一战的爆发。但根本原因是资本主义政治经济发展的不平衡。19世纪末期，德、奥、意三国同盟和法俄同盟的对立局面已经形成。

1914年7月28日，奥匈帝国向塞尔维亚宣战。7月30日俄国动员，出兵援助塞尔维亚。8月1日，德国向俄国宣战，接着在3日，向法国宣战。8月4日，德国入侵保持中立的比利时，比利时对德国宣战；同日，英国考虑到比利时对自己国土安全的重要性，和早前为了确保比利时的中立，而在1839年签署的《伦敦条约》，于是向德国宣战。8月6日，奥匈帝国向俄国宣战，塞尔维亚对德国宣战，意大利宣布中立。8月12日，英国向奥匈帝国宣战。一战全面爆发。

1914年11月，土耳其加入同盟国。1915年5月，意大利加入协约国。1915年10月，保加利亚加入同盟国。1916年3月，葡萄牙加入协约国。1917年11月7日，俄国爆发十月革命，新生的苏维埃俄国宣布退出大战。1917年4月，美国参战。

由于德国的各盟国长期征战，导致国内经济崩溃，起义频发，无力再战，相继向协约国求和。1918年3月，俄、德国签约停战。1918年9月，协约国开始最后的进攻。1918年11月，德国签约停火，第一次世界大战结束。

在第一次世界中，受战祸波及的人口达15亿以上，约占世界人口总数的75%。双方动员的兵力达889个师，共计7400万人，共有840万人阵亡，另有2100万人受伤。战争给人类造成了巨大的灾难，给各国的经济发展造成了不可挽回的损失，但同时也推动了科技的不断进步。

## 第一次世界大战中规模最大的海战是哪一次？

1916年5月31日到6月1日，在丹麦日德兰半岛附近北海海域，一战中的交战国英德之间爆发了一场第一次世界大战中规模最大的海战，即日德兰海战。这也是一战中交战双方唯一一次全面出动的舰队主力决战。

英国在第一次世界大战爆发后，对德国实行海上封锁，德国经济陷入困境。德国海军为打破封锁，决心同英国海军决战。英国海军从截获的无线电报中得知德海军即将出海，于是先于对方派出舰队前往迎击。

在这场战役中，英国有151艘军舰（战列舰28、战列巡洋舰9、巡洋舰33、水上飞机母舰1、驱逐舰79、布雷舰1），德国有110艘军舰（战列舰22、战列巡洋舰5、

巡洋舰 11、驱逐舰 72）参战。

1916 年 5 月 30 日晚，英前卫舰队自罗赛斯出航东驶，德前卫舰队于 5 月 31 日 2 时由亚德出航北驶。5 月 31 日下午，在斯卡格拉克海峡附近海域，英德前卫舰队遭遇，英舰转舵自西北向东南驶去，试图阻断德军退路。15 时 20 分，德舰先行发炮攻击。战至一小时后，英舰“不倦”号和“玛丽王后”号先后被击沉，德舰“狮”号、“虎”号亦中弹受伤。此时，英海军 4 艘战列舰赶来支援，德国大洋舰队司令 R· 舍尔也率主力舰队赶到。英前卫舰队处于劣势向北撤退，德舰队乘胜追击。

德英主力舰队在下午 5 时许相遇。6 时半以后，英主力舰队强大炮火袭来，德舰队前锋舰只几乎全部被击中而失去攻击力。

英舰凭借着强大的火力，在交战中逐渐占据优势，德军见阵势已败，遂在夜幕掩护下，释放烟雾撤退。6 月 1 日凌晨，英舰队在追击过程中效果不佳，德舰队突破英舰队拦截，驶返威廉港。日德兰海战至此结束。

尽管在海战中英国损失的军舰和官兵人数都多于德国，但就战略意义而言，德国未能打破英国的海上封锁，英国仍保持了对德国的海上优势。英德海军的这次较量，也是历史上交战双方使用战列舰编队进行的最后一次海战。

## 哪场战役是第一次世界大战中规模最大的一次战役?

在第一次世界大战中，英、法军队为了突破德军防御，在法国北部索姆河地区与德军进行了一场阵地进攻战役。这次战役从 1916 年 6 月 24 日开始，到 11 月中旬结束，双方在这次战役中伤亡约 134 万人，是第一次世界大战中规模最大的一次战役。

索姆河战役是 1916 年协约国制定的总战略进攻计划的一部分，其目的是突破德军防御，以便转入运动战，同时减轻凡尔登方向德军对法军的压力。大致计划是：法约勒将军的法国第 6 集团军和罗林森将军的英国第 4 集团军在福煦将军的统一指挥下，突破囤驻在富科库尔、埃比泰讷地区的德国冯· 贝洛将军第 2 集团军的防御阵地；将骑兵兵团调向法军负责的佩罗纳、莫伯日和英军负责的巴波姆、康布雷打开突破口。

英、法联军在这场战役中共投入了 32 个步兵师和 6 个骑兵师，2189 门火炮，1160 门迫击炮，约 300 架飞机；德国第 2 集团军则有 8 个步兵师，672 门火炮，300 门迫击炮和 114 架飞机。当时战线由南向北，在亚眠以东 50 多公里的地方穿过索姆河。德军在该地区构筑了号称“最坚强的”防线，包括 3 道阵地和一些中间阵地，全纵深为 7 至 8 公里。

经过 5 个多月的准备，英法联军从 1916 年 6 月 24 日开始进行了为期 7 天的炮轰，却失去了战术上的主动性。7 月 1 日，英国在进攻过程中遭到包围，在突击过程中损失近 6 万人。

7 月 2 ～ 3 日，德军第二道阵地被英军右翼和法军攻占。7 月 19 日，德军指挥部调遣了新的部队，加强了纵深防御。7 月中旬，联军向前推进但未达成预期目标。7 月底至 8 月中旬，双方加强军备转入消耗战。9 月 15 日，英军使用坦克配合步兵进攻，这是战争史上第一次使用坦克。进入秋季后，恶劣的气候使得战事不得不平息下来，11 月，战事完全停止。

索姆河会战虽然削弱了德军实力，钳制了德军对凡尔登的进攻，但英、法军未达到突破德军防线的目的，以失败告终。

# 现 代 史

世界现代史是指从 20 世纪初到 21 世纪初，第一次世界大战是世界现代史的开端。主要包括：第一次世界大战、前苏联社会主义道路的探索、凡尔赛—华盛顿体系下的西方世界、第二次世界大战等。

1914 ～ 1918 年同盟国集团和协约国集团之间为重新瓜分殖民地和势力范围、争夺世界霸权而进行了第一次世界规模的战争。第一次世界大战是资本主义从自由竞争阶段发展到垄断时期，各国金融寡头为获取更大利润、掠夺别国财富而进行的实力较量。它是由于帝国主义阶段资本主义发展的不平衡性加剧，后起的帝国主义国家为谋求重新瓜分世界、争夺世界霸权而进行的决战。

这次大战揭示了战争对经济和后方的巨大依赖性。协约国的胜利，归根结底是由于经济军事实力占压倒优势。1919 年 1 月 18 日，巴黎和会在法国巴黎凡尔赛宫开幕。6 月 28 日，英、法、美、日、意等战胜国与战败国德国签订《协约和参战各国对德和约》，即《凡尔赛和约》。

由于一战的性质和一战后的“分赃会议”，为一战后各国的发展不平衡埋下了伏笔，也为二战的发生埋下了“定时炸弹”。

## 世界上第一个无产阶级政权是通过哪一次战争实现的?

1917 年 11 月 7 日（儒略历 10 月 25 日），俄国爆发了十月社会主义革命。十月革命是在列宁和托洛茨基领导下的布尔什维克发动的武装起义，为 1918 ～ 1920

年的俄国内战和1922年的前苏联成立奠定了基础。同时，世界上第一个无产阶级政权的建立就是通过十月革命实现的。

1917年2月，俄国爆发了二月革命，沙皇被迫退位，彼得格勒成立了资产阶级的临时政府。资产阶级临时政府继续进行罪恶的帝国主义战争，继续奴役广大劳动人民，并千方百计地扑灭革命火焰。发生七月流血事变后，7月26日，成立了以克伦斯基为首的联合政府，对工人和布尔什维克党进行了全面的镇压，白色恐怖笼罩全国。

1917年11月6日，列宁秘密来到起义总指挥部——斯莫尔尼宫，亲自领导武装起义。起义工人和革命士兵迅速占领了彼得格勒的邮政总局、火车站等各个战略要地。6时左右，赤卫队员、士兵和水兵已经占领了皇宫大桥。此时，除了宫廷广场和伊萨基耶夫斯卡广场地区，其他地区几乎都掌握在起义者的手里。临时政府总理克伦斯基坐上美国大使馆的汽车仓皇逃跑。10时，革命军事委员会散发了列宁起草的《告俄国公民书》，宣布临时政府已被推翻，政权已转归苏维埃。临时政府负隅顽抗，2000多名军官和士官生继续盘踞着冬宫。

11月7日下午5～6时，革命士兵和赤卫队员包围了冬宫。革命军事委员会向临时政府发出最后通牒，遭到拒绝。晚上9：45，停泊在涅瓦河上的阿芙乐尔号巡洋舰开炮，发出了总攻的信号。革命士兵和工人赤卫队员同士官生展开了激烈的白刃战，到11月8日1时50分，临时政府的成员（除克伦斯基逃跑外）全部被擒。彼得格勒武装起义取得胜利，以克伦斯基为领导的资产阶级俄国临时政府被推翻。

通过十月革命，建立了第一个无产阶级领导的社会主义国家，它向全世界宣告社会主义由理想变为现实，是人类历史上第一次胜利的社会主义革命。

## 苏维埃俄国第一个对外政策法令是什么？

《和平法令》是1917年11月8日（儒略历10月26日）由全俄工农兵苏维埃第二次代表大会通过并颁布的法令。它由列宁亲自起草，是苏维埃俄国政府公布的第一个重要对外政策法令。

法令揭露和谴责第一次世界大战交战双方的掠夺性与帝国主义性质的战争罪责。向一切交战国政府和人民建议立即实现“不割地（不侵占别国领土，不强迫合并别的民族）不赔款的和平”、“立即缔结停战协定”、“立即就公正的民主的和约开始谈判”。《和平法令》反对兼并或侵占别国领土，指出“如果违反这个民族的愿望”，强制其留在别国版图之内，就是侵占和暴力行为。苏维埃政府废除秘密外交，并立刻公布并无条件废除俄国地主资本家政府从1917年2月至10月25日所缔结的秘密条约。

## 支持犹太人回归巴勒斯坦的第一个宣言是哪一个？

1917 年 11 月 2 日，英国外交大臣 A·J· 贝尔福致函英国犹太复国主义者联盟副主席 L·W· 罗思柴尔德，表示英国支持在巴勒斯坦建立一个“犹太民族之家”。这封信后来被称为贝尔福宣言。宣言中的“犹太人的民族之家”，实际上就是犹太国。贝尔福宣言是支持犹太人回归巴勒斯坦的第一个宣言。

1897 年 8 月，以 T· 赫茨尔为首的犹太复国主义者，在瑞士巴塞尔召开第一次代表大会，通过了在巴勒斯坦建立一个“犹太人之家”的复国纲领。英国希望利用犹太复国主义攫取巴勒斯坦，以便控制中东地区。于是在 1917 年 11 月 2 日，英国外交部长贝尔福（1848 ～ 1930 年）代表英王陛下政府以通知的形式致函犹太复国主义联盟副主席莱昂内尔· 沃尔特，信中说：“英王陛下政府赞成在巴勒斯坦建立一个犹太人的民族之家，并愿尽最大努力促其实现；但应明确理解，不得做任何事情去损害目前巴勒斯坦非犹太人的公民权利和宗教权利，或者损害其他国家犹太人所享有的权利和政治地位。”这一宣言得到所有协约国政府的承认，成为 1920 年圣雷莫会议上国际联盟委任英国统治巴勒斯坦的主要依据。《宣言》是犹太复国主义者在巴勒斯坦建立犹太国的依据，但也为犹太复国主义者和阿拉伯人之间的纠纷和冲突埋下了祸根。

出生在匈牙利的英国作家 Arthur Koestler 将此概括为“一国正式对第二国许愿第三国的土地”。《宣言》之后，进入巴勒斯坦的犹太移民急剧增加，并且开始无视宣言中“不得伤害其他本地民族利益”的条款，排挤本地的阿拉伯人。有观点认为，不可能向巴勒斯坦大量移民而不损害本地居民的利益，所以贝尔福宣言中对犹太人和非犹太人双方的允诺，本质上就是互相矛盾的。耐人寻味的一点是，宣言中用“民族家园”代替“国家”，这个模糊的定义对后来的以巴冲突历史负有一定的责任。

贝尔福宣言对犹太复国主义的发展和中东局势产生了深远的影响。贝尔福宣言得到包括美国在内的协约国主要国家的赞成，是英国政府支持世界犹太复国主义的最早的政策性文件，英国政府表示赞同犹太人在巴勒斯坦建立国家的公开保证。

## 墨西哥宪法是哪一年通过的？

墨西哥宪法是一部在墨西哥制宪会议上讨论制定的宪法，它于 1917 年 2 月 5 日正式通过，至此，墨西哥新宪法诞生了。

1916 年 12 月，宪政主义元首 V· 卡兰萨在蓬勃发展的农民运动推动下，在克雷塔罗城召开制宪会议。参加会议的除地主、资产阶级保守势力代表外，还有 F·J· 穆希卡和 A· 莫利纳· 思利克斯等激进分子。制宪会议把萨帕塔派和比利亚派排斥在外，但在起草宪法时不能不考虑到当时农民斗争的巨大压力。最后在 1917 年 2 月 5 日通

过了新宪法。

宪法对共和国政府体制作了规定，设置总统一人，任期 4 年，不得连任，由民主选举产生。国会由两院组成，每州选举两名参议员组成参议院，参议员任期 4 年。众议员按人口比例直接选出，任期两年。凡年满 21 岁、有合法职业的男子，均享有选举权。将教堂、修道院等建筑物收归国有，禁止教会占有产业，教会不得享有法律上的特权，州议会有权限定辖区内神甫的最高额，禁止教会干涉世俗事务等。第 27 条关于土地所有权问题和第 123 条关于劳工问题的规定是墨西哥宪法中很重要的部分。它申明国家是土地、河流、矿藏的所有者，有权限制外国人利用墨西哥的土地、河流、矿藏资源，有权在必要时分割大地产，收回 P・迪亚斯统治时期出卖给外国人的土地，剥夺教会和股份公司的土地，把大地产分配给村镇，转让给中小农户使用和经营。确定最低工资，实行八小时劳动制，每周六天工作日，实行女工和童工保护制，劳工有组织工会和罢工等权利。

1917 年宪法充分体现了资产阶级民主原则，是一部激进的资产阶级宪法。它是墨西哥人民长期斗争的结果，具有深远的影响。

## 最完整集中论述国家问题的马克思主义著作是什么？

1917 年 8～9 月，列宁在十月革命前夕撰写了一部关于马克思主义国家学说的著作——《国家与革命》，它是最完整、最集中论述国家问题的马克思主义经典著作。

《国家与革命》系统阐述了马克思主义的国家学说，特别是关于无产阶级专政的学说，批判了第二国际机会主义的反动国家观，指出革命的根本问题是国家政权问题。从 19 世纪末以来，这个问题被机会主义者和无政府主义者搅得最混乱。特别是第二国际的机会主义领袖伯恩施坦、考茨基等人，他们歪曲了马克思主义国家学说，阉割它的革命内容，磨去它的革命锋芒，把它庸俗化，在社会主义运动中造成了恶劣的影响。

为了揭露和批判他们、恢复马克思主义国家学说的本来面目，列宁从 1916 年秋天起就阅读了大量马克思和恩格斯关于国家问题的著作，以及伯恩施坦、考茨基等人的有关著述，并作了《马克思主义论国家》的详细笔记，打算写成一篇阐述马克思主义对国家态度问题的文章。

七月事变后，反革命势力开始对布尔什维克领导的革命力量进行镇压，政权完全落入资产阶级手中。俄国无产阶级武装夺取政权迫在眉睫。列宁就是在这样的情况下在拉兹里夫湖畔开始撰写《国家与革命》这部伟大的著作。

在这本书中，列宁针对资产阶级和机会主义者极力掩盖国家阶级性的谬论，概括了马克思、恩格斯的基本思想，鲜明地揭示了国家的阶级本质；揭示了无产阶级专政与社会主义新型民主的一致性；充分论证了无产阶级专政的必要性；还从理论上探讨了社会主义新型民主的发展规律，无产阶级专政职能的多样性；集中说明了国家消亡的经济基础。

《国家与革命》对全世界无产阶级建立和巩固自己的政权具有极其重要的指导意义。有效推动了无产阶级革命的发展与理论建设。

## 威尔逊十四点计划是什么时候提出来的?

威尔逊十四点计划是1918年1月8日，在一战即将结束的前夕，美国总统威尔逊在对国会所发表的著名演说中提出来的。威尔逊十四点计划被认为是促进世界和平的“唯一可行”的计划，被采用为和平谈判的基础。

“十四点”表面上标榜“民族自决”、反对“秘密外交”、倡导建立“公正而持久的和平”，实际上是美国企图利用战争中增长的实力，削弱竞争对手英、法帝国主义，重新瓜分世界，也反映其敌视俄国、反对被压迫民族争取独立解放的立场。威尔逊为了反对英、法、俄撇开美国秘密分割世界，提出反对秘密外交；为了取代英国的海上霸权，主张海上自由；为了确立美国的商业霸权，要求废除经济壁垒；在欢迎俄国进入“自由”国家社会的招牌下，反对苏维埃政权，在“十四点原则”的注解中明确表示要承认并援助若干临时政府，与苏俄政府对抗；以同等重视殖民地人民与帝国主义的要求来否认被压迫民族的民族独立，以“自治”为名反对前奥斯曼帝国内的阿拉伯民族的独立；为了使美国成为世界盟主，建议创立国际联合机构。

1918年8月，德国在战败前夕向美国提出愿在“十四点”基础上和谈。10月，英、法同意以“十四点”为和谈基础。但在1919年巴黎和会上，英、法操纵会议进程，强烈反对美国建立世界霸权的纲领。和会所议定的和约条款大多不符合“十四点”的初衷，而新创立的国际联盟也成为推行英、法两国政策的工具。最后美国国会拒绝批准《凡尔赛和约》，不参加国际联盟，标志着“十四点”的失败。

威尔逊十四点计划具有对抗俄国十月革命和苏维埃政权的影响，也为美国战后称霸创造了条件。

## 1918年匈牙利资产阶级革命为什么叫“秋玫瑰革命”?

1918年10月底，匈牙利发生了以布达佩斯工兵起义为标志的资产阶级民主革命。因为起义者以佩戴秋天的白玫瑰为标志，所以这次革命被称为匈牙利“秋玫瑰革命”。

1919年，匈牙利无产阶级在匈牙利共产党的领导下勇敢地拿起枪杆子，用革命暴力推翻资产阶级的统治，建立了匈牙利苏维埃共和国。在建立和保卫苏维埃共和国的斗争中，匈牙利无产阶级表现出了大无畏的革命精神和英雄气概，共和国虽然只存在了133天，但是在国际共产主义运动史上写下了光辉的一页。这是继俄国十月社会主义革命胜利后，在世界上建立的又一个无产阶级专政的国家。它提供了大量的革命

经验和鲜血凝成的教训，“任何一个共产主义者都不应该忘记”。

1918年1月，匈牙利有几十万人参加全国政治总罢工。2月1日，6万名卡托罗水兵举行起义，各地开始出现工人苏维埃。随着保加利亚的投降和奥匈帝国军事上的溃败，维克尔勒政府被迫辞职。10月25日，在卡罗伊·米哈伊伯爵主持下成立国民委员会，次日发布《告匈牙利人民书》，要求结束战争，进行民主改革。10月28日，布达佩斯群众要求奥皇查理四世任命卡罗伊·米哈伊为总理，并在“独立、和平和人民共和国”的口号下进行了大规模的示威游行。10月30日，布达佩斯各大工厂工人苏维埃发动了大罢工，最终演变为武装起义。奥皇慑于革命的压力，任命卡罗伊·米哈伊为总理，11月16日宣布正式成立匈牙利共和国。这次革命结束了哈布斯堡王朝在匈牙利400年之久的统治，奥匈帝国解体，匈牙利赢得了独立。卡罗伊·米哈伊联合政府对外依靠协约国帝国主义，竭力维护资本主义制度，对内压制工农，阻止革命的继续发展。

后来，匈牙利共产党领导工人阶级发动了对卡罗伊·米哈伊政权的全面斗争。1919年3月20日，协约国向匈牙利提交一份要求割让领土的照会（史称威克斯通牒），卡罗伊·米哈伊及联合政府在内外交困形势下于3月21日被迫宣布辞职，之后由匈牙利苏维埃共和国取代。

匈牙利“秋玫瑰革命”对欧洲产生了重要的影响，它改变了欧洲格局，奥匈帝国在这次革命之后解体，匈牙利王国也终止了。

## 德国十一月革命指的是哪一次革命?

德国十一月革命指的是1918～1919年的德国资产阶级民主革命。

1918年11月3日，基尔港水兵拒绝执行反动当局的命令，举行起义，革命爆发。11月9日，柏林起义，德皇威廉二世逃亡，德意志帝国被推翻。社会民主党右派首领宣布成立“民主共和国”，在资产阶级支持下，建立临时政府，他们镇压柏林工人运动，杀害德国共产党领导人李卜克内西、卢森堡等，于2月成立了魏玛共和国政府。5月，巴伐利亚苏维埃共和国被政府军镇压，革命失败。

第一次世界大战末期，德国陷入空前的军事、政治和经济全面危机，在俄国十月革命影响下，群众反战革命运动高涨。1918年11月3日，基尔港水兵拒绝出海作战，举行起义，得到当地工人积极响应，建立了工兵代表苏维埃，控制了全城，揭开了十一月革命的序幕。这次起义迅速席卷全国，各地纷纷建立苏维埃。11月9日，在斯巴达克团等组织号召下，首都柏林工人和士兵发动武装起义，德皇威廉二世调集军队镇压未遂，被迫退位出逃，霍亨索伦王朝统治被推翻。首相巴登亲王将政权交予社会民主党右派首领艾伯特，艾伯特拒绝斯巴达克团全部政权归苏维埃、建立社会主义共和国的建议，组成资产阶级的临时政府——人民全权委员会，并得到柏林工兵苏维埃

批准。该政府进行部分资产阶级民主改革，宣布保证言论、集会、结社自由，实行大赦政治犯、普选制和 8 小时工作制等。但是其继续保护资本主义私有制；保留旧的国家机器；阴谋解除无产阶级的武装，打击苏维埃，因而引起人民群众的不满。为了把革命推向社会主义革命阶段，斯巴达克联盟于 12 月 30 日建立德国共产党，宣布革命的任务是建立无产阶级专政。艾伯特政府十分恐慌，挑起事端，解除同情革命的柏林警察总监的职务。1919 年 1 月 5 日，柏林工人举行抗议游行示威并转变为推翻艾伯特政府的武装起义，旋即遭到镇压。15 日德共领导人李卜克内西和卢森堡被捕遇害。2 月，国民会议在魏玛召开，宣布成立资产阶级共和国。但是革命斗争仍在继续：4 月 13 日，慕尼黑工人在共产党领导下夺取政权，建立巴伐利亚苏维埃共和国。5 月初，政府军队攻入慕尼黑，苏维埃政权被颠覆，至此结束了革命。

德国十一月革命基本上完成了资产阶级民主革命的任务，推翻了封建专制制度，结束了第一次世界大战，德国共产党在此期间诞生了，并在南部巴伐利亚建立了苏维埃共和国。

## 基拉法特运动是由哪个国家发动的?

基拉法特运动（1919 ～ 1924 年）主要是指印度穆斯林发动的政治运动，为了影响英国政府、保护第一次世界大战重建期间的奥斯曼帝国，基拉法特运动是主要的宗教运动，也是影响广泛的印度独立运动的重要组成部分。

第一次世界大战中，英国政府为了骗取印度穆斯林的支持，假意允诺战后确保土耳其的主权完整和土耳其苏丹哈里发的地位。但是，战争刚结束，英国便迅速与其他帝国主义国家制定了瓜分土耳其的计划。

基拉法特委员会于 1918 年成立。印度各阶层穆斯林由此掀起反对瓜分土耳其、保卫哈里发的抗议浪潮。1919 年 11 月 24 日，甘地当选为全印基拉法特委员会主席。国大党也给予这个运动全力支持。1920 年《色佛尔条约》的签署，大大刺激了运动的发展。1920 年 8 月 1 日，甘地和基拉法特运动领导人共同发动非暴力不合作运动。9 月，基拉法特运动的要求被国大党定为不合作运动的一部分。不合作思想的不断蔓延，使得大批印度穆斯林于 1920 年夏季迁徙到阿富汗，以消极抵抗的形式，抗议英国的压迫以及对阿富汗的战争。1921 年 8 月 20 日，1 万名莫普拉人发动反英起义，在马拉巴尔海岸建立了哈里发王国。但起义遭到残酷镇压，3000 名起义者被打死。1923 年基拉法特年会作出决议，通过募捐来支援莫普拉受难家属。基拉法特运动伴随着不合作运动的低落也失去势头。

基拉法特运动最终失败了，甘地的领袖地位也让其他穆斯林产生了怀疑态度。基拉法特运动的群众基础让像穆罕默德• 真纳等西方背景的政治家们受到了疏远。

## 南斯拉夫第一个统一的多民族国家是哪个王国?

南斯拉夫历史上第一个统一的多民族国家是塞尔维亚－克罗地亚－斯洛文尼亚王国。它成立于1918年12月1日，1929年改名为南斯拉夫王国。包括独立的塞尔维亚王国、黑山王国和隶属于奥匈帝国的南部斯拉夫人的领土以及克罗地亚、斯洛文尼亚、波斯尼亚和黑塞哥维那等地。

第一次世界大战后，奥匈统治集团的政策引发了南斯拉夫境内的各族人民的强烈不满，他们纷纷要求建立起统一的军队和统一的国家。1915年，为了统一国家目标，流亡伦敦的南斯拉夫政治家成立了南斯拉夫委员会。1917年7月20日，塞尔维亚首相帕希奇和南斯拉夫委员会主席特卢姆• 比奇联合发表宣言，宣言中称：把塞尔维亚和南斯拉夫其他地区联合成一个统一的国家。这个统一的国家将以塞尔维亚卡拉• 乔治王朝为首，实行君主立宪制。

1918年10月，在萨格勒布成立了国民议会。该议会为奥匈帝国境内所有南部斯拉夫人的临时中央政府，它由斯洛文尼亚人、克罗地亚人和塞尔维亚人组成；国民议会废除了1868年同匈牙利签订的联合协议，脱离奥匈帝国，禁止与哈布斯堡王朝发生任何联系。接着，黑山和伏伊伏丁那同塞尔维亚联合。1918年12月1日，塞尔维亚国王亚历山大一世在贝尔格莱德宣告成立塞尔维亚－克罗地亚－斯洛文尼亚王国。在王国中，社会经济和政治生活中占据统治地位的是塞尔维亚资产阶级。

由于政党繁多，塞尔维亚－克罗地亚－斯洛文尼亚王国政局不稳。1929年1月，亚历山大国王实行独裁统治，废除宪法，解散议会，禁止所有政党活动，并宣布塞尔维亚－克罗地亚－斯洛文尼亚王国正式改名为南斯拉夫王国，以此加强中央集权制。

南斯拉夫于1945年5月解放，同年11月29日，南斯拉夫立宪会议宣布废除君主制，成立了南斯拉夫第一个统一的多民族国家，即南斯拉夫联邦人民共和国。

## 捷克斯洛伐克的首任总统是谁?

1850年3月7日，马萨里克出生在摩拉维亚的霍多宁，在维也纳大学获得博士学位。马萨里克曾经多次当选奥地利帝国议会的议员，后来，他成为了捷克斯洛伐克的首任总统。

马萨里克曾于1882年担任查理斯大学哲学教授，创办《雅典文艺》、《时代》等刊物，以此来抨击奥匈帝国的专制和民族压迫。1900年，为了谋求在奥匈帝国范围内实现捷克自治，马萨里克创建了捷克人民党（1905年改名“捷克进步党”）。第一次世界大战爆发后，他流亡国外。在国外流亡期间，马萨里克依然致力于争取民族权力的运动，领导侨居国外的捷克人和斯洛伐克人进行反对奥匈帝国的斗争，期望在协约国支持下取得捷克斯洛伐克自制的权利；在俄、法、意等国组织捷克斯洛伐克兵团，以支持协约国；1916年在巴黎建立捷克斯洛伐克民族委员会，出任主席一职。

1918年，马萨里克赶赴美国以说服美国政府提供物质和军事援助。1918年10月马萨里克在华盛顿发表《独立宣言》，宣布成立捷克斯洛伐克临时政府。11月14日当选为捷克斯洛伐克共和国首任总统。由于在争取民族独立中他起了至关重要的作用，马萨里克成为捷克斯洛伐克开国三元勋，其他两位分别是E· 贝奈斯和M·R· 什斯特凡尼克。马萨里克分别于1920、1927、1934年3次连任总统。

马萨里克在国内主张维护资产阶级民主制度，在安全问题上，他对亲西方的对外政策特别赞同，认为只有依靠地区和欧洲的稳定才能保障捷克斯洛伐克的安全与独立。

第一次世界大战结束，奥匈帝国瓦解，布尔诺（捷克第二大城）建立了其第一所大学——马萨里克大学，它是捷克最古老的大学之一，也是摩拉维亚（捷克东边一区域）最重要的大学。马萨里克大学就是以首位总统马萨里克的名字来命名的。

1935年12月马萨里克因病重辞去总统职务，1937年9月14日死于拉尼。

## 巴黎和会上的三巨头是指哪三国？

虽然参加巴黎和会的各国共有1000多名代表，实际上此次会议是“三人会议”。它们是巴黎和会的三巨头，即美国、英国和法国，也是主宰者。

巴黎和会（简称PPC）是1919年1月18日至6月28日，第一次世界大战的战胜国（协约国）和战败国（同盟国）在巴黎凡尔赛宫召开的和平会议。排除未被邀请的苏俄共有27国参加。会议以建立世界永久和平为标榜，实际上是英国、法国、美国、日本、意大利帝国主义战胜国重新瓜分世界，策划反对无产阶级革命和民族解放运动的会议。

美国为了拥有战后的世界霸主地位，其总统威尔逊在战争期间即授命其助理豪斯组成专门机构研究战后和会问题。英国外交部对大战结束后如何应对和会的对策也早有准备。

1919年1～4月，英、法、美、日、意就曾经讨论战后对德合约的问题，大国间勾心斗角，争论激烈。和会中的难题包括战后德国的西部边界、萨尔区归属、德国赔偿和德国前殖民地的处理等问题。

三巨头经过无数次的争执和讨价还价后，终于有了结果：英国得到了国际联盟所规定的委任统治制度下拥有1000万人口的领土，法国得到750万人口的地区，包括阿尔萨斯、洛林、萨尔（法国只许占有萨尔15年，之后归还德国），日本也得到了德国在太平洋上的属地，而美国的“门户开放”原则也得以通过，美国的商品与资本可以进入这些地区，实行按照机会均沾的原则大家都有好处分享。

英法美意对德国关于草案的异议置之不理。作为战胜国之一的中国要求索回德国强占的山东半岛的主权，但英、美、法却将德国在华利益转送给日本。引起中国人民

的强烈抗议，爆发了五四爱国运动。

巴黎和会上签订的《凡尔赛和约》、《国联盟约》以及会后和其他战败国的条约，以条约法律形式，形成了一种体系，即所谓凡尔赛体系。其目的是战胜的帝国主义国家对世界的重新瓜分，并组织对第一个社会主义国家——苏俄进行武装干涉、经济封锁和颠覆破坏活动。

## 一战后德国成立的国家叫什么名字？

魏玛共和国是形容第一次世界大战后统治德国的共和政体之历史名词。之所以叫魏玛共和国，是因为《魏玛宪法》是在魏玛召开的会议上通过的。共和国于第一次世界大战中战败后成立。后历史学家一直把此共和国称为魏玛共和国，它从来不是共和国的官方名字。

共和国成立之初就危机四伏：左派反对社民党，认为它阻止共产革命从而出卖了劳工的利益；右派则坚持德国继续实行帝制，对新建的民主制度一直持反对态度。而且，尤其掌握军方势力的右派为了重返帝制，更声称它出卖了德国，造成了德国在一战中的惨败。1923 年，共和政府无力赔偿凡尔赛条约规定的战争赔款，并因此拖欠赔款。于是，在 1 月 11 日，法国与比利时出兵占领了鲁尔区，控制了这个全德国最富饶的工业重镇，并控制当地的矿井与制造业公司。德国政府并没有主动应对问题而是鼓励工人以罢工还击。持续八个月的罢工使德国经济更加衰退，入口货物更昂贵。

但共和国也创造了黄金时代。古斯塔夫· 施特雷泽曼在 1923 年担任德国总理，在他当政期间，国内动乱减少、经济走上一条平稳发展之路，所以共和国能够休养生息。虽然德国在多方面都有所进步，施特雷泽曼仍然被他的政敌批评，被指为采取“屈从政策”，逐步实现凡尔赛条约的条款所需。好景不长，随着施特雷泽曼病逝，魏玛共和国的黄金时代宣告结束。

共和国是德国在历史上进行共和的第一次尝试，因十一月革命而生，纳粹党在 1933 年上台后就宣告结束。虽然 1919 年的共和国宪法在法律上的有效期是在第二次世界大战之前，但民主制度早已在 1933 年被纳粹党专制统治破坏，所以魏玛共和国在 1933 年已经名存实亡。

## 朝鲜历史上爆发的“三一运动”是为了反抗哪个国家？

“三一运动”是朝鲜反对日本侵略而进行的伟大独立运动，显示了朝鲜人民争取民族独立的决心，沉重地打击了日本在朝鲜的殖民统治。“三一运动”的爆发为以后朝鲜革命提供了宝贵的历史经验。

1919 年，朝鲜已经进入被日本强行吞并的第九个年头，然而朝鲜人民从不屈服，整个朝鲜半岛都弥漫着抗日复国的情绪。被日本人废黜的朝鲜国王李熙是朝鲜复国的精神支柱，日本人把他看做一块“心病”，必欲除之而后快。1919 年 1 月 22 日凌晨 3 时，李熙在痛苦中死去，日本驻朝鲜总督长谷川好道迅速发出讣告，称李熙是患脑溢血病逝。李熙之死引起了朝鲜人民的巨大反响。朝鲜民众都坚信国王之死是由日本人策划投毒所致，全国百姓怀着激愤之心，准备进行大规模的抗议示威活动。抗日起义的风潮迅速蔓延整个朝鲜半岛。

1919 年 3 月 1 日上午 10 时，在汉城塔洞公园聚集了数万名朝鲜民众，学生代表首先宣读了《独立宣言书》。顿时，数万群众情绪激昂，以排山倒海之势，拥向停放李熙灵柩的德寿宫前祭奠。人们心中的旧怨仇在人群中燃烧沸腾，人群中迸发出民族的最强音——“朝鲜独立万岁”、“把日本侵略者赶出朝鲜去”。同一天，在平壤、南浦、安州、宣川、义州、元山、仁川等地也发生了群众示威和暴动。在开城，3 月 3 日上午，有 200 多名学校女生高唱赞美诗和独立歌，迅速就扩展到了三千多人。到了下午，许多十五六岁的少年高呼“独立万岁”一同加入颂歌队伍。各地的朝鲜民众和日本军警展开了搏斗，官厅和公署也被袭击，铁路和通信设备有不同程度的破坏，日本部分官吏、亲日派、民族败类和恶霸地主被处决。

“三一运动”使日本在国际上陷入了被动的境地，“三一运动”虽然以失败告终，但其精神永存。朝鲜人民永不放弃抵抗，在不断的努力下终于在二战中击败了日本侵略者，迎来了真正的独立。

## 希腊与土耳其共发生了几次战争？

希腊与土耳其之间共发生了两次战争，第一次是发生在 1897 年，又称三十天战争。第二次战争于第一次世界大战后爆发。由于当时土耳其接受了协约国丧权辱国的条约，但条约遭到土耳其人民的强烈反对，在凯末尔的领导下发起战争。

希腊和土耳其为争夺克里特岛而进行的战争就是 1897 年发生的第一次战争。1896 年 5 月，由于土耳其对希腊人民的残酷统治，克里特岛人民进行起义。同年 11 月，土耳其向克里特人宣布圣战。1897 年 2 月希军派出一支部队来支援起义的克里特人民。英、法、俄、德、意和奥匈帝国宣布克里特在“欧洲保护”下实行自治，并丁 4 月 5 日派遣部队占领该岛。土耳其随即对希腊宣战。

土耳其军队兵力和兵器方面在德国教官的训练下大大超过希腊军队，并且提前做好了战争的准备。土耳其的作战计划是以进攻色萨利为主，并用两个师的兵力防御埃皮鲁斯。希腊指挥部计划在第一阶段用两个师的兵力防御色萨利，并向埃皮鲁斯实施进攻，以便解放该地区，同时还指望首战告捷会引起反土起义。

1919 ～ 1922 年期间，协约国对希腊关于小亚细亚的领土要求给予支持，希腊于 1919 年 5 月 15 日占领士麦拿，第二次希土战争爆发。1921 年 6 月 25 日，希腊政府

拒绝协约国的和平调解。7 月 17 日希军占领屈塔希亚，并企图攻占安卡拉。土军撤退到萨卡里亚河东岸，连续激战 22 天，阻止了希军的进攻。

1922 年 8 月 26 日，土耳其 18 个步兵师和 4 个骑兵师发动反攻，希军开始全线溃退，9 月 9 日土军夺回了士麦拿，16 日将最后一批希军赶出小亚细亚。1923 年 7 月 24 日签署了《洛桑条约》，东色雷斯、伊姆雷斯岛和特内多斯岛被迫归还土耳其，放弃对士麦拿的要求。希腊前首相古纳里斯等 6 人被判处死刑，国王康斯坦丁一世（1913 ～ 1917 年，1920 ～ 1922 年在位）被迫让位，流亡国外。

由于战争使希腊人民遭受了巨大灾难，希腊的社会、政治、经济长期处于危机和动乱之中。

## 土耳其凯末尔革命的领导者是谁？

穆斯塔法· 凯末尔（又译基马尔，1881 ～ 1938 年），土耳其共和国开创者、第一任总统兼武装力量总司令（1923 ～ 1938 年），元帅。土耳其大国民议会授予他阿塔图尔克的姓氏，意为“土耳其之父”。

在第一次世界大战中土耳其成为了战败国。战后面临着亡国的民族危机。由于希腊对伊兹密尔的占领，民族危机加深。1919 年 5 月 19 日来到安纳托利亚的凯末尔着手组织全民族的抵抗运动。1919 年 9 月 4 ～ 12 日在锡瓦斯正式成立了全国性的民族主义组织安纳托利亚和卢梅利亚保护权利协会，凯末尔出任 16 人代表委员会的主席。同年底代表委员会驻地由锡瓦斯迁往安卡拉。从此民族解放运动便以安卡拉作为中心。

1920 年初，奥斯曼帝国召开了最后一届议会，凯末尔及其支持者占议会中的多数。1 月 28 日在议会上通过了《国民公约》，此公约重申了埃尔祖鲁姆大会和锡瓦斯大会号召的领土完整、民族自由等精神，声明土耳其领土的完整性，要求废除特权条约。1920 年 4 月 23 日在安卡拉召开的大国民议会组成了以凯末尔为首的政府，将“主权在民”确定为基本原则，同时宣布自 3 月 16 日以后苏丹政府与外国签订的一切条约法令无效。1922 年 8 月 26 日，土军在凯末尔的带领下对希军进行全面反攻，9 月 9 日收复伊兹密尔，9 月 18 日在安纳托利亚的希军完全被肃清。1923 年 7 月 24 日协约国被迫与土耳其签订《洛桑条约》，土耳其的领土完整和国家主权得到承认。

此后，土耳其政府实行在政治、经济、文化、司法等领域一系列资产阶级改革，在封建奥斯曼帝国的废墟上迅速兴起一个新的资产阶级民族国家。

## 阿富汗第三次抗英的领导者是谁？

阿曼努拉汗（1892 ～ 1960 年），于 1919 年成为阿富汗国王，是阿富汗第三次抗

英的领导者。

阿曼努拉汗的政府以阿富汗少壮派的资产阶级民主思想为指导方针。执政期间，为了消除中央行政管理的混乱现象设立了内阁，在印度及阿富汗之间修筑公路，营建新的首都和宫室，训练军队和修建工厂都是由在国外招聘的军事专家和技术人员完成。

第三次抗英战争发生在 1919 年 5 月 3 日，开伯尔山口阿边防军遭到英军突袭，接着，英国分为三路入侵阿富汗。阿军 4 万人分三路在开伯尔、加兹尼和坎大哈迎击敌人。英军在兵力兵器上占有绝对优势，他们训练有素，装备精良，还拥有少量装甲车和作战飞机。虽然如此，阿富汗人民为独立自由而进行的正义战争，士气高昂，顽强英勇，印阿边境少数民族起义军的支援起到了非常大的作用，最后扭转了被动局面。5 月 6 日，阿军开伯尔方向阿军以 3 个步兵营攻占了敌巴格要塞，抢占了朗迪科塔尔要塞周围有利地形，但未乘机攻下要塞，失去了战机。在英国皇家空军的支援下，英军夺回了巴格要塞，阿军且战且退。英军又对贾拉拉巴德和喀布尔进行了集中轰炸，阿军和市民都感到恐慌。由于阿军在中路主动出击，英军放弃向贾拉拉巴德的进攻，被迫分兵增援。5 月 19 日阿军进至边境重镇马敦，居高临下，迫敌后撤，随即抄小路直插塔尔城下，英军部署遭到破坏。在阿军的顽强抗击和印度解放运动精神高涨情况下，英侵略军处境困难，被迫放弃了继续作战的计划。6 月 3 日，战争结束，双方进行谈判。1921 年 11 月 22 日，英阿签订和约，英国承认阿富汗独立。至此，阿富汗人民抗英战争取得了彻底胜利。

阿曼努拉汗的改革遭到教会上层和部落酋长的强烈反对，加重赋税更引起社会矛盾。1928 ～ 1929 年，以巴契萨高为首的反动者在英帝国主义支持下发动反政府暴动，占领首都。1929 年 1 月，阿曼努拉汗宣布退位，流亡欧洲。

## 国际联盟是在何时成立的?

国际联盟（简称 LON 或国联）是第一次世界大战后成立的国际组织，1920 年 1 月 10 日，巴黎和会宣布《凡尔赛条约》正式生效，国际联盟宣告成立，它的宗旨是逐渐减少武器数量及平息国际纠纷。但国联却没有有效阻止法西斯的侵略行为。

国联先后吸纳了 63 个国家。1934 年 9 月 28 日～ 1935 年 2 月 23 日，国联会员国最多时达 58 个。中国加入国际联盟的时间是 1920 年 6 月 29 日。国际联盟的主要机构有国联大会、行政院、秘书处和国际常设法院。

全体会员国组成了国联大会，会员国都有权派最多三名代表出席大会，每个国家都有一票表决权。大会的决议，均需全体一致通过，但盟约规定者除外。大会对“属于联盟行动范围以内或联系世界和平之任何事件”有处理的权力。国际联盟的宗旨是保障

国际和平与促进国际合作。盟约制定了集体安全、裁军、和平解决国际争端等政策以保障会员国的领土完整和政治独立，并规定违背者会受到经济制裁的惩罚。在 20 世纪 20 年代和 30 年代初，国联以解决领土纷争为主，国联还组织日内瓦裁军会议来预防战争的爆发，并具体安排"委任统治"。此外，国际联盟还关注并协助处理国际范围内的卫生、知识产权交流、奴隶贸易、鸦片贸易、难民及妇女权利等问题。

英、法等少数大国在国际联盟成立时起便掌握主导权，因而国联成为大国手中的工具。20 世纪 30 年代法西斯横行时，英、法控制的国联推行绥靖政策，以牺牲中小国家的领土和主权为代价，此举让国联陷于瘫痪。随着第二次世界大战结束和联合国的成立，国联于 1946 年 4 月 18 日通过决议宣告解散，其所有财产和档案移交给联合国。

## 一战期间在匈牙利建立军事独裁政权的人是谁？

1919 年共产党在匈牙利首都布达佩斯发动暴动并成立以贝拉• 库恩为首的共产政权，霍尔蒂与其军队带领许多民众掌握政权，建立军事独裁体制，成立匈牙利王国并出任王国摄政（国王之位空缺）。

出身地主贵族家庭的霍尔蒂，少年时就在阜姆海军学校学习，毕业后又接受意大利里耶卡海军学校的训练，回国后服役于奥匈帝国海军。凭借着先天才华，霍尔蒂在海军相继出任奥匈帝国皇帝弗兰茨• 约瑟夫一世的侍从武官、随从参谋、巡洋舰舰长、舰队司令。第一次世界大战爆发后，意大利海军曾无数次遭到霍尔蒂军队的重创，他以打破对亚得里亚海的封锁而名声大振。一战末期，霍尔蒂任奥匈帝国海军司令。

一战战场的溃败动摇了奥匈帝国的统治，1918 年 2 月 1 日，驻守亚德里亚海卡塔罗的水兵发动了起义，大批军官被逮捕，建立了士兵苏维埃。附近的港口都相继受到波及，大批工人接连加入。起义军要求退出战争，签订和约，废除君主制，成立民主政府，给予奥匈帝国内各民族人民自决权。霍尔蒂因拒绝参加起义，被困在军舰上。奥匈帝国和德国派出大批军队对付起义者。霍尔蒂抓住机会，对起义者进行了残酷镇压。一个月后，霍尔蒂荣任了奥匈帝国的末代海军总司令。谁知好景不长，危在旦夕的奥匈帝国终于在 1918 年 10 月灭亡。由于担心落入革命者手中，霍尔蒂在交接完海军的事宜后，便回到老家隐居了起来。

第二次世界大战爆发后，霍尔蒂与希特勒结盟，扩大匈牙利的领土。1944 年霍尔蒂有意退出战争并与德国断交之时，便被德军挟持至德国，德国扶植匈牙利新政权。1945 霍尔蒂流亡葡萄牙，1957 年霍尔蒂过世但仍然没回到匈牙利故乡，直到匈牙利进行了民主改革后，霍尔蒂的遗骸才于 1993 年归葬匈牙利故乡。

## “吉朗共和国”存在于什么时间？

1920 ～ 1921 年伊朗北部吉朗省民主共和政权成立，即吉朗共和国。

1917 年，俄国爆发十月社会主义革命，俄军因此退出伊朗。之后英军趁机进攻伊朗，分两路从南方侵占伊朗北部和东北部。1918 年，英军控制伊朗全境。在内外交困的情况下，伊朗人民在领导人库切可汗的带领下展开了轰轰烈烈的反对英国占领及封建专制统治的革命运动。其中吉朗的革命运动历经时间最长，规模最大。

库切克汗出身于商人家庭，第一次世界大战初期，他曾领导一支由农民、城市贫民、手工业者和商人组成的游击队，同占领沙俄的外国军队及王室政权作英勇斗争。由于游击队在富曼一带的稠密森林中驻扎，因此被称为“森林人”。1918 年 8 月，英军侵入吉朗，“森林人”退入密林中。

1920 年 5 月，前苏联红军在里海吉朗沿岸登陆，英军被迫撤退。“森林人”复出，很快占领了拉什特等地，接着成立了以库切克汗为首的吉朗共和国，组成临时政府。临时政府提出的任务是：驱逐英国侵略军，推翻王室政权，恢复“伊斯兰教民主秩序”。之后共和国开始着手编练军队，采取了一系列改善人民生活、发展教育事业、发展经济的措施。

1921 年，爱赫萨诺拉叛变投敌。同年 9 月，库切克汗以开会为名义诱杀哈伊达尔汗，革命力量元气大伤。1921 年 2 月 21 日，礼萨汗发动政变，夺取了伊朗政权，同年年底派兵击败“森林人”，占领吉朗全境，库切克汗败死，吉朗共和国灭亡。

综合分析，吉朗共和国最终覆灭是由于参加共和国政府的各派政治力量存在严重分歧。以库切克汗为首的商业资产阶级和小地主集团主张维持旧的统治秩序，反对解决土地问题；以哈伊达尔汗为首的伊朗共产党主张维护广大农民的利益，要求没收一切地主的土地；具有无政府主义思想的爱赫萨诺拉集团则主张加大对小工商业者征税的力度，无偿征用群众的车马用具和劳力。

由于各派之间存在严重分歧，再加上一些外因的诱导，吉朗共和国最终覆灭。

## 谁领导了印度“非暴力不合作运动”？

第一次世界大战以后，印度人民掀起了民族独立运动高潮。英国殖民当局采取各种政策镇压人民的反抗运动，甚至制造了“阿姆利则惨案”。这次运动的指导思想是“甘地主义”。甘地是这次运动的领导者。

为了争取民族独立，反对英国殖民者的统治，1920 年，印度资产阶级政党国民大会党通过了甘地提出的“非暴力不合作计划”。计划指出改变“一战”期间同英国合作的态度，并决定要采取“和平和合法的手段”获得民族独立，取得国家自治权。

甘地主义产生于印度独特的社会文化背景下，它是一个复杂的思想体系，包括哲

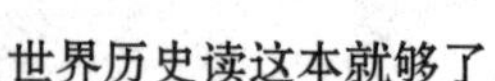


学思想、政治思想和经济思想等。甘地的哲学思想主张将宗教的泛爱论同资产阶级人道主义相结合；政治思想主张争取印度的自治、民族独立；经济思想是提倡手工纺织，抵制西方的经济侵略。

甘地主张非暴力与不合作是相辅相成的两个方面：一方面，甘地比较重视发动广大农民积极参加政治斗争，他利用不合作发动群众反对英国殖民者，迫使英国对印度资产阶级做出让步；另一方面，又以非暴力来限制群众运动，把群众运动控制在资产阶级利益所能容许的范围之内。

不合作运动的措施主要包括：印度人不再接受英国殖民当局给予的头衔和名誉职位；抵制英国人设立的立法机关、法院和学校；为了抵制英货，号召家家户户恢复手工纺织来满足自身对棉纺织品的需求；逐步进行抗税斗争。

非暴力不合作运动调动了广大农民的积极性，形成了声势浩大的群众运动；严重打击了英国的殖民统治，增强了印度人民的民族自尊心和自信心；使印度的民族民主运动有了新的面貌。

但甘地始终代表资产阶级的利益，1922 年，群众运动不只是在非暴力限制范围内，为防止改良变为革命，甘地和国大党决定暂停非暴力不合作运动，自此印度的民族反帝运动失去了势头。

## 第二国际成立的标志是什么？

第二国际是指 1889 ～ 1914 年各国社会主义政党的国际联合组织。其名称是相对于第一国际（国际工人协会）而言的。1889 年 7 月 14 日，在巴黎第二国际召开第一次大会，通过《劳工法案》及《五一节案》，决定以工人罢工为武器。巴黎大会的召开，标志着第二国际的成立。

1876 年第一国际解散后，随着科学社会主义在欧美的不断蔓延，19 世纪 80 年代末期，欧美已有 16 个国家先后建立了社会主义政党。各国工人和社会主义者都要求加强国际联系。恩格斯在这一时期做了大量准备工作。1889 年 7 月 14 日，德、法等国社会主义政党的代表在巴黎召开“国际社会主义者代表大会”。22 个国家的 393 名代表参加了会议，大会主席团由李卜克内西、倍倍尔、瓦扬、拉法格等 27 人组成。这次大会通过了关于每年庆祝五一劳动节等决议，讨论了国际劳工立法和工人阶级的政治、经济斗争任务。

第二国际活动于资本主义相对稳定的发展时期。这时欧美各国的工人运动迅速发展，各国无产阶级政党纷纷抓紧机会开展合法斗争来争取自己的权利。由这个时期的历史特点所决定，第二国际中各国党是独立自主的，不受第二国际控制。第二国际只是通过历次代表大会的决议给各国党指出行动方向，自始至终都没有发表过成立宣言或是其他纲领性文献。第二国际在很长时间内没有机关报，没有常设领导机构和共同规章。

欧战时各国社会主义政党违背了“非战”的决议，纷纷帮助资产阶级去从事国际战争，第二国际形同虚设。欧战结束后，各国社会主义政党筹备恢复第二国际，并通过《拥护国际联盟案》。1919 年 3 月，第三国际成立后，第二国际解体。

## 何时召开的“华盛顿会议”？

第一次世界大战后，美、英、日等帝国主义国家为重新瓜分世界，于 1921 年 11 月 12 日至 1922 年 2 月 6 日举行了由美国主导的华盛顿会议，亦称太平洋会议。

参加会议的国家主要有美、英、法、意、日、比、荷、葡等。当时中国北洋政府也派代表参加了会议。事实上，会议涉及到的所有重大问题都由美、英、法、日四国代表团团长会议先行讨论决定，甚至法国有时也被排斥在外。会议期间签订了三项条约。

1921 年 12 月 13 日，英、美、法、日四国签订《美、英、法、日关于太平洋区域岛屿属地和领地的条约》，通称《四国条约》。

1922 年 2 月 6 日，美、英、法、意、日五国签订《美、英、法、意、日五国关于限制海军军备条约》，通称《五国海军条约》。在这个条约中，美国获得了与英国同等的海军力量。美、英达到了限制日本海军力量的目的。

1922 年 2 月 6 日，会议签订了《九国关于中国事件适用各原则及政策之条约》，通称《九国公约》。条约规定：“尊重中国之主权与独立及领土与行政之完整”；“给予中国完全无阻碍之机会，以发展并维持一有力的巩固之政府”；“施用各种之权势，以期切实设立并维持各国在中国全境之商务实业机会均等之原则”。这个条约的实质是要中国继续实行“门户开放”、“机会均等”的政策。

在华盛顿会议中签订的一系列条约和决议共同构成了华盛顿体系。这一体系虽承认美国占绝对的优势，但它是凡尔赛体系的补充，因为它对凡尔赛体系未包括的远东和太平洋海域的帝国关系也进行了阐述。但它并不能消除帝国主义之间的矛盾。此后，美日两国之间在远东及太平洋地区的争夺愈演愈烈。同时华盛顿会议让中国重新被几个帝国主义国家共同支配。

## 意大利国家法西斯党是什么时候开始执政的？

1922 年至 1943 年间由本尼托· 墨索里尼创建并控制的意大利国家法西斯党成为意大利的执政党。法西斯是拉丁文 Fasces 的音译，原指中间插着一柄斧头的一捆棍棒，在古罗马时代是权力的象征。

第一次世界大战后，墨索里尼为实现自己的政治野心，利用统治阶级“惧怕赤色”

的心理，于1919年3月在米兰建立半军事性组织——法西斯战斗团。1921年11月，意大利国家法西斯党正式建立。纲领是法西斯国家至上，执行国家的决定是每个人的天职。成立之初，党员就有30万人左右，退伍军人、资产阶级、地主和具有沙文主义情绪的小资产阶级占了多数。

1922年10月28日，数万名身穿黑衫的武装法西斯分子在大垄断资本集团和军队的支持下向罗马进军，国家最高领导权落到了墨索里尼手里。国家法西斯党上台执政，把向外扩张作为其政纲的核心。1924年法西斯党杀害社会党众议员，并加紧迫害共产党、社会党和其他进步人士。1925年1月公开宣布废除资产阶级自由民主制宪法，实行法西斯极权统治，并将其他党派的内阁成员统统逐出政府。1926年又强制解散了除法西斯党外的所有政党。从此，法西斯完全掌握了国家政权。

1927年颁布《劳动宪章》，职业公团制在全国普遍实行，公开确认其在企业中的统治地位，法西斯国家开始监督工会，工人组织工会和罢工的权利就此被剥夺。1934年颁布国民军事化法，实施其向外扩张的政策。并且规定凡18～55岁的意大利公民必须接受军事训练和服兵役。这样意大利建立起总数达55万的常备军和800万后备军，而意大利的人口仅有4200万。之后开始了大规模的侵略别国的战争。

法西斯分子在1936年与纳粹德国联合武装干涉西班牙内战。1939年侵占阿尔巴尼亚，并与德国建立军事同盟，同纳粹德国和日本法西斯一起挑起了第二次世界大战。1943年7月战争惨败，国内反法西斯呼声强烈，墨索里尼辞职并被拘捕，国家法西斯党最后崩溃。

## “一战”后哪次会议重新讨论并签订了对土耳其的和约？

1922年11月20日，以英国、法国、意大利、日本、希腊、罗马尼亚、南斯拉夫等协约国为一方，土耳其为另一方，为了解决中东问题在瑞士洛桑召开洛桑会议。这是第一次世界大战后重新讨论并签订对土耳其和约的国际会议。美国派观察员出席会议。

1920年协约国将奴役性的《色佛尔条约》强加于战败的土耳其。之后土耳其人民在凯末尔· 阿塔图尔克的领导下，击败英国支持的希腊军，迫使协约国重新讨论对土耳其的和约。

会议期间，各国都有自己的目的。协约国企图继续保持对土耳其的控制。土力争巩固自己的胜利成果，以取得国家的独立。苏俄则希望土耳其能够获得主权独立，以保证自己黑海地区的安全。

会上讨论的重要问题有：首先是关于土耳其的疆界和领土问题。会议最后确认土耳其在其本土范围(安纳托利亚)内的主权和领土完整。其次是关于土耳其的外债问题，会议决定前奥斯曼帝国所欠外债由其分裂出来的各国分担，土耳其仍须按其份额偿还外债。会议再次讨论了土耳其海峡的航行与管理问题。

1923年7月24日在瑞士洛桑会议上签订了《洛桑合约》。合约主要内容有土耳其保全它的主要领土，收回士麦那地区和东色雷斯；土耳其对埃及、突尼斯、摩洛哥、利比亚等地不再有领土要求；对世界大战及协约国武装干涉土耳其所造成的损失和损害，双方互相放弃在金钱上的要求；取消在小亚细亚的法、意势力范围和欧洲国家在土耳其的领事裁判权等。

《洛桑条约》的签订使土耳其摆脱了《色佛尔条约》的奴役枷锁，并且获得了在本土范围内的独立。

## 谁提出了“民主替代”的口号？

贝林格，1922年5月25日出生于意大利撒丁岛萨萨里市一个律师家庭。1972～1984年曾任意大利共产党总书记。其父曾任社会党议员，是著名的反法西斯人士。贝林格学过法律，在父亲的影响下，他从1937年起参加反法西斯运动。1980年他曾提出“民主替代”的口号，对意大利共产党的发展产生了巨大的影响。

1943年贝林格加入意大利共产党。1943～1957年，他曾先后从事青年工作和地方工作，并担任萨萨里市意大利共产主义青年联盟基层委员会书记等职位。1944年1月，他在意大利组织反法西斯斗争，被法西斯政府逮捕，5个月后获释。

1946年1月，意大利共产党召开战后的第一次代表大会（即第5次代表大会），贝林格出席会议，并当选为中央委员；后负责米兰省委工作。1947年，贝林格被调回罗马工作。自1948年意共第6次代表大会起，他一直是意大利共产党领导机构成员。1949～1956年贝林格任意大利共产主义青年联盟总书记。1958年起贝林格在意共中央书记处工作。1959～1962年贝林格任意共中央组织部长，后改任书记处办公室负责人。1969年2月贝林格在意共12大当选为副总书记。从1972年3月意共13大到1983年意共16大贝林格连任总书记。1979年贝林格当选欧洲议会议员。

贝林格一直在探索一条既不同于苏联、东欧，又不同于西欧社会民主党而走向社会主义的第三条道路。1980年他提出了“民主替代”的口号，强调通过团结社会党等广泛的民主力量，来取代天主教民主党为中心的政权。1983年意大利共产党十六大正式确定为指导全党工作的战略方针为“民主替代”。

1984年6月7日晚，贝林格在北部帕多瓦市为欧洲议会选举发表竞选演说时突然脑溢血，不幸于6月11日逝世，享年62岁。

贝林格终生致力于探索意大利走向社会主义的道路，推动了意大利共产党的建设和发展。他坚持党与党关系中独立自主、平等、互不干涉内部事务的准则，坚持国际主义的相互支援必须同尊重各国共产党的主权相统一的原则。他的这些主张为反对大党主义，建立党与党之间的正确关系，促进共产主义运动的健康发展作出了巨大的贡献。

## 什么事件使法国丧失了在德国赔款问题中的优势?

一战后，德国以各种理由不履行战后赔款。1923 年 1 月 11 日，法国联合比利时，以此为借口，出动 10 万军队占领德国的鲁尔工业区，酿成“鲁尔危机”。在这次事件中，法国丧失了在德国赔款问题上的优势。

对此，德国政府实行“消极抵抗”的政策。紧接着出现了鲁尔区大部分企业停工，大量工人失业，工业生产总值下降，资金大量外流，通货膨胀严重。后来柏林工人罢工，德国社会出现动乱，政局动荡不安。这就是鲁尔危机。

危机大大打击了德国的发展。英美两国担心德国经济陷于崩溃导致社会危机甚至引起革命，这样就威胁到了自己在德国的利益，因此要求尽快结束鲁尔危机。此时，德、法双方也都难以坚持原来的政策。在这场危机中损失最大的是法国，它在德国赔款问题上的优势丧失，德国赔款问题的领导权转向英美手中，法国不得不受英美的摆布。

占领鲁尔失利后，法国国内主张与德国和解的力量渐占上风。1925 年法国与德国缔结了一系列条约，希望通过协商，改善与德国关系，解决以后的战争赔款问题。这些主张得到了德国政府的积极响应。1925 年 10 月，德法比英意和波捷等有关国家在洛迦诺开会，缔结了德法比英意《相互保证公约》。同时德分别同法国、比利时签订《仲裁条约》。这些条约统称《洛迦诺公约》。

《洛迦诺公约》缓和了法、德等国的关系，德国取得了与其他国平等的地位，有利于欧洲局势的稳定。公约的缔结也为德国重新铺平了成为政治大国的道路，并且最大限度地促进了德国经济的发展。不久，德国成为国联行政院常任理事国。此后，德国逐渐突破了《凡尔赛合约》对其在政治、经济、军事等问题上的限制。这一公约同时也大大削弱了法国在欧洲的地位。

## 道威斯计划是否阻碍了德国经济的发展?

1924 年 4 月 9 日道威斯委员会拟定了一项关于德国战争赔款问题的决议，史称道维斯计划。这个计划解决了德国的战争赔款问题。但这项计划实质上通过贷款形式促进了德国经济的发展。

第一次世界大战结束后，协约国于 1924 年制定了对德国的赔款支付计划，但是由于德国财力枯竭，加上战胜国争夺德国赔款的矛盾，德国难以按照《凡尔赛和约》的规定支付战争赔款。这成为上世纪 20 年代资本主义国际经济与政治中难以解决的纠纷。根据英国提议，1923 年 11 月，协约国赔款委员会增设两个以美国银行家道威斯为主席的专门委员会。

同年 12 月，由法、比、意、英、美 5 国代表组成的国际专家委员会赴德国调查。通过研究，1924 年 4 月 9 日道威斯委员会拟定了一项解决赔款问题的计划，史称道威斯计划。同年 7 月 16 日～ 8 月 16 日之伦敦会议讨论并通过了该计划，9 月 1 日生效。

该计划主要思想是通过恢复德国经济的办法来保证德国偿付赔款。主要内容包括实行货币改革，由协约国监督改组德意志银行，为稳定其币制，由协约国贷款 8 亿金马克；发行 50 亿金马克工业公债、110 亿金马克铁路公债；德国的金融外汇、铁路运营以及税捐征收事务受国际监管。德国以法、比两国从鲁尔撤军作为接受赔款计划的条件。

1924 年 8 月 16 日，双方通过谈判接受该计划。道威斯计划的执行，恢复和发展了德国 20 年代后半期的经济状况。1924 ～ 1929 年期间德国共计支付赔款 110 亿金马克，获得外国各种贷款约 210 亿金马克。1928 年德国声称国家财政濒于破产，无力执行该计划。1930 年扬格计划取代了道维斯计划。

道威斯计划实施后，德国大量吸收了以美国为主的大批外国资本。贷款方面，1924 ～ 1929 年，德国共得到外国贷款及投资 326 亿马克，其中 70% 是来自美国的资本。赔款方面，在 1928 年 9 月以前，也就是道威斯计划生效的前 4 年的时间里，德国支付的现金和实物仅相当于他们从国外所借款项的一半，随后赔款基本上停止支付，后来连债务都拒付。美、英等国又做了一笔亏本生意，而对德国来说则是一份巨大的利润。之后，德国依靠这些贷款，经济迅速发展，很快成为欧洲强国。

## 希特勒暴动的最终结果如何？

第一次世界大战以后，德国面临着严重的经济、政治危机。以希特勒为首的纳粹党就在这种环境中滋生和繁衍起来。这是一个民族沙文主义和竭力煽动民族复仇主义的极端反动组织。为了扩大影响，争取大多数人的支持，希特勒以“民族主义”和“社会主义”的幌子对人民大众进行欺骗宣传。

在这期间，德国出现新的革命形势，为顺乎潮流，利用人民的革命情绪，希特勒也标榜纳粹党是搞“社会主义”政党，并公开地激烈批判资本主义。希特勒抓住《凡尔赛条约》大作文章，他号称《凡尔赛条约》给德国带来了灾难，号召德国人民起来撕毁《凡尔赛条约》，突破它对德国的束缚，以挽救民族的危亡。

1923 年，发展到三万余人的纳粹党成为德国一支新起的引人瞩目的政治力量。当时，金融界一片混乱，德国马克暴跌，同时法国、比利时又出兵占领了鲁尔，德国人民对政府的不满情绪日益高涨。希特勒认为夺取政权时机已到，于是在 1923 年 11 月 8 日，希特勒和鲁登道夫带领冲锋队，利用巴伐利亚军政头目在慕尼黑一家啤酒店举行宴会之际发动政变。

后来政变失败，希特勒被审判，希特勒试图把它变成自己的政治演说，但他最终还是被判了五年监禁。他在监狱中呆了 8 个月，8 个月中他口授了《我的奋斗》一书，为纳粹统治下的未来德国描绘了一幅令人震惊的蓝图。

## 哪次起义被称为“世界上第一次反法西斯起义”？

1923 年 6 月 9 日，在保加利亚境内爆发了共产党组织和领导的反政府武装起义，由于这次起义发生在 9 月，因此亦被称为“九月起义”。保加利亚学者称之为“世界上第一次反法西斯起义”。

1923 年 6 月 9 日，代表大资产阶级利益的反动军人集团发动政变，首领仓科夫组织的政府向农民联盟和共产党发起进攻，大肆逮捕革命者和进步分子，试图用武力推翻主要由农民组成的联盟政府。在这次变事中，共产党本来采取中立态度，但在共产国际的指示下，迅速纠正对这次军事政变所采取的错误态度。1923 年 8 月，共产党作出了关于准备和举行武装起义的决议。

9 月 12 日，仓科夫政府在全国范围内大肆逮捕共产党员，被捕人数超过 2000 名。9 月 14 日，索非亚党组织号召举行罢工。接着在旧扎戈拉州和新扎戈拉州等地爆发了自发的起义。面对这种情况，共产党将全国分为 5 个区，并任命了每个区的军事革命委员会领导人，并在 9 月 17 日至 20 日，保加利亚共产党中央召开会议。会议决定 23 日凌晨发动起义，推翻仓科夫政府，建立工农政权。

在季米特洛夫和科拉罗夫领导下，在米哈伊洛夫格勒成立了工农政府，建立了革命委员会。并且西北部的起义顺利进展，从 9 月 23 日起，起义者占领了米哈伊洛夫格勒和弗拉查等几个县的大部分地区。全国其他地区也有零星分散的起义。到 9 月底，政府军先后镇压了各地起义军。枪杀或绞死了近 5000 名起义者，并有上万名起义者被捕。

总结这次起义的经验教训，起义失败的主要原因在于共产党力量十分弱小，没有建立共产党同农民联盟之间的战斗联盟，缺乏对起义的统一领导；同时，各地单独行动，特别是首都和其他中心城市没有一起发动起义，而是分散进行。九月起义在保加利亚历史上被保加利亚学者称之为“世界上第一次反法西斯起义”，在保加利亚共产党历史上具有重大的意义。

## 谁被称为“土耳其之父”？

穆斯塔法· 凯末尔，第一任总统兼武装力量总司令、土耳其共和国缔造者，被称为“土耳其之父”。“凯末尔”是一位数学老师给他改的名，其原名是穆斯塔法。

1881 年 5 月 19 日，凯末尔出生于马其顿港口城市萨洛尼卡（今属希腊塞萨洛尼基）的一个木材商家，他从小酷爱军事。在 1877 ～ 1878 年的俄土战争中，他的父亲阿里•里札曾任地方民兵部队中尉。穆斯塔法的母亲是来自萨罗尼加西部的一个农业小区的祖贝伊代· 哈纳姆。里札在穆斯塔法 7 岁时去世了，后来凯末尔进入了军事学校学习。

在少年军事学校时，数学老师给了穆斯塔法“凯末尔”的称号，意为“完美的一员”。他 1905 年毕业于参谋学院，被任命为上尉参谋，之后参加了反政府活动，协助

建立了“祖国和自由协会”的秘密组织。

1907 年 9 月他加入了一个最有势力的反政府组织——统一与进步委员会。1919 年 7 月 23 日全部护权协会的代表大会在埃尔祖鲁姆举行。选举凯末尔为埃尔祖鲁姆代表大会主席，并制定了拯救土耳其的政策。

1923 年 10 月 29 日土耳其共和国宣告成立时，凯末尔被选为共和国第一任总统，兼任武装部队总司令。至此，土耳其已全部控制了它的领土和主权。随后进行了一系列的改革，其中包括宗教改革、服饰改革等。妇女的解放也受到凯末尔婚姻的鼓舞（他于 1923 年与一位受西方教育的女子莱蒂芙• 罕尼姆结婚）。凯末尔执政期间实施一系列社会政治与经济改革措施，并逐步形成土耳其民族资产阶级的思想理论体系——凯末尔主义。

凯末尔于 1938 年 11 月 10 日上午 9 时 5 分在多尔马巴切宫去世。他的国葬成为土耳其人民倾吐巨大悲痛的时刻。

现在在土耳其，不管是在繁华的都市，还是在偏僻的村镇，甚至在机关、学校、公司内，几乎每个办公室的墙上或桌上都有凯末尔的画像和照片，当今土耳其国内最大的伊斯坦布尔的阿塔蒂尔克国际机场也是以他的名字来命名的。人们称他为“阿塔图尔克”，也就是“土耳其之父”。

## 英国工党是什么时候建立的?

1900 年 2 月 27 日，英国工党在伦敦建立，称劳工代表委员会，1906 年称工党，是英国两大执政党之一。

英国工党初期只有集体党员，没有个人党员，只是工会组织与费边社、独立工党和社会民主同盟之间的联盟，没有明确的纲领，宗旨是在议会里实现独立的劳工代表权。

工党于 1918 年通过名为《工党与新社会制度》的纲领和新党章，将生产、分配和交换手段的社会化列为自己的目标，并开始吸收个人党员。同年 6 月，通过了由韦伯等起草的纲领性声明《工党与新社会秩序》，首次提出要埋葬私有制。第一次世界大战爆发后支持政府的战争政策，并加入了自由党的联合内阁。20 世纪初，工党力量日益增强，并于 1924 年 1 月，在自由党的支持下首次组阁，从此开始与保守党轮流执政。

1945 年以前，工党分别于 1923 ～ 1924 年和 1929 ～ 1931 年有两次短期执政。1945 年大选至 1951 年，组织过两届内阁。在这期间，重新建立起了社会党国际。1964 ～ 1970 年、1974 ～ 1979 年，先后组织了 4 届内阁。1979 年、1983 年、1987 年和 1990 年 4 次大选连遭失败。

工党纲领主张生产资料、分配手段和交换手段的公有制，实行计划管理，以达到公平分配，即传统理论基础是费边社会主义。1990 年 5 月工党提出新的施政大纲，充

实了 1989 年年会通过的调整政策，放弃了老式国有化政策。1931 年 8 月，第二届工党政府试图用削减失业补助金和其他社会事业费的办法度过经济危机，因为工人反对而垮台。麦克唐纳及其追随者倒向了资产阶级，工党发生分裂。

1932 年独立工党退出，C·R· 艾德礼又于 1945 ～ 1951 年组成第三届工党政府，在国内推行“民主社会主义”，支持美国的对外政策。第五届工党政府垮台后，党内主张国有化的左派与主张混合经济的温和派之间的矛盾十分尖锐。

1981 年 3 月，温和派另外组建了英国社会民主党，工党再次分裂。英国工党在 2010 年 5 月的选举中重新成为在野党。

## 埃及独立运动的先驱是谁?

萨阿德· 扎格卢勒（1857 ～ 1927 年），埃及 1919 年革命的著名领袖，也是埃及独立运动的先驱，在埃及近现代历史上占有重要的地位。

萨阿德· 扎格卢勒是埃及穆罕默德· 阿里王朝的首相。1857 年 7 月，他在加尔比亚省的比阿纳村出生，曾在爱资哈尔大学和法律学校读书，青年时代曾参加奥拉比帕夏领导的反英战争。1880 年，扎格卢勒受聘担任由穆罕默德· 阿卜杜主编的《埃及事件》报文学部的编辑。1906 ～ 1914 年，扎格卢勒先后任教育大臣、司法大臣和立法议会副议长。1924 年初，华夫脱党在大选中获胜，扎格卢勒出任首相。扎格卢勒执政期间，对外希望通过谈判取消英国保留的特权，对内采取一些改革措施，但毫无结果。11 月，扎格卢勒因拒绝接受英国的无礼要求而辞职。1918 年 11 月 13 日，扎格卢勒等人组成一个代表民族资产阶级利益的政治组织“华夫脱”，即后来的华夫脱党。该组织规定了华夫脱的使命是“尽可能通过合法的和平方式谋求埃及的独立”。

扎格卢勒曾组织暴动，分别于 1919 年 3 月和 1921 年 12 月两次被捕，被流放到马耳他岛和塞舌尔群岛等地。后来，埃及人民反英大起义爆发，人们纷纷要求释放扎格卢勒等人。4 月 7 日，英国当局被迫放人。1922 年 2 月 28 日，英国政府宣布结束埃及的“保护国”地位，埃及将成为“独立的主权国家”，而军事、经济、外交等权力仍被英国当局所控制。

英国当局以利用英国驻苏丹总督兼驻埃军队总司令李· 斯塔克爵士被刺事件为借口，强行剥夺了扎格卢勒的权力，并强制解散了议会。所以，扎格卢勒只担任了 9 个月的首相。1927 年扎格卢勒去世，享年 70 岁。

扎格卢勒是埃及国家和人民当之无愧的民族英雄和民族独立运动的先驱，他一生都在为反对封建统治、殖民统治，争取埃及的独立和自由而斗争，功不可没。

## 秘鲁第一大党是什么党?

秘鲁人民党，即左派政党，也称秘鲁阿普拉党，是秘鲁第一大党。1924 年 5 月 7 日由阿亚· 德· 拉· 托雷在墨西哥创建。原名美洲人民革命联盟，简称阿普拉党，1945 年改称现名。党内人员多是秘鲁社会中下层人士。

秘鲁人民党对外主张独立自主、拉美团结，反对帝国主义；对内反对独裁，主张自由、民主和社会正义，主张调整新自由主义政策，允许多种所有制并存。

从建党到 1979 年，阿亚· 德· 拉· 托雷一直是党的领袖。阿亚的思想被称作“印第安美洲主义”或“阿普拉主义”。建党初期，党的宗旨是反帝反封建，谋求拉美解放。阿亚曾应苏联政府要求访问苏联，这充分说明这一政党受到了第三国际的重视。1928 年，布鲁塞尔召开了世界反帝大会，在大会上，人民党公开与第三国际决裂。1931 年 9 月秘鲁人民党举行第一次代表大会，阿亚被选举为党的领袖，并制定了党的最低纲领，主张通过议会选举取得政权。

1931 年阿亚参加该党候选人的竞选失败。由于 1932 年部分党员在特鲁希略市发动起义遭到政府军的镇压，所以在 1945 年以前，该党一直处于非法状态。直到 1945 年该党改名为秘鲁人民党，与社会党、共产党组成全国民主阵线，才取得了合法地位。1948 年该党与布斯塔曼特政府的矛盾激化，10 月部分党员在卡亚俄策动海军起义失败，再次转入地下。1956 年才恢复合法地位，却渐渐右倾。

1978 年 6 月立宪大会选举阿亚为立宪大会主席。阿亚晚年认为人民党是“民主左派”，对内主张议会民主和社会改良，对外维护民族独立和拉美团结，反对“共产帝国主义”和“资本帝国主义”。阿亚病故后，人民党分裂成两派。

秘鲁人民党于 1985 年参加竞选获胜，加西亚· 佩雷斯就任总统。加西亚· 佩雷斯在之后举行的第 15 次代表大会中当选为党的主席。人民党现主要势力集中在北部沿海地区，控制着秘鲁工人联合会等群众组织，有党员数十万人，已经发展为秘鲁第一大党。

## 马泰奥蒂危机指的是什么?

20 世纪初期，因意大利统一社会党众议员马泰奥蒂被杀，之后引起了一场法西斯统治的危机，这就是马泰奥蒂危机。

马泰奥蒂是意大利统一社会党的总书记。1923 年以马泰奥蒂为首的统一社会党与反对党共同起草致国王和议会的报告，以此来反对授予墨索里尼政府独裁权。1924 年 4 月 6 日意大利举行大选，选举机构却被法西斯政府控制了，法西斯党由此得到了 65%的选票。5 月 30 日，马泰奥蒂在议会发表公开演说，严厉地揭露法西斯分子在选举过程中的阴谋诡计和使用暴力等罪行。法西斯党徒便于 6 月 10 日绑架了马泰奥蒂，

最后将其杀害。

这种暴力行为激起全国人民的愤怒。6月15日，大多数非法西斯议员退出议会，宣布不查清马泰奥蒂案件坚决不返回议会，并要求解散法西斯民兵，制止其暴行。法西斯党内也发生分裂，反法西斯运动迅速高涨，大批党徒退党，法西斯政府为此惊慌失措。墨索里尼为应对这一严重危机，被迫把所有涉嫌的官员免职，并在议会发表演说，否认政府与此案有关系。1925年，墨索里尼两度改组内阁，颁布几个特别法，取缔除法西斯党之外的一切政党和团体，强化法西斯的独裁统治。

在此期间，政府于7月1日宣布实行严格的新闻检查，8月3日宣布禁止反对派集会。1925年，全国各地爆发自由党和共产党组织的示威游行，危机发展扩大。墨索里尼颁布几个特别法，同时两度改组内阁，取缔除法西斯党之外的一切政党和团体，强化法西斯的独裁统治。

发生于1924年6月的因意大利统一社会党众议员马泰奥蒂被杀而引起的法西斯统治的危机，一直到次年9月才被平息。墨索里尼通过这次危机强化了法西斯独裁统治。

## 一战后为调整欧洲各国关系与扶植德国召开的会议是什么？

大战后的欧洲安全保障问题，是凡尔赛体系未能完全解决的问题之一。为此，1925年，英、法、德、意、比、捷、波七国代表在瑞士小城洛迦诺举行了洛迦诺会议，其目的是为了调整欧洲各国关系与扶植德国。

20世纪20年代中期，西方国家调整西欧各国关系并在政治上扶植德国的洛迦诺会议是各与会国经过争吵达成妥协的。

洛迦诺会议最后签订的议定书和几个条约，总称为“洛迦若公约”。公约的主要内容有：德国分别同比、法、波、捷签订仲裁条约，相约凡外交上所不能解决的争端，应提交仲裁法庭和国际法院裁决；德、比、法、英、意相互保证维护《凡尔赛和约》所规定法和德比之间的边界现状；法国同波捷分别签订防备德国进攻的相互保证条约。

其中莱茵保安公约规定：英、意两国充当公约的保证国，承担援助被侵略国的义务；德比、德法之间保持边界现状，互不侵犯，遵守《凡尔赛和约》关于莱茵非武装区的规定，德、法、比互相保证不破坏《凡尔赛和约》；承认道威斯计划；通过外交途径或和平方法解决一切分歧问题等。

公约的制定，是英国势力均衡政策的再次成功。但是，这使德国军国主义复活步伐大大加快，并迅速崛起。上世纪30年代开始，德国逐渐成为英国最强大的敌人。从长远看，英国并非洛迦诺会议的真正赢家。

在这次会议上，德国还成功地打开了向东侵略的方便之门，德国的外交目标通过洛迦诺会议基本上得以实现。洛迦诺会议是凡尔赛体系的又一次调整，使欧洲国际关系进入相对稳定的时期，为20世纪20年代中后期资本主义的发展创造了条件。它使德国的政治地位得到进一步提高。而法在欧洲的地位再次遭到削弱。

洛迦诺会议恢复了德国在欧洲的大国地位，削弱了法国的霸权地位，暂时调整了西欧各国的关系。所以，洛迦诺会议的最大赢家不是法国，也非英国，而是德国。

## 叙利亚起义发生在什么时候?

叙利亚起义发生于1925年，到1927年结束，是由叙利亚民族主义者领导的反对法国殖民统治的大起义。

1920年法国托管叙利亚后，在叙利亚推行残暴的殖民制度，叙利亚人民进行了不屈不挠的斗争。1925年7月，法国高级专员萨拉伊无视德鲁兹人民对法国驻德鲁兹长官加比埃暴行的控告，逮捕了3名德鲁兹领袖，并且拒绝他们提出的德鲁兹长官由德鲁兹人担任的要求，激起叙利亚人民的愤怒。德鲁兹山区人民在民族解放运动领袖阿特拉什苏丹领导下，于7月18日发动了武装起义。

德鲁兹人民反法斗争的胜利，成为全国大起义的先声。阿特拉什与大马士革的人民党领袖阿卜杜• 拉赫曼• 沙赫班德尔联合组成叙利亚民族政府和民族革命军，并在8月23日，发表文告号召人民为叙利亚的自由和独立而战，拿起武器将法国统治者驱逐出去；要求伊斯兰教的德鲁兹派、逊尼派、阿拉维派和基督教徒共同对敌。起义军快速地发展壮大。10月18日，在居民配合下起义军主力潜入大马士革城内，解除了法国宪兵武装，围攻并焚毁了阿泽姆宫。后来法军轰炸大马士革近48小时，其暴行受到各国人民的谴责。于是法国政府派儒弗内尔接替萨拉伊的职务。

儒弗内尔一面假谈判，以赢得时间，一面请求增派法军。还收买了参加起义的一些资产阶级上层人物和封建首领，故意挑起基督教徒同穆斯林的冲突。又切断了阿拉伯人民对起义军的支援。1926年4月22日法军向德鲁兹山区发动总攻，于25日占领苏韦达。一部分德鲁兹部队退入大马士革东南的火山岩地区坚持战斗，沙赫班德尔带领另一部分德鲁兹部队转移到大马士革的库塔园林区。1927年7月，法军出动8000多人，进攻库塔园林区，起义最终遭到镇压。

叙利亚起义虽然失败了，但却打击了法国殖民主义者，进一步促进了叙利亚民族的觉醒。

## 伊朗最后一个伊斯兰封建王朝是哪个王朝?

伊朗巴列维王朝出现于20世纪20年代至70年代，是伊朗最后一个伊斯兰封建王朝。1979年，伊朗爆发伊斯兰革命，至此伊朗传统的君主政制崩溃。

1925年，伊朗近卫军团哥萨克旅旅长礼萨• 巴列维在英国的支持下，发动军事政变推翻了卡扎尔王朝，建立了巴列维王朝。

自 19 世纪以来，波斯卡扎尔王朝逐渐衰弱，不断遭受到英国和俄国的侵略，变乱四起。至 1921 年 2 月，哥萨克师军官礼萨•巴列维发动政变，并就任为首相。1925 年，国会罢黜国王艾哈迈德•沙。同年 12 月，礼萨•巴列维自立为王，巴列维王朝正式建立。

礼萨汗（1925 ～ 1941 年在位）执政后，实行君主立宪制，但为扩充王权，他实行了许多不切实际的政策，危害了很多阶级的利益，从而遭到大多数人的反对。

对外政策上亲近德国，二战期间，伊朗虽宣布中立，但在德国的威逼利诱下，伊朗加入了轴心国。1941 年 8 月，英、苏两国派联军进入伊朗。9 月 16 日，礼萨汗被迫退位，出走南非。其子穆罕默德•礼萨•巴列维继承王位。这个时期，国内局势动荡。

后来巴列维王朝实行亲美政策。美国帮助它扩充军备，实行独裁专制统治，还专门设立了秘密警察机构国家安全局（又叫萨瓦克）。为巩固其王朝的统治，穆罕默德•礼萨• 巴列维推行社会经济发展计划。1963 年 1 月，提出“六点社会改革方案”（“白色革命”）。该计划片面追求高速度，最终造成各种社会矛盾激化，经济严重失调。

1977 年开始，伊朗境内各地相继爆发了反对国王的群众运动。1978 年下半年，各地动乱达到高潮，国王为挽回残局，任命艾资哈里为首相，组成以军人为主的临时政府。

1979 年 1 月，国王被迫出国，委任沙普尔• 巴赫齐亚尔组织内阁。2 月 1 日，什叶派领袖霍梅尼回到伊朗，并于 2 月 11 日任命马赫迪• 巴扎尔甘为总理并接管政权，组织临时政府，巴列维王朝覆亡。巴列维王朝从建立到灭亡，都始终处于一个动乱的时期。

## 英国发动的规模最大的一次罢工是什么？

1926 年英国工人阶级发动英国迄今为止规模最大的一次全国总罢工，这次罢工先后有近 600 万以上的工人参加。

战争过后的英国经济十分困难，1921 年失业人口达到 200 万。1931 年 8 月组成三党联合的国民内阁，麦克唐纳担任首相。在其执政的 10 余年间，致力于麦克唐纳工党政府恢复和发展经济，改进社会福利设施，救济失业，同时为改善国民住宅条件，实行惠特利住宅计划。

1925 年，部分矿主向矿工提出取消工资最低限额，降低工资，将全国性合同改为区域性工资合同等条件，并威胁如果工人拒绝这些条件，矿主将实行同盟歇业。1926 年 3 月，政府建立的皇家煤业情况调查委员会发表报告，建议立即降低矿工工资和延长劳动时间，遭到工人的强烈反对。面对资本家的进攻，1926 年 5 月 4 日，各工会执行委员会的代表会议决定举行总罢工。总罢工从 5 月 4 日开始，震惊世界。大约有 50 万人投入这次罢工，规模空前。

随着罢工政治性的日益加强，英国最高法院法官于 5 月 11 日宣布总罢工非法。鲍德温政府组织大量后备人员投入生产，破坏罢工，并拒绝在复工前与工会进行任何接触。英国共产党提出了将矿井收归国有、建立工人对煤矿的监督等要求，又以改组煤业为诱饵欺骗工会代表大会同意复工，并于5月12日宣布停止总罢工。接着各工会的右翼领袖纷纷与企业主签订屈辱性协定，总罢工失败。但矿工在极其艰苦的条件下，单独坚持罢工至该年11月底。

1926年总罢工沉重打击了英国资产阶级，显示了工人阶级的团结斗争精神。这次罢工还得到中、苏、德、法、美等国工人阶级的支援。中国上海20万工人捐款资助。这次总罢工不论在其规模还是影响方面都是很大的。

## 印度尼西亚民族大起义是为了反对哪个国家?

印度尼西亚民族大起义发生于1926年到1927年之间，是印度尼西亚共产党领导的第一次反对荷兰殖民统治的武装起义。

1925年，由于三宝垄工人大罢工失败，印尼共产党内主张武装起义的要求日益强烈。12月25日，印尼共产党在梭罗附近的巴兰班南召开紧急会议，会议决定在次年6月举行武装起义，并成立了中央起义委员会，负责领导起义的准备工作。但是，由于印尼共产党领导人之一、第三国际远东局书记以准备不足为理由反对武装起义计划，这造成了印尼共产党中央起义委员会委员们的意见不一，使起义最终被推迟。

1926年11月12日，印尼共产党雅加达起义委员会和西爪哇万丹起义委员会分别在雅加达郊区和万丹地区发动起义。起义军组成10～100人的小队，手持简陋武器、攻击殖民政府官员的住宅和警察署。万丹起义军夺取拉甫安车站，镇压反动官吏。雅加达郊区的起义农民曾攻入市区，占领城区电话局，袭击监狱。斗争持续3天后，迅速扩展到爪哇的勃良安、梭罗、万隆、北加浪岸和谏义里等多个地方。

起义正进行的如火如荼，荷兰殖民当局立刻调动大批武装力量，残酷镇压起义。起义者约13000人被捕，其中1300余人被流放到利辜，4500人被判徒刑，还有不少领导干部被杀。

殖民者的力量过于强大，起义者的准备不足；印尼共产党当时处于幼年时期，对一系列重大问题缺乏正确的分析等原因导致起义的失败。印尼共产党的力量因此遭到极大摧残，从而转入地下，它使之前深受印尼共产党影响的大批人民转向民族主义政党。

印尼民族大起义得到世界革命人民的同情和支持。虽然失败了，但却鼓舞了世界受压迫人民进行反侵略的抗争，有着非常积极的意义。

## 日本东方会议是针对哪个国家而召开的?

日本田中内阁于1927年召开了东方会议，这次会议是为了制定侵略中国的总方针而召开的。东方会议的召开，说明了日本即将开展一系列的重大武力侵华行动。

因此这个会议是日本的一次决定“国策”的重要会议。

20 世纪 20 年代，日本陷入内忧外患的境地。1920 年经济危机后，又于 1927 年爆发了金融危机。为摆脱危机，日本急于武装侵略中国，征服亚洲大陆。

1927 年 4 月，田中义一上台，把对华外交的方针转为“积极”态度。6 月 27 日至 7 月 7 日，在外相官邸中举行了一个讨论对华政策的会议，即东方会议。会上分析了中国的形势，支持蒋介石、汪精卫反对中国共产党和人民革命。主张把东北三省变为日本的殖民地。会议最后以田中的总结报告《对华政策纲领》作为结论。会上还讨论了对张作霖的处置办法。

7 月 7 日发表了“对支（华）政策纲领”。8 月 16 日，田中召集驻华东北的外交及军事人员，商讨东方会议上未决定的问题，名为大连会议。

同年 8 月又召开了第二次东方会议。包括扩大日本对京张铁路的权利；同时确定凡与日本利益有冲突的，应予干涉，不许修建。其目的是贯彻东方会议所确定的侵略政策。会后，日本积极推行侵略中国的政策。

东方会议是日本侵略中国特别是我国东北史上一次重要会议，是日本决定加紧推行侵华的关键性会议，标志着日本帝国主义决定攫取整个东北，加快实现大陆政策。它对日本侵略中国，特别是侵略我国东北发挥了重要作用。

## 梵蒂冈城国是通过哪个条约正式成立的?

1929 年 2 月 11 日，意大利墨索里尼政府同教皇庇护十一世签订了《拉特兰条约》，《拉特兰条约》的签订，标志着梵蒂冈城国正式成立。

条约规定：梵蒂冈国名全称为梵蒂冈城国，意大利承认梵蒂冈为主权国家，其主权属教皇。规定从同年 7 月起梵蒂冈城国成为独立的城市国家。

梵蒂冈城国是是世界上人口最少的国家，也是世界上最小的主权国家。其四面都与意大利接壤，称为“国中国”。梵蒂冈是永久的中立国，任何国家不得侵犯其领土。

梵蒂冈以前是中世纪教皇国的中心，从公元 4 世纪起，罗马城主教利用罗马帝国的衰亡掠夺土地，于 6 世纪获得罗马城的实际统治权，称为“教皇”。

1870 年，意大利王国政府军队占领了罗马，并将教皇国消灭。1922 年墨索里尼发动政变，开始与罗马教廷谈判，最终和平解决，墨索里尼与教皇庇护十一世的代表枢机主教加斯帕里于 1929 年 2 月 11 日签订《拉特兰条约》。

条约共 27 条，规定：意大利承认教皇的权威和教廷对梵蒂冈的主权，教皇拥有世俗统治权、与外国自由来往权、外交权，对拉特兰宫和十几座教会建筑拥有免税权和治外法权，意大利给教廷一笔赔偿金；教廷承认意大利国家及其首都罗马的地位。

另附有一个 45 条的协定，规定：意大利大主教、主教任命需意大利政府批准，大主教、主教须为意大利人，忠于意大利国家。天主教为意大利国教，罗马为天主教中心与朝觐地。国家承认天主教结婚仪式合法，但应允许公民选择政府登记结婚。意大利免除教士、修士服兵役与陪审义务。初、中级学校开设宗教课，由教廷审定教师与教材。国家任用教士需教会批准。条约于 1929 年 6 月 7 日正式生效。

从此，教皇统治下的梵蒂冈正式成立。1948 年意大利共和国新宪法附入此条约，给予承认。但意大利政府在 1978 年取消了天主教作为国教的地位，并于 1984 年同梵蒂冈教廷达成协议，此条约至今基本有效。

## 杨格计划是在什么时候提出来的?

杨格计划于 1929 年提出，是在一战后战胜国为代替道威斯计划而实施的德国支付赔款的计划。因为是美国银行家杨格主持制定的，所以称为“杨格计划”。

1929 年，德国借口经济危机，无力执行道威斯计划。同年 2 月 11 日～6 月 7 日，英、法、比、意、日、美、德 7 国代表组成的专家委员会在巴黎召开会议重新审议德国赔偿问题，美国支持德国，在协约国德国赔偿委员会会议上通过了“杨格计划”。

该计划降低了德国的赔款额，取消了对德国的经济管制。德国赔款总额确定为 1139.5 亿马克，在 58 年零 7 个月内偿清。计划还取消了赔偿委员会及有关国家对德国国民经济与财政的任何形式的监督。并成立了国际清算银行，管理有关德国赔偿的金融业务。

杨格计划于 1930 年 9 月正式生效。但不久后，德国便于 1931 年 6 月声明德国经济恶化，无力支付赔款。1932 年，英、法、意、比、日、葡、南、罗、希、美、德等国召开洛桑会议，决定德国应偿付 30 亿马克作为最后一笔赔偿费，不再要求德国赔款。但德国始终没有支付，从而终结了杨格计划。

杨格计划实施期间，国家主义反对派们曾经掀起过一场反对新计划的浪潮。1929 年 7 月 9 日，德国国家主义人民党和国家主义国防联盟（钢盔队）建立了一个所谓的“争取民众反对杨格计划的全国执行委员会”，但最终以失败告终，而希特勒却从中获得了极大的利益。杨格计划的执行很大程度地减轻了德国的赔款负担，其中通过国际清算银行的业务活动，扩大了外国资本，特别是美国资本对德国经济的渗透。

杨格计划虽然没有完全满足德国方面的所有愿望，但是它同 1924 年所实施的戴大斯计划相比，已经有了很大的进步，可以说是一个跨越性的变化。

## 何谓“柯立芝繁荣”？

第一次世界大战后，美国的经济获得了飞速的发展，这恰巧是在总统柯立芝任期之内（1923 ～ 1929 年），所以美国人将这一时期的经济繁荣称为“柯立芝繁荣”。“柯立芝繁荣”有多种原因。

第一次世界大战是人类历史上的一次浩劫，美国却在这次浩劫当中大发横财，增强了经济实力。战争初期，美国处于“中立”的有利地位，利用交战双方对军需物资的大量需求，充当双方的兵工厂，迅速扩大重工生产与军工生产，从中获取利益；另外，美国还在战争期间对英法提供贷款，并且利用混战的坏境扩大本国工农业生产，进行商品输出。战争结束时，美国已从一个资本输入国变为资本输出国，由债务国变成债权国。到 1924 年，美国掌握的黄金总额已达世界黄金储存量的一半，控制了国际金融市场，战后资本主义世界的金融中心由英国移到了美国。这就极大地增强了美国在资本主义世界中的地位，在这次战争中所获得的资本，为更新生产设备，扩大生产规模提供了物质基础，从而使其之后的经济繁荣成为可能。

技术革命是“柯立芝繁荣”最基本、最重要的因素。战后，美国积极推行“工业生产合理化运动”，美国垄断资产阶级还以加强工业部门的科学研究工作来促进经济的发展，推动了新技术在工业生产中的应用，促进了经济的快速发展。

经济发展的另一个因素是广阔的国内外市场。第一次世界大战后，美国垄断资产阶级利用其在一战中扩张起来的经济实力和欧洲各国战后经济尚未恢复之机，以及西欧各国在财政上对美国极大的依赖，夺取大量新的海外市场，实行资本和商品输出，以此获得高额利润。

“柯立芝繁荣”给当时的美国带去一定好处，但这种繁荣是虚假的，在当时没有明显的表现，但是后来从金融业开始，引发了全球范围的经济危机。

## 20世纪30年代大危机的别称是什么？

“大萧条”是对 20 世纪 30 年代大危机的一个特定的称呼。一般意义上的“大萧条”，是指一种持续时间长、地理波及面更广、萎缩幅度更大、出现频率更高的经济状况，具体表现为商品实际价格下跌、购买力减弱，失业增加，库存扩大，供给大于需求，生产萎缩，公众恐慌，以及商业活动的普遍低迷。

1929 ～ 1933 年集中爆发在美国和欧洲的“大萧条”给美国的经济社会带来极为不利的影响，美国的生产到 1939 年才全部恢复到 1929 年的水平；同时也给美国的人口、道德、信念、家庭、教育、生活水平等方面造成了严重的危害，结婚率和出生率大幅下降，这期间出生的孩子被称为“萧条的一代”。

生产的社会化和生产资料私人占有之间存在矛盾。在经历了两次工业革命之后，资本主义社会生产力迅速发展，社会分工也越来越细。这就要求各个生产部门必须密切配合、步调一致，进而形成社会化大生产。但在资本主义社会，资本家为追求利润，不断地扩大再生产，打破平衡，引发恶性竞争，使社会生产各个部门之间的矛盾激化，进而导致经济危机。

广大劳动人民相对贫困，导致供需矛盾扩大。资本家为了攫取高额利润，想法

设法降低工人的工资，劳动人民的收入增长水平远赶不上经济发展水平，从而使社会实际消费能力的增长受到了限制，造成市场的相对狭小。

当时美国的股票投机活动十分狂热，人们不但把自己的积蓄全部投入，甚至向银行贷款购买股票，金融市场的不稳定性大大增加了，这为货币和信贷系统的崩溃埋下隐患。股票市场的这种投机活动恰好将生产和销售之间本已存在的尖锐矛盾掩盖了，促使矛盾最后激化，直接导致了经济危机的爆发。

20 世纪 30 年代的经济危机引发了世界性的资本主义的政治危机。各国政坛丑闻迭出，政府信誉扫地；而广大人民由于失业导致生活水平的下降；法西斯分子也乘机兴风作浪。经济危机加剧了世界局势的紧张。

## 美国哪位总统被称为“饥饿总统”？

赫伯特• 胡佛是美国第 31 任总统，由于在其任期内发生了经济危机，导致了美国经济的衰退，使得无家可归的人只得在垃圾堆中寻找残余的食物充饥，在大街上铺一张旧报纸度过饥肠辘辘的漫漫长夜，因此，他被美国人称作是“饥饿总统”。

20 世纪 20 年代，资本主义各国经济快速发展。美国由于在第一次世界大战中损失极小，趁战时军需贸易大发战争财，经济发展更是独占鳌头。1929 年胡佛就任总统，发表就职演说时称：“我对国家的未来毫不忧虑，它光辉灿烂充满希望。”“我们的生活和安定已达到了世界历史上的新高度，没有一个国家比美国更有保障了。”之后，历史上一场空前深重的经济大危机就席卷了整个资本主义世界。美国首当其冲，损失最为惨重。

危机到来后，大批银行家、股票经纪人因为破产而自杀。许多人的多年积蓄顷刻间化为乌有。大批产品因积压卖不出去，小麦、棉花都被故意烂在地里，牛奶倒入河中，牲畜被宰杀后埋入山沟。

因为危机使工厂倒闭，工人们被夺去了工作。没有了工作也就无钱购买食物而忍受饥饿，无钱付房租或保住自己的住房而被赶出家门、流离失所。这些流浪者只能从垃圾堆中寻找残余的食物充饥，在大街上铺一张旧报纸度过漫长夜晚。面对经济大危机，胡佛政府最初不认为有什么危害。在形势日益恶化的情况下，胡佛政府却不出面实施救济和扭转局势的措施，而是一味坚持自由放任政策，让人们自己想办法摆脱困境。

于是人们在失望和愤怒之余，开始强烈抗议：在危机中，失业者手里提着捡破烂的口袋叫做“胡佛袋”；用从垃圾里捡来的破铁罐、碎木片、纸板、薄铁皮和粗麻布搭起的、临时居住的小棚子，被称作“胡佛村”；空空如也的钱袋，叫做“胡佛旗”；晚上裹在身上御寒的旧报纸称作“胡佛毯子”。

这种称谓是胡佛这位曾被称为“救济工程师”、后被叫做“饥饿总统”的讽刺，

也是对资本主义社会制度的控诉。

## 谁是英国历史上首位工党籍首相?

J·R· 麦克唐纳 1866 年 10 月 12 日生于苏格兰莫里郡，是英国工党创始人，英国历史上首位工党籍的英国首相，并两任英国首相。

麦克唐纳 1885 年参加社会民主联盟，1886 年参加费边社，1894 年加入独立工党。1900 年劳工代表委员会成立，麦克唐纳被选为书记。1906 年麦克唐纳当选为议员，1911 年成为议会下院工党领袖。他在独立工党和工党中都属于右翼，主张阶级合作，反对革命和阶级斗争。1924 年 1 月麦克唐纳带领工党组阁，成为英国历史上首位工党籍的英国首相。可是，其政府仅属弱势政府，后来又有传闻声称苏共渗入政府，使政府于同年 11 月大选败于保守党。

1929 年，麦克唐纳出任第二届工党政府首相。然而，同年在美国爆发的经济危机严重影响了英国经济，面对经济的急速衰退，内阁却在经济政策上出现严重分歧，无法达成共识。1931 年 8 月，麦克唐纳递交辞呈，当天获英皇乔治五世授意另组国民政府，实行同保守党及自由党筹组联合内阁。麦克唐纳自立国民政府在国内继续实行压制工人的政策；在国外则主张裁军和国际仲裁，为此于 1930 年与美、日签订一项限制海军的协定。工党执行委员会为此宣布将麦克唐纳及其追随者开除出党。而党内更有人谴责他为“叛徒”。

被开除出党后，麦克唐纳创立支持度非常低的国民工党，自任党魁。不过，国民政府虽由麦克唐纳当任首相，但却被逐渐孤立，本土事务的决策大权更落入保守党手中。麦克唐纳在国民政府任相后期，曾在 1933 年于伦敦主持国际联盟的伦敦经济会议，想要与各国合力化解经济危机，但峰会最终因美国拒绝合作而流产。

麦克唐纳后期因健康恶化而在 1935 年被迫将首相职位让给 S· 鲍德温，改任枢密院院长。1937 年 5 月麦克唐纳辞职。同年 11 月 9 日，麦克唐纳死于赴南美的航海途中。

## 在马赛街被射死的南斯拉夫国王是谁?

亚历山大一世· 卡拉格奥尔基耶维奇是卡拉格奥尔基王朝的南斯拉夫国王，塞尔维亚国王彼得一世的次子，于 1934 年 10 月 9 日在马赛街被射死。

他 1904 年毕业于俄罗斯圣彼得堡贵族军官学校。1909 年，在他的兄弟格奥尔基·卡拉格奥尔基耶维奇的继承权被剥夺后，他在塞尔维亚军中服役，之后，以第一军军长身份参加了 1912 年到 1913 年的巴尔干战争。在第一次世界大战期间，他成为塞尔维亚军队总司令。1918 年 12 月，亚历山大成为刚建立不久的塞尔维亚—克罗地亚—斯洛文尼亚王国（1929 年改名为南斯拉夫王国）的摄政王。1921 年 8 月 17 日，亚历山大一世加冕为国王。

为了平息国内各民族的不满情绪和骚动，特别是克罗地亚人的独立要求，亚历山大一世开始走向独裁。1929 年 1 月 5 日，他解散议会、废除宪法，开始实行独裁统治。为了表现他统治的是一个统一的王国，亚历山大一世将国名改成南斯拉夫王国。

1934 年 10 月 9 日，南斯拉夫国王亚历山大一世对法国进行国事访问期间，在和法国外交部长路易斯• 巴都乘车穿过德波斯街时，一名衣衫褴褛的男子冲出警察筑成的人墙跳上了正在行驶的汽车。枪手向车内射出数发子弹，国王和巴都均遭到致命一击。马赛街道发生了令世人震惊的一幕，亚历山大一世(1888 ～ 1934 年)被射死。次日，南斯拉夫亚历山大皇太子宣布即位，是为彼得二世。这位年少的君主由一个摄政参议会佐理政务。

南斯拉夫政府于 15 日宣布，亚历山大是被克罗地亚秘密组织乌斯塔夏的秘密成员杀害，凶手是克罗地亚极端分子南保加利亚人法拉达• 乔奇夫，他的两个同伙均是克罗地亚秘密组织乌斯塔夏的秘密成员。南斯拉夫已请求拘捕流亡在托利纳的该秘密组织领袖安特• 帕弗利亚克，并与意大利政府签订引渡契约。

## 谁是美国战后民权运动领袖?

马丁• 路德• 金是美国战后民权运动的领袖人物。他 1929 年 1 月 15 日生于佐治亚州亚特兰大市一牧师家中。他主张的非暴力群众直接行动运动，对美国 1964 年通过《民权法》、1965 年通过《选民登记法》，从法律上将美国南部的种族隔离制度取消，起了十分重要的作用。

1955 年 12 月 1 日，亚拉巴马州蒙哥马利城黑人 R • 帕克斯夫人在公共汽车上未给白人让座，被捕入狱。在青年黑人牧师马丁 • 路德 • 金的领导下，全城 5 万黑人团结起来，罢乘公共汽车有一年之久，终于迫使汽车公司取消种族隔离制。1957 年在创建南方基督教领袖会议上，马丁• 路德• 金被选为主席，他积极参加和领导了“静坐”运动、“自由乘客”运动及著名的伯明翰游行示威（美国民权运动）。

1958 年他在南方 21 个主要城市组织集会，发动黑人争取公民权利。1960 年 2 月 1 日，北卡罗来纳州格林斯伯勒城 4 个黑人大学生来到了一个餐馆，白人服务员要他们走开，他们不予理会。这一行为立刻得到南部广大黑人学生响应，发展成为大规模静坐运动，迫使近 200 个城市的餐馆取消隔离制。种族平等大会于 1961 年 5 月初又开展自由乘客运动。不久，在学生非暴力协调委员会参与下，获得了许多白人的支持，逐渐发展为全国性运动，迫使南部诸州取消州际公共汽车乘坐上的种族隔离制。1963 年 8 月，金参与并组织了 25 万人向华盛顿前进，要求就业，要求“立即自由”。有些城市的黑人还开展以暴力对付暴力的斗争。并在林肯纪念碑下发表《我有一个梦想》

的著名演说。1964 年他获诺贝尔和平奖金。

金反对使用暴力，但仍多次被捕入狱。他受印度 M•K•甘地思想的影响，提倡“同情和谅解那些恨我们的人”，这充分显示了他斗争的不彻底性。1964 年迫使 L•B• 约翰逊总统签署了《民权法》。由于南部诸州仍采用各种手法阻止黑人选民登记。所以，金及同僚等在种族主义极其猖獗的亚拉巴马州塞尔马市进行黑人选民登记运动，冒着被殴打、杀害的危险于 1965 年 3 月由塞尔马向州首府蒙哥马利进军，最后参加人数有 15 万之多。面对世界人民的谴责，美国政府于同年 8 月要求国会通过了《选民登记法》。

1965 年以后，他一直引导群众运动前进，积极反对侵越战争，1968 年 3 月，发动“贫民进军”(也称“穷人运动”)。他于 4 月 4 日在田纳西州孟菲斯市被种族主义分子刺杀。

## 被暴尸街头的伊拉克首相是谁？

努里• 赛义德（1888 ～ 1958 年），伊拉克王国温和派领导人，英国势力在伊拉克的代理人 1958 年 7 月 15 日被暴尸街头。

1930 ～ 1958 年间努里七次出任首相。努里 1888 年出生于巴格达，他的家庭属于逊尼派，来自高加索山脉北部。努里 1906 年在土耳其伊斯坦布尔军事学院毕业后，留在土军中任下级军官，1912 年他被派驻利比亚在那里鼓动反抗意大利占领的运动，后参加巴尔干战争。努里在军内服役多年，后来转向阿拉伯民族主义。

在第一次任期内他签署了《英伊条约》，向英国授予无限制的在伊拉克驻扎和通过伊拉克运输军队的权利，还给予英国控制伊拉克石油工业的权利。这个条约限制了英国就伊拉克内务的影响，但是条件是伊拉克的内务政策与英国的经济和军事利益不冲突。

以色列、英国和法国在埃及将苏伊士运河国有化过程中的反应导致了第二次中东战争。努里的政治基础被削弱，而反对派开始协调其活动。1956 年伊拉克的政治情况急剧恶化，在纳杰夫等城市爆发起义。1957 年 2 月民族民主党、自由人士、共产党和复兴党组成了一个民族联盟战线。同时，在军队内也形成了一个自由军官最高委员会。

1958 年 2 月，赛义德政府与约旦结成阿拉伯联邦，努里出任这个新联盟的首席首相，以抵制埃及和叙利亚合并成立的阿拉伯联合共和国及其在阿拉伯世界的影响。

在 30 年政治生涯后，他没能解决伊拉克国民的贫困和社会不公正，而且还镇压抗议。1958 年 7 月 14 日，阿卜杜勒• 卡里姆• 卡塞姆领导的伊拉克革命爆发后，国王费萨尔二世、阿布杜勒• 伊拉、伊拉的妻子和母亲以及一些侍者在出门时被兵变军队杀。努里首先躲起来，第二天，他企图扮为妇女出逃，最终被识破后被捕，同日被杀和被埋葬。但是巴格达市内激怒的市民将他的尸体挖出来，在大街上拖着示众，最后又将他的尸体吊起来、焚烧和解肢。

## 英国何时与伊拉克签订了承认伊拉克独立的条约?

1930 年 6 月 30 日英国慑于伊拉克民族解放运动的迅猛发展与伊拉克的名为努里•赛义德政府签订了一项为期 25 年的条约，表面上承认了伊拉克的独立。条约规定，两国建立密切的同盟关系，在外交事务上充分协商。

伊拉克同意英国在巴士拉附近的塞巴和巴格达以西的哈巴尼亚建立空军基地并在那里驻军，伊拉克军队由英国训练和装备；伊拉克为战时英军提供一切便利和协助，英军享有伊拉克陆、海、空交通线的使用权。

条约包括正文、附录和来往函件三个部分，主要内容有：①英、伊永远和平友好，双方建立亲密的联盟，战时互相帮助；②英国驻巴格达大使享有比其他国家外交官优越的地位，伊拉克聘请英国人担任外交官，双方对涉及两国共同利益的外交政策应进行协商；③伊拉克留用英籍行政官员，但数量应削减；④在条约签订之后的 5 年内，英国开始占用巴士拉附近的舒艾拜和巴格达西面的哈巴尼亚两个空军基地，驻伊英军享有各种特权；⑤战时伊拉克政府应向英军提供一切便利和帮助，英军有在伊拉克陆地、领水、领海、领空自由活动的权利；⑥伊拉克军队必须聘用英国顾问和教官，由英国提供武器装备和培养伊拉克军官。

1932 年，英国结束了对伊拉克的委任统治，伊拉克加入国际联盟。但是英国大使作为英国高级专员的接替者，仍然干涉伊拉克的各项事务。20 世纪 30 年代伊拉克人民多次掀起废除《英伊同盟条约》的民族独立运动。1941 年 5 月底，英军粉碎了亲德分子拉希德• 阿里• 盖拉尼发动的政变。

英国玩弄欺骗伎俩签订的英伊同盟条约，虽然表面上承认了伊拉克的独立，但保留了委任统治时英国在伊拉克的既得利益和种种特权，伊拉克的内政、外交和国防大权实际仍控制在英国人手里。

## “集体安全”是何时提出的?

面对法西斯的挑衅，20 世纪 30 年代前苏联和法国从不同角度出发，为制止法西斯国家侵略、维护世界和平与各国安全提出了建立欧洲集体安全政策体系的构想。

1933 年，前苏联根据和平不可分割与进行集体抗击侵略的原则提出集体安全的政策，建议缔结多边或双边的互助条约，共同制止法西斯的侵略扩张。前苏联政府为积极推行这一政策采取许多了步骤。

美国政府在国内孤立主义的压力之下，在整个 20 世纪 30 年代对欧洲以及亚太地区的集体安全是漠不关心的。美国的口号是“不为欧洲战争出一个人，花一分钱”。前苏联政府于 1938 年 3 月 17 日将李维诺夫关于组成集体安全体系的声明文本送交英法政府的同时，也送交给了美国政府，结果美国政府根本不予理会。美国的态度直接

对英国的外交政策产生了影响。

二次大战前夕，美国驻法大使布立特对于波兰人直接提出的万一前苏联遭到德国进攻，美国是否援助苏联的问题就作了否定的回答。美国也未积极采取有力措施来推动苏、英、法三国谈判取得成功。美国对抵抗德国法西斯侵略和欧洲集体安全的消极态度，直接影响到英国的态度，因此英国对苏联欧洲集体安全政策更加不感兴趣，这也间接地增大了建立欧洲反法西斯联合阵线的困难。英、法执行绥靖政策，拒绝同前苏联合作共同遏制法西斯的恶行，致使德、意、日提前发动了第二次世界大战。

第二次世界大战的爆发和大战初期英苏两国处于艰难地位作战而蒙受巨大损失的事实，说明了战前前苏联争取欧洲集体安全的想法是正确的和必要的。希特勒正是利用了欧洲因英国决策错误的决定性影响而缺乏一个强大反法西斯联合阵线的有利条件，在 1939 年 9 月挑起了世界大战，给英国和其他欧洲国家带来了巨大的灾难。

英国对前苏联集体安全政策采取消极态度，其负面影响广泛而深远，远超出英苏两国关系的层面，可以说是它的一个永远无法弥补的极其错误的历史抉择。

## 奥地利流血致死的总统是谁?

陶尔斐斯在 1892 年 10 月 4 日生于奥地利曼克的基恩贝格。1932 年任奥地利第一共和国总理兼外长。1934 年 7 月 25 日晚上，在维也纳遭纳粹暴乱分子的暗杀。

在任期间，陶尔斐斯取缔共产党和奥地利纳粹党，镇压群众运动，建立独裁制度。对外致力于意奥匈三国军事同盟，反对德国吞并奥地利。1934 年 7 月 25 日晚上，纳粹暴乱分子在他的办公室向他开枪，陶尔斐斯倒在地板上，流血 4 小时而死。

第一次世界大战时，陶尔斐斯在意大利前线服役，获少尉军衔。战后他在维也纳、柏林学习法律和经济，1923 年获得法学博士学位。1921 年他加入奥地利基督教社会党。1927 年他出任下奥地利州农业协会主席，1930 年陶尔斐斯任奥地利联邦铁路行政管理委员会主席，1931 年任农林部部长。1932 年 5 月陶尔斐斯出任联邦总理兼外长。为维持统治，他在 1933 年 3 月关闭议会，建立“祖国阵线”，同时，取缔共产党及奥地利纳粹党。

1934 年陶尔斐斯武力镇压林茨、维也纳等地的社会民主党所属组织的起义，以《五月宪法》为基础，建立独裁国家，暂时控制住局势。在外交方面，他求助于法西斯意大利的支持，致力于意奥匈三国军事同盟。1934 年 3 月签订《罗马议定书》，进一步依附于意大利。在对德关系上，不参加德国的关税同盟，反对德国吞并奥地利。1934 年 7 月 25 日，受希特勒操纵的奥地利纳粹分子举行武装暴乱，陶尔斐斯在联邦总理办公室遇刺身亡。

## 希特勒为何要制造国会纵火案？

国会纵火案是德国纳粹党策划的焚烧柏林国会大厦，借以陷害德国共产党和其他进步力量的阴谋事件，希特勒以此为契机建立起纳粹党的法西斯独裁政权。德国共产党通过此次事件被希特勒成功解散。

在1932年11月的德国选举后，希特勒出任政府总理，因为纳粹党在选举中并未获得压倒多数，所以定于1933年3月5日举行新的选举。同时，戈培尔和戈林为陷害共产党和欺骗群众，制造舆论，策划了纵火阴谋。

1933年2月27日晚，冲锋队队员通过戈林官邸中的隧道进入国会，放火焚烧国会大厦。2月27日22点，柏林消防队接到消息，国会大厦发生火灾。直到23点30分，大火才被扑灭。经过消防员和警察对大火现场的检查，发现了20捆未烧尽的纵火燃料和一个赤裸的冻得哆嗦名叫马里努斯·凡·德尔·卢贝的荷兰共产党人，他是一个失业的建筑工人，在此前不久才到德国。纵火当晚，戈林即下令逮捕德共党员和反法西斯人士，查禁德国共产党和社会民主党报刊，封闭德共办事处。

得到火灾报告时，希特勒正与约瑟夫·戈培尔在柏林的公寓中进行晚餐。在接到紧急电话后，希特勒、戈培尔和副总理弗朗茨·冯·帕彭乘车赶到国会大厦，在那里他们遇到了赫尔曼·戈林。戈林对希特勒说："这是共产党的暴行！共产党的一名匪徒被逮捕。"希特勒称："这是共产党发动革命的信号。"第二日，希特勒在电台上公开发表讲话说："这种纵火行为是德国布尔什维克进行的最骇人听闻的恐怖主义行为。"

德国纳粹党借助这起事件大肆逮捕共产党的领袖，冲锋队禁止共产党员参加选举，因此在3月5日的议会选举中纳粹党赢得了44%的席位，但仍然没有能达到2/3的多数。纳粹党通过胁迫或贿赂的手段，强行通过了《授权法》，只有社会民主党没有投赞成票。

希特勒掌握《授权法》后，立刻在一个月时间内取缔所有非纳粹党派，建立了希特勒纳粹独裁政权。

## 美国的哪位总统是残疾人？

富兰克林·德拉诺·罗斯福出生于纽约，他是身残志坚的代表人，也受到世界人民的尊敬。罗斯福一直被视为美国历史上最伟大的总统之一，是20世纪美国最受民众期望和受爱戴的总统，也是美国历史上唯一连任3届总统的人，任职长达12年。

罗斯福曾就读于哈佛大学和哥伦比亚大学。1910年任纽约州参议员。1913年任海军部副部长。1921年因患脊髓灰质炎(俗称:小儿麻痹)致残。1928年任纽约州州长。1932年竞选总统获胜。执政后，以"罗斯福新政"对付经济危机，颇有成效，故获得1936年、1940年、1944年大选连任。

1929～1933年，美国发生了历史上最深刻的经济危机。危机期间，工业生产退回到20世纪初的水平，全国大批企业倒闭，失业人数大增；农业危机进一步深化，

农产品价格下降，大量农产品积压，农业货币收入减少；进出口贸易量减少，因价格剧跌，进出口总值下降；货币信用危机迅速发展，破产银行占全国银行的一半。罗斯福就任总统时，经济危机和阶级矛盾极为尖锐，整个银行信贷体系陷于瘫痪。罗斯福政府于是大力推行新政，企图缓和经济危机及其严重后果。

新政包括前期（1933～1935年）和后期（1935～1939年）。前期以历时一百天（1933年3月9日至6月16日）的美国第73届国会特别会议为其先导，这届会议通过了一连串"反危机"法令，包括新政的两大支柱——《国家产业复兴法》和《农业调整法》。1935年～1936年，因为反对和支持新政的斗争激化，这两个主要法令被美国最高法院先后宣布为违反宪法而被废止，新政于是转入后期。第二次世界大战初，美国采取不介入政策，但对希特勒采取强硬手段，以"租借法"支持同盟国。1941年年底，美国参战。罗斯福代表美国两次参加盟国"三巨头"会议。

罗斯福政府提出了轴心国必须无条件投降的原则并得到了实施。罗斯福提出了建立联合国的构想，也得到了实施。罗斯福63岁时由于突发脑溢血抢救无效去世。

## 墨索里尼是一个从极左到极右的人吗？

意大利法西斯独裁者，国家法西斯党党魁贝尼托•墨索里尼，是第二次世界大战中臭名昭著的刽子手。早年墨索里尼信奉共产党。一战爆发后，他的思想发生变化，转向纳粹主义，是一个从极左转到极右的人。

1883年7月29日，墨索里尼生于意大利弗利省的一个铁匠的家庭，自幼受布朗基主义和国家主义思想影响。

1900年，他加入了当时激进的左翼政党意大利社会党。1902年他居住在瑞士，结识了一批革命家。1908年到1909年，他居住在奥地利的特伦提诺。这时他读了哲学家尼采和索尔的著作，对民族主义产生了浓厚的兴趣。

第一次世界大战的爆发改变了墨索里尼，这就让他的思想从极左转向极右，变成战争狂热分子，并退出了意大利社会党。1919年3月，在米兰，他发起成立了"战斗的法西斯"组织。1921年该组织改名为"意大利国家法西斯党"，贝尼托•墨索里尼成为该党领袖。

1922年10月，墨索里尼指挥该党的军事组织"黑衫军"发动暴乱，猛攻罗马，并夺取政权。30日被意大利国王埃马努埃莱三世任命为总理。

1928年，他强行废除议会制度，建立了法西斯独裁统治政府。在对内政策上，宣布取缔其他一切政党和群众团体，并严酷镇压共产党和进步人士；对外则煽动民族沙文主义，极力推行军国主义侵略扩张的政策。

1935年10月，墨索里尼发动了侵略埃塞俄比亚的战争。1936年5月，宣布将埃塞俄比亚并入意大利。7月，又伙同德国武装干涉西班牙内战，向西班牙的叛军提供武器装备。10月，与德国结成柏林—罗马轴心。第二年11月又加入《反共产国际协定》，彻底变成了战争狂人。

1939 年 5 月 22 日，墨索里尼与德国总理希特勒签订《意德钢铁条约》。1940 年 6 月 10 日，意大利正式加入轴心国，参加了第二次世界大战。

1945 年 4 月 27 日，欧洲法西斯惨败。在逃亡过程中，墨索里尼被意大利抵抗运动的游击队发现并逮捕。28 日，墨索里尼和他的情人被枪决。

## 你知道“马奇诺防线”吗?

法国在第一次世界大战爆发后，为防德军入侵，就在东北边境地区构筑了一道坚固防线，被称为马奇诺防线。此工程非常浩大，法国人引以为傲。但是，它终究还是没能抵挡得住入侵的铁蹄，德国还是绕过了马奇诺防线，进攻法国。

20 世纪 20 年代，法国军界高层的消极防御思想占上风。为了防备德国再次发动进攻，法国政府决定在东北部边境从瑞士到比利时之间修筑一个防御阵地体系。因为主要设计者是法军陆军部长马奇诺，因此命名为马奇诺防线。

法国对边境工程设防问题的研究始于 1919 年。1927 年决定先在东北边境构筑梅斯、劳特尔和贝尔福 3 个独立的筑垒地域，并于 1928 年开始施工。1929 年 12 月，马奇诺任陆军部长，防线即全面展开施工，到 1936 年基本建成。整个工程耗资达 60 亿法郎，土方工程量达 1200 万立方米。

在亡国战争爆发前，马奇诺防线的修建是法国人的一个骄傲和依靠，这个欧洲最为庞大的工程项目将筑城技术发挥到了极至，如此一条坚强的防线，完全断绝了敌人从侧翼迂回的可能性，因此法国人将国家安全完全寄托在马奇诺防线上。

但是，马奇诺防线最危险的方面是在人们的心理上，因为它给人营造了一种错误的安全感，有一种躲在牢不可破的钢铁防线后面的感觉。一旦这种感觉没有了，法国的战斗意志将一起被粉碎。

自从法国对德宣战之后，布置在前线的法国部队根本没有临战前的紧张气氛，从前线到后方的法国人一致认为，德国人必然会在坚不可摧的马奇诺防线面前撞得头破血流，这场战争将会是一场“很轻松的战争”。于是，他们整日里无所事事，只是尽情地享受着后方提供的丰富全面的娱乐设施，直到被突如其来的德军攻打得一败涂地。

马奇诺防线如此坚不可摧，却没能保护法国。真正的原因是法国没有意识到自己的军事思想的落伍和绥靖政策的苟安心理。

## 绥靖政策是什么时候出现的?

第一次世界大战后，社会主义苏联的出现，引起了帝国主义的恐惧和仇视。它们在争夺世界霸权的争斗中，既想削弱和击败竞争对手，又要反对社会主义，镇压人民革命。绥靖政策正是适应这一需要出现的。

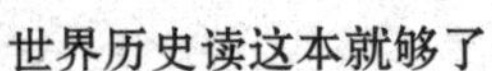



绥靖政策是指在国际关系中，对侵略者采取姑息纵容、妥协让步，以牺牲他国利益或牺牲本国微小利益去满足侵略者欲望、从而谋求自身安全、保护自己既得利益的一种让步政策。

20世纪30年代前，绥靖政策主要表现在扶植战败的德国，并支持日本充当防范苏联的屏障和镇压人民革命的打手。到30年代，特别是德国和日本两个战争策源地形成后，面临德、意、日法西斯国家的挑战，以英国首相张伯伦为代表的英、法、美等国的绥靖主义者，为了维护既得利益，求得一时安稳，不惜以牺牲别国利益为代价，向侵略者妥协，妄图将祸水东引向苏联。他们还企图牺牲其他小国家的利益，满足法西斯的欲望，保全自己。

1935年3月，他们容忍希特勒大张旗鼓地重整军备。1935年8，美国通过中立法。1935年10月，眼睁睁地看着意大利侵略埃塞俄比亚。1936年3月，放任希特勒武装进占莱茵区。1936年8月对德、意武装干涉西班牙内战采取“不干涉”政策。1937年7月，纵容日本发动全面侵华战争，此后又策划太平洋国际会议，密谋出卖中国，向日本妥协。1938年3月默许希特勒兼并奥地利。这些都是绥靖政策的例证。

其中最典型的体现，则是1938年9月召开的的慕尼黑会议和《慕尼黑协定》。

第二次世界大战后，绥靖政策表现为美国对前苏联的妥协。为争取前苏联一道参加对日作战，在雅尔塔会议中美国同意苏联的要求，表示中国外蒙古部分（现蒙古共和国）的现状应继续维持，阴谋策划外蒙独立，分裂中国。这样，通过一系列牺牲他国利益和主权，尤其是中国利益的手段，美国达到了暂时拉拢苏联、避免世界大战进一步扩大的目的。

历史用事实证明了，绥靖政策是一种纵容战争、挑拨战争、扩大战争的失败政策。它无法满足法西斯国家的侵略野心，却鼓励了侵略者的冒险行径，助长了法西斯的侵略气焰，加速了第二次世界大战的爆发。

## “慕尼黑阴谋”发生在什么时候?

1937年，英国、法国、纳粹德国、意大利四国首脑召开了慕尼黑会议，并签订了《慕尼黑条约》。英、法两国为避免战争爆发，牺牲了捷克斯洛伐克的利益，将苏台德地区阴谋割让给纳粹德国，史称慕尼黑阴谋。

德国发生“国会纵火案”之后，希特勒当上了总理，坐上了权力独裁者的宝座。与此同时，法西斯德国也开始加紧准备战争。1938年3月，纳粹德国吞并奥地利后，把侵略矛头指向捷克斯洛伐克，企图以支持“民族自决”为名，占领捷克斯洛伐克西部日耳曼人集中的苏台德地区。

希特勒在德捷边境集结兵力，威胁捷克斯洛伐克。5月20日，捷克斯洛伐克政府被迫宣布局部动员起来，加紧防御措施。德捷边境局势紧张，史称“五月危机”。

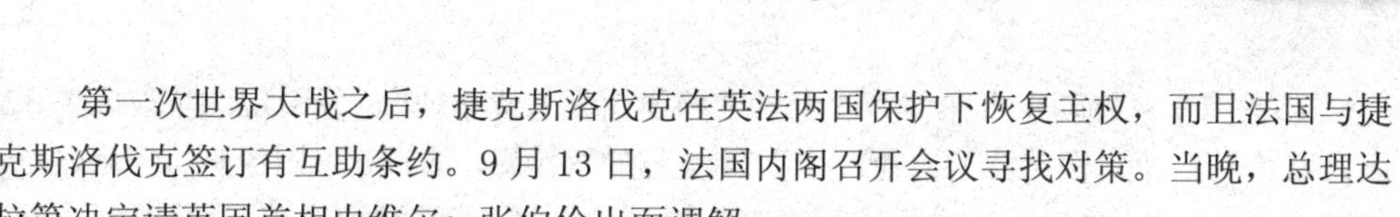

第一次世界大战之后，捷克斯洛伐克在英法两国保护下恢复主权，而且法国与捷克斯洛伐克签订有互助条约。9 月 13 日，法国内阁召开会议寻找对策。当晚，总理达拉第决定请英国首相内维尔• 张伯伦出面调解。

9 月 13 日晚，张伯伦给希特勒发出加急电报，希望双方通过会面方式“和平解决”这一问题。希特勒同意了，并向英、法施压，要求占领捷克斯洛伐克的苏台德地区。对此，捷克斯洛伐克总统爱德华• 贝奈斯断然拒绝了德国的要求，同时宣布全国进入战争紧急状态。与此同时，希特勒下令德军 7 个师进入德、捷边界的前沿阵地，战争有一触即发之势。

9 月 29 日，张伯伦同达拉第、希特勒、墨索里尼在慕尼黑举行英、法、德、意四国首脑会议。四国正式签署了将苏台德地区割让给德国的《慕尼黑协定》。会议结束后，捷克斯洛伐克的两名代表才被带进会议厅，告之协定的内容。迫于英法两国的压力，捷克斯洛伐克政府在德国限定的 6 小时内被迫接受了《慕尼黑协定》。这就是所谓的慕尼黑阴谋。

## 二战爆发的标志是什么？

《苏德互不侵犯条约》是 1939 年 8 月 23 日前苏联与纳粹德国在莫斯科签订的一份秘密协议。《苏德互不侵犯条约》签订后，德国对波兰实施闪电战，迅速占领波兰，标志着第二次世界大战正式爆发。两个意识形态截然相反的国家在世界大战期间暂时保持相安无事。

十月革命及前苏联建立后，由于意识形态等原因，以英国、法国为首的西方国家与前苏联的矛盾不断激化。到 20 世纪 30 年代末，英、法的主要战略对手是前苏联，而在东欧地区的问题上又与纳粹德国发生了冲突。而纳粹德国向来仇视共产主义，如果要向前苏联采取军事行动，也必须经过东欧。对前苏联而言，英、法是“老牌帝国主义国家”，意识形态冲突显而易见，而纳粹德国的崛起更是直接威胁到前苏联的国防安全。因此，西方、德国与前苏联三方之间的斗争与冲突便开始了。

希特勒一面声称要消灭社会主义苏联，一面又加紧准备向西方侵略扩张。面对德国咄咄逼人的态势，英、法一味退让，实行绥靖政策，企图将祸水东引。希特勒为了制定闪击波兰的“白色方案”，避免过早地与前苏联发生冲突，陷入两线作战的困难境地；而斯大林为了保护苏联的安全和利益，决定放弃与英、法共同对抗纳粹德国，反而与之保持表面上的友好关系，以争取时间及空间上应对纳粹德国在日后可能进行的军事行动。

1939 年，英、法、苏三国在莫斯科举行军事、政治谈判。然而，谈判毫无结果。英、法不信任社会主义苏联，对德国又推行绥靖政策，同意了纳粹德国在东欧和中南欧自由行动，拒绝了前苏联提出的保障中欧和东南欧国家安全的建议。

1939 年，希特勒一再向前苏联表示纳粹德国无意侵略他们，并希望改善彼此关系。因为希特勒已决定侵略波兰，他对于莫斯科正在举行英、法、苏三国谈判，深感忧虑。1939 年 5 月，日本在远东地区挑起“诺门坎事件”，向苏联发动进攻。而德、日两个法西斯国家又在谈判结成军事同盟，前苏联有腹背受敌的危险。于是，斯大林答应了希特勒的要求。

## 谁领导法国走向了自由？

第二次世界大战期间，戴高乐领导“自由法国”运动，反抗纳粹德国的侵略，并最终取得了胜利，使得国家独立，法国走向了自由。

战争初期，法国为了阻止德国入侵，在国境线上构筑马其诺防线，防线内堡垒林立，地下筑有坚固工事，还有地下铁道、隧道公路和各种生活设施。马奇诺防线被法国人视为安全的保证，是“万无一失”的坚固屏障。

在大战以前，英法政府对希特勒的军事扩张一再采取妥协让步的绥靖政策，使得德国的扩张野心日益膨。希特勒攻占波兰后，又接连占领了丹麦、挪威、荷兰、比利时、卢森堡，顺利地绕过“马奇诺防线”，攻入了法国。

毫无戒备的法军一触即溃，法国首都巴黎危在旦夕。6 月 14 日，德国未发一弹就占领了巴黎，接着深入法国境内。1940 年贝当出任总理，向德国宣布无条件投降，法军全部解除武装并移交出武器。法兰西第三共和国到此结束。

夏尔· 安德烈· 约瑟夫· 马里· 戴高乐（1890 ～ 1970 年），生于法国西北部边境城市里尔。曾参加过普法战争，民族主义和爱国主义情绪非常强烈。他在第二次世界大战期间，领导自由法国运动并发表了著名的电台讲话，号召法国人民积极抵抗纳粹德国的侵略。1940 年 6 月法国灭亡以后，戴高乐在伦敦发表《告法国人民书》，呼吁人民继续抗战，标志着自由法国运动开始。

1941 年 9 月，建立最高领导机构“自由法国民族委员会”（简称“自由法国”）。1942 年 6 月改名为“战斗法国委员会”（简称“战斗法国”）。1943 年 6 月联合其他抵抗组织成立法国民族解放委员会。

戴高乐坚决主张同法西斯德国血战到底。决心到英国去领导法国的抵抗运动。戴高乐以他顽强的毅力和爱国精神，为拯救和维护法国的民族独立，做了不可磨灭的贡献，是法国人敬爱的英雄和领袖。

次年法国光复后，成为法国临时政府。他在战后成立法兰西第五共和国并担任第一任总统。1970 年 11 月 9 日因心脏病突发，猝然逝世。

## 你知道“海狮”计划吗？

二战期间，希特勒制定了从海上入侵英国的计划，代号“海狮计划”。随即在伦敦上空上演了世界上规模最大的一次空战。

1940 年 7 月，欧洲战场上只剩下英国还在孤军奋战，英国当时的处境是极其险恶的。陆军在刚结束的法兰西战役中损失惨重，虽经敦刻尔克大撤退，奇迹般地将三十余万部队撤回英伦三岛，为以后的战略反攻保存了一定实力，但所有重型装备和车辆都丢弃殆尽，与法西斯军队作战，显得有些力不从心。而德国的情况则刚好相反，刚占领了法国、比利时、荷兰等西欧诸国，达到了军事胜利的顶峰。武器装备充足，士气高涨，空军规模急剧扩大。

纳粹德国元首希特勒一直对英国抱有幻想，认为英国在如此严峻的局面下，一定会与德国媾和。然而，英国的强硬态度完全出乎他的意料，于是，他在 7 月 16 日下达了代号“海狮计划”的命令。

该计划要求“德国空军要使用其全部兵力尽快击败英国空军”，夺取制空权，并配合海军和陆军在英国本土登陆。德国空军投入不列颠之战的飞机约 2400 架，其中轰炸机 1285 架，主要基地位于法国东北部、西北部以及荷兰和挪威。

此外，德国在占领西欧之后对英国形成了一个弧形包围圈，这加大了德国飞机突击纵深的力度和出击的频率。德国空军司令、纳粹二号人物戈林对希特勒夸下海口，只用空袭便可征服英国，希特勒于是决定等到德国空军对英国实施集中攻击后，再确定“海狮行动”的具体方案。但是由于英国有雷达的帮助，挫败了德国的阴谋。

不列颠之战挫败了德国入侵英国的目的，使德国征服全西欧的计划落空。这次战役也由于英国的顽强表现，而迫使希特勒在没有把不列颠完全逐出战争之前，先回头来对付苏联，重走两线作战的老路。不列颠之战书写了二战史上抗击法西斯的光辉一页。

## 日本军国主义的代表人物是谁？

日本陆军大将、政治家，第 40 任首相东条英机（1884 ～ 1948 年），是第二次世界大战日本法西斯主犯之一，也是日本军国主义的代表人物。

1945 年 9 月的一天下午，日本前首相东条英机住宅外围满美国宪兵、军人和记者，原来东条英机就要被捕了。突然，人们听到一声沉闷的枪声，冲进屋内一看，东条英机左手握枪，衣服上满是血污。他畏罪自杀，但却没有成功。

东条英机出生于岩手县的一个武士家庭。在其出生后不久，便举家迁往东京。其父东条英教中将曾参加过甲午战争和日俄战争，是帝国主义侵略中国的马前卒，著有兵法《战术麓之尘》。少年时代的东条英机读书长进不大，打架斗殴倒是颇有名气，并深受军国主义熏染，参军后受到赏识，后成为日本法西斯的核心人物。

他狂热地推崇战争，竭尽全力为日本帝国主义对外侵略效犬马之劳。1931年，日本占领了中国东北之后，东条先后被任命为驻扎在东北的关东军的宪兵司令官和参谋长。他主张对中国态度强硬，挑衅中国，分裂中国疆土，挑拨中国民族之间感情，无恶不作，极其阴险。但是，一个中国是无法满足他的野心的，他极力扩充侵略范围，俄罗斯、东南亚、西太平洋，建立大东亚共荣圈。但是，多行不义必自毙。不久，日本在一系列重大战役中接连失败。1944年东条因指挥战事无能而连连失利，导致众叛亲离，被迫辞去一切职务。

东条是昭和天皇最忠诚的手下，长于行动，短于思考。在关东军中，他因独断专行、凶狠残暴而著称，有“剃刀将军”之称。东条英机是第二次世界大战中，与希特勒、墨索里尼齐名的三大法西斯头目之一，是日本帝国主义侵略亚洲、侵略中国的头号战犯。1948年东条被远东国际军事法庭宣判为甲级战犯处以绞刑，得到了应有的惩罚。

## 反法西斯的行动纲领是什么?

1941年，由美国总统罗斯福与英国首相丘吉尔签署的联合宣言《大西洋宪章》，又称《罗斯福丘吉尔联合宣言》。是反法西斯的纲领文件。

苏德战争爆发后，第二次世界大战范围进一步扩大，斯大林在1941年7月3日的广播演说中表示，苏联的卫国战争，不仅是为了保卫苏联，而且要帮助那些呻吟在德国法西斯主义枷锁下的欧洲各国人民。这促使英、美政府要对法西斯侵略和战争目的表明自己的态度。于是，两国首脑于1941年8月，在大西洋北部纽芬兰阿金夏海湾的奥古斯塔号军舰上举行大西洋会议，签署了一份联合宣言，即为《大西洋宪章》，又称为《罗斯福丘吉尔联合宣言》。

该宪章声明宣布了对德战争的目的和战后和平的处置，并称英、美两国并不追求领土或其他方面的扩张。凡未经有关民族自由意志所同意的领土改变，两国不愿其实现。两国宣称尊重各民族的自由选择，选择他们赖以生存的政府的权利。待纳粹暴政被最后毁灭后，使全世界所有人类都有自由生活的保证。

大西洋宪章中，提出对法西斯国家作战的目的和进步民主的重建以及战后和平的目标，体现了资产阶级民主政治的一般原则，对于国际反法西斯统一战线的形成和打败德、日侵略者起到了积极的推进作用。同时，“机会均等”、“海上自由”等内容有利于美国战后与英国争夺势力范围，取得世界“领导地位”。同年9月，苏联等国表示同意宪章的基本原则。

总的说来，大西洋宪章不仅标志英、美两国在反法西斯基础上的政治联盟，而且也是后来联合国宪章的基础。实际上，大西洋宪章已成为这些国家继续进行反法西斯战争的纲领。

## 谁被誉为有史以来最伟大的英国人?

2002 年，英国 BBC 举行了一个名为“最伟大的 100 名英国人”的调查，结果丘吉尔获选为有史以来最伟大的英国人。

温斯顿•丘吉尔，政治家、画家、演说家、作家以及记者，1953 年诺贝尔文学奖得主，曾两度任英国首相，被认为是 20 世纪最重要的政治领袖之一，带领英国获得第二次世界大战的胜利，是与罗斯福、斯大林并立的二战“三巨头”。被美国杂志《展示》列为近百年来世界最有说服力的八大演说家之一。

丘吉尔出生于声名显赫的贵族家庭。他的祖先马尔巴罗公爵是英国历史上的著名军事统帅，是安妮女王统治时期英国政界权倾一时的风云人物。他的父亲伦道夫勋爵是 19 世纪末英国的杰出政治家，曾任索尔兹伯里内阁的财政大臣。祖先的丰功伟绩、父辈的政治成就以及家族的荣耀和政治传统，无疑对丘吉尔的一生产生了十分巨大的影响，在他成长为英国一代名相的过程中具有关键性作用。

丘吉尔未上过大学，他的渊博知识和多方面才能是经过刻苦自学得来的。他年轻时驻军于印度南部的班加罗尔，在那里有半年多的时间里，他每天阅读四小时或五小时的历史和哲学著作，这成为他后来政治才华的来源。此外，丘吉尔在文学方面也颇有建树，他一生中共写了 26 部专著，几乎每部著作出版后都在世界上引起轰动。他的著作被翻译成多国文字在世界各国广为发行。1953 年他被授予诺贝尔文学奖。

因此《星期日泰晤士报》曾断言:“20 世纪很少有人比丘吉尔拿的稿费还多。”丘吉尔为后人树立丰碑的不仅是他的作品和演讲，还有他作为一个政治家和反法西斯斗士的光辉业绩。这使他成为众望所归的政治领袖以及最伟大的英国人。

## 日本为什么要制造珍珠港事件?

1941 年，日本把美国太平洋舰队看做是“南进”的最大障碍，认为只有消灭美国太平洋舰队,才可以放心大胆地南进。为了赢得战争的主动权,趁美国尚未准备就绪,日本发动了珍珠港事件。

1941 年，日本开始向东南亚发展，这触及了美英等国在这个地区的利益，引起他们的强烈不满。在多次递交外交抗议书无效的情况上，美国、英国和荷兰于 1941 年 7 月,宣布禁止向日本运输战略物资,尤其是钢和石油,对日本进行经济和军事威胁,其目的是迫使日本限制其在东南亚的活动，回到谈判桌边。这对于资源极其贫乏的日本来说，无疑是“致命一击”。

罗斯福认为这个决定一定会让日本屈服，但这一招却激怒了日本，然后就爆发了珍珠港事件。

1941 年 12 月 7 日清晨，日本皇家海军的飞机和微型潜艇突然袭击美国海军基地

珍珠港，以及夏威夷欧胡岛上的飞机场。这次袭击最终将美国卷入第二次世界大战，它是继 19 世纪的墨西哥战争后，第一次另一个国家对美国领土的攻击。这个事件也被称为偷袭珍珠港或珍珠港战役。偷袭珍珠港标志着太平洋战争的爆发。

对珍珠港的袭击从短期和中期的角度来看是一次辉煌的胜利，在整个战争史上，这样的成果也是很罕见的。在此后的六个月中，美国海军在太平洋战场上无足轻重。没有美国太平洋舰队的威胁，日本对其他列强在东南亚的力量可以彻底忽略。此后它占领了整个东南亚、太平洋西南部，它的势力一直扩张到印度洋。但从长远来看，日本无疑充当了自己的掘墓人。

## 哪次会议确定了世界格局？

1945 年 7 月，在波茨坦会议上美国总统杜鲁门、中华民国主席蒋介石和英国首相丘吉尔联合发表了一份公告——《中美英三国促令日本投降之波茨坦公告》，简称《波茨坦公告》。这次会议确定了战后世界的新格局。

1945 年 5 月德国投降，欧洲反法西斯战场以胜利结束。而日军在亚洲和太平洋战场还依然活跃着。

当时，美国由于原子弹试爆成功，认为不借助前苏联的力量促使日本投降的条件已经具备，便由早先急切希望前苏联对日作战，转为担心苏联对日作战会影响其独占日本及在远东的战略地位。因此，1945 年 7 月 17 日到 8 月 2 日，美、英、苏三国首脑杜鲁门、丘吉尔和斯大林在柏林近郊的波茨坦举行战时的第三次会晤，史称“波茨坦会议”或“柏林会议”。

在波茨坦会议期间，就美陆军部长史汀生起草的敦促日本无条件投降的备忘录进行协商修改，并在电请蒋介石签字后，以三国政府公告的形式正式发表。

这次会议是战中历时最长的一次会议，也是最后一次三国首脑会议。波茨坦会议旨在谋求解决苏、美、英之间如何瓜分战后世界，以及战后的和平安排等问题上出现的一系列矛盾。

会议的内容有，在处置德国问题上，三国放弃了分割德国的原则，改由苏、美、英、法四国分区占领；决定解除德国武装、摧毁德国军事工业和一切纳粹组织，并就德国的赔偿问题达成了协议；在波兰疆界和对意大利、保加利亚、芬兰、匈牙利及罗马尼亚等国缔结合约问题上，也作出了原则上的规定。

波茨坦会议对于夺取反法西斯战争的最后胜利具有重大意义，并就战后许多重大问题达成了协议，从而确立了战后世界的政治格局。

## 哪次会议决定发动诺曼底登陆?

1943 年，反法西斯战争发生了根本转折，同盟国取得了战略进攻的主动权。为加速战争进程和商讨战后世界的安排问题，美、英、苏三巨头首脑罗斯福、丘吉尔、斯大林于 1943 年 11 月 28 日至 12 月 1 日在德黑兰召开了会议。著名的诺曼底登陆就是在德黑兰会议上决定的。

会议主要讨论了军事问题，通过了关于 1944 年 5 月在法国开辟第二战场的决议。特别是欧洲第二战场问题，即诺曼底登陆，有着深刻的时代背景。德国法西斯进攻前苏联和日本偷袭珍珠港以后，英美两国连同前苏联结成了反法西斯同盟，共同对德国作战。

1942 年 1 月 1 日，中、苏、美、英等 26 个国家在华盛顿发表了《联合国家宣言》，表示要全力对抗德、意、日法西斯。这样，国际反法西斯统一战线就形成了。

当斯大林格勒会战取得伟大胜利以后，如何协调行动、共同作战就成了十分紧迫的问题。1943 年 11 月下旬，美国总统罗斯福，英国首相丘吉尔和前苏联领导人斯大林都来到了伊朗首都德黑兰，共同商量对德作战的军事问题。这是他们之间举行的第一次会晤。

最终，商讨的内容如下：①决定了在欧洲开辟第二战场的问题；②就战后成立一个维护世界和平与安全的国际组织问题交换了意见；③对如何处置德国的问题进行了初步讨论；④三国一致赞成战后重建独立的波兰；⑤苏联对日作战问题。会议期间，三国表示今后将“共同协作”，一致解决各种大小国家的事情。

德黑兰会议和《德黑兰宣言》是反法西斯历史上第一次协调了反对共同敌人的军事战略，通过了东西方盟国联合打击希特勒德国的一致作战计划，对大战的进程和结局产生了重大影响。

## 你知道日本投降全过程吗?

1945年8月14日,日本天皇发布投降诏书,宣布日军无条件投降。1945年9月2日,日本投降签字仪式在“密苏里”号战舰上举行。日本新任外相重光葵代表日本天皇和政府、陆军参谋长梅津美治郎代表帝国大本营在投降书上签字，宣告日本正式无条件投降。

1945 年初的中国战场上，共产党领导的敌后军民和国民党指挥下的正面战场对日军展开了局部反攻，其势锐不可当；太平洋战场上，美军先后登陆菲律宾、冲绳岛，占领了通往日本的门户；印缅战场上，中国远征军与中国驻印军反攻作战取得胜利；而在日本本土，东京等城市在美军 B-29 轰炸机的轰炸下疲惫不堪。5 月 8 日，德国宣布无条件投降，欧洲战争结束。

在国际上，1945 年 7 月 26 日，中、英、美三国发表《波茨坦公告》，敦促日本投降。日本发表声明："日本为求自保自卫与东亚之解放而作战之决心，丝毫未感动摇。德国之投降，不能令日本之作战目标有丝毫之变更。"在曾经所向披靡的法西斯阵营里，日本成为最后一个孤独的顽敌。

8 月 6 日和 9 日，美国向日本广岛和长崎投掷原子弹。

8 月 8 日，苏联对日宣战。8 月 9 日上午 10 时 30 分，日本召开御前会议，讨论是否接受《波茨坦公告》。以外相东乡茂德为代表的一派，主张无条件接受《波茨坦公告》。而陆军参谋总长梅津美治郎等人则坚决反对无条件接受，坚持主张除维护国体外，还要附带日本自行处理战犯，自主解除武装，盟军不得占领日本本土等条件；并宣扬，如果无条件投降，还不如实行本土决战。

后来，日本实在因为无力再战，就接受了无条件投降。8 月 10 日 6 时，日本政府分别电请瑞典、瑞士，将投降之意转达中、美、英、苏四国。"日本政府决定无条件投降"的消息通过无线电波迅速传遍了全世界。

8 月 12 日，美国代表中、美、苏、英答复日本，声明日本天皇必须服从盟国最高司令官，并保证投降条款的实施。8 月 15 日，日本天皇发表广播讲话，宣布日本无条件投降。9 月 9 日上午，中国战区受降仪式在南京原中央军校大礼堂举行。

## 你知道"东京审判"吗?

1945 年，侵略中国的主要战犯在远东国际法庭——东京法庭受审。

日本帝国主义发动第二次世界大战，对人类犯下了滔天大罪，全世界人民要求严惩罪魁祸首。1946 年 1 月 19 日，同盟国授权远东盟军最高统帅部颁布特别通告，宣告在东京成立远东国际军事法庭，对犯有破坏和平罪、违反战争法则及惯例罪和违反人道罪的日本首要战犯东条英机等 28 人进行审判。

远东国际军事法庭由中国、前苏联、美国、英国、法国、荷兰、加拿大、澳大利亚、新西兰、印度、菲律宾各 1 名法官组成，共 11 名；11 国又各派检察官 1 人。庭长由澳大利亚法官威廉• 维普担当。因为这次审判在东京进行，故又称"东京审判"。审讯时间历时两年半，其间开庭 818 次，出庭证人 419 名，书面证人 779 名，受理证据约 4300 多件，记录 48000 页，真可谓历史大审判。

由 11 国检察官组成的委员会于 1946 年 4 月 29 日向法庭提出起诉书。被告 28 人，除松冈洋右等 3 人已死亡或丧失行为能力外，实际受审 25 人。起诉书控告，被告自 1928 年 1 月 1 日至 1945 年 9 月 2 日期间犯有破坏和平罪、战争罪和违反人道罪等重要犯罪行为。

审判自 1946 年 5 月 3 日开始。1948 年 11 月 12 日法庭宣布判处东条英机、广田弘毅、土肥原贤二、板垣征四郎、松井石根、武藤章、木村兵太郎绞刑，判处木户幸一等 16 人无期徒刑，判处东乡茂德 20 年徒刑，判处重光葵 7 年徒刑。绞刑于 1948 年 12 月 22 日执行。自 1950 年起，美国不顾世界舆论的反对，将判刑的首要战犯陆续释放出狱。

这次审判并不能代表所有被侵略国家人民的意志，但确认了侵略战争为国际法上的犯罪，将策划、准备、发动侵略战争者列为甲级战犯，是对国际法战犯概念的重大发展。

# 当 代 史

世界当代史是指1945年第二次世界大战结束至今的这段世界历史，作为世界通史的一部分，它也是人类社会从资本主义社会向社会主义、共产主义社会过渡的一段历史。

德黑兰会议后，反法西斯同盟军接连获胜:1944年初，前苏联军队开进西乌克兰、西白俄罗斯；六七月间，苏军已推进至波兰，逼近德国。另一方面，1944年6月，美英联军在法国发动了诺曼底登陆。反法西斯同盟的两面夹击，使得希特勒的第三帝国离彻底崩溃为期不远，只有日本法西斯的军队还在远东和西太平洋地区负隅顽抗。

1944年7月，美国总统罗斯福建议，再次举行美、英、苏三国首脑会议，就战后的世界格局，特别是如何处置德国等问题，进行讨论和安排。

进入当代社会后，和平与发展是世界的两大主题。发展需要和平，和平推动发展。世界和平，国家发展，社会进步，经济繁荣，生活水平提高，已经成为历经两次世界大战灾难的各国人民的普遍要求。世界当代史的中心内容就是各国政府和人民争取世界和平与各国社会政治经济发展的斗争。

在和平与发展中，一些问题不断出现，也不断被人们解决，矛盾着的世界展现给我们的是当代纷繁复杂的历史事实。

## 纽伦堡审判发生在什么时候？

第二次世界大战结束之后，在德国纽伦堡举行的国际战争犯罪审判——纽伦堡审判，开始于1945年11月20日，到1946年10月1日结束。

1945年7月至8月，苏美英三国首脑齐聚柏林，签署了《波茨坦会议议定书》，

其中包括设立军事法庭审判战犯的条款。8月8日，苏美英法四国在伦敦正式缔结了关于控诉和惩处主要战犯的协定，通过了国际军事法庭宪章。

设立国际军事法庭的建议曾在同盟国之间引起激烈的争论，但最后美国联邦最高法院大法官罗伯特•杰克逊认为必须举行公开、公平、公正的审判。他尖锐地指出:“如果你们认为在战胜者未经审判的情况下可以任意处死一个人的话，那么，法庭和审判就没有存在的必要，人们将对法律丧失信仰和尊重，因为法庭建立的目的原本就是要让人服罪。”他最终胜利了，历史上第一个国际法庭由此诞生了。

纽伦堡审判一共经过216次开庭，于1946年10月1日结束。法庭对24名被告中的22人作了宣判：12人绞刑，3人无期徒刑，2人20年徒刑，1人15年徒刑，1人10年徒刑，3人被宣判无罪。德国政治领袖集团、秘密警察和保安勤务处、党卫队被宣判为犯罪组织。此后所举行的12轮审判广义上也可以纳入纽伦堡审判的范畴。它们全部由美国文职法官主持，起诉的主要是为第三帝国提供战争资源的人。用法律让罪人服罪、以理性巩固和平或许更为有效，更能避免悲剧的发生。

对德国来说，纽伦堡审判是那段黑暗历史的结束，也是同过去的纳粹划清界线的开始。纽伦堡审判虽然清算了纳粹体制，惩治了部分战犯，达到了暂时的目的。但纽伦堡法庭使战争成为非法，为审判侵略战争提供一个国际法庭的理想目标引起了不休的争论。纽伦堡审判是国际法上的一个里程碑，它为人类留下了一套处理战争问题的行为准则。

## 马歇尔计划是由谁提出的?

马歇尔计划，正式名称为欧洲复兴计划，是二战后美国对西欧被战争破坏的国家进行经济援助、协助重建的计划，因其由时任美国国务卿乔治• 马歇尔提出而得名。

二战使欧洲绝大多数大城市遭到了严重破坏，特别是工业生产损失惨重，1946年到1947年欧洲西北部遭遇罕见的寒冬，更是雪上加霜。恢复生产、解决人民生活问题都需要耗费大量财力，而此时大多数陷入战争的国家的国库已被消耗殆尽了。

重建计划最初是在一个由欧洲各个国家共同参加的会议上提出，美国担心苏联利用该计划得到恢复和发展，因此故意提出许多苏联无法接受的苛刻条款，最终使苏联和东欧各国被排除在援助范围之外。

但要把计划变成现实，既需要各个参与国家的同意，又需要得到美国国会的批准。因此，十六个参与国家代表齐聚巴黎开会商讨。美国在极力倡导自由贸易原则的同时，又要求欧洲各国团结起来，一同反对共产主义。1948年至1952年是欧洲历史上经济发展最快的时期。工业生产增长了35%，农业生产实际上已经超过战前的水平。在这段时期内，西欧各国通过参加经济合作发展组织（OECD）总共接受了美国包括金融、技术、设备等各种形式的援助，合计130亿美元。

后来，因美国介入韩战，军费日益增加，所以，试图延续马歇尔计划的努力都未能成功。而一直对该计划持反对意见的共和党在1950年的国会选举中获得了更多的席位，保守的反对派也开始抬头，马歇尔计划在1951年宣告结束，但美国对欧洲国家的援助却始终没有停止过。

马歇尔计划使西欧国家从战后初期的财政拮据和物资紧缺的局面中摆脱出来，减少了民众对政府的不满情绪，稳定了西欧政局。该计划还有力地促进了欧洲的一体化进程。同时东欧国家拒绝参与该计划，被认为是宣告战后欧洲分裂的重要的征兆之一。

## 朝鲜战争如何助日本腾飞？

日本经济在第二次世界大战中遭到了严重破坏，直到1950年6月爆发的朝鲜战争才给日本带来了转机，战争期间日本成为美军的军事基地和物资供应地，给日本经济的腾飞带来了机遇。

战争爆发后，日本成了美国的军需物资供应基地和军械修理厂，因此得到了大量的“特需”收入，这些“特需”极大地刺激了日本经济。而日本大部分的财政资金和银行信贷也集中投入到与战争有密切关系的电力、造船、钢铁、金属机械等部门，这些企业充分利用有利条件，引进美国的技术和资本，迅速恢复和发展生产。

朝鲜战争还在很大程度上刺激了日本出口贸易的增加。1952年，日本“特需收入”达到8.2亿美元，占全年外汇收入的一半以上。“特需订货”和出口增加使日本的商业得以迅速恢复。日本近1500亿日元的积压商品顷刻间被抢购一空，随着外贸的增长，日本的外汇储备迅速增加。工矿业生产在1950年10月已达到战前水平。农业生产1952年已达战前水平的111.2%，国民生产总值1951年达152亿美元，为战前水平的119.4%。

朝鲜战争给日本带来的政治影响也使其经济间接受益，为后来日本的腾飞奠定了坚实的基础。1951年9月，旧金山对日媾和条约签署，次年生效，二战后长达6年之久的公开占领状态结束，日本获得了主权独立。在日本成为美军侵朝战争的基地期间，国内“逆流”快速发展，不仅日本军队——“国民自卫队”借助美国的力量再度复活，日本政府还实行了一系列所谓“逆向”政策，着手重建国家垄断资本体制这一日本民族经济的基础。

可以说50年代前半期的日本经济的快速发展是建立在美国侵朝战争基础上的，因此，朝鲜战争的局势一度成为日本经济的“晴雨表”。

## “布雷顿森林体系”的“盟主”是谁？

“布雷顿森林体系”是指二战后以美元为中心的国际货币体系，因为此体系是按

照美国制定的原则，实现美国经济霸权的体制，因此美国就是该体系下的“盟主”。

布雷顿森林会议通过的各项协定和关税总协定，统称为“布雷顿森林体系”，该体系以黄金为基础，美元作为最主要的国际储备货币，直接与黄金挂钩，各国货币则同美元挂钩，并可按35美元一盎司的官价向美国兑换黄金。构成这一体系的两大支柱是：美元可以兑换黄金和各国实行可调节的钉住汇率制。国际货币基金组织则是维持这一体系正常运转的中心机构，具有提供国际信贷、监督国际汇率、协调国际货币关系的三大职能。

1971年第七次美元危机爆发，美国宣布实行“新经济政策”，外国政府或中央银行可用美元向美国兑换黄金被停止。1973年3月，抛售美元，抢购黄金和马克的现象开始在西欧出现。3月16日，欧洲共同市场9国在巴黎举行会议并达成协议，法国、联邦德国等国家对美元实行“联合浮动”，彼此之间实行固定汇率。至此，两大支撑国际货币体系的支柱完全垮台。这也宣告了布雷顿森林体系的解体。但国际货币基金组织和世界银行作为重要的国际组织仍得以存在，并发挥重要作用。

在战后很长一段时期里，“布雷顿森林体系”确实推动了国际贸易空前发展和全球经济的越来越相互依存。它暂时结束了货币金融领域里的混乱局面，保证了战后世界货币体系的正常运转。而同时国际货币基金组织和世界银行对世界经济的恢复和发展也起到了积极的作用。它有利于生产和资本的国际化，为国际间融资创造了良好环境；有利于金融业和国际金融市场发展，为跨国公司的国际化生产创造了良好的条件。

但“布雷顿森林体系”存在着缺陷。其以美元作为主要储备资产，具有内在的不稳定性。

## “麦卡锡主义”在反对什么？

“麦卡锡主义”是以约瑟夫·麦卡锡的名字命名的，是1950到1954年间美国国内反共、反民主逆流的典型代表，从1950年初的泛滥，到1954年年底彻底失败的五年时间里，它恶意诽谤、肆意迫害共产党和民主进步人士，对美国产生了巨大的影响。

二战后的美国在与前苏联对抗的同时，在国内清除所谓的“共产主义意识形态”，打击进步势力。在“麦卡锡主义”最猖獗的时期，美国国务院、重要的国防工厂、国防部、美国之音等重要部门都遭到了麦卡锡非美活动调查小组委员会的调查。仅在1953年一年的时间里，麦卡锡委员会就开展了大大小小的600多次“调查”活动，还举行了17场电视实况转播的公开听证会。麦卡锡主义在迫害和逼走知名人士的同时，还严重地影响了美国的民主自由形象。随着时间的推移，麦卡锡的活动逐渐激起公众的反对。在欧洲，人们更是将麦卡锡比作希特勒。

1953年7月，麦卡锡的助手马修斯公开撰文指责美国耶稣教会中“受到了共产

党的严重渗透”。教会随即向白宫提出抗议，艾森豪威尔马上通过电台向全国广播，谴责马修斯“不负责任的攻击”，并迫使麦卡锡解除了马修斯的职务。这一行动被普遍视为是艾森豪威尔政府向麦卡锡及其主义“摊牌”的标志。1954 年 12 月 2 日，在全国一片声讨声中，美国国会参议院以 67 票对 22 票通过决议，谴责麦卡锡“违反参议院传统”的行为，从而结束了“麦卡锡主义时代”。麦卡锡也在 1957 年 5 月 2 日，因饮酒过量引发肝炎和神经炎去世。

“麦卡锡主义”盛行的那段时期，被认为是美国历史上政治最黑暗的时期，而“麦卡锡主义”及麦卡锡本人在当今美国也成为“政治迫害”的代名词及代表人物。

## 美国的“原子弹之父”是谁？

美国的“原子弹之父”是物理学家罗伯特• 奥本海默，犹太人，曼哈顿计划的主要领导者之一。他的研究范围很广，从天文、宇宙射线、原子核、量子电动力学到基本粒子，为美国的发展做出了重大贡献。

1904 年奥本海默出生于美国纽约的一个家境富裕的犹太人家庭。天才型的奥本海默，三年读完大学，1925 年以荣誉学生的身份从哈佛大学毕业；之后到英国剑桥大学攻读理论物理，加入著名的卡文迪许实验室；1926 年，转到德国哥廷根大学，次年以量子力学论文获德国格丁根大学博士学位。随后的两年他在瑞士的苏黎世和荷兰的莱登作更深入的研究。1929 年夏天，奥本海默归国，不幸感染了肺结核，不得不在新墨西哥州洛塞勒摩斯镇附近的一个农场中养病。病愈后他开始在柏克莱大学和加利福尼亚大学任教。

1942 年，奥本海默进入一个物理学家团体，参与评估制造原子弹的可能性。美国“曼哈顿计划”的主持者戈罗夫斯将军很欣赏他的思想和才华，不顾部分官员的反对，任命奥本海默为洛斯• 阿拉莫斯实验室的主任。27 个月之后，这些专家在他们昵称为“奥匹”的奥本海默的领导下，成功地制造出了世界上第一个原子弹。对于成为美国“原子弹之父”的奥本海默来说，这是一种莫大的骄傲，但同时也是一个沉重的负担。

1947 年，奥本海默担任普林斯顿大学 Advanced Study 研究院院长。身为国家原子能委员会主席的他提醒美国不要陷入与苏联的军备竞赛，并且反对进行氢弹试验。这时他的敌人乘机发难，控告他对美国不忠诚。1954 年美国宣布奥本海默为政治不安全人物，成为当时反赤色恐怖运动最著名的牺牲者。但与此同时，“原子弹之父”所发出的声明也更加响亮，更加具有号召力。

1967 年，奥本海默去世，时年 62 岁，虽然他没有得到过诺贝尔奖，但成就绝不亚于诺贝尔奖得主中的任何一位。

## 柏林墙的东西两边是什么？

柏林墙是1961年德意志民主共和国(简称民主德国或东德)在自己领土上建立的，正式名称为反法西斯防卫墙。它的东边是东德（含东德的首都东柏林），由前苏联占领；西边是德意志联邦共和国（简称联邦德国或西德），由美、英、法占领。

德国在二战结束之后被分成四区。1949年，前苏联占领区包括东柏林在内成立德意志民主共和国（简称东德或民主德国），定都东柏林；而美英法占领区则成立德意志联邦共和国，首都设在波恩。最初柏林市民是能在各区之间自由活动的，但随着冷战愈演愈烈，为了防止东德人逃到西德，造成东德工人严重缺少，1952年开始关闭东西柏林的边界。

1949年到1961年大约有250万东德人冒着被东德边防军射杀的危险逃入西柏林。东德政府人民议院1961年8月12日通过法令修建柏林墙。于是军队在8月12～13日夜间修筑了柏林墙。其目的是阻止东德居民包括熟练技工流入西德。原本是铁蒺藜围成的路障，后改筑成了两米高、顶上拉着带刺铁丝网的混凝土墙，并在沿线的观察塔楼和交叉路口上设置警卫。

1970年，东德政府把柏林墙加高到3米，到1980年时，柏林墙总长达到了1369千米。1989年下半年，东欧发生剧变。在向德国西部移民浪潮的冲击下，1989年11月9日，民主德国将存在28年零3个月的柏林墙推倒。1990年10月3日，德意志民主共和国（东德）加入德意志联邦共和国，德国统一完成。东西柏林的桥梁、道路、铁道在围墙倒塌后马上接连在一起。

柏林墙的建立，是德国历史上难以抹去的一道伤疤；是二战以后德国分裂和冷战的重要标志性建筑。柏林墙的倒塌标志着德国的统一，同时推动了前苏联解体和冷战结束。

## 克什米尔争端是何时产生的？

克什米尔争端是爆发于1947年到1949年间的一场战争，是由于印度和巴基斯坦对查谟和克什米尔地区的主权纷争而引起的一系列问题，这是英殖民主义在1947年撤出印度时留下的，至今对印巴关系还产生着深刻影响。

克什米尔地区是查谟—克什米尔的简称，1846年查谟首领从英国人手中买下了被占领的克什米尔。独立前的印度，由两大部分组成，分别是英属印度和土邦。英属印度包括11个省，而在这些省中间，还夹杂着大约550个的土邦，其中最大的土邦之一就是克什米尔。根据1947年6月公布的“蒙巴顿方案”，土邦地区归属是由当地的王公来决定，但是所在地区的地理因素是土邦必须考虑的。

但是，克什米尔情况是极其特殊的，它处于印度与巴基斯坦之间。宗教因素必须要考虑，因为克什米尔的王公是印度教徒，主要信奉印度教；而克什米尔居民中将近80%却是穆斯林，基本上信奉伊斯兰教。因此，按照分治方案中多数决定少数的原则，克什米尔地区应该归入巴基斯坦；但按照土邦的王公决定原则，显然印度会被优先考虑。因此印巴分治时，克什米尔的归属问题迟迟得不到解决。

为此，印巴之间还曾爆发了三次战争。第一次印巴战争发生在1948年到1949年之间，结果是克什米尔地区大约2/3的土地与3/4的人口由印度控制了；巴基斯坦则控制了另外1/3的土地与1/4人口。这次停火奠定了后来双方对克什米尔控制的范围。

1966年1月，双方又爆发了第二次印巴战争。之后，双方签署了《塔什干宣言》，宣言声称：双方将通过和平手段解决争端，恢复两国间的正常关系。但是在重要的克什米尔问题上，宣言仅仅表明双方都陈述了各自的立场，至于军事人员的活动范围、公民投票等关键问题都没有提及。1971年到1972年的第三次印巴冲突后双方又签署了《西姆拉协议》，要求双方举行双边会晤，最终克什米尔问题得以解决。

现在，克什米尔地区基本上被印度所控制，但地区争端依旧还没有妥善解决，这也成为了世界性的焦点地区、焦点问题之一。

## 二战后美苏以哪条线来分治朝鲜半岛?

第二次世界大战末期，美、苏两国以朝鲜半岛上北纬38°线为界作为对日军事行动和受降范围的暂时分界线，南部是美军受降区，北部则是苏军受降区。日本投降后，这条纬线也就成为了美苏分治朝鲜半岛的分界线，通称“三八线”。

北纬38度线原本只是一条自然的地理纬线，虽然在朝鲜半岛境内的这条长约300公里的无形的划线将朝鲜半岛分为面积大体相同的两部分，但是其本身并没有任何政治上、军事上以及经济上的意义。人为地从军事或政治上利用这条划线，最早是由日本和沙皇俄国提出来的。

1896年日俄密谋瓜分朝鲜，日本曾向沙俄秘密提出以三八线为分界线分而治之。1904年日俄战争前夕，沙皇也曾做出类似决定，俄国只控制三八线以北，任凭日本在三八线以南任何地方登陆。但这两次划分最后均因双方的利害冲突而没有实现。真正使“三八线”成为具有军事意义和政治意义的分界线，是在第二次世界大战中日本对朝鲜驻军的兵力部署进行调整时实现的。1945年2月，日本把部署在朝鲜半岛的日军以“三八线”为界分为两部分，北部的军队归关东军指挥，南部的军队则是大本营所属。

二战末期，日本宣布无条件投降，这引起了远东军事和政治局势的突然变化，在美、苏、中、英四大国尚未就朝鲜的托管问题达成具体协议之前，首先要解决的是美国和前苏联在朝鲜半岛上对日本军队进行受降和实行军事占领的问题。这时，便引出了“三八线”的划分。日、美、苏以北纬38度线为界，分别占领了朝鲜半岛的南部和北部。后来，在前苏联的支持下，“三八线”以北地区建立了朝鲜民主主义人民共

和国；在美国支持下，“三八线”以南建立了大韩民国。

从此，朝鲜半岛呈现分裂，朝鲜和韩国长期对峙。在这条长度248公里，宽度大约4公里的分界线上，双方一度都有重兵把守，并互相播放广播。但近几年来，随着局势缓和，基本没有出现冲突，双方的广播对峙也停止。

## 华沙条约组织是什么时间建立的?

以前苏联为首的东欧社会主义阵营在1955年成立了自己的政治军事同盟——华沙条约组织，简称华约组织或华约。其目的是：对抗北大西洋公约组织。1991年7月1日，华沙条约组织正式解散。

第二次世界大战结束后，随着世界战略格局雅尔塔体系的确立，以前苏联为首的社会主义阵营同美国为首的西方资本主义阵营开始处于冷战的对峙状态。1949年4月4日，以美国为首的西欧、北美等主要发达资本主义国家成立北大西洋公约组织。1954年10月23日，美、英、法等西方国家又签订了《巴黎协定》，吸收联邦德国加入西欧联盟和北大西洋公约组织。这引起了前苏联的极大不满，前苏联政府曾照会美国政府和23个欧洲国家，要求他们不要批准《巴黎协定》，并建议召开欧洲集体安全会议，讨论“防止德国军国主义再起”等问题，并签订《欧洲集体安全条约》，但遭到西方国家的拒绝。

1954年11月29日至12月2日，前苏联同捷克斯洛伐克、阿尔巴尼亚、民主德国、保加利亚、罗马尼亚、波兰、匈牙利在莫斯科举行欧洲国家保障欧洲和平和安全会议。1955年3月，八国又就缔结集体友好互助条约的原则、组建联合武装力量及其统帅部等问题进行了协商，并取得一致意见。5月14日，八国又在华沙签署了《华沙条约》。根据条约规定，同年6月4日，正式成立华沙条约组织这一军事政治同盟。

但华沙组织并没能像北约组织那样继续发展下来，1968年8月，捷克斯洛伐克发生了“布拉格之春”的改革运动，华约武装力量在前苏联的领导下大规模武装入侵捷克斯洛伐克，导致了普遍抗议。1968年9月13日阿尔巴尼亚宣布退出华沙条约组织。1990年10月3日，民主德国退出华沙条约组织。

随着前苏联解体和东欧剧变，1991年2月25日，华约政治协商委员会非常会议在布达佩斯召开，会议决定：从1991年4月1日起终止在华沙条约范围内所签订的军事协定的效力，废除华沙条约的军事机构。同年7月1日，华沙条约缔约国在布拉格举行会议，宣布华沙条约组织正式解散。

## 什么是福利国家?

福利国家不是指一个具体的国家，而是一种国家形态，一个特定的历史阶段。在施瓦茨的《美国法律史》一书中，福利国家是指从“罗斯福新政”到第二次世界大战爆发之间的历史阶段。

福利国家是一种国家形态，福利是这种国家形态的特性，是用来界定国家的。福利国家这种国家形态突出地强化了现代国家的社会功能，所以它是一个政治学的概念。福利国家的科学定义是指：资本主义国家通过创建并资助社会公共事业，实行和完善一套社会福利政策和制度，对社会经济生活进行干预，以调节和缓和阶级矛盾，保证社会次序和经济生活正常运行，维护垄断资本的利益和统治的一种方法。

“福利国家”产生的历史背景是20世纪30年代的经济大危机，这场遍及整个资本主义国家的大危机使资本主义国家的经济遭到巨大破坏。它不仅孕育了世界大战，也催生了美国的“罗斯福新政”和英国的“人民预算”。在战争废墟上建立起的是新的福利制度，之后被泛称为“福利国家”。

现代福利制度起源于英国的《贝弗里奇报告》。《贝弗里奇报告》是对战后英国福利社会的概括：Universality（普享性原则），即所有公民不论其职业为何，都应被覆盖以预防社会风险；Unity（统一性原则），即建立大一统的福利行政管理机构；Uniformity（均一性原则），即每一个受益人根据其需要，而不是收入状况，获得资助。这个报告主张的社会福利可以被概括为“3U”思想。Universality是在英国和美国出现的，然而现在最典型的“福利国家”是北欧国家。福利国家在20世纪下半叶成了西欧社会的时代精神和基本制度。

自上世纪70年代遇到财政困难后，英国开始改革并逐渐削减福利的规模，引入市场因素。此后，削减福利的改革浪潮逐步席卷到几乎所有西方发达国家，包括美国。

而自从1990年苏东剧变以后，北欧国家开始“逆向而行”，实行了扩大福利制度的改革，甚至成了西方福利国家的“橱窗”。

## “非洲独立年”是哪一年?

1960年，继续高涨的民族独立运动席卷非洲大陆，一年之间共有17个非洲国家获得独立。至此，有26个非洲独立国家，其面积约占非洲总面积的2/3，人口约占非洲总人口的3/4。因此，这一年也被称为“非洲独立年”。

自从15世纪早期殖民主义者进入非洲大陆以来，非洲就一直遭受着殖民奴役，成为任人宰割的“黑暗大陆”。“第二次世界大战”后，在北非非洲独立浪潮首先兴起。1952年，纳赛尔领导“埃及自由军官组织”发动政变，英国控制的傀儡政权被推翻，建立起了埃及共和国。1956年，纳赛尔总统宣布从英、法殖民者手中夺回苏伊士运河。

1962 年，阿尔及利亚赶走法兰西殖民者，获得独立。

在北非独立运动的影响下，撒哈拉沙漠以南非洲的独立运动也逐渐高涨。1960 年，非洲共有 17 个国家获得独立。这 17 个获得独立的国家分别是：喀麦隆、达荷美（现名贝宁）、多哥、马达加斯加、象牙海岸、刚果（利）（1997 年改名为刚果民主共和国）、索马里、乍得、尼日尔、上沃尔特、塞内加尔、乌班吉沙立（现名中非）、刚果（布）、加蓬、马里、毛里塔尼亚和尼日利亚。但是，刚刚挣脱殖民枷锁的年轻国家难以把握前程，出现了彼此靠拢的趋势。

1960 年前后，区域性合作成为热门，非洲出现 3 个国家集团，即加纳等 6 国组成的“卡萨布兰卡集团”，12 个法语非洲国家组成的“布拉柴维尔集团”，利比里亚等 20 国组成的“蒙罗维亚集团”。它们都主张协调外交行动，进行区域性经济合作，但在非洲统一问题上存在原则分歧：“卡萨布兰卡集团”积极鼓吹非洲统一；“布拉柴维尔集团”主张慢慢来；“蒙罗维亚集团”则认为非洲根本没有统一的必要。由于国家与国家的组合没有实质性联系，所以这些国家集团很快就分崩离析了。

非洲的独立运动改变了非洲的面貌，也使世界殖民体系最终瓦解。新兴的非洲独立国家成为一支重要的反殖反帝力量，在国际舞台上发挥着日益重要的作用。

## “雅尔塔体系”指的是什么?

雅尔塔体系，是对 1945 ～ 1991 年间以美国和前苏联两极为中心，在全球范围内进行争夺霸权的冷战背景下政治格局的称呼。

该体系得名于 1945 年初美、英、苏三国政府首脑罗斯福、丘吉尔、斯大林在前苏联雅尔塔（今属乌克兰）举行的雅尔塔会议。1989 年的东欧剧变及 1991 年的前苏联解体，标志着雅尔塔体系的最终瓦解。

第二次世界大战后期，美国、英国、前苏联三国先后举行了一系列首脑会议，并达成以下协议：打败德国、日本法西斯，彻底铲除两国法西斯主义和军国主义；重新绘制战后欧亚地区的政治版图；成立联合国，作为协调国际争端、维持战后世界和平的机构。

联合国的核心机构安理会的表决程序是“大国一致原则”。对德、日、意的殖民地及国际联盟的委任统治地实行托管计划，原则上承认被压迫民族的独立权利。多次首脑会议形成了一系列影响战后世界秩序的公报、议定书、协定、声明和备忘录，特别是以《雅尔塔协定》为主体的国际关系体系，统称为雅尔塔体系。

雅尔塔体系具体可表现为：世界两极格局形成，社会主义和资本主义两大阵营对抗，国际关系以美苏冷战为主线；东西欧分别被前苏联和美国控制，欧洲一分为二；

德国分裂，民主德国和联邦德国分别被苏美控制。

20 世纪 60 年代，随着中苏关系的恶化，社会主义阵营不复存在；20 世纪 70 年代，资本主义阵营也开始分裂。世界由两极格局逐渐趋于多极化，而东欧剧变和前苏联解体，标志着雅尔塔体系完全瓦解。

雅尔塔体系的建立实现了世界由战争到和平的转变，避免了新的世界大战的爆发；促进了民族解放事业的发展，有利于第三世界国家的崛起；雅尔塔体系还推动了战后科学技术的发展。

但这样的体系也有很多弊端：在世界两极格局下，局部战争不断；大国强权政治、霸权主义盛行，世界局势的稳定性不高；雅尔塔体系下的国际关系和经济秩序是不平等的，给许多国家发展造成了不利的影响。

## 美国反古巴行动第一个高峰的标志是什么？

美国反古巴行动第一个高峰的标志是 1961 年 4 月 17 日发生的猪湾事件，也称为吉隆滩之战。该事件是美国雇佣军向古巴革命政府进行的一次武装进攻。

1959 年 1 月卡斯特罗领导的古巴人民推翻了美国长期扶植的巴蒂斯塔政府，建立新的革命政权。之后，卡斯特罗就成了美国的头号敌人。美国政府认为距离美国只有 100 多公里的古巴将成为前苏联人进攻美国的前沿阵地，一直企图颠覆古巴新政权。从 1960 年起，美国中央情报局就开始在佛罗里达州和多米尼加、危地马拉、洪都拉斯纠集古巴流亡分子，随时准备登陆古巴，推翻卡斯特罗革命政权。

1961 年 4 月 4 日，肯尼迪总统批准了代号为“冥王星”的战役计划。1961 年 4 月 17 日，约 1500 多人组成的美国雇佣军在美国飞机和军舰的直接掩护下突袭古巴，在古巴中部拉斯维利亚斯省南部登陆，占领了长滩和吉隆滩，并继续向北推进。当年只有 34 岁的卡斯特罗在吉隆滩附近一座制糖厂临时改成的指挥部坐镇指挥古巴军队和民兵与入侵的美国雇佣军展开了殊死搏斗，经过 72 小时的战斗，古巴军民全歼了被包围在吉隆滩的美国雇佣军，有 90 名雇佣军被古巴军队击毙，1000 多人被俘。这就是震惊世界的吉隆滩之战，美国称之为猪湾事件。

猪湾事件是美国首次在拉丁美洲试图推翻敌对政府的失败行动，这给其他许多革命运动带来了生机。对美国来说这既是一次军事上的失败，也是政治上的失误。国内外对这次进攻的批评非常强烈，肯尼迪政府为此大失信誉，而卡斯特罗政权和古巴革命却因此得到了巩固。古巴担心美国再次进攻，开始与苏联靠近，这个靠近不断升级最终导致了 1962 年的古巴导弹危机。

## 印度洋海啸发生在哪一年?

2004 年 12 月 26 日，印度洋海底发生地震并引发海啸，这场突如其来的灾难给印尼、斯里兰卡、泰国、印度、马尔代夫等国造成了巨大的人员伤亡和财产损失，有近 30 万人丧生。

在这场大自然的悲剧之后，国际局势尤其是东南亚的形势也发生了很大的变化。首先，海啸的救灾工作反映了当今世界全球化进程的进一步加深。不论是海啸破坏与影响的范围之大，还是国际传媒报道的空前密集；不论是各国对此反应的迅速与普遍，还是世界各国政府与人民在救灾中所表现出的天下一家、有难同当精神，都表明全球化已经客观存在，而且成为了大家普遍接受了的主观意识。

另外，联合国地位凸显、受到普遍支持。国际社会共同应对全球性危机，人类携手抵御共同的灾难的需要增加，联合国在这些方面的领导、指挥、协调与组织作用显得日益重要，联合国的重要性得到世界大部分国家的认可。

在海啸后的赈灾援助工作中，日本与澳大利亚的捐助额名列国际前茅，日本的动机是通过自身的积极表现和“卓越贡献”来凸显自己在本地区的大国地位，夺得东亚的主导权；澳大利亚则是想利用这一义举大幅改善与受灾最重的印度尼西亚的关系。

而美国最为突出，其救灾主要出于减轻伊斯兰世界对美国的普遍和严重的反感；乘救灾之机让军队进驻印度尼西亚，在军事上重返东南亚；通过加强对“动荡弧”的控制，削弱该地区的反美恐怖主义势力等方面的考虑。

经过此番救灾的竞赛角逐，海啸后的地区格局和战略态势发生了微妙变化。日本与澳大利亚在东南亚的影响有所提升，而美国影响力不断下降的趋势也有所减慢。中国在此次救灾中的表现也十分出色，取得了较好的效果与反响。经过此次救灾工作的考验，中国在东南亚地区的影响力继续上升。

## “金砖四国”指的是哪四个国家?

俄罗斯、中国、印度、巴西四个发展中大国被称为“金砖四国”，这一称呼是由美国高盛投资公司在 2003 年第一次提出的。

作为新兴的市场经济体，这四个国家的发展模式各有特色，同时与发达国家相比，也都还有许多有待提高和完善的地方。

俄罗斯的经济模式同样是以内需为主，但外需也很重要，增长绩效严重依靠于能源出口。其中，消费占 GDP 的比重在 60% 以上，投资占 20% 以上，净出口在 10% 左右。尤其当国际能源价格上升的时候，俄罗斯财政与经济增长率也会有所增长。

巴西是以内需为主，增长动力基本上靠内需，其中消费额对 GDP 的贡献达到 80%，而且内需以消费为主，投资率偏低；外需作用较小，外需（即净出口）的贡献则只有 2% ～ 3%，有时更低甚至为负。

与其他三国比较，印度经济高速增长的重要支撑是相对发达的金融体系。印度的增长主要也是靠内需，但消费所占比例较高，私人消费加政府消费，对 GDP 的贡献常常会超过 50%。外需方面，波动较大，经常出现负增长。但需注意的是，印度服务业在出口中占明显优势。

而中国主要依赖投资与出口带动经济增长。在对 GDP 的贡献中，投资一直占有最重要的比例，资本形成对 GDP 的贡献通常大于消费对 GDP 的贡献。投资率的上升使得消费率处于相对下滑的态势。因此，在扩大消费方面任务重大。外需方面，中国也非常重视。近年来，净出口对 GDP 的贡献不断上升。

总体而言，金砖四国分别处于不同的发展阶段，有着不同的优势和不足：巴西与俄罗斯的城市化水平相对较高，但工业化明显落后；中国的工业化水平较高，城市化水平还需进一步的提升；印度的工业化与城市化都相对滞后。

另一方面，俄罗斯、中国作为经济转型国家，经济受政府调控的色彩还很浓，印度和巴西经济受政府干预的力度则相对较弱。

## 从卡特里娜飓风中可以看到美国社会的什么弊端?

卡特里娜飓风暴露了美国社会人人为己的弊端和矛盾。

2005 年 8 月 29 日，卡特里娜飓风登陆美国路易斯安那州和密西西比州，数以万计的房屋被淹没，数十万户家庭断电，美国总统布什当天宣布上述 2 个州为重灾区。此次飓风大约造成 100 多万人流离失所，然而，在这一重大灾难事故面前，飓风受害者一度因为受伤得不到救治而死亡。

新奥尔良杰菲逊区区长布鲁萨尔斥责道：“人们将会记住卡特里娜飓风是美国海岸有史以来所遭遇的最剧烈的飓风之一，也会记住它在美国历史上写下了这样的一页：美国曾在自己的领土上抛弃了美国人。”

在这次飓风中，数以万计的房屋被淹没，数十万家庭断电。这次灾难中地方腐败、联邦政府的不作为以及社会或种族的分裂暴露无遗。这个城市没有为保护该地居民做任何准备措施，甚至没有在像体育场这样的战略地点储备水和食物。另一方面，在飓风来临时，联邦政府高级领导人对此反应过慢，仍忙于自己的日常活动。

面对国内民众的质疑和批评，美国白宫以及国会对联邦政府在应对飓风袭击过程中是否存在失误展开调查，撤去了联邦紧急措施署（FEMA）署长迈克尔· 布朗的救援指挥职务，由美国海岸警卫队副司令长官萨德· 艾伦中将代替他主持救援工作。由于受到救灾不力的批评，美国联邦紧急措施署署长迈克尔· 布朗于 9 月 12 日提出辞职。

在灾难中，军队没有能够及时参与救灾，否则，救助活动的进展会顺利很多。那些看到直升机和飞机周末还在新奥尔良上空不停飞行的受灾者永远都会对这恶梦般的

感觉记忆深刻。

## 臭氧层空洞真的能够保护南极吗？

大气平流层中臭氧浓度大量减少的空域就会形成臭氧层空洞。科学家发现，尽管人为对环境的破坏导致臭氧层空洞，不能阻挡紫外线，使人们容易受到紫外线的辐射伤害，然而臭氧层空洞却保护了南极洲。

臭氧层是地球的一个保护层，是大气平流层中臭氧浓度最大的地方。它能够吸收大部分太阳紫外线辐射。20 世纪 50 年代末到 70 年代就发现臭氧浓度有减少的趋势。1985 年英国南极考察队在南纬 60° 地区观测发现臭氧层空洞。

臭氧层的臭氧浓度减少，使得太阳对地球表面的紫外辐射量增加，对生态环境产生破坏作用，影响人类和其他生物有机体的正常生存，却在一定程度上保护了南极洲。

这个新发现其关键在于空气中的浮尘微粒。专家们认为悬浮在大气中的、具有反射作用的微小颗粒能够对气候状况产生巨大影响。在过去形成的臭氧空洞下方，强风在海面拍击出大量海水浪花飞沫，这里面就包含了不计其数的细微盐质颗粒，随之就形成了细微的水滴，最后就产生了云层，将太阳强有力的射线反射回太空。温室气体从地球上辐射红外线热能，然后又将热能释放到大气当中，导致地球随着时间推移不断升温，导致全球变暖。而云层中的悬浮微粒则将太阳辐射热能反射回太空当中，从而起到给地球降温的作用。

因而，近几十年来，虽然南极洲西部地区的冰正在以很快的速度消失，但南极洲大陆的大部分地区，都保持着“凉爽”的温度，在某些地方，温度甚至还有所下降。

臭氧层空洞还使南极洲附近的海洋风力增加，这就使得南极大陆大部分地区比南极洲西部地区更加凉爽。但是由于破坏臭氧层的氟利昂气体已经被禁止，科学家们认为臭氧层将在今后五六十年内完成自我修复。到时，臭氧层空洞对南极大陆的这种冷却效应就会削弱，南极洲也将面临全球变暖的危机，冰川融化也将加剧海平面上升。

## 二战后欧洲爆发的一次最大规模的局部战争是什么？

第二次世界大战后在欧洲爆发的规模最大的一次局部战争是发生于 1992 年 4 月～1995 年 12 月的波黑战争。这是一场波斯尼亚和黑塞哥维那三个主要民族因波黑前途和领土划分等问题所引发的战争。

1991 年 6 月起，南斯拉夫开始解体。波黑穆斯林、塞尔维亚和克罗地亚这三个主要民族就波黑前途发生严重分歧：波黑穆斯林主张脱离前南独立，建立统一的中央集权国家；克族也主张独立，但希望建立松散的联邦制国家；塞族则表示坚决反对独立。

1992 年 3 月 3 日，波黑在塞族议员反对的情况下宣布波黑正式独立。随后，美

国和欧共体等国家相继予以承认。塞族随即宣布成立“波黑塞尔维亚共和国”，脱离波黑独立。波黑3个主要民族间的矛盾没有解决反而不断激化，最终引发战争。

战争分为三个阶段。1992年4月到1994年1月为第一阶段。波黑三族间展开领土争夺战。为达到阻止战争爆发的目的，联合国自1992年5月起先后通过对波黑塞族和南联盟实行全面制裁、在波黑建立“禁飞区”、向波黑派驻维和部队等一系列决议。

西方大国的干预，使战争进入第二阶段，即相持阶段。北约的干预从对塞族进行军事威胁升级到实施有限空中打击。在美国的敦促下，穆、克两族签署建立联邦与联邦军队的协议，使波黑战场形成穆、克族联合对抗塞族的新局面。

1995年3月，双方战事又起。8月30日～9月14日，北约借萨拉热窝遭炮击为由，发动3400余架次飞机对波黑塞族阵地进行空中袭击，导致波黑塞族的指挥、控制、通信系统全部陷入瘫痪。穆、克族军队在克罗地亚军队的支持下，乘势在波黑西部向塞族发起进攻。最终塞失去军事优势，被迫同意由南联盟代表其参加由美国主持的波黑和谈。

波黑战争给波黑人民带来了巨大的灾难。战争导致波黑430多万人口中有约200多万人沦为难民，27.8万人死亡；经济损失450多亿美元，全国的经济设施遭到严重破坏。另外，此次战争一直都伴随着外部势力的军事介入和武装干预，尤其是美国借助北约这一工具对战争进行的军事干预，影响了战争形势的发展。

## 南苏丹共和国是什么时候成立的?

南苏丹共和国简称南苏丹，曾是原苏丹共和国的一部分。经苏丹南部各政党领导人一致同意，于2011年2月16日把即将在苏丹南部地区建立的国家命名为“南苏丹共和国”。

南苏丹面积约64万平方公里，人口约826万，居民多为非洲土著黑人。长期以来，苏丹南北方在民族、宗教、文化和政治方面存在着较大差异。南苏丹共和国成立之前，曾爆发过两次国内战争，要求实行民族自决。

在苏丹南部地区2011年1月举行的公民投票中，绝大多数选民都赞成南部地区从苏丹独立。根据苏丹北南内战双方2005年达成的《全面和平协议》和此次公投结果，2011年7月9日，南苏丹正式宣布独立。

2011年7月14日，联合国大会以鼓掌方式一致通过决议，接纳南苏丹共和国成为联合国第193个成员国。为巩固这个新生共和国的和平与安全，联合国安理会8日上午通过决议，决定于9日设立联合国南苏丹共和国特派团。决议说，南苏丹特派团将最多有7000名军事人员及900名文职警察人员，起初任期为一年，并视需要予以延长。

南苏丹下辖3个大区：加扎勒河、赤道和上尼罗，其中加扎勒河大区辖四个省，

赤道大区辖 3 个省，上尼罗大区辖 3 个省，全国共有 86 个县。

苏丹南方地处内陆，经长期战乱，是世界上最不发达的地区之一。苏丹南方经济落后，面貌原始，基础设施缺乏，人民普遍贫困，商品基本上依赖进口，物价较贵。苏丹南方刚刚结束长达 22 年的战争，民间武器流失严重，有多个政治派别与政府对抗，南苏丹独立建国之路并不平坦。

## 你知道联合国经社理事会吗?

联合国经社理事会，简称“经社理事会”，是协调 14 个联合国专门机构、10 个职司委员会和 5 个区域委员会的经济、社会和相关工作的主要机构，也是《联合国宪章》规定的联合国 6 个主要机关之一。

经社理事会的主要职责，是协调联合国以及各专门机构的经济和社会工作；研究有关国际间经济、社会、发展、文化、教育、卫生及有关问题；就其职权范围内的事务，召开国际会议，并起草公约草案提交联合国大会审议；其他联合国大会建议执行的职能。很长一段时期内，经济及社会理事会只是一个讨论机构，它几乎没有采取任何行动的权力，许多成员国认为它没什么作用。

经社理事会设有 9 个职司委员会、5 个区域性机构以及 5 个常设委员会，处理有关工作。此外，经社理事会还同 14 个有关经济、社会、文化方面的联合国专门机构建立工作关系，以及与四五百个非政府组织，与各国议会联盟、国际红十字会等，建立咨询关系。

经社理事会还设置了一些职能架构，包括：国家自愿陈述、执行目标和承诺、生态系统的作用、应对水和卫生的挑战、综合水资源管理计划等。经社理事会还有一些特色机制，例如：非洲国家问题特设咨询小组、海地问题特设咨询小组等。

经社理事会的 54 个理事国由联合国大会选举产生，任期 3 年，其席位按地区分配，每年由联大改选其中的三分之一。安理会常任理事国通常能当选为经社理事会理事国。理事会实质性会议每年 7 月举行一次，会期 4 周，在纽约和日内瓦之间交替举行。

2006 年联合国首脑会议决定成立发展合作论坛，论坛在联合国经济及社会理事会 2007 年实质性会议上正式启动，以帮助各国为实现千年发展目标调整国际合作。联合国经济及社会理事会是联合国六个主要机构之一，它的任务是协助联合国大会促进国际经济与社会合作与发展。

## “八国集团首脑会议”的存在有何价值?

八国集团首脑会议是由西方七国首脑会议演变而来，其存在价值是为各国研究经济形势、协调政策而提供合适环境。

20世纪70年代，世界主要资本主义国家的经济形势极度恶化，接连发生的“美元危机”、“石油危机”、“布雷顿森林体系”瓦解和1973～1975年的严重经济危机，把西方国家搞得十分惨淡。

为了解决世界经济和货币危机，协调经济政策，重振西方经济，1975年7月初，法国首先倡议召开由法国、美国、日本、英国、西德和意大利六国参加的最高级首脑会议。后来，加拿大、俄罗斯分别加入。八国集团成员国的国家元首约定每年召开一次会议，即目前的八国集团首脑会议（简称“八国峰会”）。

会议起初以讨论经济问题为第一目的，自20世纪80年代以来，有关国际时政问题的讨论逐渐增多。该会议作为西方主要工业发达国家的首脑会议，面对复杂多变的国际政治经济形势，主动从整体上协调共同的和各自的政策以缓解内部矛盾，以维护成员国在世界经济和国防政治中的地位为目的。目前已形成一种制度并发挥其重要作用。

自1996年起，八国集团的成员加强了与其他国家尤其是南方国家的对话。2003年以来，每次首脑峰会中都会穿插举行八国集团与发展中国家领导人非正式对话会议。

有人认为八国集团毫无实际作用。然而，八国集团的作用是实实在在的，八国集团首先有着强大的协调和促进功能，尤其是在经济领域。另外，八国集团成员国之间的默契也是许多国际机构正常运作的必要条件。

## 《禁止化学武器公约》真的能禁止武器吗？

《禁止化学武器公约》于1993年1月13日开放供签署，1997年4月29日生效。《禁止化学武器公约》是第一个全面禁止、彻底销毁一整类大规模杀伤性武器并具有严格核查机制的国际军控条约，对维护国际和平与安全具有重要意义。

《公约》于1993年1月开放供签署，1997年4月29日正式生效。为确保《公约》的各项规定、包括对公约遵守情况进行核查的规定得到执行，并为各缔约国提供进行协商和合作的论坛，禁止化学武器组织于1997年5月23日成立。

《禁止化学武器公约》草案是由负责裁军事务的联合国大会第一委员会经过长达20多年的艰苦谈判后于1992年9月定稿，并于1992年11月30日由第47届联大一致通过，1997年4月29日生效。

《公约》包括24个条款和3个附件。主要内容是签约国禁止使用、生产、购买、储存和转移各类化学武器；所有化学武器生产设施拆除或转作他用；提供关于各自化学武器库、武器装备及销毁计划的详细信息；保证不把除锈剂、防暴剂等化学物质用于战争目的等。条约中还规定由设在海牙的一个机构经常进行核实。这一机构包括一个由所有成员国组成的会议、一个由41名成员组成的执行委员会和一个技术秘书处。

公约规定所有缔约国应在2012年4月29日之前销毁其拥有的化学武器。

1933年1月13日至15日，此公约的签字仪式在巴黎联合国教科文组织总部举行，120多个国家的外长或代表出席了这次会议，包括中国在内的130个国家签署了该公约。此后，公约转到联合国总部纽约继续开放签署。

截至2009年年底，全球已有188个国家成为《公约》缔约国。公约审议大会每5年举行一次，旨在全面审议公约实施情况及科技发展对履约的影响，并制定未来5年的履约计划。迄今已证实销毁2.4万吨化学武器，占申报储存化学武器的33%。

## 世界版图上的最后一块托管地是何时独立的?

帕劳1994年10月1日从美国的托管下独立，是世界上最后一块托管地。

帕劳共和国是太平洋上的一个岛国，位于菲律宾群岛以东500公里。1710年帕劳被西班牙探险家发现，但是直至18世纪末欧洲人才开始涉足这一地区，1885年被西班牙占领，1898年被西班牙卖给德国。“一战”期间被日本占领，战后成为日本的统治地，“二战”期间被美国攻占。1947年，联合国将其交美国托管，与马绍尔群岛、北马里亚纳群岛和密克罗尼西亚联邦共同构成太平洋岛屿托管地的四个政治实体。

1969年，帕劳开始就未来的政治地位同美国谈判。1977年5月，卡特政府宣布于1981年中止托管协议。1980年组成政府，改名帕劳共和国，1981年本国宪法生效。1993年11月举行的第八次公决中顺利通过《自由联系条约》。1994年10月1日，帕劳共和国宣布独立。1994年12月15日，帕劳成为联合国第185个成员国。

帕劳共和国有9个岛有人居住。分成16个州，各州自行立宪。帕劳还使用了历史遗留下来的酋长制。1994年10月1日结束托管，成为独立的主权国家。同年12月，帕劳加入联合国。

1981年1月，帕劳成立立宪政府。1980年7月9日宪法通过并生效。实行总统制，总统和副总统经普选产生。国家执行机关由部长和部长级官员组成。全国分成16个州，各州自行立宪。

帕劳在实行总统制的同时，还保留了历史遗留下来的酋长制影响，设有一个酋长委员会。帕劳的最高酋长称“伊贝杜尔（Ibedul)”，享有至少等同于总统的声望。国会由参众两院组成。

## 召开联合国千年首脑会议是由谁提出的?

召开联合国千年首脑会议的建议由联合国秘书长安南在1997年提出，于1998年12月17日第53届联大上获得通过，指定2000年9月5日开幕的大会，第五十五届会议为“联合国千年大会”，并且召开“联合国千年首脑会议”。

本次联合国千年首脑会议规模空前，180多个国家的代表出席了会议，数量超过1995年举行的联合国成立50周年庆典。与会的各国领导人着重讨论了和平与发展、强化联合国机构的职能、经济全球化、南北矛盾加剧、非洲地区被边缘化等问题。

与会者除在千年首脑会议上阐述各国政府在重大国际问题上的立场外，还按地区划分出席同时进行的4个圆桌会议，重点讨论安南于2000年4月向本届联大提交的关于联合国21世纪工作计划的报告。

另外，非洲国家集团、亚洲国家集团、东欧国家集团以及拉美与加勒比海国家集团分别举行互动式圆桌会议。非集团成员的国家在与联大主席磋商后分别加入不同地区国家集团举行的圆桌会议。

千年首脑会议期间还召开了安理会成员国首脑会议、安理会5个常任理事国首脑会议以及联合国经济和社会理事会关于信息技术的非正式高级别会议等重要会议。会议讨论的核心内容是加强联合国的作用。此外，各国领导人还具体承诺，关于世界贫困人口的减少、饮水问题、妇女保护等都达成了共识。会议期间，85个国家响应秘书长安南的号召，在40项多边条约上签了字。

联合国千年首脑会议就联合国的作用，以及人类所面临的重大问题，进行了讨论、协议，有利于进一步统筹世界各国的利益、人类的利益。

## 哪个国家最早将“安乐死”合法化？

2000年，荷兰议会一院以46票赞成、28票反对、1票弃权的结果通过了安乐死法案。这标志着荷兰成为了世界上第一个安乐死合法化的国家。

早在1999年11月28日，荷兰议会二院就已经通过了安乐死法案。至此，有关安乐死法案的司法程序已经基本完成，女王签署并经官方公布后，这一法案就可成为正式法律并生效。

其实荷兰对推行安乐死一直走在欧洲诸国的前列。1993年，荷兰国会使安乐死行为非刑事化，即部分合法，并且确定了医生不会被起诉的“指导原则”。新的法案不仅永远解除了安乐死的实施者——医疗部门或者医生的后顾之忧，而且实施起来更加容易，使荷兰真正成为世界上第一个安乐死完全合法的国家。

安乐死法案实施意味着在过去20多年来医生让绝症病人安乐死的常见做法从此完全合法，今后只要医生遵守严格的规定，他们将被免于法律起诉。

法案为医生实施安乐死规定了严格而细密的条件。首先，病人必须在意识清醒的状态下自愿接受安乐死，医生则必须和病人建立密切的关系，以判断病人的请求是否出于自愿或是否深思熟虑。

其次，病人所患疾病必须是无法治愈的，而且病人所遭受的痛苦和折磨被认为是难以忍受的，医生和病人必须就每一种可能的治疗手段进行深刻讨论，只要存在某种

医疗方案可供选择，就不实行安乐死。

第三，主治医生必须与另一名医生进行磋商以取得独立的意见，而另一名医生则应该就病人的病情、治疗手段以及病人是否出于自愿等情况写出书面意见。

第四，医生必须按照司法部规定的“医学上合适的方式”对病人实施安乐死，在安乐死实施后必须向当地政府报告。

当然，不管“安乐死”法案是否合法化，其目的是在于提醒我们，珍惜生命。

## 中国何时在北极建立了第一个科学考察站？

2004 年，中国在斯匹次卑尔根群岛的新奥尔松地区建立了北极第一个科学考察站——“黄河”站，地理坐标为北纬 78° 55′，东经 11° 56′。这也是我国第三个极地科学考察站。

中国于 1925 年 7 月 1 日加入《斯匹次卑尔根群岛条约》，因而享有在北极斯匹次卑尔根群岛地区进行科学调查等方面的权利。经过几代人的努力，中国在北极建立第一个永久性考察站的梦想终于成真。经国务院批准，我国首个北极科学考察站在挪威斯匹次卑尔根群岛的新奥尔松建立。

中国在北极建立考察站，是中国极地研究中具有里程碑意义的重大事件，此次建站是中国继 20 年前在南极建站之后，又在地球的另一极———北极建站，这将极大地提高中国极地科考能力。北极地区独特的地理位置和自然环境，使它与南极地区一样，在全球变化研究中占有举足轻重的地位，成为科学考察的重要领域。

站区面积约 500 平方米，设有一栋两层楼房，楼内设有科学实验室、办公室、阅览休息室、宿舍和储藏室，可供 25 人同时工作和居住。楼顶建有观测平台。首批进入考察站工作的中国科学家共有 11 名。最值得称道的是，北极黄河站拥有全球极地科考中规模最大的空间物理观测点。

中国的科考站建于斯匹次卑尔根群岛，深入北极圈，除了各国科考人员和后勤保障人员外，没有其他常住居民，自然环境几乎不受人类活动的干扰，因而被人们称为“北极地区天然的科学实验室”。黄河站投入运行后，中国科学家重点开展了对北极地区的海洋、大气、地质、空间物理、地球物理、生物和生态的长期观测和研究，同时也进行矿产和生物资源调查。

中国北极科考站的建立，为我国在北极地区创造了一个永久性的科研平台，这为解开空间物理、空间环境探测等众多学科的谜团提供了极其有利的条件。

## 伊拉克战争是哪国发起的?

伊拉克战争，又称美伊战争，是美国因伊拉克拥有大规模杀伤性武器而发动的全面战争。

2003 年 3 月 20 日，美国以伊拉克隐藏有大规模杀伤性武器并暗中支持恐怖分子为借口，绕开联合国安理会，公然单方面对伊拉克实施大规模军事打击。

伊拉克是地区大国，处于中东的中心地带，石油储量居世界第二，在中东的地缘政治经济中占据重要地位。在这个极具地缘政治经济意义的区域，铲除一大强烈反美的地区性强国，对美来说具有长远的战略利益。

美国发动伊拉克战争，是推动全球战略扩张的重要步骤。众所周知，亚太地区是全球地缘战略力量最集中的区域，美国在亚太地区有着广泛而巨大的政治、经济、军事和安全利益。美国历来认为，自己在中东有着十分重要的战略利益。随着布什政府以维护美国“唯一超级大国”地位为核心的国际安全战略的确立，中东这一敏感地带在美对外战略中的地位进一步上升。

伊拉克战争是一场遭到世界大多数国家和民众质疑与反对的战争。这场战争在世界范围内引起了强烈的震动，也带给我们了政治、军事、经济、外交和文化等多方面的启示和思考。

伊拉克战争从根本来说，还是一场石油资源和经济命脉的争夺战。从 20 世纪 70 年代以后，美国基本上失去了控制世界石油市场供应的主动权。而此次“倒萨”战争的胜利，使美国在一定程度上重新控制了世界石油市场主动权。

## 东南亚为什么会爆发金融危机?

1997 年，东南亚爆发金融危机，有着深刻的时代背景，其原因也是复杂的，包括对外国资本敞开大门、未能动员国内储蓄、政治不稳定、僵硬的汇率政策、竞争力下降、政府采取措施不力等多方面原因。

金融危机又称金融风暴，是指一个国家或几个国家与地区的全部或大部分金融指标（如:短期利率、货币资产、证券、房地产、土地价格、商业破产数和金融机构倒闭数）的急剧、短暂和超周期的恶化。

而这场危机首先是从泰铢贬值开始的，1997 年 7 月 2 日，泰国被迫宣布泰铢与美元脱钩，实行浮动汇率制度。当日泰铢汇率狂跌 20%。和泰国具有相同经济问题的菲律宾、印度尼西亚和马来西亚等国迅速受到泰铢贬值的巨大冲击，不久后，东南亚、东亚的大部分国家都不同程度地受到了这次金融危机的影响，由此形成金融危机第三波。

其原因是多方面的，可以分为直接触发因素、内在基础因素和世界经济因素等几

个方面。直接触发因素有国际金融市场上游资的冲击；亚洲一些国家的外汇政策不当以及为了维持固定汇率制，这些国家长期动用外汇储备来弥补逆差，导致外债的增加。

导致这些国家的外债结构不合理的内在基础性因素包括：透支性经济高增长和不良资产的膨胀；市场体制发育不成熟；“出口替代”型模式的缺陷。

这场危机给我们的启示是：一个国家经济的开放程度，是建立在强大的经济实力和稳定的政权基础上的，只有经济实力雄厚，政权稳固才能谈及真正的发展经济。一个经济学家，只有拥有正确的人生观、价值观，才能促进社会的进步与发展。同时，提高综合国力，是使一个国家立于不败之地的不二法门。

## 墨西哥湾漏油事件发生在什么时候？

2010 年 4 月 20 日夜间，位于墨西哥湾“深水地平线”的钻井平台发生爆炸并引发了大火，最终在 36 小时之后沉入墨西哥湾，导致 11 名工作人员死亡。钻井平台底部油井从 2010 年 4 月 24 日起漏油不止。

事发半个月之后，各种补救措施仍未有明显突破，沉没的钻井平台每天漏油达到 5000 桶，并且海上浮油面积在 2010 年 4 月 30 日统计的 9900 平方公里基础上进一步扩大。此次漏油事件在经过多种方法补救的情况下，态势依旧不容乐观，原油仍源源不断地泻出，油污已经形成 2000 平方英里的污染区。

墨西哥湾漏油事件造成了巨大的环境和经济损失。有专家预测“墨西哥湾在长达 10 年的时间里将成为一片废海，造成的经济损失将以数千亿美元计”。这对于墨西哥湾的经济来说，无疑是灭顶之灾。不过更令人担忧的是由此而造成的生态环境的破坏。因为油污一旦进入套流，一周左右便会扩散到佛罗里达海峡，再过一周，将会波及迈阿密海滩。

进入套流的原油会污染海龟国家公园，使当地的珊瑚礁死亡。接着大沼泽国家公园内的海豚、鲨鱼、涉禽和鳄鱼都将受害。随着原油污染的持续恶化，已有更多出海清理石油的工作人员和沿岸居民出现头晕、恶心等症状。

2010 年 5 月 5 日，墨西哥湾原油泄漏事件引起了国际社会的密切关注，很多国家向美国运送人员及设备，援助美国尽快处理油污问题。伊朗虽然和美国在核能项目上存在很大的冲突，但也向美国提供了打减压井的技术。2010 年 7 月 15 日，英国石油公司宣布，新的控油装置已经成功罩住了水下漏油点，“再无原油流入墨西哥湾”。

这次漏油事件所带来的灾害，对于当地生态环境来说是致命的，好多物种因此而灭绝。此次事件也成为历来最为严重的油污大灾难，对人类来说是一次深刻的教训，我们必须合理、科学地开发资源，这样才能实现人与自然的双赢。

## 欧盟是什么时候诞生的？

1991年12月，欧洲共同体马斯特里赫特首脑会议通过《欧洲联盟条约》，通称《马斯特里赫特条约》。1993年11月1日，《马约》正式生效，欧盟正式诞生。

欧盟是由欧洲共同体发展而来的，是一个集政治实体和经济实体于一身，在世界上具有重要影响的区域一体化组织。

截止到2011年，欧盟共有27个正式成员国，人口大约为5亿。其宗旨是“通过建立无内部边界的空间，加强经济、社会的协调发展和建立最终实行统一货币的经济货币联盟，促进成员国经济和社会的均衡发展”，“通过实行共同外交和安全政策，在国际舞台上弘扬联盟的个性”。

欧盟的盟旗是蓝色底上的十二星旗，表示欧洲联盟12个成员国。制作会旗的目的是希望建立一个统一的欧洲，增强人们对欧洲联盟和欧洲统一性的印象。

欧盟的会徽于1988年1月开始使用。会徽的底呈蓝色，上面的12颗星围成一个圆圈。此外，欧盟也统一了货币，一致使用欧元，方便这一组织中的经济交流。

欧盟制定了一个单一的市场，通过适用于所有会员国的标准化的法律制度来保证迁徙自由的人，货物，资本和服务。它保持了共同的贸易政策，即农业渔业政策和区域发展政策。在对外政策上，欧盟代表其成员在世界贸易组织，八国集团首脑会议和联合国的会议上发言，维护其成员国的利益。

欧盟的成立产生了极其重要的影响。对欧洲来说，促进了欧洲的一体化进程，提高了欧洲的国际地位，促进了欧洲各国经济贸易的发展。

对世界来说，欧盟动摇了美国超级大国的地位，促进世界向多极化发展。此外，欧盟也为区域集团的发展提供了榜样。

对中国来说，与欧盟的合作有利于提高我国的国际地位，提升我国对外开放水平，促进我国经济的发展，利于和平崛起。

## 联合国历史上第一位来自于非洲的秘书长是谁？

1991年12月3日，联合国大会任命布特罗斯·布特罗斯·加利（Boutros Boutros-Ghali，被简称“加利”）为联合国第六任秘书长，任期为五年。加利成为联合国历史上第一位担任这个职务的非洲人。

1922年11月14日，加利出生在埃及开罗一个基督教科普特教派家庭。1946年，他毕业于开罗大学，获得了巴黎大学国际法博士学位及巴黎政治研究学院的国际关系学的毕业证书。1973年，加利步入政界。在1977年到1991年期间，他担任埃及外交国务部长。

加利在就任联合国秘书长职位之前，曾为社会主义国际副主席。担任外交国务部

长期间，他在埃及总统安瓦尔· 萨达特与以色列总理梅纳赫姆· 贝京之间的和平协议签署过程中发挥了极其重要的作用。

被选为联合国秘书长之后，加利的工作引起了很多争议。人们批评他在 1994 年卢旺达大屠杀中没有发挥联合国的作用。另外，在安哥拉内战期间，加利在调停上没有能够统一联合国的意见。在联合国的作用以及美国在联合国的地位等问题上，加利遭到了更为猛烈的质疑。尽管他的支持者们将之归咎于美国对联合国行动的抵制，但加利已渐渐成为空洞联合国的象征。

以三个非洲国家为首（埃及、几内亚比绍、博茨瓦纳）的 10 个联合国安理会成员国提议布特罗斯· 布特罗斯· 加利继续留任，直至 2001 年。但美国表示反对。尽管英国、波兰、韩国以及意大利起初也支持他留任，但在美国明确表示将行使否决权之后，这四个国家也不再支持加利。虽然加利不是第一次被否决的秘书长，但他却是联合国历史上首位没能连任两届的秘书长。1996 年 12 月 31 日，加利卸任。

## 谁被称为“欧元之父”？

美国哥伦比亚大学教授，世界品牌实验室主席，1999 年诺贝尔经济学奖获得者，“最优货币区理论”奠基人罗伯特· 蒙代尔，被誉为“欧元之父”。

罗伯特· 蒙代尔出生于 1932 年，曾在英属哥伦比亚大学和伦敦经济学院就读，23 岁时在麻省理工学院获得哲学博士学位；1956 至 1957 年，为芝加哥大学政治经济学博士后。1961 年罗伯特· 蒙代尔任职于国际货币基金组织，并在世界银行等国际机构和加拿大、欧洲国家政府及美国联邦储备局中担任顾问。

1966 年，他成为芝加哥大学的经济学教授和《政治经济期刊》的编辑，同时还兼任瑞士日内瓦国际研究生院的国际经济学暑期教授。1974 年他受聘于美国纽约哥伦比亚大学。

1983 年，他获得法国参议院的奖章和奖金。1997 年，他获得美国经济学会颁发的杰出人士奖，并参与创立了《Zagreb 经济学杂志》。1999 年，对不同汇率体制下货币与财政政策以及最优货币流通区域所做的分析使他荣获诺贝尔经济学奖。此外，罗伯特· 蒙代尔具有革新意义的研究为欧元汇率奠定了理性基础。自 1999 年开始，他出任全球领先的战略咨询机构——世界经理人集团的董事会主席。

蒙代尔教授对经济学的伟大贡献一是宏观稳定政策的理论（蒙代尔 - 弗莱明模型），二是最优货币区域理论。

除此之外，，他在北美洲、南美洲、欧洲、非洲、澳大利亚和亚洲等地进行广泛讲学，发表了大量有关国际经济学理论的论文和著作，被称为最优化货币理论之父。他还改写了通货膨胀和利息理论，并与其他经济学家一道，共同倡导采用货币方法来解决支付平衡。此外，他还是供应学派的代表人物之一。

## “南北关系”指的是什么?

“南北关系”也就是发展中国家与发达国家之间的关系。南北关系的实质在于打破和消除发达国家对发展中国家的剥削和控制。南北关系既充满着对立与斗争，又存在着依存与合作。发展中国家只有经过斗争，才能获得与发达国家的合作。因此，南北关系是在矛盾与合作中发展的。

第二次世界大战之前，南方国家大都是北方国家的殖民地、半殖民地，受北方国家的统治与剥削，长期处于贫穷落后的状态。战后，广大南方国家虽然取得了政治独立，但经济状况并没有根本改变，在国际经济体系中仍处于不平等的地位。他们要求发展独立的民族经济，巩固已经取得的政治独立，在国际经济体系中取得平等地位。

1955 年万隆会议通过决议，明确提出大小国家一律平等，在相互尊重国家主权和互利的基础上实行经济合作，遵循集体行动稳定原料价格等原则。

1964 年，南方国家逐步团结起来，在联合国第一次贸易和发展会议上成立了七十七国集团。南方国家在国际原料贸易领域中，逐步展开了反控制、反剥削、维护本国经济权益的斗争。

上世纪 70 年代，南方国家在国际经济领域中的斗争进入新阶段。1973 年阿拉伯产油国家以石油为武器，促进了发展中国家在经济领域的联合行动。1974 年第六届特别联大通过了《建立新的国际经济秩序宣言》和《行动纲领》，标志着南北关系问题被正式提上了国际议事日程。南北谈判深入发展到原料、贸易、技术转让、国际货币金融等各个领域。

上世纪 80 年代以后，南北差距急剧扩大。保护主义的蔓延，贸易条件的恶化，资金转移和技术转让条件的苛刻，以及世界性通货膨胀，经济危机的转嫁和沉重的债务问题，这些都是南方国家发展经济的严重阻碍。如果这种情况继续发展下去，发达国家的经济将大受影响，甚至可能引起资本主义世界的经济大危机。

南北关系发展的关键在于改革国际经济秩序，在平等互利的基础上，建立国际经济新秩序，这是世界经济发展的趋势。

## 新南非指的是什么?

新南非是指南非在 1994 年按照 1993 年临时宪法组织民主选举，实现国家政治民主转型和转型之后所建立的新政府和新国度。

新南非的建立，引起了许多外国学者的担心。他们担心会陷入种族仇杀，但是新南非却出人意料的成功。整个转型过程避免了南非历史上屡见不鲜的仇杀、冲突和恐怖活动。从国际社会的不可接触者（政治贱民）一跃成为民主转型的后来居上者，创造了民主转型的奇迹。这固然与冷战结束后国际局势不变相关，也离不开南非总统曼

德拉、德克勒克两位诺贝尔和平奖得主和图图大主教的领导，南非民众对抗种族隔离制度的勇气，更为人欣赏。新南非的转型如此成功，固然也与它的转型模式是分不开的。

双方在民主化的谈判过程中，学习民主政治的游戏规则，分享和平红利。新南非经过各方数年的密集谈判，在议会选举体制上采取比例代表制，而非赢家全得的简单多数当选制，以此来尊重白人少数派的政治诉求。1994 年民主选举，非国大获全胜，但仍遵守双方协议，与国民党组成民族联合政府，从而大大减少了转型阻力。

南非民主转型属于典型的双方协议、和平转型的西班牙模式。1995 年通过《推动民族团结与和解法》，在此基础上成立真相与和解委员会，下设人权侵犯案件、赔偿与平反、赦免三个专门委员会，以处理转型正义问题。

南非真相与和解委员会被公认为在全世界取得了最大的成功，被许多转型国家纷纷仿效。

从总体上来讲，新南非在 1994 年首次民主选举之后，成功避免了全面内战，让很多有关未来南非最终会血流成河的悲观言论不攻自破，并证明民主的确能在最不可能的地方生根发芽。1945 年后的联邦德国，1975 年后的西班牙，1990 年后的智利，1997 年后的印度尼西亚都是这样。

## 你知道“克林顿主义”吗？

克林顿主义是一种极度崇尚人权的思想，认为人权至上，人权无国界，人权高于主权，同时极力想要用人道主义干涉合法化。“克林顿主义”是克林顿政府执政以来对美国冷战后国际形势变化的“政策反应”和谋求对世界事务的“未来规划”。

1994 年 7 月 21 日，《国家参与扩展安全战略》报告正式出笼。这是克林顿政府上台后提出的第一份国家安全战略报告，是其后一系列战略报告和政策的“奠基石”，也是“克林顿主义”大体成形的重要标志。

“克林顿主义”有三个重要特征。首先，它的战略思想基础是“扩展民主论”。在全球“扩展民主”是“克林顿主义”的主要内容和典型特征之一。“扩展民主”论实际上是 20 世纪流行于西方的“民主和平论”的翻版，即“民主国家相互不打仗”。1993 年 9 月，克林顿在联合国大会上阐述他的“扩展民主论”时表示，在冷战期间我们试图遏制对自由制度生存的威胁，现在我们试图扩展生活在自由制度下的国家的圈子。

“克林顿主义”的第二个重要特征是在全球范围内进行积极的对外干预活动。冷战后美国全球战略的制定是以美国面临的“安全威胁多样化”和“广泛的国家利益”这两个重要概念和判断为基础的。

加强美国“超强”军事实力，强化欧亚两翼军事同盟体系，实施经济制裁，进行积极的对外干预活动，是“克林顿主义”又一鲜明突出的特征。这种政策具体表现在亚洲，即强化美日军事同盟体系以及美与韩、菲、澳、新等国的双边军事关系，确保美国在该地区战略平衡中的主导地位。

“克林顿主义”的产生并非偶然，它是有一定的历史背景和条件的，它是冷战后美国企图领导世界的野心急剧膨胀的产物。从当前美国“一超独大”，国际上缺乏对美国推行强权政治与霸权战略的有力制约来看，美国奉行“克林顿主义”，频繁进行对外军事干预的势头不会减弱，而只会加强。

## 哪一位美国总统是演员出身？

第 40 任美国总统罗纳德· 威尔逊· 里根，是美国影视演员协会的领导人。他的演说风格高明而极具说服力，被媒体誉为“伟大的沟通者”。他是历任总统中唯一一位演员出身的总统。

里根生于 1911 年，父亲是天主教的爱尔兰裔人约翰· 杰克· 里根，母亲是苏格兰—爱尔兰及英国后裔的妮尔· 威尔森。他父亲一方的曾祖父于 1860 年代自爱尔兰移民至美国。他也是一名演讲家。在踏入政坛以前，他曾经担任过运动广播员、救生员、电影演员、报社专栏作家、励志讲师和电视节目演员。

在 1980 年的竞选中，里根击败了吉米· 卡特，同时共和党在那年选举中也赢得了 26 年来首次在参议院过半数的席位。里根推行的经济政策是供应学派经济学，被人称为“里根经济学”，将美国国内所得税降低了 25%、减少了通货膨胀、降低利率、扩大军费开支、增加政府赤字和国债，以暂时解决社会福利的问题，排除了税赋规则的漏洞，继续对商业行为撤销管制，使美国经济在历经 1981 年到 1982 年的急剧衰退之后，于 1982 年开始了新一轮的成长期。

许多的观察家，尤其是美国保守派称赞里根是美国得以拖垮苏联的主要功臣。历史学家对此还没有形成共识，一些人认为里根是使苏联于 1991 年垮台的主要推手；一些人则认为苏联于他任内开始的转变，只不过是时间上的巧合。

在里根两届任期结束之后，同党的乔治· 布什在 1988 年的选战中，借着里根的高昂人气而大获全胜，成为共和党 60 年来首次成功接任的总统。里根总统影响了美国 1980 年代的文化，常被称为“里根时代”。

里根总统也是美国历史上唯一一个遭到刺客被子弹击中（1981 年 3 月 30 日）而得以幸存的总统。里根在 1989 年退休后定居加州，在罹患阿兹海默症的 10 年后于 2004 年死于肺炎，获得了隆重的国葬，享年 93 岁。

## 不结盟运动奉行的原则是什么？

不结盟运动是一个松散的国际组织，奉行独立、自主和非集团的宗旨和原则，支持发展中国家争取和维护民族独立、捍卫国家主权以及发展民族经济和文化的斗争，

坚持反对帝国主义、新老殖民主义、种族文化和一切形式的外来统治和霸权主义。

不结盟运动成立于冷战时期的1961年9月，现有118个成员国、17个观察员国和10个观察员组织。它包括了近三分之二的联合国会员国，绝大部分是亚洲、非洲和拉丁美洲的发展中国家，在国际社会具有广泛的代表性。

1961年9月，在南斯拉夫、埃及、印度和印度尼西亚等国的倡议下，首次不结盟国家首脑会议在南斯拉夫首都贝尔格莱德举行，25个国家的代表出席了会议，不结盟运动正式形成。不结盟运动奉行独立、自主和非集团的宗旨和原则，支持发展中国家争取和维护民族独立、捍卫国家主权以及发展民族经济和文化的斗争，坚持反对帝国主义、新老殖民主义、种族文化和一切形式的外来统治和霸权主义。

不结盟运动不设总部，没有常设机构。它定期召开首脑会议、外长会议、协调局外长会议及纽约协调局会议等。首脑会议为不结盟运动的最重要会议，自1970年起，首脑会议会期制度化，每3年举行一次。

随着冷战结束，不结盟运动存在的必要性开始受到质疑。进入21世纪，世界政治和经济格局发生了巨大变化，不结盟运动尝试对自身进行重新定义。在新形势下，不结盟运动着重强调维护世界和平与安全，推行平等、互不侵犯、多边主义等原则，并为来自不发达地区的成员国在国际谈判中争取权益。

## 索马里海盗猖獗的原因是什么?

索马里海盗活动愈益猖獗有着多方面的原因，首要一点是该国过去17年来几乎从未间断过的内战。其次，被劫船只的船主通常都愿意支付高额赎金，以避免船员受到伤害，许多海盗在成功作案后获得“丰厚回报”，摇身一变成为了当地的富豪。

索马里这个非洲之角国家自1991年前政府被推翻之后，就陷入了彻底的无政府状态，各地被不同派系、不同部族的武装组织割据，相互之间混战不断。混乱的局势为海盗提供了生存空间，使他们可以从容作案而不必担心受到任何惩罚。从过去发生的案例来看，索马里海盗每劫一艘船平均可以获得100万美元左右的赎金。过去五六年间，索马里海盗总数一直在100人以下，而现在已经达到1000多人。

在这些海盗的背后，有一个更为庞大的犯罪网络，其中一些幕后指挥者往往住在肯尼亚或阿联酋，他们用劫船获得的赎金从事其他犯罪活动，例如走私毒品和武器以及组织偷渡等。

据统计，每年通过苏伊士运河的船只约有1.8万艘，其中大多数都要经过亚丁湾。而这条重要国际航道也为索马里海盗提供了大量下手的目标。

2008年6月，联合国安理会就已通过第1816号决议，授权外国军队在获得索马里过渡政府允许的情况下，进入索马里领海打击海盗活动，授权有效期为6个月。除法国曾两度出动特种部队解救本国被劫人质外，基本上没有其他国家响应号召对索马里海盗动武，这种措施的实施效果似乎不佳。

## 印度独立后的第一任总理是谁？

贾瓦哈拉尔·尼赫鲁是印度的开国总理。他出身于显贵家庭，他的远祖拉杰·考尔是莫卧儿帝国皇帝法鲁克·西耶尔尊崇的克什米尔学者。此后，尼赫鲁家族的男子在莫卧儿帝国世居高官。

1905 年，尼赫鲁远赴英伦，进入英国贵族子弟学府哈罗公学学习。1907 年 10 月，尼赫鲁考入剑桥大学，他将时间投入到对历史、社会、政治和经济的研究当中。1910 年，他又进入伦敦法学院攻读法律。在法学院的两年对尼赫鲁日后的政治生涯至关重要，他在这里接触了各种流派的思想。从英国回国后，尼赫鲁加入了国大党。第一次世界大战结束和俄国十月革命胜利后，他加入了甘地的非暴力不合作运动。

从 1921 年至 1945 年，尼赫鲁先后入狱 9 次，共坐牢 1041 天。在狱中，他完成了《尼赫鲁自传》。独立斗争中，尼赫鲁在政治上日趋成熟。1923 年底，尼赫鲁担任了国大党秘书长，初步获得了行政领导工作经验。

尼赫鲁重返欧洲和出访苏联，使他的思想有了新的广度和深度，从欧洲之行中为印度找到了出路，即政治上必须完全独立；经济上应该实行“社会主义”，而且只有工业化才能铺设一条摆脱贫困的道路；宗教弊端会扼杀印度，但可通过经济发展自动解决。这为他日后当总理时制定政策，奠定了重要的思想基础。

1929 年冬，国大党在拉合尔年会上通过了尼赫鲁起草的《开辟历史新纪元》的决议，并把完全独立作为今后的斗争目标。甘地也极力推举尼赫鲁为党主席。不惑之年的尼赫鲁终于走上了党的最高领导岗位。印度独立后，尼赫鲁出任第一任总理。

1954 年，尼赫鲁与应邀访印的中国总理周恩来发表声明，公开提出“和平共处五项原则”。次年，又与印度尼西亚总统苏加诺等人共同发起万隆会议，与广大发展中国家共商大计。

1964 年，在国大党年会上，尼赫鲁突遇中风，出现左偏瘫。1964 年 5 月，尼赫鲁突觉下腹疼痛难忍。翌日下午，他的心脏停止了跳动，享年 75 岁。

## 印度尼西亚何时取得独立？

印度尼西亚共和国，简称印度尼西亚或印尼，1949 年 11 月，荷兰与印尼签订《荷兰—印尼协定》，印尼联邦正式成立。

印度尼西亚为东南亚国家之一，由上万个岛屿组成，是全世界最大的群岛国家，疆域横跨亚洲及大洋洲，别称为“千岛之国”。印度尼西亚共和国人民先后进行了三次较大规模的战争，最后争得了民族的独立与解放。

第一次战争发生在1945年9月，是印尼反对英荷武装干涉的战争。1945年8月日本投降，印尼人民建立了以苏加诺为总统的印度尼西亚共和国。9月29日，英国以解除日本武装为名，派遣军队进占印度尼西亚。荷兰政府也以盟军名义从欧洲派兵并在雅加达登陆，以恢复它对印尼的殖民统治。

印尼共和国军队和人民面对英、荷军队的入侵，进行了坚决的抵抗，并取得了泗水保卫战的重大胜利。在印尼军民的英勇抵抗面前，英国将其占领区交给荷兰。

1946年11月15日，荷兰与印尼签订《林牙耶蒂协定》，只承认印尼共和国对爪哇、马都抗和苏门答腊拥有主权，而其余领土，包括婆罗洲、巽他群岛、苏拉威亚和马鲁古群岛等，仍受荷兰控制。

第二次战争发生在1947年7月，是印尼反对荷兰入侵的战争。1947年7月20日，荷兰以印尼共和国拒绝修改《林牙耶蒂协定》为借口，出动陆海空军向其境内的爪哇和苏门答腊岛发动全面进攻。

经过两周的激战，共和国境内除广大乡村外，大部分重要城市、交通干线和沿海深水良港，都被荷军侵占。1948年1月17日，荷兰与印尼签订《伦维尔协定》。根据这个协定，印尼仅保留了爪哇和苏门答腊两岛上的狭小地区。

第三次战争发生在1948年12月，是印尼共和国再次反对荷兰进攻的战争。12月19日荷兰攻占其当时首都日惹，并俘虏了印尼总统苏加诺等政府首脑。印尼军队再次退入山区，坚持游击战争，并在全国建立了游击行政区。

1949年11月，荷兰与印尼签订《荷兰—印尼协定》，规定成立由印度尼西亚共和国与荷兰扶植的自治邦联合组成印度尼西亚联邦共和国。

12月19日，印尼联邦正式成立。27日，在印、荷两国首都阿姆斯特丹和雅加达举行移交主权仪式。印尼联邦参加荷印联邦。至此，荷兰在印度尼西亚340多年的殖民统治宣告结束。

## 第三世界主要包括哪些国家？

第三世界包括亚洲、非洲、拉丁美洲及其他地区的130多个发展中国家，占世界陆地面积和总人口的70%以上。

第三世界最先由经济学家AlfredSauvy于法国杂志中提出。原本是指法国大革命中的第三阶级。冷战时期，一些经济发展比较落后的国家为表示并不靠拢北约或华约任何一方，用“第三世界”一词界定自己。1973年9月不结盟国家在阿尔及尔通过的《政治宣言》中正式使用了“第三世界”这个概念。

现在，这个词主要指那些经济落后的国家，不管它们属于哪种意识形态。这些国家在学术上也被称为南部国家，发展中国家，不发达国家和主体世界。

第三世界国家绝大多数过去都是帝国主义的殖民地或附属国，它们取得政治独立后，还面临着肃清殖民主义残余势力、发展民族经济、巩固民族独立的历史任务。它们是维护世界和平的重要力量。

第三世界是在二战以后发展起来的。万隆会议、不结盟运动、七十七国集团是第三世界形成和发展的三个标志。这样，在印尼、缅甸、锡兰、印度、巴基斯坦5国总理的发起下在印尼的万隆召开了亚非会议。亚非会议的召开，标志第三世界开始兴起。但由于长期受帝国主义侵略和掠夺，虽然在政治上获得了独立，但经济上却仍受帝国主义的控制与剥削。旧的经济体系没有彻底改变，发展中国家仍面临帝国主义和霸权主义的威胁。因此，维护国家主权、发展民族经济、反对强权政治、变革国际旧秩序成为发展中国家面临的共同任务。

第二次世界大战后，发展中国家在政治上取得独立，大多奉行中立不结盟政策，并实现了不同意识形态和社会制度的直接合作，加强了发展中国家之间的联系与合作。

## 是什么引发了“英法大战”？

1996年3月，欧盟委员会颁布命令疯牛病发源地英国禁止向成员国出口牛肉。直到1999年8月，英国牛肉经欧盟专家鉴定后认为已经“没问题”，正式决定要求各国撤消对英国牛肉的销售禁令。但法国仍然坚持对英国牛肉的进口禁令，从而引发了一场英法贸易大战。

1999年11月3日，欧盟委员会作出最后的判决，同意再次给法国最后宽限期，要求法国在8日之内立即取消对英国牛肉的进口禁令，否则，欧盟委员会将采取法律措施处理这一问题。11月5日，英国、法国和欧盟高级官员在布鲁塞尔会晤，试图消除两国间的危机。英国方面希望尽快结束这场“牛肉风波”，并希望法国尽快对此作出回应。但是，法国根本不做任何让步。

针对欧盟委员会的起诉，法国也予以反诉，向欧洲法院起诉欧盟委员会，指控欧盟委员会做出解禁英国牛肉的决定是错误的，要求欧洲法院推翻欧盟委员会关于解除英国牛肉出口禁令的决定。万般无奈之下，欧盟委员会专家小组重新审议法国的报告，并对英国牛肉反复化验，最后投票表决，拒绝了法国政府的要求。

在法国看来，禁止进口英国牛肉理由充分。第一，英国疯牛病发病率依然很高，远没有达到预期的安全指标，危险性依然存在。第二，美国以及英联邦的大多数国家也都没有解除对进口英国牛肉的禁令，即使在欧盟禁令解除之后，大多数国家也没有真正恢复对英国牛肉的进口。另外，法国除了考虑保护本国贸易利益外，更有深刻的政治原因。一场“毒鸡”危机，比利时首相被赶下了台，给世界政坛带来了巨大的冲击。这场牛肉贸易大战不仅关乎消费者的健康安全，更事关政府的形象和前途。

英国针对法国的做法既有历史的原因，也存在现实的经济利益，法国是英国牛肉第二大出口国，丢掉法国，英国将遭受重大的经济损失。

## 是谁建立了好莱坞?

好莱坞，是全球最著名的影视娱乐和旅游热门地点，位于美国加利福尼亚州洛杉矶市市区西北郊，但它的奠基人却是鲜为人知的与电影毫无联系的两个人。

一百多年前，一对老夫少妻来到加利福尼亚州旅游。妻子戴依达一眼就喜欢上了一块长满无花果树的地方，建议要在这里定居。丈夫考克斯当即买下这块土地。戴依达出生于伊利诺斯州，故乡的家里是一座冬青树环抱的庄园，出于对家乡的思念，她坚持将这片只生长无花果树的土地命名为“冬青树林”，即好莱坞。就这样，大名鼎鼎的好莱坞便在 1887 年 2 月悄悄诞生了。

16 年后，当这里发展为城市的时候，参加投票的 177 位有选举权的居民一致赞同把“冬青树林”作为市名。此后的 10 年里，电影业迅速而蓬勃地兴起。好莱坞阳光充足、毗邻山水，既有草原，又有沙丘，优越的地理条件和温暖适宜的气候条件，很适合进行电影创作，因此，吸引了大批的电影界人员。

1907 年，导演弗朗西斯• 伯格斯带领他的摄制组来到洛杉矶，拍摄《基督山伯爵》。他们发现，这里优异的自然风光、充足的光照和适宜的气候是拍摄电影的天然场所。从 1909 年开始，著名的制片人格里菲斯在好莱坞以天然背景拍摄了好几部影片。1911 年 10 月，一批从新泽西来的电影工作者在当地摄影师的带领下，落脚到一家叫布朗杜的小客栈，他们将租到的客栈改造成一家电影公司的样子。这样，他们建立了好莱坞的第一家电影制片厂——内斯特影片公司。后来，好莱坞逐渐成长为了众所周知的电影王国。

1912 年后，相继有许多电影公司在好莱坞落户，其中著名的电影公司有：米高梅公司、派拉蒙公司、二十世纪福克斯公司、华纳兄弟、雷电华公司、环球公司、联美公司、哥伦比亚公司。

现在的好莱坞在美利坚合众国文化中扮演了重要的角色。可以说，好莱坞的发展史就是美国电影及电影文化的发展史。

## 海湾战争是什么时候爆发的?

1991 年 1 月 17 日到 2 月 28 日，以美国为首的多国联盟，在联合国安理会授权下，为恢复科威特领土完整而对伊拉克发动了战争，史称海湾战争。

海湾，即波斯湾简称，位于西亚中部。它之所以牵动美国及其他许多国家的神经，主要是该地区拥有丰富的石油和天然气资源。中东的五大产油国（沙特、科威特、伊拉克、伊朗和阿联酋）均在海湾地区。世界 20 个特大的油田中，有 11 个在海湾地区。美国、西欧、日本进口的石油，很大一部分来自海湾地区。

科威特是世界上少有的富国，它在国外的资产超过 1000 亿美元，另外在西方重要工业中还持有多达数百亿美元的股份。如果这些财富被伊拉克抽走，也将给西方经济造成巨额损失。

石油是当今世界经济迅速发展的“血液”，同时也是现代军队的驱动力。如果伊拉克吞并科威特后进而占领沙特阿拉伯，便可控制全世界一半以上的石油资源，这犹如卡住了西方主要工业国的咽喉。萨达姆利用手中的石油武器，可以任意摆布西方工业国家的经济发展，并可以进而对它们指手划脚。这是美国和其他一些主要工业国家所绝对不能容忍的。

1990 年 8 月 2 日，伊拉克派坦克和步兵开入科威特，占领了包括埃米尔的王宫在内的所有战略要地，并建立了一个傀儡“被解放”的科威特政府。科威特陆军很快就被击败，但科威特空军还有足够的时间逃到沙特阿拉伯。

伊拉克军队抢劫了医用和食物储藏，关押了上千平民并控制了媒体。伊拉克还关押了上千名西方国家的访问者作为俘虏，后来还企图使用他们作为谈判条件。

1991 年 1 月 17 日当地时间凌晨 2 时，在伊拉克拒不执行安理会第 678 号决议（即为设定伊拉克撤出科威特的截止日期为 1991 年 1 月 15 日）的情况下，多国部队航空兵空袭伊拉克，发起“沙漠风暴”行动，海湾战争爆发。

## 万隆会议是什么时候召开的?

1955 年 4 月 18 ～ 24 日，万隆会议在印度尼西亚召开，这是一场反对殖民主义，推动亚非各国民族独立的会议，体现出了和平共处、反对殖民主义、求同存异的精神。

会议广泛讨论了民族主权和反对殖民主义、保卫世界和平及与各国经济文化合作等问题，并且一致通过了包括经济合作、文化合作、人权和自决、附属地人民问题和关于促进世界和平和合作宣言等部分的《亚非会议最后公报》，确定了指导国际关系的 10 项原则。这 10 项原则是和平共处五项原则的引申和发展。会议号召亚非各国团结一致、和平相处、友好合作、共同反对帝国主义与殖民主义，被称为万隆精神。

许多亚非民族主义国家从维护民族独立和国家主权出发，在对外政策方面，坚持执行和平、中立和不结盟政策，拒绝参加侵略性军事集团，反对在自己国家领土上建立外国军事基地。越来越多的亚非国家认识到，为维护政治独立，发展民族经济与文化，有必要加强国际合作，并要求与中国等社会主义国家建立和发展友好关系。

万隆会议的召开是战后国际形势和亚非地区形势变化，民族独立运动蓬勃兴起的产物。第二次世界大战结束后，世界面貌发生了巨大变化，亚洲民族独立运动勃兴，特别是中华人民共和国的诞生，推动了万隆会议的召开。

亚非会议的召开是亚非新兴国家与帝国主义、新老殖民主义矛盾和斗争的产物，反映了亿万亚非人民争取和保障民族独立、反对侵略战争、维护世界和平、促进亚非国家团结合作的共同愿望。

## 萨达姆什么时候被判绞刑?

2003年12月14日,潜逃多时的萨达姆在家乡提克里特被捕。2006年12月30日,伊拉克当地时间上午6点05分(北京时间上午11点05分),萨达姆因其在“杜贾尔村案”中的暴行而被判绞刑,与萨达姆同时被判绞刑的还包括他同父异母的兄弟以及伊拉克的前革命法庭庭长。

1982年7月8日,萨达姆前往位于巴格达以北约90公里的杜贾尔村去拜会当地的首领。什叶派达瓦党的大本营就在那里,他们经常制造袭击事件,给萨达姆政权制造混乱,干扰政局并和正与伊拉克交战的伊朗相策应。

当萨达姆的车队刚刚驶进就受到了埋伏在枣椰林中的达瓦党枪手的袭击,他们向车队猛烈开火。萨达姆的手下随即还击,双方激战了数小时。最后萨达姆被伊拉克军队派来的武装直升机和步兵团救出了战场。死里逃生的萨达姆展开了大规模报复行动。伊拉克秘密警察包围了杜贾尔村,不仅将所有房屋夷为平地,还残忍地杀害了143名村民。其他1500名村民被关入监狱,其中大多数人受到严刑拷打,最后悲惨死去。

关于杜贾尔村案的一审于2005年10月19日当地时间午后不久正式开始。伊拉克特别法庭以反人类罪对萨达姆进行审判。萨达姆拒不认罪。

11月28日,法庭移至巴格达,重新开庭。萨达姆采取主动,向法官发难,谴责法庭对他极为无礼的“非人待遇”。12月5日,萨达姆的辩护律师杜莱米对特别法庭的合法性提出质疑,但首席法官坚持审判继续进行。辩护律师们走出法庭表示抗议,审判不得不再次中止。一个多小时以后审判才恢复。

12月7日,萨达姆拒绝出庭受审,审讯一度中断几个小时。后来,法庭不得不在萨达姆缺席的情况下继续进行审判。

2006年3月1日,萨达姆在法庭上承认了他下令对杜贾尔村民进行报复的事实。11月5日,伊拉克高等法庭对杜贾尔村案正式宣判,萨达姆被判绞刑,罪名是谋杀罪和反人类罪。12月30日,萨达姆被绞刑而死。

## 北京是在何时申奥成功的?

2001年7月13日傍晚,经过两轮投票,北京成功取得2008年第29届夏季奥林匹克运动会的主办权。国际奥委会在宣布举办城市是北京后,整个莫斯科世界贸易中心欢呼雀跃。中国的申奥过程实在是历经艰辛。

1998年,北京向国际奥委会提出举办2008年第29届奥运会的申请。

2000年6月19日,北京2008年奥运会申办委员会将申请报告递交于国际奥委会。

2000年8月28日19时39分,中国北京成为2008年第29届奥运会申办候选城市之一。一同入选的还有:土耳其伊斯坦布尔、日本大阪、法国巴黎、加拿大多伦多。

2000 年 9 月 6 日晚，“为奥运加油”——《同一首歌》大型演唱会在奥体中心体育场隆重推出，全国人民心潮澎湃。

2000 年 9 月 8 日，北京 2008 年奥申委考察先遣团一行 10 人，从北京出发前往悉尼，借悉尼奥运会的舞台宣传“新北京、新奥运”这一主题。

2000 年 9 月 9 日，国家主席江泽民致信国际奥委会主席萨马兰奇，表示完全支持北京申办 2008 年奥运会。2000 年 9 月 9 日，北京奥申委收到国际奥委会的文传通知：北京 2008 年奥申委上报的国际奥委会五环标志的会徽已经获得国际奥委会批准。

2000 年 9 月 13 日，国际奥委会在悉尼摄政王饭店举行第 111 次会议进行换届选举，包括中国的于再清在内的 14 人选举成为新一届国际奥委会委员。

2001 年 7 月 13 日，国际奥委会主席萨马兰奇先生在莫斯科宣布：2008 年奥运会主办城市为中国北京。

国际奥委会主席萨马兰奇宣布北京申奥成功这一决定后，新闻工作者就在第一时间将胜利的消息传回了祖国，向全国人民报道了中国申奥成功的喜讯。神州大地沸腾无比，亿万华夏儿女无不为之欢呼，无不为之泪下。

北京申奥成功，是世界对北京的肯定，更是对中国的肯定，中国的国际地位及国际影响力也因这次奥运会而大大提升。

## 中国是在何时加入WTO的?

2001 年 12 月 11 日，我国被批准正式加入世界贸易组织（WTO），成为世贸组织的第 143 位成员。

自世贸组织成立以来，中国逐渐将复关谈判转为加入世贸组织的谈判，并于 1995 年 7 月 11 日正式提出加入世贸组织的申请。同年 11 月，“中国复关谈判工作组”正式更名为“中国入世工作组”。中国政府多次重申中方入世的基本立场为以下三个基本原则：第一，根据权利与义务对等的原则在国际贸易中自觉承担与本国适应的义务;第二，以“乌拉圭回合多边协议”为基础，经多方谈判后公正合理地确定入世条件。第三，作为低收入的发展中国家，中国应当以发展中国家的身份入世，享受发展中国家应有的待遇。

1996 年 3 月，世贸组织中国工作组第一次正式会议在日内瓦召开，中国代表团应邀出席了会议。1996 年 4 月 1 日和 1997 年 10 月 1 日，我国政府为与国际接轨，两次大幅度降低关税税率，逐步取消了各种非关税壁垒。在 1998 年 4 月召开的中国工作组第七次会议上，中国代表团向世贸组织秘书处提交了一份包含 6000 个税号的关税减让表。

1999 年以来，中国入世进程明显加快。1999 年 4 月，朱镕基总理访美，与美方签署了《中美农业合作协议》，并就中国入世问题发表了联合声明。然而 1999 年 5 月

8日，以美国为首的北约悍然轰炸中国驻南斯拉夫大使馆，中国入世谈判被迫中止。1999年9月11日，江泽民主席和美国总统克林顿在“新西兰亚太地区经济合作组织领导人非正式会议”上会晤，两国恢复了关于中国入世问题的谈判。1999年11月10日，美国贸易代表团来华访问，并于11月15日与中方代表签署了《中美关于中国加入世界贸易组织的双边协议》，中国与美国的双边谈判就此正式结束。

至2001年9月13日，中国全部结束了要求与中国进行双边谈判的37个世贸组织成员方的谈判。

2001年9月17日，在世贸组织中国工作组第18次会议上，中国入世的所有法律文件全部通过。一个月后，中国于2001年12月11日正式成为世贸组织成员。

中国入世，是中国在新时期的一个机遇，其中风险与希望并存，中国能否经受得住世界经济洪流的考验，让我们拭目以待。

## “9.11事件”是一次什么性质的事件?

“9.11事件”是基地组织进行的一次有预谋的恐怖袭击事件。本事件特指在美国东部时间2001年9月11日上午（北京时间9月11日晚上）发生的恐怖分子劫持4架民航客机并对美国纽约世界贸易中心和华盛顿五角大楼进行的自杀式撞击的历史事件。

美国东部时间2001年9月11日早晨8:40，美国国内四架民航客机几乎在同一时间遭到劫持，其中两架撞击了坐落于纽约曼哈顿的世界贸易中心大楼，一架袭击了位于首都华盛顿的美国国防部所在地五角大楼。第四架被劫持飞机在宾西法尼亚州坠毁，而未参与袭击事件。事后调查发现，飞机失事前机上乘客曾试图从劫机者手中夺回飞机控制权。第四架被劫持飞机的撞击目标尚未查明，但大致估计袭击目标将是美国国会或白宫。经过对参与策划袭击的恐怖分子的审问后得知恐怖袭击的第四个目标是国会大厦。

世界贸易中心的两幢高达110层的摩天大楼在遭到攻击后相继倒塌，位于世贸中心附近的5幢建筑物也因此坍塌损毁。五角大楼遭到局部破坏，部分结构坍塌。在“9.11事件”中共有2998人遇难，其中的2974人被官方证实死亡，另外的24人一直下落不明。遇难人员包括：四架飞机上的全部乘客共计246人，世贸中心2603人，五角大楼125人。此外还有411名救援人员在事件中殉职。

2001年9月11日的恐怖袭击是继“二战”期间发生的珍珠港事件后，第二次对美国造成重大伤亡的袭击，同时也是人类历史上最严重的恐怖袭击事件之一。美国政府对此次事件进行强烈谴责，美国这次遭受了重大损失，受到了大多数国家的同情与支持。

“9.11事件”造成了美国乃至全世界的民众对恐怖主义的强烈反感，引起世界各

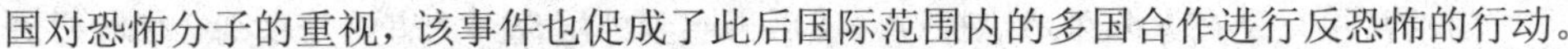

国对恐怖分子的重视，该事件也促成了此后国际范围内的多国合作进行反恐怖的行动。

## 当今世界的政治格局呈现出什么趋势?

当今世界的政治格局正朝着多极化的趋势不断发展。由单一国家主宰他国命运和左右世界形势的局面已经不再符合社会发展的潮流了。

世界政治多极化是指在一定时期内对国际关系有重要影响的国家或国家集团等政治力量发生了相互作用而朝着多极格局发展的一种趋势。随着世界经济全球化的不断发展，我们所生活的世界正逐渐向着一个各国之间平等交往的世界不断前进。

政治多极化是一种趋势，或者说是一个动态发展的过程。到目前为止，多极化还没有完全定型为某一基本的世界新格局。就当今世界的实际情况来看，国际政治关系仍是以美国、日本、西欧、中国、俄罗斯为中心。这五大力量的存在，在一定程度上主宰着世界的发展方向与发展进程。五个力量中心之间相互竞争、相互制约，使得军事霸权主义受到了更多的制约和限制，有利于世界的安全与稳定。

尽管如此，多极化趋势与美国单极化现状之间的斗争还远未结束，朝着愈演愈烈的趋势发展。世界多极化中的任何一极要么具有强大的经济实力，要么具有巨大的国际政治影响力，这两个方面如果相互配合，综合国力才会大大提升。

我们对多极化可以从两个方面去理解：经济实力的增强和国际影响力的提升。多极化趋势的出现主要包括美、俄两个超级大国实力相对衰落，西欧、日本迅速崛起和中国、第三世界国家日益兴起。具体表现是西欧、日本与美国的经济实力的差距逐步缩小，在政治上对美国的离心倾向也在渐渐地加强；中国的国际地位不断提高和第三世界国家的发展壮大并走向联合。

所谓的政治多极化，其实质为经济多极化的产物。而经济的多极化如果没有军事力量的支撑又是不可能实现的。所以，政治多极化的真正实现还需要相关国家在经济和科技方面的不断进步。

## 彗星撞击木星发生在哪年?

根据专业人士的计算，苏梅克—列维 9 号彗星曾于 1992 年 7 月 8 日运行至距木星表面仅 4 万公里处。由于受木星引力的影响，1994 年 7 月 16 日至 22 日，苏梅克—列维 9 号彗星断裂成 21 个碎块，其中最大的一块宽约 4 公里，碎块以每秒 60 公里的速度撞向木星。

天文学家们推测，这颗彗星环绕木星运行已有近一个世纪之久，然而由于它距离地球太远而久未被发现。据推测，太阳系外围分布着一个由数十亿颗彗星构成的彗星带，过往星体均会对它们产生一定的引力摄动，因此不时有一些彗星脱离彗星带。

有的彗星只是在太阳系边缘掠过，然后再回到外层空间，有的彗星则会像哈雷彗星一样被吸进太阳系轨道后不断作周期性运转。苏梅克—列维 9 号彗星就是“不幸”被木星轨道捉住的一个“不速之客”。

这次彗木相撞的撞击点位于地球的背面的阴暗处，因此人们无法直接观察到撞击的情况。但是木星周围分布着 16 颗卫星和两道光环，此外，木星的自转周期为 9 小时 56 分钟，众多撞击点会随着木星相对较快的自转来运行到面对地球的位置，科学家们通过观察撞击对木星的卫星和光环产生的反光效应来做出合理推测。根据这些反应，人类每隔 20 分钟左右就能观察到撞击后出现的一系列效应。

这次彗星和木星的相撞使科学家们感到激动不已，它是自望远镜发明后的很长时间以来人类所能顺利观察到的第一次较大规模的天体相撞。

科学家们计算，在太阳系中，类似这次彗木相撞的天文奇观发生的周期大约是数百万年乃至上千万年，它使人类更深刻地探秘宇宙，为揭示地球上生命的起源和进化提供了难得的机会。

## 卡扎菲是怎样掌握利比亚的实权的?

卡扎菲于 1969 年发动了一场军事政变，这次政变之后，卡扎菲掌握国家实权，并且凭借武力实现了国家的统一。他还将首都迁往的黎波里，将利比亚的政治中心向西转移。然而利比亚的很多石油财富都在东部，卡扎菲政权却对东部不管不顾，任其自由发展。

2011 年初，利比亚发生动乱，人们将矛头指向总统卡扎菲对利比亚的专制统治以及近来席卷中东地区的抗议浪潮。但事实上，这个国家正在陷入分裂是有其深刻根源的。在历史上，利比亚曾是意大利的殖民地。在殖民统治时期，利比亚被分为三个地区进行管理，东部地区以及班加西因为具有极大的自治权利而发展迅速，三个地区在发展中形成了不小的差距，地区发展不平衡为今日的利比亚分裂埋下了祸根。

一些报道分析，卡扎菲在一定程度上利用部族之争来维系自己的统治，还将自己的部族提拔到决策地位。他通过定期改组政府使政治对手们不断失去支持基础或威信，从而有效地抑制了其他政治权力中心的派生。他还在 20 世纪 80 年代将全部民营企业变为国有企业，作为其伊斯兰革命意识形态的招牌。

另外，在卡扎菲对利比亚的长达 40 年的统治期间，利比亚并没有成为一个真正的主权属于人民的国家。相反的，利比亚的贪污腐败问题极为严重。利比亚的原油产量占全球份额的 2%，但是利比亚所创造的石油财富并没有惠及它的 600 万国民。

卡扎菲自己的部落“卡扎法”控制了相当一部分武装部队，他们穷极心力摧毁了对手“瓦尔法拉”的基地。瓦尔法拉曾是该国最大的部落联盟，如今已被卡扎菲剥去了光环。

如果要为利比亚内战找到负责人，卡扎菲首当其冲。内战不久，利比亚内务部长奥贝迪、司法部长亚利等政府要员就宣布辞职，退出卡扎菲领导的政府，此外，至少有 7 名利比亚驻外大使同样以辞职的方式来抗议卡扎菲的统治，一些高级外交官则大力呼吁卡扎菲下台。

2011 年 10 月 20 日，卡扎菲被俘后遭到杀害。

## 能将“粮食危机”的爆发归咎于中国吗?

将世界“粮食危机”归咎于中国，这种说法是极其荒谬的。部分西方政客和学者们宣称这场危机的爆发是由于中国人消费的牛肉急剧增多，然而生产牛肉极其消耗粮食,甚至将“成百万中国人、印度人和非洲人生活水平提高”作为粮食危机的重要原因。粮食危机之所以产生，其原因是多方面的。

第一，世界石油价格飞涨，极大提高了农业成本的投入，造成了农业生产中肥料和柴油等必需品价格的上涨以及其他成本的大幅增长。

第二，气候因素极为不利。世界气候的异变造成了粮食减产，粮食生产大国的出口量大幅下降。例如，世界粮食主要出口国的澳大利亚已经连续干旱数年，仅就 2007 年来说，小麦的出口量就减少了 400 万吨。同年，乌克兰小麦出口也惊人地减少了 300 万吨。此外，孟加拉国因为遭受台风突袭，大米减产 300 万吨。

第三，美国、欧盟和巴西等国为了应对油价上涨，将大量玉米、菜籽、棕榈油等出口物转用于生产生物燃料。美国 20% 的玉米，欧盟 65% 的油菜籽、东盟 35% 的棕榈油均被用于生物燃料生产。这些政策在造成了食物供给减少的同时，还引起了市场的担忧和恐慌，进一步加剧了粮食价格上涨的趋势。

第四，部分粮食出口国采取的出口限制措施，也进一步加剧了供给短缺的惨状。

由于粮食价格在短时间内连续上涨，使得一些传统的粮食纯进口国不断扩大粮食进口量，以满足国内粮食供给需求。

长期以来，发达国家的针对农业的巨额补贴严重扭曲了粮食贸易，人为压低国际农产品价格的做法迫使发展中国家的中小粮食生产者和农民放弃了农业生产，转而进行其他生产活动，这使得许多中小发展中国家的粮食自给能力严重下降，不得不依赖进口来维持国内粮食供应。

多年来形成的自由贸易比较优势理论的传播，使得发展中国家发展自身农业生产的愿望严重弱化，迫使他们只得依靠进口来替代国内生产，许多国家对这次危机的爆发和持续准备不足的潜在原因就在于此。

粮食危机的产生，全世界都要负责任，化解这场危机需要一个较长的过程，这当然需要全世界的共同努力。

## 美国解除对印度的军售禁令主要在哪几个方面?

2011 年 1 月 25 日，负责南亚及中亚事务的美国助理国务卿罗伯特·布莱克在纽约高调宣布解除对印军售禁令，包括了负责航天发展的印度宇航研究机构和负责武器研究的印度国防研究与发展组织等重要部门。

美国对印度的“慷慨”解禁绝对不是不计回报的。美国会在与印度的商业贸易和军火交易中获得“异常丰厚”的回报。

美国助理国务卿布莱克直接表示：美方对印度开放零售业的趋向感到欣慰。布莱克说：“印度的进一步开放，会给印度消费者和经济发展带来好处。当然，也会给美国企业带来无限商机。”《印度斯坦时报》在 28 日的报道中声称：“印度的市场对于美国来说就是一块等着被切开的大蛋糕，因为现在两国之间的贸易额太小太小了，而印度市场的潜力又是如此之大。”

美国解除对印度军事技术和航天技术出口禁令为自己带来第二大的回报是数额庞大的军火贸易。

印度正渐渐成为世界最重要的军火市场之一，其巨额的国防开支让全球军火行业垂涎三尺。此前，印度的武器装备的来源比较单一，大部分来自原苏联和俄罗斯。近年来，印度扩大购买范围，向一切可能的卖主求购先进武器装备。仅是 126 架新式战斗机的一个订单就高达 100 亿美元。原先美国军工企业受对印度国防与航天技术出口禁令的严格限制,面对印度如此巨大的贸易蛋糕只有“流口水”的份,如今终于可以“一饱口福”了。

美国解除对印度的军售禁令是加强美印战略关系的重要里程碑。随着印度军事现代化的推进，美国还将参与向印度出售武器的国际竞标。美印最后敲定了售买 10 架美制 C-17 大型军用运输机的合同，总价为 41 亿美元。

各类高新武器在印度的市场都极为广阔，美国解除对印度的军售禁令彻底改变了过去俄制武器一统印军的状况，印度武器市场即将迎来它的“春天”。

## 香港在何时回归祖国?

1997 年 7 月 1 日，香港回归祖国。香港回归，俗称“九七回归”，又称“香港主权移交”，特指 1997 年 7 月 1 日中华人民共和国恢复对香港行使主权（英国租借香港新界 99 年的期限届满之时），英国将治权还于香港特别行政区政府的事件。同时恢复香港的华人身份为中华人民共和国公民。

1982 年，英国首相撒切尔夫人访华，邓小平同志与她商谈了有关香港前途问题。邓小平同志指出，香港问题可以用“一国两制”的方案加以解决。他严格地强调，在主权问题上，中国没有回旋商量的余地，并明确指出 1997 年中国收回香港。双方最

后达成一致，通过外交途径解决香港问题并于1984年签订了相关协议。

1983年12月，第七轮会谈结束后，双方共同回顾了会谈的进程和所取得的进展，表明会谈已进入新阶段。1984年4月，英国外相贺维在香港公众面前发表声明，公开宣布英国已确定放弃1997年之后对香港的主权。声明表示："要达成一份能使香港在1997年以后仍然继续由英国来管治的协议的设想是不切实际的。"在此期间，在香港负责行政、立法工作的议员频频访问英国。

1984年6月，双方谈判进入到了最后阶段。8月1日，英国外相贺维抵港，并在当天举行了记者招待会，宣称中英双方已在协议大纲及主要条款上达成了一致。1984年9月26日，中、英双方终于在北京草签"联合声明"。

1997年7月1日零点，随着英国的"米"字旗的黯然下落，中华人民共和国国旗和香港特别行政区区旗在香港升起，历经百年沧桑的香港终于回到了祖国的怀抱。

## 澳门回归对澳门的发展起到什么作用?

澳门回归，又称"澳门政权移交"，是中国的历史大事，它标志着澳门正式回归中国，有利于澳门自身的发展。由于政权的顺利交接和"一国两制"的成功落实，澳门特别行政区政府、立法会和司法机关均按原有规定实施管理。

澳门特别行政区得到了中国中央政府的大力支持，这就为澳门的稳定发展提供了极为可靠的保障。自澳门特别行政区成立以来，不单在治安方面有着显著的改善，中央政府还将澳门定位为博彩旅游业专门发展的城市。

自2003年来，我国内地多次开展港澳个人游，中国居民往来澳门十分方便。2005年，澳门接待了数量超过1000万人次的中国内地游客，占前往澳门旅游总人数的60%。2005年7月15日，澳门历史城区被列入《世界文化遗产名录》。以上种种都成为了刺激澳门经济急速发展的积极因素。

另外，自2002年起，澳门政府宣布了将博彩专营权改为开放赌权的决定，这一改变有力地吸引了大型博彩外资的进入。2005年，澳门博彩业收入高达56亿美元。不少港资公司为了应和澳门旅游业的发展，纷纷在澳门设立分公司，其中包括了地产、化妆品、便利店等行业。除此之外，《内地与港澳关于建立更紧密经贸关系的安排》、《离岸业务法》等规章制度的实施都促进了澳门的经济发展。

澳门经济的强势增长以博彩旅游业为首，还带动了建筑业、服务业、餐饮业和保险业等一系列行业的发展。澳门经济的增长使其人力需求倍增，从而出现了人力资源短缺的现象，低学历之人员都因此而受惠不少，很多人力资源都被移至娱乐场，大大增加了居民的整体收入。与此同时，物价开始飞涨，物业的炒卖现象开始出现，居民生活压力为之增加。

澳门的回归，不仅是对于历史遗留问题的解决，也为澳门的发展带来了难得的机

遇，这一事实将完美地呈现在国人乃至世界面前。

## 发展中国家中最大的自由贸易区是哪个?

中国—东盟自由贸易区，是中国与东盟十国共同组建的自由贸易区，是发展中国家间最大的自贸区，也是目前占世界人口最多的自贸区，在2010年1月1日全面启动。自由贸易区建成后，东盟和中国的贸易上升到了到世界贸易的13%，中国—东盟自由贸易区成为了一个涵盖11个国家、19亿人口、GDP达6万亿美元的巨大经济体。

1997年12月，中国和东盟领导人在首次中国－东盟领导人非正式会议上提出了确定双方建立睦邻互信伙伴关系的方针。

为扩大双方的贸易往来，中国国务院总理朱镕基在1999年在马尼拉召开的第三次中国—东盟领导人会议上明确提出，中国希望加强与东盟自由贸易区的联系，这一提议得到东盟成员国的积极响应。

2000年11月，朱镕基总理在新加坡举行的第四次中国—东盟领导人会议上首次提出了建立中国—东盟自由贸易区的构想，还建议成立中国—东盟经济合作专家组。后来成立的专家组围绕着中国加入世界贸易组织的影响及中国与东盟建立自由贸易区两个议题进行了认真而充分的研究，专家一致认为中国—东盟自由贸易区的建立对东盟和中国来说是个双赢的决定。专家组还建议中国和东盟用10年的时间来建立自由贸易区，这一建议于2001年11月在文莱举行的第五次中国—东盟领导人会议上正式宣布。

2002年11月，在柬埔寨首都金边举行的第六次中国－东盟领导人会议上，朱镕基总理和东盟10国领导人共同签署了《中国与东盟全面经济合作框架协议》，标志着中国—东盟自由贸易区正式启动。《中国与东盟全面经济合作框架协议》提出了中国与东盟加强并增进各缔约国之间的经济、贸易和投资方面的合作，逐步实现货物和服务贸易的公开化和自由化，创造一个透明、自由和便利的投资机制。

中国—东盟自由贸易区现已涵盖18亿人口，GDP接近6万亿美元，在世界经济组织中举足轻重，带动发展中国家的经济发展。

## 世界上首个“人造儿”诞生于哪个国家?

2010年5月20日，世界上首个“人造儿”由美国研究人员培育出来。“人造儿”是由人造基因组控制的，能够自我复制的细菌细胞。

主持这项研究工作的克雷格• 温特称其为有史以来首个人造生命。称其为人造生命的原因主要是这一细胞来源于人造染色体，而这些人造染色体是由四瓶化学物质经过电脑数据的控制在化学品合成器里制成的。

此种方法可以用于制造出降解生物燃料和清除自然灾害的有益细菌，还可以用来制造能够吸收温室气体的藻类。研究人员也希望此技术被用于加速疫苗生产或者是新的食品添加剂和化学替代物。

在实验中建构的染色体中的基因由108万对活着的“字母”组成，研究员还在合成基因中留下了“水印”，其中包括46名科学家和研究员的名字、研究所的网址，还有爱尔兰作家James Joyce的名句“生存、犯错、倒下、战胜，用生命创造生命”。

“人造儿”是人类科学史上一个革命性的成果，它的发现为今后人造微生物的相关研究铺平了道路。人类也许能够在未来建立微生物制造厂，制造出可用而无害的微生物药剂和微生物燃料。

但是科学的发展是一把双刃剑。许多道德主义者谴责制造人工生命是亵渎神灵和藐视生命的行为。有人担心“人造儿”为未来生化武器的制造埋下隐患，它可能会夺去数百万人的生命。

## 流行乐天王迈克尔·杰克逊的死因是什么?

迈克尔·杰克逊因其私人医生莫里违规操作注射镇静剂过量而导致心脏病突发逝世，终年50岁。迈克尔·约瑟夫·杰克逊是一名具有世界级影响力的流行音乐歌手、作曲家、作词家、舞蹈家、演员、导演、唱片制作人、慈善家、时尚引领者，被人们誉为“流行音乐之王”。

他完美地融合了黑人节奏蓝调与白人独特的摇滚，形成了属于自己的MJ乐风。他魔幻般的舞步更是让无数的明星争相效仿。

美国时间2009年6月25日14点26分，美国歌星迈克尔·杰克逊因心脏病突发在洛杉矶逝世。美国《洛杉矶时报》网站援引警方消息称，杰克逊当天下午因心脏病发作而深度昏迷，被送入洛杉矶加州大学医疗中心进行救治，不久该中心的医生宣布了50岁的流行乐之王不治身亡的消息。

北京时间2009年6月26日凌晨，洛杉矶首席验尸官在休斯顿法庭上公布了迈克尔·杰克逊的验尸报告，称其死因是:被注射强力麻醉剂异丙酚而导致死亡，属于他杀。

随后，一份有关迈克尔·杰克逊死因调查的法庭文件24日上午在休斯敦的哈里斯县地区法院被公开。在这份法庭文件中，洛杉矶县首席验尸官萨斯亚维基斯万伦发出暗示，通过尸检得出的初步结论是迈克尔·杰克逊的死因是使用了致命剂量的异丙酚。

据相关媒体报道，异丙酚作为种强力镇静剂，必须由专业的麻醉师管理使用，但是穆雷并不具备用药资格，即便他声称自己是为了帮助迈克尔睡眠才使用了异丙酚，仍然难逃过失杀人的罪名。

迈克尔·杰克逊给予了这世界魔幻而魅力四射的歌舞、博爱善良的救助、高尚的

品格、永恒的纯真，他的去世令无数歌迷为之伤心欲绝，同时也为这个世界带来了深深的遗憾。

## 奥巴马是美国历史上首个什么血统的总统？

贝拉克·侯赛因·奥巴马二世，是美国历史上首位拥有黑人血统的总统。他出生于美国夏威夷州火奴鲁鲁，祖籍肯尼亚。他的童年是在亚洲度过的，本人有着十分丰富的人生经历，曾与不同地方与不同文化背景的人共同生活过。

1995年，奥巴马在芝加哥当选为伊利诺伊州国会参议员并在之后的3年中取得连任；2000年，在竞选美国众议院议员席位遭遇失败后，奥巴马把他的主要精力投入到伊利诺伊州的参议工作中。

2004年7月，美国民主党召开了全国代表大会，奥巴马被党内指定在第二天做“基调演讲”。所谓“基调演讲”，指的是民主党人阐述本党的纲领和政策宣言，通常都由本党极有前途的政治新星来做。奥巴马不负众望，他认真地撰写好演讲稿，在会上发表了题为“无畏的希望”的振奋人心的演讲。

他慷慨激昂地提出了消除党派分歧和种族分歧、实现“一个美国”的梦想的伟大构造。奥巴马因为该演讲成为了全美知名的政界人物。同年11月，奥巴马顺利地以高达70%的选票当选为美国历史上第5位非洲裔联邦参议员。

2007年2月10日，奥巴马在伊利诺伊州的斯普林菲尔德市正式向公众宣布要参加2008年的美国总统大选，还提出了以“完结伊拉克战争以及实施全民医疗保险制度”为重点的竞选纲领。2008年1月4日，在俄亥俄州民主党初选大会上，奥巴马出人意料地赢得了多达38%的支持率，远远领先于知名度高于自己的约翰·爱德华兹以及希拉里·克林顿，在民主党诸位候选人中顺利领跑。

2008年6月3日，奥巴马的得票数领先于希拉里·克林顿，因此被定为民主党总统候选人。同年8月23日，奥巴马在民主党全国代表大会上被正式提名为总统候选人，他也成为了美国历史上首个非洲裔总统大选候选人。

2008年11月5日，奥巴马顺利击败共和党候选人约翰·麦凯恩，正式当选为美国第四十四任总统，美国历史上首位拥有黑人血统的总统从此诞生。

## 美国历史上最严重的校园枪击案的凶手是谁？

2007年4月16日，美国弗吉尼亚理工大学发生了美国历史上最为严重的校园枪击事件。这起惨案的制造者是23岁的韩国籍男子赵承熙，一位弗吉尼亚理工大学英语系四年级学生。当日上午7时15分，凶手先是在宿舍楼里开枪打死2人，打伤多人。2个小时后，在距宿舍楼约有800米远的一幢教学楼内他再次打死30人、打伤10多人，最后自杀。

赵承熙在作案当天寄给美国全国广播公司（NBC）的一个包裹是调查其犯罪动机的重要线索和证据。据邮戳上的时间显示，赵承熙在宿舍楼内杀死 2 人后寄出了这一包裹，里面包括录像带和照片，录像中充斥着凶手对富人的仇视和类似要报复的话语，照片的内容展现的是赵承熙持刀端枪的暴力形象。

根据调查，赵承熙曾在中学英语课上暗示过想使“哥伦拜恩案”（1999 年于科罗拉多州哥伦拜恩高中发生的枪击案）重演。精神科医师诊断出他患有“选择性缄默症”，其症状表现为焦虑、沉默寡言以及压抑。1999 年至 2000 年，抗抑郁药对赵承熙而言疗效还颇好。医生认为他的状况已有改善，就停止了用药。

赵承熙在申请去弗吉尼亚理工大学就读时，工作人员没有问及有关患病的相关问题。报告还指出，尽管校园警方知道他的许多不恰当行为，有必要接受心理治疗，但从没将这些信息告诉校方负责处理“问题少年”的工作人员。与校方人员的想法恰好相反的是，联邦隐私法是允许他们将学生的心理健康问题告知州或者当地及学校负责安全的人员的。

美国为枪击案遇难者举行了颇有规模的仪式，悼念 16 日枪击事件中的罹难者。美国总统布什、弗吉尼亚州州长卡因及美国有关政府官员和该校师生数千人参加了悼念活动。

2007 年 4 月 16 日是弗吉尼亚理工大学悲哀的一天，也是整个美国悲痛的一天。布什表示，联邦政府愿为处理善后事宜提供一切便利。布什还下令所有联邦机构降半旗为遇难者致哀，并发布文告以悼念这一事件中的遇难者。

## 欧洲新“三剑客”分别指谁?

萨科齐、布朗和默克尔是欧洲政坛中的新“三剑客”。在过去的 10 年中，施罗德、希拉克、布莱尔是欧洲政坛中最为人熟悉的风云人物，如今，他们已经相继从人们的视野中淡出。欧洲开始进入一个新时代。

2007 年 5 月，萨科齐当选法国总统，布莱尔宣布即将辞去英国首相职务，首相职务将由现任的财政大臣布朗接班。再加上上任一年多的德国总理默克尔，欧洲三大国领袖的新老交替已经基本完成，欧洲进入了新“三剑客”时代。

在施罗德、希拉克和布莱尔执政期间，欧洲取得了巨大的进步，不仅实现了欧盟历史上最大规模的扩大，欧盟的国际威望也得到了前所未有的提升。同时，欧盟也面临不少问题，最显而易见的是经济竞争力下滑，就业机会受到冲击，在全球化竞争中显得难以适应。欧洲的其他诸如宪法危机、社会骚乱等问题，与经济低迷和高失业率有着很大关系。

欧洲不适应全球化的一个关键原因就是福利制度的拖累，所以欧洲的福利改革势

在必行。施罗德和希拉克在任时均为改革所扰：一方面，不改的话经济难有起色；另一方面，改革会在较大程度上得罪选民，以至于出现“谁改革、谁下台”的局面。两人在选举的压力下，对改革谨小慎微，改革效果不佳。

新一代领导人在改革领域被寄予厚望。默克尔在德国积极推行各项社会经济体制改革，并颁布了《税收改革法》，对医疗体制加以调整，并且初见成效。2006年德国GDP增长率达到了6年来最高的2.8%，出口增长势头猛，就业形势颇有好转，德国各界对经济前景普遍乐观。

相比之下，法国的形势要糟糕不少。上届德维尔潘政府的改革尝试受挫不小，法国经济也持续低迷，几乎成为了欧盟经济增长最慢的国家。萨科齐竞选期间高喊改革口号，主张削减社会福利，强化竞争和创新机制。

与法、德相比，英国近年来经济形势一直走好，布朗出任首相后，除了可能对民众所关心的教育、医疗体制方面的政策有所调整外，在经济社会政策上将不会出现大的变动。

## “中俄国家年”在何时举办？

2005年7月，胡锦涛主席在访俄期间与俄国时任总统普京共同宣布：根据《〈中俄睦邻友好合作条约〉实施纲要》的内容决定，中俄两国将举办“中俄文化年”，2006年在中国举办“俄罗斯年”，2007年在俄罗斯举办“中国年”，旨在相互增进两国人民的相互了解。

在“中俄国家年”中，两国元首互致贺电。中国国家主席胡锦涛与俄罗斯总统普京共同出席，并向两国人民致辞。期间还举行了盛大的开幕式文艺演出。

中俄双方在“中俄国家年”中，举办了数百项相关活动，这些活动涵盖了政治、经贸、文化、教育、卫生、体育、传媒、科技、军事和地方等中俄两国合作的各个领域。

中俄经济工商界高峰论坛，定于普京总统访华期间举行，中国国家主席胡锦涛和俄罗斯总统普京将出席论坛开幕式并发表演讲。中俄双方与会人员约有600人。俄罗斯国家展、中俄投资促进周、“俄罗斯文化节”开幕式、中俄建交57周年庆祝活动，在“中俄国家年”中也相继进行着。

中俄立法机构领导人圆桌会议，也是“中俄国家年”活动中的重要项目，在我国哈尔滨市举行。此次圆桌会议中方的议题是：中国特色社会主义法制体系及中国立法进展状况、“十一五”规划、和平发展道路、中俄经贸合作的现状与前景、中俄边境地区合作、中俄地方合作的立法保障等。

中俄双方已成功举办了有关“中俄国家年”的许多活动，其中包括两国元首互致新年贺电、哈尔滨冰雪节、吉林省与俄罗斯滨海边疆区举行混合工作组会议、俄罗斯中小学生在华举行冬令营活动、俄内务部文艺代表团来华访问演出等，随着“中俄文化年”的深入开展，中俄双方将在活动中进一步加深了解。

## 哪个国家对北极地区虎视眈眈?

在俄罗斯不久前发布的一份北极战略计划中透露：俄罗斯将继续扩大北部海岸的军事基地建设，并设立面向北极地区的常规部队。到 2020 年，把北极发展成为俄罗斯的重要战略资源基地。该战略还计划要建立一个可以有效掌控北极经济、军事和生态活动的情报网。可见俄罗斯对于北极地区的虎视眈眈。

俄罗斯人对他们全球战略利益的表露一直是非常“直白”，甚至是有些鲁莽。2007 年，俄罗斯潜艇部队在北极点一带的深海海底举行“插旗”仪式，这无疑撞破了大国之间“隐而不显”的北极战略面纱，引发了各国对北极的“加速瓜分”。俄罗斯意欲破坏国际海底管理局，关于管辖北极点周围海域的公共海洋资源身份，妄想把俄海岸至北极点的北冰洋大陆架都划归俄罗斯，甚至炮制了各种科学声明（例如罗蒙诺索夫海岭）来证实北冰洋海底的海岭正是俄罗斯西伯利亚大陆架延伸的部分。但因“证据不足”而被联合国有关部门驳回。

面对北极地区的资源和水道争夺，在现有的国际多边渠道中，唯一能够协调矛盾、发展合作框架的机构，就是国际北极科学委员会。北极科学委员会是根据里根和戈尔巴乔夫时代的有关倡议而建立的国家间组织，其成员除了北极区域国家，还包括德国、英国、日本等非北极国家，中国也取得了观察员成员身份。这个机构是以科学考察和北极环境保护为最初目的的。在北极地缘政治关系日益紧张的当前，北极委员会亟待丰富组织设置，建立成员国之间的政治会晤与谈判机制，组织草拟北极地区各个领域的全面性国际公约以保护北极的综合安全。

现在，来自于大国的虎视眈眈，尤其是俄国，北极的未来，充满了不确定性。从历史上，国际社会曾经在《南极条约》中实现了长期的和平与合作，而北极，显然也需要一个《北极条约》来保护北极人类共有的宝贵资源。

## 世界上最大的客机的名字是什么?

空中客车 A380 是欧洲空中客车工业公司最新研制生产的四发 550 座级超大型远程宽体客机，也是全球载客量最大的客机，有“空中巨无霸”之称。中国首条 A380 定期航线于 2010 年 8 月 1 日正式启用。

空中客车 A380，它在单机旅客运力上与其他客机相比有着无可匹敌的优势，其典型三舱等（头等舱－商务舱－经济舱）的布局，最多承载 525 名乘客。空中客车 A380 还采用了更多种类的复合材料，进一步改进了气动性能，使用新一代的发动机、最先进的机翼和起落架。飞机的重量大为减轻，油耗和排放也减少了，有效降低了营

运成本。此外，A380 飞机机舱内的环境十分接近自然。客机起飞时的噪声比（ICAO）规定的标准要低得多。

其实这架全球最大客机的名字来源，也有一番故事。按照空客公司的惯例排序，此客机的名称应该为 A350，但据空客透露，千年已过，新世纪的空客在技术上急需一个大的飞跃，所以要跨过 A350，将其取名为 A360。但是，A360 在航空语言里，有转圆圈的意思，只转圆圈自然是不好的。那么就应当是 A370，然而 7 和波音 747 有着标志性的联系，但凡是波音的飞机，开头的数字均为 7。这样，再下来的就是“8”，“8”在亚洲尤其在大中华文化圈内是个有口皆碑的吉利数，所以这款大客机便取名为 A380。

A380 在投入服务后，打破了波音 747 在远程超大型宽体客机领域占据 35 年的纪录，也结束了波音 747 在市场上 30 年的完全垄断地位，一举成为载客量最大的民用客机。

## 南苏丹共和国是什么时候成立的？

根据 2005 年苏丹《全面和平协议》和 2011 年初南方公投的结果，南部苏丹于 2011 年 7 月 9 日从苏丹正式分离，并于当日正式成立南苏丹共和国，定都朱巴。苏丹第一副总统兼南部自治政府主席萨尔瓦· 基尔宣誓就任首任总统，并任命了副总统，组建了临时政府。

在 7 月 10 日发布的法令中，由萨尔瓦•基尔任南苏丹共和国总统，马查尔为副总统。在另一个单独法令中，总统基尔还任命了几十位内阁成员，新闻机构将这些成员称为代理国家部长。

尽管苏丹政府已经承认了南苏丹独立，但该协议在一定程度上仍然加剧了苏丹和南苏丹之间的矛盾。南苏丹共和国总统基尔暗中表示，如果有必要，将为阿卜耶伊地区的石油问题发动战争。

2011 年 7 月 8 日，联合国安理会一致通过决议，授权向这个世界上最年轻的国家派遣一支联合国维和部队，由此南北苏丹将出现三到四支维和部队并存的局面。根据安理会的决议，联合国苏丹综合特派团的军事人员最多可达 7000 人，文职警察人员最多可达 900 人。特派团的任务是帮助南苏丹共和国巩固和平与安全，以便为该国的长期建设和经济发展创造稳定的条件。此外，在 2011 年 7 月 9 日，中华人民共和国政府也正式宣布承认南苏丹共和国，并从即日起与其建立大使级的外交关系。

南苏丹共和国的成立，在非洲产生了巨大的反响。非洲联盟也非常欢迎南苏丹的诞生，并表示将接纳其成为成员国。